차이를 넘어 공존으로:

스페인어권 세계의 문화 읽기

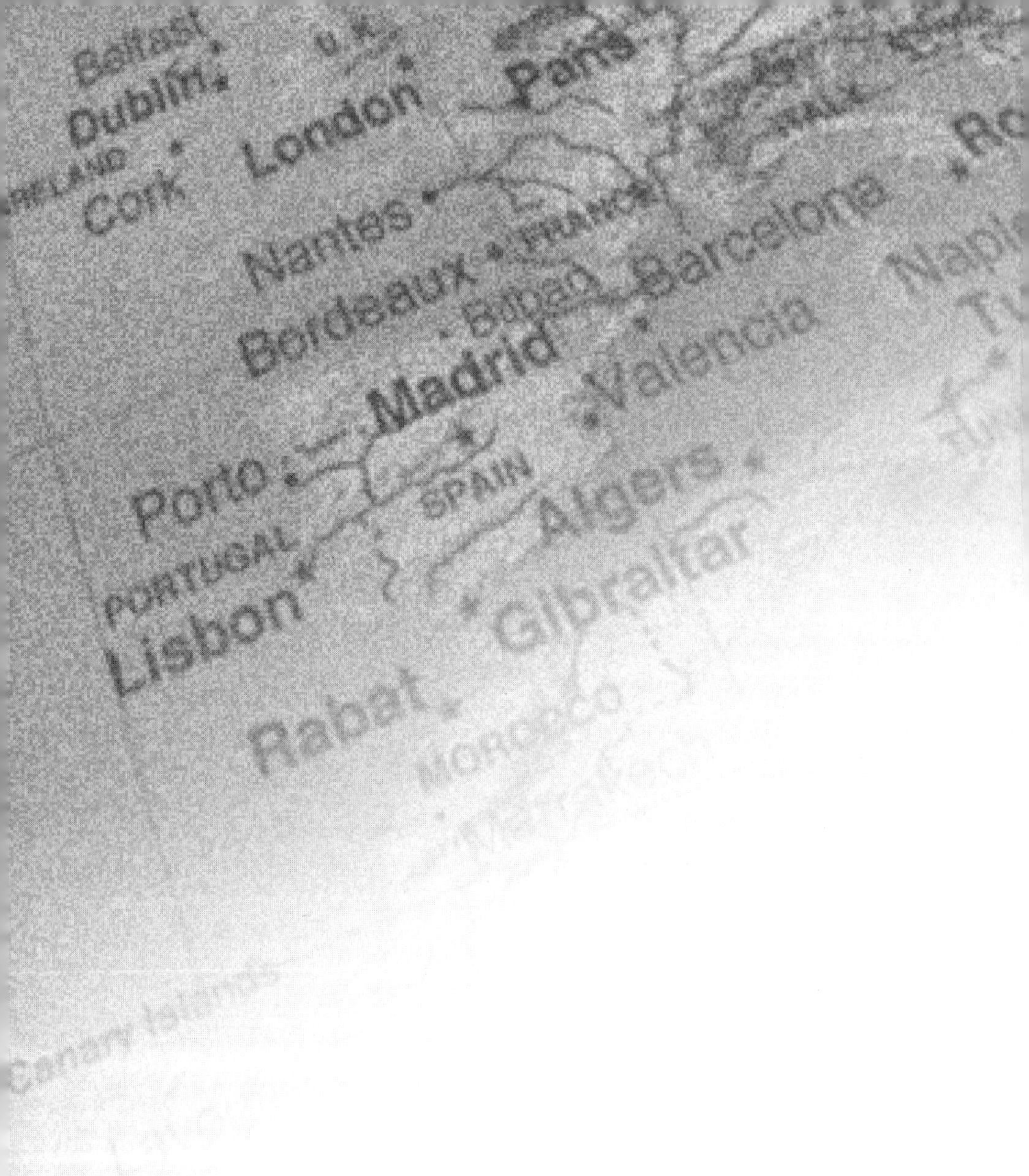

Belfast
Dublin
U.K.
Paris
London
IRELAND
Cork
Nantes
FRANCE
Bordeaux
Bilbao
Barcelona
Madrid
Valencia
Porto
SPAIN
PORTUGAL
Algers
Lisbon
Gibraltar
Rabat
MOROCCO
Canary Islands

기초교양교육시리즈_7

차이를 넘어 공존으로:
스페인어권 세계의 문화 읽기

김창민
김경범
김상유
김용호
김춘진
김현균
우석균
이만기
이성훈
이은아
임주인
임호준
정선옥
조영실

서울대학교출판문화원

Reading Hispanic Cultures:
Toward Coexisting Differences

Chang-Min Kim
Kyung-Bum Kim
Sang-Yu Kim
Yong-Ho Kim
Choon-Jin Kim
Hyeon-Kyun Kim
Suk-Kyun Woo
Man-Ki Lee
Seong-Hun Lee
Eun-A Lee
Ju-In Lim
Ho-Joon Yim
Sun-Ok Chung
Young-Shil Cho

Seoul National University Press

▌책머리에 ▌

"우리는 우리의 진정한 소명이 영원히 세계 곳곳을 방랑하는 것임을 깨달았다. 항상 호기심을 갖고, 모든 것을 들여다보며, 그리고 항상 어떤 곳에도 뿌리내리지 않는……."

— 체 게바라

이 책은 '차이를 넘어 공존으로: 스페인어권 세계의 문화 읽기' 라는 주제로 서울대학교 서어서문학과 교수 및 관련 전공자들이 교육인적자원부의 지원을 받아 수행한 연구의 결과물이다. 물론, 문화라는 시대적 화두 앞에서 다매체 · 다인종 · 다문화 시대의 핵심적인 문화적 블루칩으로 각광받는 스페인어권 세계의 문화적 가치를 학술적 · 교육적 · 교양적 측면에서 정리해 보고자 했던 오랜 관심과 의지의 소산이기도 하다.

오늘날에는 국경 넘나들기(border-crossing)가 일상화되고 있다. 외국인 · 외래문화와의 접촉 및 접속이 폭주하고 있다. 공항은 몸살을 앓고 시 · 공간 개념은 멀미를 한다. 세계를 가슴에 품을 열망으로 지구본을 손가락으로 한 번 휙 돌리는 것은 더 이상 낭만적이지 않다. 우리는 휴렛팩커드의 광고처럼 손가락으로 지구본을 누르는 시대에 '가입했다'. 리키 마틴의 음악도, 통기타를 닮은 제니퍼 로페즈의 뒷모습도, 알모도바르의 영상언어도 우리와는 이제 '한 클릭' 사이다. 원한다면 멕시코의 사파티스타민족해방군(EZLN)의 '근거지'를 방문해 '쪽지'도 보낼 수 있는 세상이다. 이렇듯, 시 · 공간 압축의 테크놀로지 덕분에 우리는 '언제, 어디서나(whenever, wherever)' 외부세계와 소통할 수 있게 되었고, 실시간으로 지구촌을 마실 다니듯 '드나든

다(on and off).'

자본과 상품, 정보와 기술, 자원과 노동력, 기호와 유행의 획득형질인 운동과 이동은 마치 웜 바이러스처럼 문화적 게토들을 허물고 있다. 각종 경계와 장벽이 와해되고 이완되는 것은 이제 거스를 수 없는 흐름처럼 느껴진다. 국가나 민족의 개념도 예외가 아니다. 정체성 또한 선취되거나 고착적이지 않고 유동적이며 다중적이다. 확장되고 교차하는 관계망 안에서 동요하고 교섭하며 끊임없이 모색된다. 티후아나와 샌디에이고 사이를 탁구공처럼 넘나드는 라티노의 탈국가적·탈영토적 삶은 어쩌면 가까운 미래의 우리 모두의 자화상일지도 모른다. 사이에 낀(in-between), 이산적, (신)유목민적 정체성이 '세계화'되고 있다. 이처럼 소통, 교류, 섞임, 접속으로 표상되는 오늘날, 순혈주의나 동질성만을 고집하는 문화는 더 이상 생존할 수 없다. 문화적 자폐증이 일국적인 경제적 쇄국정책보다 훨씬 더 시대착오적일 수밖에 없는 문화의 세계화, 혹은 문화상품 시장의 세계화 시대에 자의든 타의든 우리는 늘 '접속' 되어 있다.

그러나 '오늘날의 세계화는 사실상 미국 문화의 전 지구적 헤게모니의 확대 및 그에 따른 획일화에 다름 아니다.' 라는 비판도 끊임없이 제기되고 있다. 이러한 문제의식에 주목하여 롤랜드 로버트슨은 21세기를 세계화(globalization)와 지역화(localization)가 병행하거나 대립하면서 다층적으로 진행되는 세계지역화(glocalization) 시대라고 규정했다. 말하자면 '세상엔 윈도우만 있는 것이 아니다.' 라는 논리다. 윈도우에 의한 '인증' 과 '표준화' 를 거부하는 리눅스적인 열린 사고와 유저들 간의 창조적 연대의 필요성도 인정하자는 것이다. 즉, 같음을 요구하는 원심력과 본질적으로 다름을 지향하는 구심력 사이의 길항 관계라는 '환경' 안에서 이질적인 문화들 간의 만남과 섞임이 '실행' 된다는 인식이다. 라틴아메리카 대륙을 관통하는 가스관 공사를 축으로 남미공동시장(Mercosur)이 몸통을 불리고, NAFTA 협정국인 멕시코의 남미공동시장 참여의지가 우리와 FTA를 체결한 칠레의 그것보다 약하지 않은 게 현실 환경이다. 남미공동시장의 다섯 번째 회원국인 베네수엘라는 미국이 추진하는 미주자유무역지대(FTAA)에 맞서 쿠바 및 볼리비아와 함께 인민무역협정(PTA)을 체결, '반미 · 반세계화' 블록도 병행해서 주도하고 있다.

이렇게 세계지역화가 다층적으로 전개되는 시대에는 이종문화 간의 만남과 섞임이 만들어 가는 담론적 질서를 유연하게 읽어낼 수 있는 문화 해석력이 그 어느 때보다도 절실하게 요구된다. 문화 해석력은 배타적 민족주의나 문화적 알레르기와는 하등의 관계가 없다. 오히려 제조되고 소비되고 유통되는 문화적 편견이나 이미지를 꼼꼼하게 해체시키는 '맑은 눈' 이다. 사고와 인식 틀을 재구성하는 '독해 학습' 과 다를 바 없다. 이를테면 문화적 현실 '읽기' 와 상생의 이치 찾기, 혹은 맥락 잡기다. 다시 말해, 차이를 확장하거나 성 · 계급 · 인종 · 민족 · 지역의 우열 구조를 정립하는 논리가 아니라, 성찰적이고 개방적인 관점 갖기에 다름 아니다. 물론 문화적 · 인식론적 편식현상을 극복하기 위한 문화 감식력이나 문화적 탄력성을 배양시키는 작업도 아우르는 것이다. 그러나 열린 문화 해석력은 문화와 관련된 지식이나 정보를 데이터화하고 코드화시켜 복제해 내는 문화적 잡식주의와는 날카롭게 거리를 둔다.

이 책은 바로 이러한 개방적인 문화 해석력을 대학 교양 교육 차원에 적용한 스페인어권 세계의 문화 읽기 입문서다. 언어에 대한 관심과 타문화와의 소통의지가 그 어느 곳보다 왕성한 문화 관련 강의실에서 학생들과 교재 사이의 효율적인 '소통' 의 필요성을 절감한 집필자들의 서투르지만 의미 있는 첫걸음이다. 강의 진행 방식, 강의 현실, 학생들의 관심과 요구 등을 최대한 효과적으로 담아내고자 고심했다. 국내는 물론 스페인어권과 미국 등지에서 개발된 문화관련 교재들을 종합적으로 검토하여 스페인어권 문화의 핵심 내용을 심도 있게 다루면서도 가급적 '편안하게' 읽히는 글이 되도록 배려했다. 또 국가별, 시대별, 장르별 경계에 의해 정형화되고 파편화된 종래의 스페인어권 문화 읽기 관행에서 탈피하여 경계를 자유롭게 넘나드는 문화 텍스트 읽기(역사, 종교, 문학, 어학, 음악, 영화, 축제, 건축, 고대문명)를 시도했다. 얄팍하고 창백해진 스페인어권 문화의 리얼리티에 생기를 불어 넣고자 보이지 않는 욕심도 부렸다. 그리고 반이민법 철폐를 외치며 캘리포니아를 들끓게 했던 50만 명의 히스패닉계 시위 참여자들을 보며 은밀하게 고무되기도 했다. 스페인과 라틴아메리카라는 기존의 이분법적 기술 방식에서 벗어나 미국 내 치카노 및 히스패닉계 불법 이주자 문제도 스페인어권 세계의 문화적 자장 안으로 끌어들였다.

비록 서구중심주의적 시각에 의해 왜곡되고 굴절되기도 하고, 상업적 · 정치적 이해관계와 맞물려 일시적인 유행에 그치기도 했지만, 스페인어권 세계는 21세기의 다양한 문화 아이템을 아우른다. 과거와는 비교도 할 수 없는 전파력으로 확장일로에 있는 혼종성과 다문화주의라는 전지구적 유행병에 대해 스페인어권 세계는 분명 높은 면역력과 탄력성을 키워 왔다. 세계화 시대에 스페인어권 세계의 문화 읽기는 밖을 보며 안을 읽는, 즉 우리 사회의 문화지형을 투영해 보는 매우 시의적절하고 생산적인 모색이 될 것이다.

처음의 의욕과 달리 집필자들의 역량 부족으로 스페인어권 문화가 지닌 창조성과 다양성을 두루 살피지 못하고 용두사미가 되어 버린 아쉬움이 크지만 성긴 그물 탓에 놓친 부분은 앞으로의 연구 과제로 남긴다. 아울러 여기에 실린 원고들 중 일부는 다른 지면에 이미 발표되었던 것을 부분적으로 수정 · 보완한 것임을 밝혀 둔다.

2006. 12.

서울대학교 서어서문학과

차례

스페인의 과거: 역사의 흥망과 문화다원주의

김춘진 서울대학교 서어서문학과 교수

1. 은둔의 땅 스파니아(Spania)

기원전 18000-13000년 무렵의 것으로 추정되는 스페인 북부 알타미라와 엘 카스티요(El Castillo), 라 파시에가(La Pasiega), 엘 핀달(El Pindal) 등의 동굴벽화에는 말과 산양, 사슴, 들소 들이 생동감 있게 그려져 있다. 수렵 생활의 수확 증대와 생명의 안전을 도모하는 제의적 행동의 결실이라고는 하지만, 구석기 시대 사람들의 생존 현실을 보여 주는 인류 최고의 아름다운 암각화가 이베리아 반도에서 발견된 것은 흥미로운 일이다. 무엇보다 2만여 년이 지난 오늘날까지 변함없이 전해지는 생동감과 박진감은 선사시대 이베리아 인들의 예술적 재능뿐만 아니라 삶에 대한 역동적 기상을 웅변해 주는 것이다.

인류문화 유산에 기여한 가장 위대한 업적 중의 하나로 꼽히는 저 선명한 색상의 알타미라 동굴 벽화에 못지않게 스페인은 극적으로 선명한 역사의 부침을 연출했다. 스페인 역사에 대해 던지는 중요한 물음 중의 하나도 그 극적 역사의 부침에 관한 것이다. 한때, 적어도 16세기 중반부터 17세기 중반에 이르기까지, 유럽 최강국으로 해가 지지 않는 제국이었으며, 이후 19세기 말 유럽 열강의 대열에서 낙오하기까지 세계사의 분기점을 이루는 극적 사건들로 점철된 스페인의 흥망사는 어떤 인과적 배경에서 설명될 것인가 하는 물음이다. 그 역사적 부침에 유럽 역사 일반의 보편적 법칙이나 조건이 작용했을 것임에 틀림없겠지만, 그와 동시에 스페인 역사의 고유한 정신과 가치에 대한 호기심 어린 의문도 끊임없이 제기되어 왔다.

무엇보다 스페인 역사의 서장은 이베리아 반도의 지정학적 폐쇄성을 극복해 가는 과정이었다. 원래 스페인의 어원이 된 '스파니아(Spania)' 라는 말은 지중해를 가로질러 있는 '외지고 막다른 곳', 또는 '해가 지는 곳' 라는 뜻으로 페니키아 인들이 처음 사용한 이름이었다. 지중해는 물론 대서양과 피레네 산맥, 그리고 지브롤터 해협 등 어느 쪽에서든 사방이 막힌 고립된 섬처럼 생각되었을 것이다. 그러나 역사의 변동 과정에서 은둔의 땅은 지중해 세력들 간의 각축장이 되고 한때는 유럽 역사의 중심 무대로 도약하기도 했다.

거슬러 올라가면 이베리아 반도에 살아왔던 최초의 원주민은 이베로 족이었다. 기원전 800년경에는 중부 유럽에서 이주한 켈트 족이 반도에 자리를 틀었다. 최초의 유럽 인 이주였던 셈이다. 북동부 두에로 강변의 소리아 지방에는 누만시아를 중심으로 이베로 족의 영향을 받은 켈트이베로 족이 자리 잡고 있었다. 이들 원주민 외에도 지중해 저편에서 선진문명을 비탕으로 기원전 12세기와 기원전 6세기경 각각 세력을 확장해 온 페니키아 인들과 그리스 인들이 반도의 지중해 연안에 식민도시들을 건설하고 있었다. 이들이 원주민의 종교, 예술, 문화에 끼친 영향은 지대했다. 원주민들은 페니키아 인들로부터 문자와 돈의 사용, 그리고 광물의 채굴도 배웠으며, 그리스 인들로부터는 포도와 올리브 재배와 미적 창작 능력을 배웠다.

그러나 지중해에서 로마와 카르타고의 헤게모니 다툼이 치열해지면서 이베리아 반도는 두 세력의 각축장이 되었다. 1차 포에니 전쟁(264-241

B.C.)에서 시칠리아, 코르시카와 세르데냐를 로마에 빼앗긴 카르타고가 세력 만회를 위해 이베리아 반도에 진출하자 로마가 이를 견제하기 위해 스페인에 상륙했다. 2차 포에니 전쟁(218-202 B.C.)의 결과 한니발의 카르타고가 반도에서 축출되고 스키피온이 이끄는 로마가 지배권을 확립했다.

그러나 로마의 반도 정복은 많은 시간을 필요로 했다. 지세가 험준해 진군을 방해했을 뿐만 아니라, 다양한 종족이 공존했던 반도의 정치적 분권 상태로 효과적 정복이 쉽지 않았다. 무엇보다 스페인 원주민의 저항이 만만치 않았다. 반도의 원주민들이 로마의 진군에 항거한 전사는 스페인 민족주의 전통의 심원한 뿌리를 이루고 있다. 로마 군에 포위당해 수개월 동안 결사적으로 항전했던 누만시아 전투가 좋은 본보기다. 그러나 일단 로마 제국 치하에 들어서자 히스파니아(Hispania)는 가장 문명화된 속주 중의 하나가 되었다. 세고비아의 수로, 사군토의 원형 극장, 쇄석 도로 등 로마 문명의 유적은 곳곳에 남아 있다. 또한, 시인 마르티알리스(Martialis, 40-104 A.D.), 금욕주의 철학자 세네카(Seneca, B.C. 3-A.D. 65), 수사학의 대부 퀸틸리아누스(Quintiliano, 30-100 A.D.)에 이르기까지 로마 문학의 전범이 히스파니아(Hispania)에서 만들어졌고, 트라야누스(Trajanus), 하드리아누스(Hadrianus), 마르쿠스 아우렐리우스(Marcus Aurelius), 테오도시우스(Theodosius) 등 황제들도 히스파니아 출신이었다. 은둔의 땅 스파니아는 로마화를 통해 드디어 지중해 세계로 개방되었던 것이다.

2. 1492년, '지구 끝(ne plus ultra)'의 경계를 넘어

기원 5세기 초엽 수에보 족, 반달 족, 알라노 족 등 게르만 족이 피레네 산맥을 넘어 침입하면서 반도의 로마 제국은 해체국면에 들어선다. 로마 정부는 이들을 견제하기 위해 고트 족을 끌어들였으나 결과적으로 그 후 3

세기 동안 반도를 지배하게 될 서고트 왕국의 성립을 도운 셈이었다. 게르만 족의 족적은 스페인의 문화 혼혈의 한 축, 즉 아프리카와 아랍의 남방 축에 대응하는 유럽 북방 축의 일단이다. 옴미아드 왕조의 수도 코르도바를 한가운데 두고 아랍 전통이 가장 짙은 지방 안달루시아(Andalucía)의 지명이 '반달(vandalus)'에서 유래했다는 사실은 아이러니컬하다. 서고트 왕국은 기독교가 융성하고 로마가 쇠퇴하면서 갈리아 등지에서 몰려들어온 다양한 야만인들을 계몽시키며 문화의 질을 높이고 문명화된 가톨릭 사회로 발전했다. 이후 바르셀로나와 톨레도를 수도로 북부 일부 지역과 남단을 제외한 반도의 중앙부를 지배했으나, 인구 20만 명에 못 미치는 소수의 유입 민족이 300−400만 명에 달하는 반도의 원주민들을 지배하는 취약한 통치 구조를 유지해야 했다. 그러나 3세기에 걸친 서고트 왕국 시대는 고대와 중세를 잇는 과도기로 스페인이라는 국가적 정치 단위를 형성해 냈다는 역사적 의미를 지닌다.

동로마, 수에보 족, 프랑크 족 등 외세의 지원을 받는 도전세력들의 반란과 내분이 끊이지 않는 가운데 정치 불안정이 계속되자, 결국 북아프리카 이슬람 세력의 침입을 자초하고 말았다. 왕위 상속 다툼에서 로드리고에 대항하는 위티자의 지원군으로 등장한 이슬람 세력은 북진을 계속해, 711년 톨레도를 함락시키고 서고트 왕국을 물리쳐 이베리아 반도의 지배권을 확립했다. 스페인 남단의 항구 카디스의 늪지로 사라지며 황금빛 말발굽을 남겼다는 서고트 왕국 마지막 왕의 전설을 뒤로 하고 지중해 서쪽 끝 반도에는 아랍 인, 시리아 인, 이집트 인, 베르베르 인 등이 뒤섞인 이슬람 왕국이 들어섰다.

거의 8세기 동안 반도에 군림한 이슬람 문화는 타종교에 대해 관대했고, 남성과 동등한 교육의 기회가 주어지는 등 여성에게도 관대했다. 수도 코르도바는 바그다드와 경합하며 콘스탄티노플에 이어 지중해 제2의 도시로 번영을 누렸다. 도서관과 대학 실험실이 번창해 지식이 연마되고 삶에 대한 철학이 탐구되었으며, 시와 음악을 사랑하는 아랍 문화가 만개했다. 또한, 동방의 과학과 기술이 들어와, 건축술이 발달하고 농업 생산력이 증가했다. 물이 부족한 지역에서 유목생활을 한 무슬림들은 기독교도들보다 관개와 농업 등 경제 분야에서 우위에 있었으며, 역시 물이 풍족치 않은 스페인 고원 지대에 목축업을 크게 번성시키는 계기를 마련해 주었다.

따라서 스페인 중세사회의 특징은 문화 다원주의에 있었다. 인종과 종교, 학문과 예술, 정치와 사회 등 모든 방면에서 다양성이 두드러진 사회였다. 특히 기독교, 유대교, 이슬람 등 삼색 종교와 문화 사이의 상호 영향과 수용은 봉건주의 유럽 사회와 다른 스페인 고유의 중세 사회를 발전시키는 데 중요한 몫을 했다. 종교적 관용과 자유를 누리는 다인종 다문화 사회에서 아랍의 이질적 문화유산이 수용되고 철학과 예술이 꽃을 피울 수 있었다. 카스티야의 현왕 알폰소 10세는 그리스와 라틴 고전은 물론 아랍의 철학과 과학 서적 번역을 후견했다. 그리스 라틴 고전 번역에 이슬람 학자들이 참여해 해석이 풍요로워질 수 있었음은 물론이다. 기독교 왕국 치하의 이슬람 양식인 무데하르(mudejar) 양식은 예술과 건축은 물론 일상생활 영역에까지 광범위하게 확산되었다. 언어와 문학의 다양성도 두드러져 히브리어나 아랍어로 표기된 스페인 문학, 즉, 알하미아 문학이 궤적을 남겼다. 또한 다원주의는 정치적 권위와 법질서에서도 분명하게 기능하고 있었다. 카스티야의 절대적 군주주의와 아라곤의 계약적 입헌군주주의 같이 상이한 정치질서가 공존했던 것이 한 예다. 인종과 종교가 뒤섞이고 사상과 제도가 교차하는 가운데 정치 · 사회 · 문화 전반에 다양성과 역동성이 증가했다. 같은 인종적 배경의 학자들이라도 상이한 정치적 주장을 펼치고 상이한 종교적 배경의 사상가들이라도 같은 이념을 표방할 수 있었던 일반적 사례들은 중세 스페인 사회의 다원주의적 성격을 확인시켜 준다.

그러나 공존의 다른 한 쪽에서는 대립과 갈등을 잉태하고 있었다. 이슬람의 지배가 강화되는 가운데, 반도 북부에는 카스티야-레온, 아라곤, 나바라, 그리고 서부에 포르투갈 같은 기독교 왕국들이 등장했고, 기독교 세력의 국토수복(Reconquista) 기운이 팽배해 갔다. 사실, 국토수복전쟁은 이슬람의 반도 정복과 동시에 시작되었다고 할 수 있다. 718년 펠라요(Pelayo) 장군이 이끄는 극소수 기독교군 병사가 이슬람 대군을 저지하고 아스투리아스 산악지대를 방어해 낸 전설적 코바동가(Covadonga) 전투는 국토수복전쟁의 서막이었다. 그로부터 반도 북부에 치우쳐 있던 기독교 세력은 점진적으로 남하하면서 8세기 동안 국토수복장정을 계속했다.

국토수복전쟁은 이교도들에 대한 기독교도들의 성전으로 선전되었다. 이슬람과 기독교 사이의 군사적 대립이 격화됨에 따라, 종교적 관용과 다원주의 정신은 적대적이고 호전적인 반목으로 바뀌어 갔다. 특히 14세기 후반에 들어서면서 종파 간 대립과 갈등이 심화되었다. 1391년 광신적 기독교 세력이 세비야를 비롯해 카스티야와 아라곤 왕국들에서 유대인들을 공격하는 유혈 폭동이 일어났고 유사한 사태는 15세기 중엽에도 지속되었다. 수많은 유대인들이 기독교로 개종했으나 개종 유대인의 사회적 진출이 확대되자 다시 질시와 적대감이 분출했다. 보다 완전한 이념 통일을 향한 정치적 압력이 가중되고 있었다. 관용과 동질성을 중시한 다원주의 정신보다 타자와의 차이를 강조하는 갈등과 대립은 이베리아 반도에 새로운 정치 상황이 도래하고 있음을 알렸다. 스페인 사회 전반에 유일 종교와 일방 이념이 힘을 얻어 가고 있었다.

마침내, 국토수복과 국교 통일을 완성한 것은 이사벨과 페르난도의 두 가톨릭 군주에 의해서였다. 카스티야 왕 엔리케 4세의 여동생 이사벨은 아라곤의 왕세자 페르난도를 택해 1469년 세고비아에서 전격적으로 결혼식을 올렸다. 1474년 엔리케 4세가 죽자 즉각 자신이 카스티야의 왕위를 계승했음을 선언하고 이베리아 반도에 유럽 최초의 강력한 통일 국가가 들어서고 있음을 예고했다. 그러나 세고비아 협약은 페르난도가 카스티야의 통치와 왕위상속에 간여할 권리를 배제하여, 아직 완전한 통일 왕조에는 미치지 못했음을 보여 주었다. 그래도 약관 23세의 이사벨은 지략이 넘치고 야심만만했다. 페르난도와 연합해 내전으로 확대된 왕위상속 투쟁에서 승리하고, 아직 12살의 나이 어린 공주 후아나(Juana)의 왕위 계승을 지지했던 귀족 세력을 제압했다. 그 결과 중세 스페인 왕권을 위협하던 귀족 계급의 힘은 현저히 약화되었고, 가톨릭 군주들은 정치와 행정의 중앙집권화를 도모할 수 있었다. 중앙 정부의 집정관(corregidores)을 파견해 지방 행정과 귀족의 권력을 통제하기 시작했다. 강력한 중앙집권화를 위해서는 영토의 통일뿐만 아니라 종교와 이념의 통일을 선결해야 했다. 개종하지 않은 유대인이나 무슬림보다 외견상 기독교도인 위장 개종자들이 더 문제였다. 1481년 이들을 감시하고 심판하는 종교재판소가 설치되어 정교일치의 강력한 중앙집권적 권력이 제도화되었다. 그러나 여전히 반도에 남아 있던 20만의 유대인과 100만의 무슬림들에게 개종 아니면 추방의 선택을 강요하게 된 것은 1492년에 이르러서였다. 마지막으로 남아 있던 이슬람 왕국 나사리 왕조가 축출되고 그라나다가 수복되면서부터였다.

이사벨 여왕

가톨릭 군주의 성공적 중앙집권화는 왕권을 크게 강화시켰을 뿐만 아니라 대외적으로 팽창할 강력한 국가 에너지를 준비시켰다. 이사벨이 민심을 읽고 지지기반을 강화하는 내치에 성공했다면, 마키아벨리가 근대적 군주 상의 모범으로 꼽았던 페르난도는 지중해와 아프리카로 세력을 확장하는 데 탁월한 전략을 구사했다. 중세 스페인 사회의 문화적 다양성과 개방성을 통해 축적된 힘이 국토수복전쟁의 전사적 열정으로 응집되고 대륙과 대양으로 뻗어나갈 정치적 에너지로 팽창한 것이다. 가톨릭 군주들은 통일 스페인의 재정을 기반으로 콜럼버스의 아메리카 진출을 지원하고 대서양 너머로 서구 사회의 지평을 확장하는 역사적 위업을 이룰 수 있게 되었다.

콜럼버스가 이베리아 반도의 대서양 연안 팔로스 항을 출발한 것은 그라나다에서 나사리 왕조가 축출되던 바로 그해 1492년 8월 3일이었다. 또 같은 해 스페인 인문주의자 네브리하(A. Nebrija)는 로망스어 중 최초로 『스페인어 문법 *Gramática castellana*』을 출판하여 제국으로 융성하는 스페인의 기개를 뒷받침할 문화적 역량을 예찬하고 있었다. 바야흐로 이탈리아 인문주의 영향을 받은 네브리하를 통해 스페인 르네상스가 도래하고 있었으며, 중세 다원주의 사회 전통에서 싹튼 지적 자유와 개방정신이 꽃을 피우기 시작했다. 13세기 세워진 살라망카 대학에는 귀족은 물론 빈곤층까지 포함하는 사회 모든 계층의 자제들에게 입학이 개방되었고, 유럽 각지에서 유학생들이 선진 학문을 연마하러 몰려들었다. 코페르니쿠스의 지동설이 공인되기도 전에 제일 먼저 가르쳐진 곳이 이곳이었으며, 콜럼버스가 항해에 앞서 신대륙 항로의 비밀을 설파한 것도 바로 이곳에서였다.

3. 제국의 종교적 이상과 무적함대의 운명

가톨릭 군주 이사벨과 페르난도는 대를 이을 세자를 얻지 못했다. 1504년 이사벨이 죽고 이어서 1515년 페르난도가 서거하자 섭정에 나선 시스네로스(Jiménez de Cisneros) 추기경은 가톨릭 군주의 외손, 즉 공주 후아나(Juana la Loca)와 신성로마제국의 황태자 막시밀리아노(Maximiliano) 사이에 난 카를로스 1세(신성로마제국 카를 Karl 5세)를 불러들여 스페인 합스부르크 왕조를 열었다. 스페인 군주로 취임했지만 주로 네덜란드에서 데려온 신하들을 중심으로 반도를 통치하던 카를로스 1세는 스페인에서 징발한 막대한 선거 자금을 들여 1522년 신성로마제국 황제에 당선되었고 스페인 군주와 황제 직을 겸하게 된다. 이후 200여 년에 걸쳐 합스부르크 왕조는 지중해와 대서양에서 패권을 장악하는 한편, 이베리아 반도와 나폴리, 시칠리아 및 북아프리카 일부 등 스페인 고유 영토는 물론 네덜란드와 독일 서부, 오스트리아 등 유럽 대륙과 남북 아메리카에 이르는 광대한 영토를 통치하는 제국을 이루었다.

한때 고대 항해사들에게 '넘어서는 안 될 경계,' 즉 '지구 끝' 지브롤터 해협으로 상징되었으며, 로마 침입자들에게는 '무섭고 호전적인 지방(horrida et bellicosa provincia)' 으로 여겨졌던 스페인이 로마화를 통해 창조적인 문명의 땅으로 발돋움했다면, 콜럼버스의 대서양 횡단 이후 스페인은 통일 스페인의 무한한 가능성을 믿고 'plus ultra(더 멀리)' 를 외치며 자부심에 차 있었다. 넘치는 자신감은 유럽의 전통적 경계 너머 대서양으로 또 근대국가로 무한히 뻗어나갈 강력한 이념의 총화를 지향했다. 그것은 시인 아쿠냐(Hernando de Acuña)가 외쳤던 대로 "하나의 왕, 하나의 제국, 그리고 하나의 칼"로 세계를 통일하려는 의지로 표출되었다.

그러므로 가톨릭 군주 이사벨과 페르난도가 추구한 국가 통일과 총화 이념은 합스부르크 왕조에서 더욱 공고해졌다. 합스부르크 군주들은 지중해의 투르크 이교도들로부터 가톨릭을 지키고 프로테스탄트로부터 오염되는 것을 막아 내야 할 신성한 사명감에 사로잡혀 있었기 때문이다. 카를로스 1세는 종교개혁과 종파의 다양성을 기독교의 분열 책동으로 간주하고 가톨릭 이념으로 대동단결한 유일교회의 종교적 이상을 실현하고자 했다. 그런 의미에서 번영하는 스페인 르네상스와 인문주의 시대의 군주였음에도 불구하고, 여전히 중세적 군주 상을 벗어나지 못했다. '하나의 유럽' 이라는 중세의 정치적 이상을 좇아 기독교 통합과 유럽 통일 왕정을 구현하려는 복고적 야심을 견지했으며, 정략적 혈연관계 구축을 통해 민족과 국가를 통합하고 왕조를 유지시켰기 때문이다. 그의 통치술과 이념은 샤를마뉴 대제의 중세적 정신과 근사했고 개인의 영웅성과 왕조적 전제주의에 기반을 둔 것이었다. 루터의 종교개혁으로 기독교가 분열하고 다원화하는 유럽 근대사의 위기 시점에서 여전히 '하나의 유럽, 하나의 교회' 를 제국의 이상과 책무로 삼고 유일 기독교 교회의 수장을 자임했으니 일종의 시대착오적 보수주의 영웅이었던 셈이다. 통일 기독교 왕국과 기사도 사회를 지향하는 그의 이상과 꿈은 세속적 국민국가의 등장과 국민 군대의 출현으로 파산하고 말았다. 그럼에도 불구하고 신화와 이상은 그 자체로 현실을 변화시키는 힘을 지닌다. 카를로스 1세의 꿈은 깨졌지만, 적어도 프로테스탄트의 위세 앞에서 중부유럽과 스페인 그리고 이탈리아의 가톨릭 교회를 방어해 내는 데는 성공할 수 있었던 것이다.

스페인 국왕이 신성로마제국 황제를 겸하는 것은 카를로스 1세 당대로 미감되었다. 독일을 프로테스탄트 세력으로부터 방어하고 가톨릭 교회로 복귀시키려는 카를로스 1세의 꿈은 좌절되고 신성로마제국은 분열되었다. 아우구스부르크 화약(1555)은 독일 각 공국 군주들의 독립적 통치권을 양허했다. 기독교 왕국의 평화적 통일 유지를 위한 트리엔트공의회(1545-1563)의 노력이 결렬되자 카를로스 1세는 신성로마제국의 황위를 동생 페르디난드에게, 그리고 아들 펠리페 2세에게 스페인 왕위를 승계하고 자진 퇴위했다.

낙천적이고 적극적이며 외향적이었던 부왕에 비해 펠리페 2세는 내향적이고 지나치게 신중했다. 왕궁이자 사원, 그리고 선조들을 안장시킨 판테온이기도 했던 신비의 건축물 엘 에스코리알 사원의 작은 집무실에서 모든 보고와 지시를 서면으로 받고 내렸던 정적이고 은둔자적인 통치자였다. 그렇지만 통치기술이 가계 운영 수준을 크게 벗어나지 못했고, 마드리드 왕실에서 레판토 해전의 승전보를 보고받는 데 2주일이나 걸릴 정도로 교통과 통신수단이 원시적이었던 시대였음에도 불구하고 유럽 전역과 아메리카에 광활하게 분산되어 있던 영토를 효과적으로 통제하는 능력을 발휘했다. 펠리페 2세 시대 스페인은 1570년 레판토 해전에서 터키를 제압하고 지중해의 패권을 장악했으며, 아메리카에서 들어오는 막대한 은을 배경으로 수많은 전쟁을 치르며 가톨릭 교회를 수호했다.

그러나 종교적 이상을 앞세운 합스부르크 왕조의 전시국가 경영은 비생산적으로 국부를 탕진하고, 국력을 고갈시켰다. 또 네덜란드 독립운동이 가열되고 아메리카에서 영국과 프랑스 등 신흥 국가들이 식민지무적함대 경영에 도전하면서 스페인의 독점적 지위는 흔들리기 시작했다. 대서양과 발틱 해 그리고 지중해에서 영국 해군이 주도권을 강화하고 네덜란드와 프랑스가 이에 도전하는 동안, 지중해 연안과 이베리아 반도 국가들의 세력이 약화될 수밖에 없었다. 대서양을 오가는 스페인 함대를 공격하는 영국 해적이 왕실의 호위를 받는가 하면, 드레이크가 직접 스페인 남부 대(對) 아메리카 중심 무역항 카디스(Cádiz)를 공격하는 사건도 발생했다. 이때 영국을 견제할 목적으로 파견된 중량의 거함 선단 무적함대는 조수간만의 차를 이용해 치고 빠지는 영국의 경량 연안 포함들에게 속수무책으로 초토화되고 말았다. 1588년 무적함대의 패퇴는 다원화되어 가는 유럽 근대사회에 적응하지 못한 시대착오적 이념과 전술이 빚어낸 결과였으며, 스페인 제국이 쇠락하고 있다는 분명한 징후를 보여 주었다. 펠리페 2세가 이름 지은 '무적함대'는 자만에 빠져 자기혁신을 멈추고 시대 변화를 거스르던 스페인 제국의 환상에 불과했던 것이다.

1598년 펠리페 2세를 계승한 펠리페 3세(1598-1621)와 4세(1621-1665)는 국정에 무관심하고 무책임했으며, 총신들이 발호하는 배경을 제공했다. 세비야의 대 아메리카 교역은 1607-1609년 사이를 정점으로 감소하기 시작했으며, 왕실은 1596년, 1607년, 1627년, 1645년 거듭된 재정 파산을 경험해야 했다. 밖으로는 스페인의 위세를 견제하려는 유럽 각국의 비방과 엽색선전들이 난무했다. 이른바 '흑색전설(Leyenda negra)' 은 스페인 왕실과 아메리카 정복자들의 실상을 비이성적이고 엽기적 역사로 왜곡 선전해, 반(反) 스페인 연대 전선을 강화시켰다. 안으로는 쇄국주의와 배타적 사회 분위기가 고조되었다. 수많은 무어 인과 유대인들이 추방당했으며 스페인은 막대한 노동력을 상실했다. 외국인에 대한 혐오와 질시는 유럽의 금융업을 주름잡던 제노바 인들에게까지 확산되었다. 스페인 왕실의 재정 파탄 책임을 그들에게 전가시키는가 하면, '백색의 무어 인' 이라고 깎아내리며 백안시했다.

해체되는 제국의 영토를 지키고 가톨릭 이념을 방어하기 위해 전쟁 수행은 계속되었다. 네덜란드 독립을 저지하는 데 실패하자, 그 결과는 유럽 국가들 간의 갈등으로 확대되었다. 그리하여 30년 동안 종교전쟁이 지속되었고 스페인은 기력을 소진했다. 종전 후 맺어진 웨스트팔리아 강화조약은 스페인이 퇴조하고 유럽 근대 질서가 도래했음을 분명히 보여 주었다. 1648년 10월 24일 교회의 종소리와 캠프파이어 그리고 기수들이 유럽의 광활한 대지를 누비며 종전을 알린 30년 전쟁은 종교가 동기가 된 최후의 유럽 전쟁이었다. 프랑스의 재상 리슐리외(Richelieu)는 국가 이익이 정치적 · 군사적 행동의 기초가 된다는 것을 확인시켜 주었으며, 근대적 국가 권력의 등장을 예고했다. 국가 이익에 초국가적 교황의 종교적 권위가 간여하는 것을 용납하지 않게 된 것이다. 합스부르크 왕가의 헤게모니를 종식시키고 프랑스의 태양왕 루이 14세(1643-1715)의 절대주의 시대를 열어 준 웨스트팔리아 강화조약은 프랑스 혁명이 발발하기까지 유럽 근대 국가 체계의 근간이 되었다.

뒤이어 피레네 강화조약(1659)은 스페인의 쇠퇴를 다시 확인시켜 주었다. 스페인은 피레네 산맥 북사면의 지배권을 상실했으며, 유럽으로 뻗어 있던 국경은 반도 안으로 축소되었다. 대내적으로 1640년대 카탈루냐와 포르투갈의 혁명은 물론 궁정 귀족의 봉기는 스페인의 유럽 패권 시대의 종식을 재촉했다. 그런 가운데 총신 올리바레스(Conde-Duque Olivares)가 군림한 1621-1643년 기간 동안 스페인의 근대적 개혁 방향이 결정되었지만 이에 저항하는 세력이 공고해지면서 쇠퇴의 징후는 갈수록 농후해졌다. 올리바레스의 목표는 펠리페 2세 시대의 제국주의를 부활시키는 것이었다. 그러나 인적 자원도 경제적 능력도 부족하기만 했다. 카탈루냐와 포르투갈에 도움을 요청했지만 오히려 스페인 제국의 해체를 가속화하는 계기가 되었을 뿐이다. 통일 스페인에 남아 있는 것이 경제적으로나 재정적으로 또 정치적으로 아무런 득이 없자 1640년 포르투갈이 분리되고 카탈루냐도 이탈을 서둘렀다.

경제적 측면에서 몰락의 배경으로는 중상주의, 인플레이션, 역병의 빈발, 이교도 추방과 노동력 상실 등을 꼽을 수 있다. 16세기에 카스티야 경제는 아메리카의 엘도라도에서 들어오는 기적의 황금에 의존할 수 있었으나, 17세기 들어 기적의 황금은 현저히 줄어들기 시작했다. 기적이 실패하자 희망이 줄어들고 희망이 줄어들자 신앙이 성장하기 시작했다. 그리하여 스페인은 일어나지 않는 기적을 기다리는 신들린 세상이었으며, 합스부르크 왕조 말기의 스페인 인들은 돈키호테 같은 몽상가의 삶을 살았다. 당시 정책 논객(arbitristas)들은 스페인 쇠퇴의 원인을 과도한 세금, 사치 성향, 태만과 방랑벽, 무분별한 자선, 비대한 성직자 층과 비생산적 직업의 과잉 팽창 등에서 찾으면서 스페인을 좀먹는 기생적 관료조직의 개혁을 외쳤다. 그러나 대토지소유주, 성직자, 관료들로 이루어진 과두적 사회구조의 청산을 촉구한 그들의 외침은 무기력했던 스페인 인들의 의식을 일깨우기에는 역부족이었다. 그들은 가장 우수한 정책 창안자들일 수 있었음에도 불구하고, 정치적으로 철저히 무시당했다. 오히려 케베도(F. de Quevedo)처럼 그들의 정책 과잉과 망상을 조롱하는 풍자가들의 독설만 난무했다. 스페인 시민계급은, 아직 계급으로 칭할 만큼 수적으로 두텁지 않았던 데다가, 상공업과 노동을 천시하고, 작위와 영지의 매관매직에 몰두했으며, 연금에 매달리고 귀족의 한량한 삶과 특권을 향수하려 들었다. 브로델(F. Braudel)은 이처럼 스스로의 책무를 저버린 상인과 장인 등 스페인 중간 계층의 행태를 꼬집어 '부르주아 계급의 자기 배반' 이라고 지적했다.[1)]

주목할 것은 합스부르크 시대의 스페인적 가치는, 위대한 정복, 기사도 모험, 독실한 신앙심, 최고봉의 문학과 예술, 심오한 사상처럼 긍정적인 것이든, 과도한 키호티즘, 실용정신의 결핍, 노동 천시, 경제적 수단의 낭비와 같이 부정적인 것이든, 군주와 신민들이 함께 공유했다는 사실이다. 역사상 유례없는 이러한 가치의 공유는, 심지어 펠리페 2세처럼 독일어를 복구 불능으로 망각했다고 고백할 만큼 금발과 벽안의 네덜란드 출신 군주들을 철저하게 카스티야에 동화시켰다. 그래서 스페인 전체가 종교적 광신과 돈키호테식 자기최면에 이를 만큼 제국의 사회적 총화와 일체성은 견고했고 문화의 배타적 정체성도 분명했던 것이다. 그것은 다양성과 개방성을 특징으로 했던 중세 스페인 사회와 현격한 대조를 이루는 것이었다.

1) *La Mediterraneé et le monde mediterraneen a l'epoque de Phillippe II*, Paris: Librarie Armand Colin, 1949, ch. V.

또한, 스페인 문화의 배타적 정체성을 설명하는 데 종교적 요인을 들지 않을 수 없다. 특히 가톨릭 신비주의는 스페인 사회를 결집시키는 이념의 총화에 결정적으로 기여했다. 중세부터 발달해 16세기 후반 절정에 달한 종교적 신비주의는 스페인 인들의 태생적 본질이라고도 한다. 포르투갈의 저명한 역사가 올리베이라 마르틴스(J.P. de Oliveira Martins)는 신비주의적 자질이야말로 이베리아 반도의 특질이라고 말한 바 있다. 따라서 종교적 요인을 떠나 스페인 역사의 흥망을 설명할 수 없다. 이를테면 국토수복은 예루살렘 정복에 나선 십자군 원정처럼 신비주의적 열정이 분출한 성전이었으며 스페인 근대사는 프로테스탄트 운동에 맞선 대항종교개혁의 역사였다. 스페인의 종교적 열정이 전투적 가톨리시즘으로 나타난 예는 로욜라(I. de Loyola)에게서도 찾을 수 있다. 그가 세운 예수회는 스페인 인들의 가톨릭 신비주의 정신과 행동 양식을 세계화시킨 것이다. 스페인이 주도한 트리엔트공의회에서도 신비주의 성향은 두드러졌다. 신비주의가 절정에 이른 시대는 또한 스페인이 다른 모든 분야에서 융성하던 시기였다. 신비주의자들은 물질적 영역의 활동에서도 실용적이고 활력이 넘쳤다.

반대로, 신비주의 신앙의 타락은 스페인의 급속한 헤게모니 상실과 때를 같이했다. 한때 기독교 신비주의의 힘이 스페인을 역사적 융성으로 이끌었다면, 그와 반대로 가톨릭 절대유일교회 이념은 폐쇄적이고 광신적인 신비주의였으며 앞서가는 근대 유럽 사회에 대한 스페인의 시대착오적 저항을 의미했다. 지나친 종교적 열정은 광신적 자기최면으로 변질되었고, 종국에는 자폐증과 자기모순에 빠져들어 더 이상 역사발전을 기대할 수 없게 되었다. 그런 의미에서 합스부르크 제국이 대를 잇지 못하고 정신분열 증세를 보이던 카를로스 2세를 마지막 왕으로 맞게 된 것은 상징적이다.

4. 식민 제국의 붕괴

1700년 카를로스 2세의 뒤를 이은 것은 펠리페 4세의 외손이자 루이 14세의 손자였던 펠리페 5세였다. 영광의 시대 합스부르크 왕조가 물러가고 쇠락의 시대 부르봉 왕조가 열린 것이다. 부르봉 왕조 치하의 스페인은 유럽 계몽주의 사조에서 뒤처지고 국력이 노쇠하여 국제정치의 주도권 쟁탈에 나선 신흥 열강들의 제물로 전락해 갔다. 18세기 초 왕위계승전쟁(1701-1713)에 패배한 결과 메노르카와 지브롤터를 영국에 양도하고 네덜란드와 시칠리아의 독립을 허용하면서, 대륙의 세력 기반을 상실하고 유럽 중심 세력에서 대륙 남단 반도의 주변세력으로 몰락했다.

영토와 세력만 위축된 것이 아니라 제국의 기상과 전투적 가톨릭 정신도 쇠퇴했다. 예수회가 쇠퇴한 것도 그 한 가지 징후였다. 로욜라가 주도한 예수회는 가톨릭 교회의 정치적 맹주 스페인 제국의 신권적 정치 이념을 실현하고 아메리카 식민 경영을 견인한 실천적 도구였다. 예수회의 제4덕목은 교황에 대한 절대 복종이었다. 그러나 교황에 대한 친위 복종 관계는 18세기 계몽 군주들의 세속적 왕권 강화에 배치되는 것이었다. 실제로 1759년 포르투갈을 비롯, 1762년 프랑스에 이어, 1767년 스페인 계몽군주 카를로스 3세는 무려 5,000여 명에 달하는 예수회 사제들과 학생들을 추방했다. 스페인은 상당수의 저명한 인물들을 잃었고 아메리카는 선교 사업의 주역들을 잃은 셈이었다. 이로써 스페인 군주권력이 더욱 세속화되는 가운데 예수회는 스페인 상류 계급의 세력 갈등에서 퇴조하기 시작했다.

동시에 가톨릭 교회권력과 가톨릭 유일 절대 이념은 약화되었으며, 극심한 이념 분열 현상이 나타나기 시작했다. 유럽 북방에서 들어오는 백과사전파나 계몽주의 사상에 대응하는 스페인의 이념적 반응양식은, 개혁을 위협으로 받아들이는 보수주의자들, 개혁의 필요성은 인정하지만 근본적 변화를 원치 않는 전통주의 세력, 전통과 계몽의 종합을 지향하는 계몽적 기독교주의 세력, 혁명적 외래사상 지향 세력 등으로 사분오열되었다. 스페인의 자존심을 지탱해 오던 이념과 정신의 총화가 흐트러지게 된 것이다.

스페인의 쇠락은 19세기에도 계속되었다. 이 시기 아메리카 식민지 경영은 심각한 위기에 직면했다. 식민지 각국이 독립을 선언하고 스페인의 지배에서 벗어나기 시작한 것이다. 1808년부터 시작된 독립전쟁으로 칠레, 콜롬비아, 베네수엘라와 에콰도르 등이 해방되었다. 1821년에는 멕시코가 독립하는 등 해방운동이 라틴아메리카 전역으로 확대되면서 스페인 식민 제국은 청산 단계에 접어들었다. 대서양에서도 스페인의 침몰은 세기 벽두부터 명백히 드러났다. 아메리카 식민지를 위협하는 영국을 견제하기 위해 프랑스와 연대해 온 스페인은 1805년 트라팔가 해전에서 넬슨 제독에게 패퇴하고 말았다. 아직 위용을 자랑하던 해군력을 크게 상실하여 그나마 명맥을 유지하던 유럽 열강의 반열에서 완전히 탈락했다. 게다가, 1804년 황제에 등극한 나폴레옹은 스페인을 지배하려는 노골적 야심을 드러냈다. 스페인의 포르투갈 공격을 원조한다는 구실로 피레네 산맥을 넘은 나폴레옹 군은 철군할 기미를 보이지 않았다. 스페인이 포르투갈을 병합하는 대신 피레네 이남 에브로 강 사이의 영토를 프랑스에 양도한다는 밀약설이 알려지자 1808년 아랑후에스에서 민중 폭동이 일어났다. 급기야 카를로스 4세가 퇴위하고 총신 고도이(M. Godoy)는 프랑스로 망명했다. 나폴레옹은 카를로스 4세와 왕위를 계승하려는 페르난도 7세 사이를 중재한다는 구실로 바요나에 불러내 양자 모두 강제로 왕위를 포기하게 하고 대신 형 조셉을 스페인 왕으로 앉혔다.

이 같은 왕정 위기와 파행에 이어 19세기 내내 전혀 다른 모습의 스페인 역사가 전개되었다. 1833–1936년 한 세기 동안 130번의 정부 교체, 아홉 번의 헌법 개정, 세 번의 왕정 중단, 다섯 차례의 내전, 수많은 혁명과 과도정부 수립, 200여 차례의 정부전복 기도 등으로 정정불안이 지속되었다. 19세기는 스페인 전체가 둘로 나뉘어 이념 갈등이 두드러진 시대였다. 페르난도 7세 사후 공주 이사벨과 숙부 카를로스 사이에 왕위 상속다툼이 벌어졌고, 공주를 지지하는 근대적 개혁주의와 카를로스를 지지하는 왕당 보수주의 카를리즘으로 갈라져 분열과 반목을 거듭하는 동안 세 차례나 내전을 겪어야 했다. 카를리즘은 중앙 패권주의와 리버럴리즘에 대항해 북부 스페인 자치주들이 독립을 고수하려는 정치적 의지를 천명한 것이지만, 그 밑바탕에는 군주에 대한 원시적 충성심, 종교적 광신주의, 그리고 도시 산업화에 대한 농민들의 불신과 불안감, 특히 아라곤 농촌지역의 경제적 불만이 깔려 있었다. 도시화로 점차 복잡해지는 산업사회에 지방 자본가들과 관료조직이 저항하고 있었던 것이다. 대신 이들은 전통적 가족제도와 제의를 숭상하고, 지주계급과 성직계급 중심의 가부장적 사회 구조를 지지했다. 그러나 오로지 과거에 매달리는 스페인 전통사회는 스스로 발전해 갈 여력이 고갈되었으며, 카를리즘에서 생명력을 되찾으려는 어떤 노력도 수구적이고 반동적인 이념으로 나타날 수밖에 없었다.

한편, 1870년대를 전후하여 유럽에는 낭만주의가 쇠퇴하고 대중과 이념이 등장하는 새로운 시대가 열리고 있었다. 스페인에서도 새로운 이념적 욕구와 정치적 기운이 성숙해 갔다. 그래도 1789년 프랑스 혁명의 기운이 피레네 산맥을 넘어 스페인에 도달하기까지는 무려 80여 년이 지나고 나서였다. 1868년 스페인 부르주아 혁명이 일어나고 3년 뒤에는 제1공화정이 들어섰다. 그야말로 1868–1874년 사이는 스페인 역사상 격동기 중의 하나였다. 이념 논쟁이 난무하고 왕정 붕괴에 이어 과도정부 출현, 섭정, 공화정 수립, 내전, 왕정부활이 쉴 사이 없이 이어졌다. 1868년 혁명은 단순한 쿠데타가 아니었다. 선동가들에게 고무된 무산계급이 병역과 조세를 감면하고 소작농에게는 경지를 노동자에게는 작업장을 소유할 수 있게 해 주리라는 희망에 부풀어 공화제를 지지한 사상혁명이었다. 그러나 스페인 역사상 최초의 공화정은 채 1년을 버티지 못하고 1874년 붕괴하였다. 새로운 정치 · 사회 구조 개혁을 위한 노력은 수포로 돌아가고 말았다.

외우내환에 시달리던 노쇠한 식민제국의 청산은 1898년 미서전쟁에서 마무리되었다. 스페인은 파리강화조약으로 마지막 식민지였던 쿠바, 괌, 푸에르토리코와 필리핀을 미국에 양도했다. 전쟁의 참패와 식민제국의 붕괴는 스페인 인들이 자기 역사를 되돌아보는 계기가 되었다. 이른바 98세대 대표적 사상가들로 꼽히는 우나무노(Miguel de Unamuno), 오르테가 이 가세트(José Ortega y Gasset) 등은 스페인의 정신적 부활을 촉구하면서 목소리를 높였다. 근대화와 민족주의가 결합된 독특한 이데올로기를 내세운 이들의 외침은 여전히 잔존하던 봉건적 사회 전통에서 벗어나 유럽화를 지향하고 스페인의 정치적 고립과 역사적 소외를 극복하려는 의지를 표방했다. 무역과 문화 교류 확대를 통해 앵글로색슨 세계에 대항하는 새로운 문화의 아메리카 제국을 건설하자는 목소리도 커졌다. 스페인의 역사적 정체성에 대한 오랜만의 진지한 문제제기였던 셈이다.

그러나 추락하는 역사에 대한 반성은 너무 늦게 왔다. 통일 독일의 출현, 미국 남북전쟁의 종결, 러시아 농노해방, 일본의 메이지 유신과 봉건적 저항의 종결 등 국제 열강의 질서가 재편되어 가던 19세기의 끝자락에 이르러서야 스페인 지식인들은 비극적 '파국'에 직면한 민족사에 대한 반성과 성찰에 몰두했다. 그만큼 스페인 역사가 낙후되어 있었음을 반증하는 것이다. 물질주의적 발전 양식에 대항해 종교적 정신적 가치를 발전시키려는 보수적 이념 성향이 아직도 강하게 드리났다. 자본주의를 극복할 정신적 가치를 찾아 출정에 나설 돈키호테 정신을 강조하고, 스페인 인들의 용맹성, 명예 정신, 남성다움, 경건함 등을 추켜세웠는가 하면, 국토수복의 역사와, 대항종교개혁, 그리고 나폴레옹 군의 침략에 대항하는 '5월 2일 항쟁' 에서 진정한 스페인 정신을 찾으려 했다. 또한, 중세 역사와 메세타 고원의 자연 풍광은 근대주의와 자본주의에서 도피하려는 스페인 소부르주아들의 안식처를 제공하는 신화로 자리 잡아 가고 있었다. 결국, 98세대는 대항종교개혁 이래 지속되어 온 스페인 사회의 방어적 쇄국 본능과, 이제 불가피하게 나아가야 할 개방과 유럽화의 선택 사이에서 진퇴양난에 빠진 스페인 사회의 딜레마를 표출하고 있었던 것이다.

어쨌거나 98세대 지식인들의 지적 반성과 참회만으로 전락의 역사를 반전시킬 수는 없었다. 세기에 걸친 이념 갈등과 대립의 역사는 또 한 번 절망적 파국을 준비하고 있었다. 1931년 알폰소 13세가 프랑스로 망명하고 제2공화정이 들어서면서 좌우 대립이 격화되는 가운데 1936년 모로코에 주둔해 있던 프랑코는 마드리드로 회군했다. 2차 세계대전에 앞서 3년간에 걸친 스페인 내전이 발발한 것이다. 스페인 내전은 토지를 독점한 교회 권력과 지주 계급, 그리고 무토지 소작 농민과 무산 노동자 계급 사이에 벌어진 계급 전쟁이자, 파시즘과 인민전선 사이에 전개된 국제 전쟁이기도 했다. 히틀러와 무솔리니는 프랑코 군을 지원했고 공화파는 프랑스 인민전선과 러시아 공산당 그리고 전 세계 좌파 지식인들의 절대적 지지와 원조를 받았다. 대내적 시각에서 보면, 서구 근대사에서 낙오하고 산업혁명에서 소외되어 20세기까지 낙후된 봉건적 토지 소유구조를 유지해 왔던 스페인 사회에서 근대와 전근대의 이념이 뒤늦게 전면적으로 충돌한 사건이었다.

5. 스페인 역사의 해석

1898년 패배로 영토가 줄고 국제적 위상이 추락해 대내적 문제의식을 일깨우는 계기가 되었다면, 1936년 내전은 내적 이념 분열과 전통 질서의 붕괴가 국제 분쟁으로 투영된 사건이었다. 그러나 프랑코의 승리와 36년간에 걸친 독재 정체는 내리막길로 달리던 스페인 역사의 종착지였으며 역사의 반전을 준비하는 시기였다. 2차 대전에서 파시즘이 몰락한 뒤 프랑코 정권은 정치적 고립과 경제적 곤궁을 면치 못했지만, 1975년 프랑코가 죽고 긴 독재의 암흑기를 마감하면서 스페인은 민주화에 성공했으며 1985년에는 유럽연합(EU)의 전신인 유럽공동체(EC)에 가입해 유럽화의 꿈을 이루었다.

그렇다면, 이베리아 반도의 통일, 그리고 유럽과 아메리카가 만나는 근대사의 개벽으로부터 미서전쟁의 패배와 동족상쟁에 이르기까지 상승하고 추락하는 선명한 대칭을 이룬 스페인 역사의 극적 역동성은 어디에서 연유하는가? 무엇보다 역사의 상승기를 주도한 원동력은 개방적 사회 구조와 다원주의 문화에서 준비되었다. 오늘날 스페인은 바스크 주, 카탈루냐 주, 갈리시아 주가 서로 다른 사회 전통을 유지하며 대립하기도 하고 조화를 이루기도 한다. 각기 다른 언어를 사용하고 자치 법 전통도 유지해오고 있다. 지역적 다양성뿐만 아니라 기후와 자연 환경 등 여러 방면에서 스페인의 다양성은 두드러진다. 유럽과 아프리카가 교차하고 지중해와 대서양을 양편에 낀 반도 국가의 지정학적 특수성도 다원주의 사회의 배경과 맞닿아 있다. 그러나 다양성은 내적 질서를 갖지 못하면 혼란을 의미한다. 스페인의 다원주의 문화는 다양한 요소들을 하나의 힘으로 결집하고 용해할 때 역사적 에너지를 극대화할 수 있었다. 일찍부터 동서의 로마와 카르타고가 포에니 전쟁을 일으키고, 북방 게르만 족이 침입해 고트 왕국이 일어났으며, 다시 남쪽 이슬람 민족이 지배세력으로 군림하는 등, 반도에 여러 민족과 세력이 교차하는 가운데 다양하고 이질적인 문명과 문화유산이 효과적으로 수용 결집되면서, 최초의 근대적 통일 국가를 건설했고, 종교개혁에 대항해 가톨릭 교회를 지켜 냈으며, 아메리카로 항해해 인류사를 확장시키는 등 역사의 획을 그을 수 있었던 것이다.

그러나 극적 상승 드라마는 곧 반전되었다. 역설적이게도 통일수복의 위업이 결실을 맺는 절정의 순간부터 이사벨과 페르난도는 그 결실의 산실이었던 삼색 문화의 융화를 희생물로 삼았다. 스페인 사회의 다양성은 총화와 통일을 통해서만 힘을 발휘할 수 있었기 때문이다. 그리하여 정치적 중앙집권화, 기독교 절대 유일주의, 순혈주의가 통일 스페인 사회의 이념적 가치로 고양되었다. 유대교도 이슬람교도 용납되지 않았다. 무어 인과 유대인들에게는 개종 아니면 추방을 강요했고, 종교재판은 이교도들을 철저하게 감시하고 억압했다. 그렇게 통일 이념과 유일 가치가 득세하기 시작했다. 가톨리시즘은 방어적이고 폐쇄적인 일방주의로 나아갔고, 스페인 역사는 내리막길로 들어서 파국의 드라마를 준비했다. 엘리엇(J.H. Elliot)의 말대로, 절정의 황금세기는 짧았고, 곧 "모든 것을 성취했다가 모든 것을 잃어버리고 말았으며, 세계를 정복했으나 정작 그 자신은 그 세계로부터 추방되어 버린" 나라가 되고 말았다.[2)]

한편, 다원주의와 개방성의 문화 원리를 거슬러 가톨릭 유일주의와 카스티야 순혈주의에 도취되어 있던 스페인이 맞게 된 1898년의 '파국'은 신흥 강국 미국의 부상과 대칭을 이루는 것이다. 이질적 문명인, 기독교와 이슬람의 만남, 다원주의와 관용의 정신, 그리고 대립과 갈등의 극복과 용해라는 변증적 과정을 통해 지중해를 벗어나 대서양 너머로 스페인의 힘을 펼쳤던 것처럼, 이제 스페인에 승리한 미국은 필리핀과 괌 등을 양도받고 대서양을 벗어나 태평양 너머로 20세기 세계 초강국을 향한 힘의 확장 궤도에 오르고 있었다. 부와 모험, 그리고 새로운 정치적 이상과 약속의 땅을 찾아 이주한 유대인과, 아일랜드, 이탈리아, 독일, 스칸디나비아 등

---

2) 『스페인제국사 1496-1716』, 까치, p. 438.

유럽 각국의 이민들은 문화적 다원주의를 통해 차이와 이질성, 단절과 소통장애의 난관을 극복하고 강력한 미국의 역사적 에너지를 축적할 수 있었다. 그런 의미에서 미서전쟁은 닫힌 사회의 종착지에 다다른 스페인과 이제 막 열린 다원주의 사회로 나서는 미국을 극적으로 대비시킨 상징적 사건이었다.

여기서, 개방성과 다원성은 한 국가 또는 한 사회가 성장하고 발전하는 데 때로 근원적 에너지를 제공한다는 것을 확인하게 된다. 역사상 가장 강력한 스페인은 다원적이고 개방적인 사회 에너지 축적을 배경으로 성장했다. 그래서 아랍과 투쟁하고 거스르면서 아랍을 닮아 온 역사를 만들고, 유럽이면서 유럽과 다른 문화 정체성을 갖게 된 것은 불가피한 일이었다. 세계화가 진행되면서 모든 사회의 개방성과 다원주의가 거역할 수 없는 대세로 자리 잡아 가고 있는 오늘날, 스페인 역사의 부침과 그 배경은 깊이 되새겨 볼 일이다. 무엇보다 갈수록 증폭되는 문화적 갈등과 문명 충돌 현상을 이해하고 해결을 모색하는 데 역사의 교훈으로 눈여겨볼 일이다. 그러한 역사의 교훈을 되새김질하듯 오늘날 스페인은 정치적 · 경제적으로 EU와 NATO의 균형자 위치에 오르며 새로운 국운 상승기를 맞고 있다.

그러나 역사해석은 목적론적일 수밖에 없다. 문화의 개방성과 다원주의를 우월한 역사 가치로 내세우는 것도 우리 시대의 이념과 가치 그리고 역사에 대한 이해를 반영한다. 그러므로 문화의 이종교배와 개방성이 역사 발전의 배경이 되었다는 명제를 보편화시키는 데는 더 많은 논리적 성찰이 요구되는 것이다. 라틴아메리카의 경우는 어떤가? 푸엔테스(C. Fuentes)는 이종교배를 라틴아메리카 문화의 본질로 파악하면서, 그 뿌리를 삼색 문화 융합을 힘의 원천으로 이베리아 반도를 통일하고 아메리카 원정에 성공한 스페인 역사의 다원주의 전통에서 찾는다.[3] 그러나 푸엔테

3) 『라틴아메리카의 역사』, 까치, 1997, 4장.

스의 말대로 아메리카로 원정한 카스티야와 아라곤의 정복자, 수도사, 저술가, 기록관들이 스페인 다원주의 역사의 후예들이었다 하더라도, 그래서 라틴아메리카 원주민-타자들을 정복하고 파괴하면서도 인도적 관용과 문화적 혼혈의 기회를 갖게 하였다 하더라도, 오늘날 라틴아메리카 문화 혼혈의 역사는 아직 발전적 문명을 꽃피우는 데 이르지는 못한 것이다.

† 참고문헌 †

엘리엇, 존 H., 『스페인 제국사 1469-1716』, 김원중 역, 까치, 2000.

__________ 편, 『히스패닉 세계. 스페인과 라틴아메리카의 역사와 문화』, 김원중 외 역, 새물결, 2003.

카, 레이몬드 외, 『스페인사』, 김원중 · 황보영조 역, 까치, 2006.

푸엔테스, 카를로스, 『라틴아메리카의 역사』, 서성철 역, 까치, 1997.

Braudel. F., *La Mediterraneé et le monde mediterraneen a lépoque de Phillippe II*, Paris: Librarie Armand Colin, 1949.

스페인 가톨리시즘의 빛과 그늘

정선옥 서울대학교 강사

1. 스페인의 종교적 이데올로기의 형성과정

도스토예프스키의 소설 『카라마조프 씨네 형제들』에는 이반이라는 등장인물이 지은 서사시가 삽입되어 있다. 흥미로운 것은 이 서사시가 16세기 스페인의 종교재판을 그 시대적 배경으로 하고 있다는 점이다. 서사시에서는 국왕, 신하, 기사, 추기경, 궁녀들, 그리고 모든 일반 시민들이 지켜보는 가운데 대심문관이 100여 명도 넘는 이단자들을 "하느님의 영광을 위해(ad majorem gloriam Dei)" 화형시킨다. 그리고 바로 그 다음날, 불에 그을린 신음이 떠도는 세비야의 거리로 고통스러운 삶 속에서도 자신을 끈질기게 사랑하는 민중들을 구원하기 위해 예수가 재림한다. 정체를 밝히지 않은 채 조용히 모습을 나타내지만 신기하게도 세상 사람들은 한결같이 그분을 첫눈에 알아보게 되고, 자신을 추종하는 수많은 인파와 함께 예수는 종교재판의 상징이라고 할 수 있는 대심문관과 성당 앞에서 극적으로 조우한다. 물론 예수는 그의 대리인 격인 대심문관의 지시에 의해 체포되어 감옥에 갇히는 아이러니한 운명에 처하고 만다. 이윽고 밤이 되자 대심문관이 홀로 감옥으로 찾아와, "당신이 그분이오?"라며 예수에게 '심문'을 시작하지만 대답을 미처 듣기도 전에 "아무 대답도 하지 마시오. 입 다무시오. 당신이 무슨 이야기를 할 수 있겠소? 난 당신이 무슨 이야기를 하려는지 잘 알고 있소. 그리고 당신은 예전에 이야기한 것 이외에 다른 이야기를 덧붙여 설교할 권리가 없단 말이오. 당신은 어째서 우릴 방해하러 온 거요? 당신이 우릴 방해하러 왔다는 것은 당신 자신이 잘 알고 있소. 하지만 당신은 내일 무슨 일이 일어날지 알고 있기나 하오? 난 당신이 누군지 모르오. 알고 싶지도 않소. 당신이 그분이든 그분으로 위장한 자든, 난 내일 형을 선고해서 가장 사악한 이교도로서 당신을 화형에 처할 것이오. 오늘 당신 발에 입을 맞춘 사람들은 내 손짓 하나에 따라 화형대에 장작을 집어 던질 거요. 당신은 그런 사실을 알고 있소?"라고 말하는 부분에서 서사시는 그 절정에 이른다. 도스토예프스키에 의한 이러한 '악마적인' 상황설정은 정상적인 궤도를 이탈한 채 맹목으로 치닫던 스페인 종교재판의 비이성적 · 반종교적 단면을 신랄하게 비틀어서 보여 주는 좋은 예라고 할 수 있겠다.

비록 종교재판이 유럽 전역에서 성행하였다고는 하나 스페인의 그것처럼 폭력적이고 '악마적으로' 진행되지는 않았다. 이처럼 역사상 유례를 찾아보기 힘들 정도로 엄혹했던 종교재판에서 어렵사리 유추할 수 있듯이 스페인 역사와 문화에 가톨릭이 끼친 영향은 실로 지대하다. 스페인 역사의 정밀한 이해는 종교적 접근을 통해서 가능하다고 해도 과언이 아닐 것이다. 가톨리시즘의 빛과 그늘을 따라 스페인 사회가 부조되었다고 해도 지나치지 않는 것이다. 그렇다면 이제 스페인이 어떠한 정치적 · 문화적 환경 속에서 가톨릭 국가를 대표하는 나라로 자리매김할 수 있었는지를 역사적인 맥락을 짚어 가며 한 번 살펴보도록 하자. 물론 스페인에서의 가톨릭 이데올로기의 형성과정은 다양한 각도에서 다층적으로 분석 · 설명될 수 있겠지만, 여기서는 가톨릭이 공존하던 유대교도나 이슬람 교도와 어떠한 방식으로 불화하며 차이를 드러내는가에 천착하면서 고찰하도록 하겠다. 711년에 코바동가 전투를 도화선으로 시작된 국토수복전쟁은

"가톨릭 양왕(Reyes Católicos)"이라고 불렸던 카스티야의 이사벨 여왕과 아라곤의 페르난도 왕이 1492년 이슬람 세력을 최후의 거점인 그라나다에서 축출함으로써 마침내 완성되었다. 오늘날의 스페인 국기에도 이러한 국토수복정신을 찾아볼 수 있는데 노란색은 스페인 인들이 그토록 되찾기를 갈망했던 대지를 상징하고 빨간색은 이슬람 세력으로부터 되찾기 위해 흘린 피를 표상한다. 무려 700년이나 지속되었던 이 국토수복전쟁에서 스페인 인들의 정신적인 구심점 역할을 했던 것이 바로 가톨릭적 세계관이었다. 스페인 인들의 역사적 전통이나 문화적 정체성은 무엇보다 가톨리시즘에 그 뿌리를 두고 있다고 간주되는데 이는 스페인이 영토를 회복하면서 근대국가로 탈바꿈하는 과정에서 정신적인 기반으로서 종교적 통일의 필요성이 절실해지면서부터 구체화되기 시작했다. 이베리아 반도에서 이슬람 교도를 축출하면서 자신감으로 충만된 가톨릭 양왕은 정치적 · 종교적 통일국가를 지향하며 대외적으로는 전 세계를 가톨릭으로 개종시키고자 하는 야망을 품었고, 내부적으로는 이교도들을 가톨릭으로 개종시키거나 국외로 추방시켰다.

그러나 이런 상황이 도래하기 전 중세 스페인에서는 오히려 기독교도, 유대교도, 그리고 이슬람 교도들 간에는 평화로운 공존이 유지되었다. 1215년 제4차 라테란공의회를 기점으로 여타 서유럽 국가들에서는 유대인들에 대한 차별이 본격화되었고, 13세기 말에 이르러서는 유대인들이 영국과 프랑스에서 추방된다는 역사적 사실에 주목한다면, 스페인에서의 유대인과 가톨릭 교도의 우호적인 관계는 극히 예외적인 경우로 간주될 수도 있을 법하다.

스페인 종교사를 가톨릭 교도들과 유대인들 사이의 정치적 · 사회적 · 정서적 친소관계를 중심으로 살펴보면, 우선 앞서 언급했듯이 스페인이 로마 지배하에 있던 4세기경에 이베리아 반도에는 많은 유대인들이 가톨릭 교도들과 어울려 별다른 종교적 · 사회적 갈등 없이 살았음을 확인할 수 있다. 그러나 이후 8세기 초, 아랍 인에 의해 이베리아 반도가 정복되는 과정에서 유대인들이 친 아랍적인 성향으로 가톨릭 교도들이 아랍 인들의 지배하에 들어가는 데 일조했다는 혐의를 받으면서 유대인과 가톨릭 교도들과의 관계는 악화되었다. 하지만 11세기에 이르러 다시 수복한 영토를 안정적으로 지배하기 위해 보다 많은 인구와 군사력을 필요로 했던 가톨릭교 지배자들은 유대인의 정치적 · 경제적 · 군사적 유용성을 새삼 인식하게 되었다. 따라서 이베리아 반도에 거주하던 유대인의 수는 이 시기에 오히려 눈에 띄게 증가하게 된다. 유대인들이 역량을 발휘한 분야는 체면을 중시하며 가톨릭 교인들이 폄하했던 경제활동분야와 고도의 숙련된 기술을 필요로 하는 직업들에서였고, 이들은 중세 이베리아 반도의 경제적 토대를 형성하고 있었다.

비교적 원만한 상태를 유지하던 유대인과 가톨릭 교도의 관계는 13세기 중엽에 이르러 다시금 갈등국면으로 접어들게 된다. 그리고 국토수복전쟁의 진행과정 그 자체가 궁극적으로는 유대인에게 불리하게 작용했다. 국토수복전쟁이 진행되는 동안 유대인은 강력한 왕권의 비호를 받고 있었지만 이 시기에 이르러 그라나다 지역을 제외한 대부분 지역에서 전쟁이 종결되어 감에 따라 국왕과 도시들 사이의 유대는 약화되고, 이러한 와중에 유대인에 대한 국민적 반감은 표면화되기 시작했다. 아울러 국왕과 유대인의 관계와 도시민들과 유대인의 관계 또한 사뭇 다른 양상을 보여 주고 있었음을 지적할 수 있겠다. 국왕의 입장에서 보면 자신의 이해관계에 따라 기회주의적으로 행동하는 가톨릭 귀족 집단과는 달리 근면하면서도 충성스러운 유대인들을 더욱 신뢰할 수밖에 없는 정치적 상황이었다. 그래서 유대인의 사회적 지위와 영향력은 국왕의 비호 아래 나날이 확대되었다. 반면에 도시민 입장에서 보면 자신들과는 차별되는 종교적 입장을 취하면서도 국왕이 제공하는 특권을 향유하던 유대인의 존재가 눈엣가시처럼 보였을 것이다. 비록 가톨릭 교도들이 국토수복전쟁이라는 특수한 상황 때문에 공적인 이슬람 교도들에 대항해 유대인들과 정치적 · 군사적으로 연대하고는 있었지만, 그들 사이에 팽배했던 반 유대정서는 사회적 분출구를 끊임없이 찾고 있었다. 도시민들의 의견이 코르테스라는 신분의회를 통해 결집되면서 유대인에 대한 불만이 고조되었고, 13세기에 새롭게 만들어진 대표적인 탁발 수도교단인 도미니크 수도회와 프란시스코 수도회가 유대인들을 개종시키고자 하는 적극적인 의지를 표명하고 나섰음에도 불구하고 유대인들의 완강한 저항에 부딪혀 이러한 일련의 노력들은 결국 모두 수포로 돌아가고 만다. 이 과정에서 도시민들은 유대인들이 그들과는 생래적으로 이질적인 정체성을 지닌 집단이라고 확신하기에 이른다. 이때부터 도시를 중심으로 유대인의 특권에 이의를 제기하는 움직임이 집단화되기 시작하였고 급기야는 폭력사태로 번져 가기도 했다. 유대인을 보호하고자 하는 국왕과 그들의 세력을 약화시키고자 하는 도시민들 사이에는 대립과 긴장관계가 형성될 수밖에 없었다.

경제적인 어려움과 사회적인 혼란에 때맞춰 전염병이 창궐하여 유럽 전역을 휩쓸었던 14세기 중엽에 와서는 유대인들의 입지 또한 크게 약화되는데 이러한 일련의 사회적 난맥상은 1391년 유례없는 폭력사태를 동반한다. 같은 해 세비야에서 시작된 유대인 학살사건은 유행병처럼 빠른 속도로 스페인 전역으로 번져 갔으며 남녀노소를 불문하고 수많은 유대인들이 무참하게 학살되었다. 성난 도시민들은 유대인들에게 먼저 가톨릭으로 개종할 것을 강권하고 만일 이를 거부하면 가차 없이 학살하였다. 이른바 길거리 종교재판이 자행되었던 것이다. 학살과 약탈에 직접 가담한 폭도들은 주로 서민들이었지만 그중에는 도시 과두 귀족, 하급 성직자들 또한 상당수 포함되어 있었다. 정부와 대귀족들이 유대인의 편에 서서 폭동을 진압하려고 했지만 수포로 돌아갔고, 폭력사태에 부정적인 입장을 견지했던 도시 참사회들 역시 전면에 나서서 사태를 수습할 엄두는 감히 내지 못하였다. 이때의 폭동으로 만 명 이상의 유대인이 희생되었으며 특히 유대인이 많이 거주하고 있던 안달루시아에서의 인명, 재산 피해 규모가 가장 컸다. 이 폭동은 국왕의 개입에 의해 겨우 진정국면으로 접어들기는 하였으나 갈등과 증오의 뿌리까지 제거하기에는 역부족이었다. 이후로도 여러 차례 유대인을 대상으로 하는 '차별법'이 제정되었는데 그 내용과 취지는 오를 수 있는 관직과 종사할 수 있는 직업을 제한하여 유대인들의 운신의 폭을 제도적으로 제약하는 것이었다.

이러한 일련의 사회적 움직임과 병행하여 반강제적인 성격의 개종 사업도 활발하게 전개되었다. 어림잡아 14세기 말부터 15세기 초 사이에 10만 명에 달하는 유대인이 개종에 동의했다. 자신들의 종교적 신념을 포기하고 가톨릭으로 개종한 유대인들은 "콘베르소"라고 불려졌는데, 물론 이렇게 콘베르소가 되었다고 해서 사회적 · 종교적 소수자라는 멍에와 낙인을 일거에 제거할 수는 없었다. 개종을 통해 콘베르소들은 전통적으로 유대인들이 종사해 왔던 경제 및 상업과 연관된 직업 이외에도 행정, 사법, 군인 심지어는 교회의 성직에까지 진출하여 이전 시기보다 더 많은 권리와 혜택을 다시 누리게 되었고, 이러한 상황은 조상대대로 가톨릭을 신봉했던 구기독교인들의 분노를 촉발시키는 또 다른 갈등 요인으로 작용했다. 강제로 개종한 유대인들을 지칭하고자 할 때 콘베르소라는 단어 대신에 돼지를 의미하는 '마라노스(Marranos)'를 사용하였다는 사실을 통해서도 그들에 대한 변함없는 사회적 적대감을 엿볼 수 있다.

가톨릭 양왕이 종교재판소를 설립한 1478년부터 강제 개종을 당한 무어 인들을 다시 북아프리카로 추방한 1609–1611년에 이르는 기간에 국왕과 교회는 초기 형태의 근대 국가 건설과 종교적 통일국가를 달성하는 데 성공했다. 1492년에 이르러 개종과 추방 사이에 선택의 기로에 놓여 있던 약 5만 명의 유대인들은 '신분세탁'을 위해 가톨릭으로 개종하여 콘베르소가 되었고, 적게는 10만 명에서 많게는 20만 명에 달하는 유대인들이 개종을 거부하고 스페인을 떠난 것으로 추정되고 있다. 이렇게 가톨릭 양왕은 사회 내부에 증폭되어 가는 반 유대정서를 해결하기 위해 추방과 종교재판이라는 두 가지 방법을 선택한다. 왜냐하면 앞에서도 지적했듯이 종교적 통일이 수반되어야만 효율적인 통치가 가능하다고 판단했기 때문이다. 스페인 근대 종교재판소는 일반적인 의미의 이단 행위를 겨냥한 것이라기보다 가톨릭 교도로 개종한 유대인들, 즉 콘베르소들 중 비밀리에 과거의 신앙 행위를 고수하고 있는 사람들을 발본색원하기 위해 만들어진 종교 검열기구였다. 아울러 1480년에 스페인에 종교재판소가 설치된 보다 직접적인 동기는 당시 사회적 비등점에 도달했던 콘베르소들에 대한 가톨릭 교도들의 적대감을 '제도적으로' 해소시켜 줌으로써 파국적인 상황을 조기에 차단 · 방지하고 시민들을 지배체제 아래 묶어 두려는 데에 있었다고 볼 수 있겠다. 콘베르소들에 대한 가톨릭 교도들의 적대감은 종교적 이유보다는 오히려 세속적 동기, 즉 사회적 · 경제적 요인에 더 크게 기인하고 있었다고 보는 것이 타당할 것 같다. 왜냐하면 콘베르소들은 적어도 종교적으로 볼 때 종교재판소 설치 당시 대부분 가톨릭으로 개종하여 가톨릭 교도로써 지켜야 할 의무와 책임을 다하고 있었기 때문이다. 그리고 반유대주의자들이 그들을 사이비 가톨릭 교도로 몰고 간 것은 자신들의 적대감과 폭력을 합리화하려는 한 방편이기도 했었다. 종교재판은 유대교를 신봉하는 콘베르소들을 식별할 수 있는 정교하게 만든 목록을 작성했으며, 그들 중 일부는 1519년 발렌시아에서 종교재판관인 안드레스 데 팔라시오에 의해 공포된 "믿음의 칙령"에 포함되어 있다. 가령, 토요일에 깨끗한 옷으로 갈아입거나 다른 날보다 더 좋은 의복을 입는 사람,

금요일에 토요일을 위한 음식을 준비하는 사람, 조그마한 불에 냄비로 스튜 요리를 하는 사람, 금요일 저녁과 토요일에 일을 하지 않는 사람, 금요일 저녁에 새 심지를 끼운 깨끗한 등에 불을 밝히고, 깨끗한 침대보와 식탁 냅킨을 사용하는 사람이라는 식으로 의심할 만한 콘베르소의 행위들을 세세하게 명기해 두었다. 이외에도 평소에 먹는 식품에 대한 규정도 있었는데 무교병의 절기를 지키고, 무교병과 샐러리와 쓴 나물을 먹지만, 절인 돼지고기, 토끼, 달팽이, 비늘이 없는 물고기를 먹지 않는 사람은 의심의 여지가 있다고 규정하고 있었다. 이외에도 시체를 목욕시키는 행위, 누구든 어떤 집에서라도 종교적 의식을 행할 목적으로 모이는 것 혹은 방언으로 성서를 낭독하거나 혹은 다른 유대인의 의식을 행하는 자를 알고 있다면 종교재판에 회부해야 한다고 명시하고 있다.

한편 유대인보다 수적으로 더 많았던 이슬람 교도들은 주로 도시가 아닌 시골에 주로 거주하며 생활을 영위했기 때문에 1526년까지 종교재판소는 무어 인들에게는 별다른 조취를 취하지 않고 있었다. 그러나 1550년 이후 무어 인들에 의한 해적활동이 사회적 불안을 야기시키는 요인으로 등장하자 종교재판의 화살 또한 본격적으로 무어 인들을 겨냥하게 되었다. 가톨릭교로 개종한 이슬람 교도는 "모리스코스(Moriscos)"라고 불렸고, 개종하지 않은 이슬람 교도는 스페인에서 추방되었는데, 통계에 의하면 1502년에서 1615년 사이에 무려 300만 명의 이슬람 교도가 스페인을 떠났다고 한다.

종교개혁 이후 개신교도들도 종교재판으로부터 자유로울 수 없었는데 희생자 중에는 1540년 스페인에서 화형을 당한 최초의 개신교도이자 스페인 사람인 프란시스코 데 산 로만(Francisco de San Roman)과 같은 인물도 있었다. 한편 교역을 위해 스페인에 들렀다가 종교재판에 회부된 선원들도 있었는데, 1565년에는 26명의 영국인이 화형을 당하고 약 200여 명

정도가 수감되는 일도 벌어졌다. 경제적인 폐쇄성으로까지 비쳤던 이러한 종교재판의 폐해는 스페인과 무역 상대국 간에 정치적 · 외교적 분쟁을 야기하는 요인이 되기도 했다. 한 예로 분쟁 당사국이었던 영국은 스페인과 1604년에 런던 조약을 체결하고 자국 국민을 스페인 국왕이 종교적인 문제로 처벌하는 것을 금지시키는 데 성공했다. 그러나 이 조약에는 예외 조항이 삽입되어 있었다. 즉, 스페인에 입국한 영국 국민은 공연한 추문을 일으키지 않아야만 안전할 수 있으며 만약 그렇지 않을 경우엔 종교재판의 대상이 될 수도 있다는 것이었다. 이처럼 엄격한 스페인의 종교 재판은 다른 한편으로는 개신교회가 스페인에서 '부흥' 할 수 없었던 일차적인 원인으로 작용했다. 가령 1550년경에는 종교재판에 의해 당시 형태도 채 갖추지 못하고 있던 소수의 루터파 집단이 추방되기도 했다. 다른 유럽 국가들에서는 계몽주의와 실용주의의 영향을 받아 종교적인 소수파들에게 제한적이나마 관용을 베풀었으나 스페인의 경우 이런 최소한의 자유마저도 허용되지 않았다.

다음으로 종교재판의 형식에 대해 살펴보면 종교재판 시 가장 가혹한 형벌은 재산몰수나 화형이었다. 이러한 형벌은 이단이라고 판단되는 죄인이 이단의 철회를 거부하는 경우나, 가톨릭으로 개종한 적이 있었지만 다시 본래의 종교로 되돌아간 이단자들의 경우에 해당되는 것이었다. 이들을 여러 가지 처형 방법 중에 화형에 처하는 것은 교회는 피 흘리는 일을 해서는 안 된다는 원칙 때문이었다. 형의 집행도 교회에서 직접 나서지 않고 세속 당국에 넘겼다. 그리고 화형을 당한 이단자들의 가족 재산은 일반적으로 당국에 몰수되었고, 이들의 후손이 공직에 오를 수 있는 길 또한 제도적으로 제약되었다. 게다가 가톨릭 교회의 수도원에 들어가거나 의사, 교사, 변호사는 될 수 없도록 규정하고 있었다. 이렇게 갈수록 엄격해진 종교재판의 영향으로 인해 스페인 사회는 조상부터 대대로 가톨릭을

1815년 〈나체의 마하(미녀)〉를 설명하도록 종교재판에 소환된 적이 있었던 프란시스코 데 고야(Francisco de Goya)가 그린 〈종교재판 *La Inquisición*〉

신앙으로 한 구기독교인과 개종을 통해 새롭게 가톨릭 신자가 된 신기독교인으로 양분되기에 이르렀다. 이들 사이에는 전술한 바와 같은 차별이 사회화되었고 이로 인해 신기독교인이면서도 구기독교인처럼 위장하며 살아가는 사람들이 속출하는 진풍경을 이루었다. 종교재판은 19세기 초까지 지속되었으며 종교재판의 마지막 희생자는 1826년 학교 교장의 신분으로 이신론자의 교리를 가르쳤다는 혐의로 교수형에 처해진 카예타노 리폴이었다. 이후 1834년에는 황태후 크리스티나에 의해 종교 재판소의 활동이 금지되고, 1860년에 이르러서야 비로소 신교도인과 구교도인의 구별이 공식적으로 폐지되었다. 이러한 종교적 관용과 통합의 원칙은 1869년에 마침내 입법화되었다.

엄격했던 종교 재판과 그 영향은 가톨릭을 디딤돌로 삼아 정신적 · 종교적 통일 국가를 달성하여 스페인을 근대 국가로 탈바꿈시킨다는 정치적 · 사회적 목적을 성취하는 데는 아주 효과적이었다. 가톨릭의 입장에서 보면 이단이면서도 끝까지 개종하기를 거부했던 카타리파는 14세기경에 거의 완전히 소멸되었으며 17세기에 이르러서는 스페인에서 추방되어야 할 그리스도 인들이 표면상으로는 더 이상 존재하지 않게 되었다. 결국 새로운 기독교의 큰 흐름이었던 프로테스탄트 종교개혁운동이 이탈리아에서처럼 스페인에서도 확고한 입지를 마련하지 못하게 되었다. 그러나 종교재판과 지식검열이라는 형식을 통해 온실의 화초처럼 양육된 스페인 가톨릭은 자유주의 사상이나 사회의 제반 변화로 야기된 도전에 대처할 만한 내성을 지니지 못했다는 한계를 노출하기도 하였다. 즉 새로운 사상이나 조류에 대한 적대감과 보수적인 성향을 드러내곤 하였다.

2. 황금세기의 종교사상과 문화예술

르네상스 시기에는 중세와는 달리 순수한 복음의 정신을 되살리고자 인간적인 것과 초자연적인 것의 구분을 강조하게 된다. 루터와 캘빈을 중심으로 교황의 절대적 권위에 반대하면서 새로운 종교적 대항마의 성격을 띠었던 프로테스탄트 종교개혁이 바로 이러한 흐름을 대변했다고 할 수 있겠다. 프로테스탄트 종교개혁의 움직임이 한층 더 구체화되고 있었던 무렵의 가톨릭 교회는 성 베드로 성당 건립을 위한 면죄부 발행과 수도자들의 물질적 · 세속적 타락, 그들에 의한 민중의 착취로 인해 매우 혼탁한 상태였다. 이러한 일련의 가톨릭의 대내외적인 도전에 응답하여 트리엔트 공의회(1545−1563)가 소집되었고 그 결과 '대항종교개혁(Contrarreforma)'이 선포되기에 이른다. 당시 전통적인 가톨릭 국가의 수장 역할을 담당했던 스페인은 대항종교개혁을 발판으로 가톨릭 쇄신운동을 주동적으로 전개하게 된다. 당시의 스페인 국왕이자 사색적이고 종교적인 인물이었던 펠리페 2세는 선대국왕부터 존재했던 금서목록에 포함되거나 가톨릭 정통 교리에 반하는 혹은 개신교와 연관된 서적들에 대한 검열을 강화하는 등

더욱 노골적으로 종교에 개입하게 된다. 그리고 가톨릭 정화와 개혁운동을 논할 때 결코 빼놓을 수 없는 것이 바로 예수회이다. 예수회는 개신교와 가톨릭의 분열과 대립이 극심할 당시 가톨릭 교회의 쇄신과 정통 신앙을 옹호하기 위해서 만들어진 수도회로서 구체적인 실천덕목은 하느님의 은총으로 말미암아 회원 자신뿐만 아니라 이웃의 구원과 완덕을 전심전력으로 추구하는 데 있었다. 예수회의 행동양식은 영신수련을 통해 가난하고 겸손하신 그리스도를 인격적으로 영접하고 무조건적으로 따르는 전적인 자기 헌신으로 요약될 수 있다. 이 회의 기본정신은 창립자의 의지에 따라 회원 각자의 인격적 완성을 도모함과 아울러 활발한 종교 · 교육 · 문화 사업을 통하여 높은 도덕심과 인내력을 배양하고 또 한편으로는 소명에 따르는 생활을 할 수 있게끔 이웃에게 간단없이 봉사하는 것이었다. 그리고 이 예수회의 가장 큰 업적으로는 유럽 지역뿐만 아니라 전 세계적으로 펼쳐진 선교활동을 첫손으로 꼽을 수 있을 것이다. 예수닮기 영성수련을 근간으로 하는 이 예수회의 설립자는 '심령의 조명' 을 경험하고 '영성식별' 의 의식을 체득한 스페인 출신의 이그나시오 로욜라(1491-1556)였다. 그는 또한 라틴어로 『영성수련』(1548)을 출판하여 16세기 신앙 저술을 풍성하게 하는 데 크게 기여했다. 이 책은 영적인 지도자들인 수사들을 지도할 입문서로 활용하고자 집필한 것으로 구체적으로는 예수에 대한 지극한 순명을 강조하고, 그분을 묵상하고 본받고 따르려는 '청빈' 하고 '겸손' 한 신심에 방점을 두고 있다. 즉, 하느님의 직접적 현존을 '또렷하게' 체험하는 '은총' 에 의해 이 세상에서 신이 개개인을 위해 갖고 계신 특별한 계획과 영성에 눈뜨게 한다는 데 목적이 있었다. 여기에도 신비주의적인 요소가 존재하긴 했지만 실제적인 영성이 강조되었다. 로욜라의 이 저작은 16세기의 종교 갈등 속에서 예수회의 정체성을 만들어 내는 데 중대한 기여를 했다. 또한 산타 테레사 데 헤수스와 후안 델 라 크루스가 갈멜

교단을 설립하는 것으로 대항종교개혁의 흐름은 구체화되어 나타난다. 그러나 스페인도 종교개혁이라는 새로운 물결로부터 자유로울 수는 없었는데 가장 큰 영향을 행사한 인문주의자들 중 한 사람으로 에라스무스를 들 수 있겠다. 직선적이고 공격적인 루터와는 다르게 정확한 성경 읽기의 강조와 개인의 도덕적이고 영적인 자질에 바탕을 둔 신앙을 옹호한 에라스무스의 사상은 당대 스페인 지식인 사이에서, 특히 인문주의 문화와 성서학의 전당인 알칼라대학에서 열렬한 환호 속에 수용되는 양상을 보여준다. 그러나 종교재판의 영향으로 스페인에서 에라스무스 사상의 영향은 점차 약화되어 가는 운명에 처한다.

또한 문학적인 측면에서는 다른 지역보다 늦게 출현했으나 양적으로나 질적인 면에서 풍요로운 면모를 보여 주는 신비주의 문학이 16세기에 등장하는데 이는 영성의 발달에 크게 기여했다. 신비주의는 유럽 중세를 특징적으로 표현하는 요소라고 할 수 있는데 이러한 움직임이 문학의 한 흐름으로 형상화된 것은 스페인의 고유한 특성이라고 할 수 있다. 고행주의는 신의 은총에 의해서 미덕의 실행과 열정을 제어함으로써 정신의 보다 높은 경지에 이르려는 인간과 개인의 노력을 말한다면 신비주의는 고행주의보다 더 높은 단계로 신과의 친밀한 영혼의 합일을 열망하는 것으로 완전한 절대적 신의 세계 즉 다른 삶에 이르는 길을 말하며 개개인의 노력에 의한 것이라기보다 신의 의지에 복종하는 데서 비롯된다. 다시 말해 고행주의는 신비주의에 이르기 위한 한 단계라고 볼 수 있다. 이들의 최후의 목적인 정신적인 합일의 환희를 얻기 위한 과정은 다음 세 가지로 나누어 살펴볼 수 있다. 첫째, 정화의 길(Vía purgativa)인데 고난을 이겨내고 금욕을 하는 고행의 단계다. 이때 영혼은 기도와 고행에 의해 악으로부터 정화되며 인간의 의지가 결정적인 요소로 작용하는 단계라고 할 수 있다. 둘째, 계시의 길(Vía iluminativa)은 신비주의의 단계로 분류되며 이전의 속박에서 벗어난 영혼은 성령을 받게 되고 신의 존재를 환희로 받아들이게 된다. 셋째, 합일의 길(Vía unitiva)은 신과의 내적 합일에 이르는 최후 단계이며 궁극적으로 신비주의에서 추구하는 가장 이상적인 단계다. 세속적인 가치들은 더 이상 아무 의미도 지니지 못하며 영혼은 절대적 사랑과 계시에 반응하고 신과 합일하게 된다. 신비주의자들은 영혼과 신이 접촉하는 이 단계에서 언어로 형용할 수 없을 정도로 감격적이고도 황홀한 순간을 경험하게 된다고 주장한다.

스페인 신비주의 문학은 메넨데스 이 펠라요(Menéndez y Pelayo)에 의하면 16-17세기 동안 3,000권에 이를 정도로 방대한 분량인데 대항종교개혁기이기도 한 펠리페 2세 시대에 정점에 이르렀다가 17세기에는 쇠퇴한다. 절정기에는 계시주의가 억제되고 내적 신앙심이 갈멜회의 신비주의자들 사이에서 강조된다. 다음으로는 대표적인 신비주의 작가로 거론되는 산타 테레사와 산 후안 델 라 크루스의 문학세계에 대해 간략하게 살펴보기로 하자.

산타 테레사는 갈멜 수도회를 젊은 나이에 세우기도 한 여장부 스타일의 수녀로 수도생활의 틀 속에서 영적인 합일을 이루어 내기 위한 필수 요소로 기도의 중요성을 강조하였다. 대표작인 『내면의 성 *Castillo interior*』을 비롯한 작품들에서 솔직 담백한 문체가 두드러지며 이를 통해 독자들에게 친숙하게 다가간다. 그녀는 기도 중에 주님의 손이나 얼굴 같은 신의 형상을 접하면서 점점 신비주의 체험에 다가가고 어느 날 자신의 머리 위에 비둘기 한 마리를 보게 되는데 비둘기라는 상징을 통해 자신이 주님의 사랑을 듬뿍 받고 있다는 사실을 깨닫게 되었다고 말한다.

정열적인 면모를 지녔고 체계적인 학문적 배경을 지니고 있지 않았던 산타 테레사와는 달리 산 후안 델 라 크루스는 전형적인 학자형의 수도자로 박학다식했다. 25세의 명민한 청년 산 후안은 52세의 산타 테레사를

기도 중에 자신의 머리 위에서 비둘기 한 마리를 보고
주님의 사랑을 듬뿍 받고 있다고 깨달은 산타 테레사

만나면서 갈멜 수도회의 일을 함께 하기로 결심한다. 그의 종교서에서 보이는 문학적인 세련미와 지적인 정교함은 그를 종교문학의 거장으로 높여주었다. 당시의 문화환경은 그로 하여금 영혼 정화의 각 단계를 영성의 시각에서 재정의하게 함으로써 신비주의에 독창적인 기여를 할 수 있게 해주었다. 그는 다른 저술가들과 마찬가지로 일체의 세속적인 관심에서 영혼이 깨끗해져야만 한다고 믿었지만, 또 일단 그 길로 들어선 뒤에는 '영혼이 자진해 시작한 것을 신이 완벽하게 실현시켜 주는' 시련의 때이자 '영혼의 어두운 밤' 인 수동적인 정화를 거쳐야만 한다고 주장했다. 영혼은 이러한 고난에서 빠져 나오면서 마지막 단계인 '신의 성품' 에 참여하는 단계로 들어가게 된다고 보았다. 산 후안에게 매혹적으로 여겨지는 점은 이러한 영적인 사상들보다는 그의 종교시에서 보이는 서정적이고 은유적인 아름다움에 있다. 이렇듯 스페인의 종교 저술가들은 언어 표현의 재능과 적절한 수사법의 활용이라는 재능을 소유하고 있어 형용할 수 없는 신비체험을 불완전한 언어를 통해서나 최선을 다해 전달하려고 노력하였고 일정 정도 이러한 목적을 작품 속에서 성취해 내고 있다는 데 큰 장점이 있을 것이다.

한편 이 시기에는 성서번역작업도 활발하게 행해지는데, 히메네스 데 시스네로스는 성서학 분야에서 주요 인물로 성경의 정확한 원문을 그리스어와 히브리어, 라틴어 대역판으로 출판하는 거대한 사업에 몰두하여 그 결과물로 『콤플루텐세 대역 성경 *La Biblia Políglota Complutense*』이 1520년에 발간된다. 이는 성서학의 기념비적 저작으로 당시 인문학의 메카였던 알칼라 대학에서 당대를 대표할 만한 걸출한 인문학자들이 합심하여 10여 년의 세월 동안 만들어 낸 역작이었다. 알칼라 대학에서 강의를 하기도 했던 그는 당대의 신학과 철학이 발전하는 데 크게 기여했는데 이러한 흐름에 신학적 사유를 중시한 도미니크회 수사들이 적극적으로 참여한다.

또한 이 시기의 중요한 사건으로는 라틴아메리카의 원주민들에게 복음을 전파한다는 기치하에 행해진 라틴아메리카 정복이 있다. 그로 인해 야기된 원주민들의 인권에 대한 철학적인 논쟁은 격렬하고 공개적인 성향을 보여 주었다. 이러한 논쟁에서 나타난 신학적 · 철학적 쟁점이 대학 강단을 벗어나 국왕의 정책에 직접적으로 영향을 행사한 경우도 있었다. 1492년 콜럼버스의 신세계 도착 이후 1542년 첫 선교사 그룹이 카리브 해에 도착한 시기는 라틴아메리카 복음화의 첫 단계에 해당한다. 스페인의 국왕이 새로운 땅에 대한 순수한 복음화의 의도를 가졌다는 것이 의심할 바 없는 사실이라고 인정하더라도 라틴아메리카를 향해 떠난 많은 사람들 중에는 상업적 목적으로 자극받아 떠난 사람들도 다수였다는 것 또한 숨길 수 없는 현실이었다.

신세계의 정복과 폭력은 1503년 합법화된 엔코미엔다(Encomienda) 체제 안에서 지속되었다. 정복자들의 정착을 도와주기 위해 농장을 만들어 주고 노동력을 제공할 인디오들도 할당해 주었던 이 제도는 토착 원주민의 착취를 가져왔다. 신세계의 처참한 상황은 정복의 산물로서 몇몇 선교사들에 의해 단죄되었으며 이들 선교사들은 "만약 스페인 왕실이 참다운 복음화를 위한 진정한 갈망을 지니고 있다면 십자가와 검을 함께 갖고 가서는 안 된다."라고 주장하기에 이르렀다. 카리브 해의 도미니코 사제들이 취한 복음화의 방법은 하느님의 법과 자연법 그리고 인간의 법에 근거하고 있었다. 1511년 안토니오 데 몬테시노스는 설교를 통해 '그들도 사람인가? 그들에게도 이성적인 영혼이 있는가?' 라는 문제제기를 함으로써 이러한 논의의 장을 여는 역할을 한다. 그는 원주민의 노예화를 저지른 백인들의 죄를 비난하였으며 과감하게 엔코미엔다 제도를 공격하였다. 몬테시노스의 이러한 발언은 스페인 정복자와 상인들의 비판에 직면하게 되었으며 그들은 사과를 요구했다. 이러한 활동은 바르톨로메 데 라스 카사스(Bartolomé de las Casas)에 의해 지속되었다. 도미니코파의 사제였던 라스 카사스는 1566년 사망 시까지 원주민을 옹호하는 입장과 활동을 전개하였다. 그는 식민주의자들이 원주민들에게 가한 학대를 억제할 목적으로 제정된 바 있는 왕령을 확고히 지켜 나가기 위한 지속적인 운동을 전개했다. 또한 원주민들은 유럽 인과 다를 바 없는 평등한 인간이며, 따라서 악한 스페인 정복자들보다 선한 기독교인이 될 수 있는 훨씬 좋은 조건에 있다고 보았다. 그는 일반적으로 주장되어 오던 '문명 대 야만' 이라는 이분법에 근거한 노예신학의 논리를 뒤집는 '악한 스페인 대 선한 인디오' 라는 또 다른 이분법을 제시하였다. 그의 복음화 프로그램은 자유로운 인디오의 공동체를 수립하는 것이었다. 라스 카사스는 자유와 질서는 복음을 선포하기 위한 본질적 조건이며 이러한 조건 위에서 선교와 정신적 성장이 가능할 수 있다고 보았다. 한편 왕실의 입장에 서서 스페인 제국의 팽창주의와 원주민에 대항한 전쟁을 정당화하는 왕실 신학자의 입장은 히네스 데 세풀베다(Gines de Sepúlveda)에게서 확인할 수 있는데 스페인의 대표적인 인문주의자인 그는 아리스토텔레스의 노예론과 정전론을 인용하면서 원주민의 열등성을 선언하고 스페인이 원주민들을 지배하는 것은 스페인의 권리라고 주장하면서 정복 행위를 정당화하였다. 원주민은 인간이 아니고 야만인이며 유럽 인만이 합리적 이성을 지닌 인간이라고 전제한다. 원주민에 대한 세풀베다의 분석은 평등이 아니라 위계라는 전제에서 출발한다. 아리스토텔레스의 『정치학』을 인용하면서 모든 위계는 불완전성에 대한 완전성의, 나약함에 대한 힘의, 악에 대한 뛰어난 덕의 지배에 기초를 두었다고 주장한다. 이 원칙에 근거하여 그는 더욱 이성적인 사람이 다스리고 이성이 결여된 사람들이 노예가 되는 것은 당연하므로 원주민의 노예화는 정당하다는 논리를 편다. 인간불평등에 근거한 신학적 입장은 팔라시오스 루비오스에 의하여 더욱 세련되게 발전한다.

3. 근대를 너머 현대로

황금세기를 지나 18세기에 이르면서 문화적인 변화가 종교적인 사상의 틀 밖으로 발전되는 최초의 시기가 도래하는데 이는 스페인이 근대 자유주의와 자본주의로 이행하는 첫걸음으로 이해할 수 있다. 국가운영에 있어서도 이전 시기와 비교해 볼 때 교회 관계자의 역할이 축소되고 변모되었던 시기였다. 정부나 사회 위계질서는 전통적인 형식을 유지하고 있었으나 지식인들의 태도나 문화의 콘텐츠에는 중대한 변화가 시작된 시기이기도 했다. 이전 시기 합스부르크 왕가에 이어 등장한 부르봉 왕가는 교권에 더욱 적극적으로 개입하여 영향력을 행사하고 싶어 했으며 실제로 성직자의 역할을 한정하고 사목에 초점을 맞출 것을 요구하기도 했다. 교권보다 우위를 점령한 왕권의 예를 극명하게 보여 주는 예로 카를로스 3세 시기에는 자신의 권위에 복종하지 않는 예수회를 추방하는 일까지 있었다. 이 시기 교회는 권력의 보호하에 특별한 이념적 논쟁이나 도전 없이 상당한 경제적 부를 축적하였던 시기였다. 이러한 평안함은 쉽게 종교적 타락으로 이어지기도 했는데 18세기 말에 종교의 부패를 보여 주는 예로서 부활절 영성체 의무를 회피하길 원하는 마드리드의 신자들에게 교회가 직접 나서서 승인서를 판매하는 일까지 있었다. 이러한 교회의 부정적인 모습 앞에 일부 사회개혁가들 사이에서는 교회의 막대한 부를 사회에 환원하여 사용해야 한다는 의견을 개진하기도 했으나 이것은 주장에 그치고 말았다. 프랑스 혁명과 그 후 나폴레옹의 침입으로 야기된 왕정 해체로 인해 왕권과 교권의 보호막이 붕괴되었다.

보나파르트 왕정의 수립(1808)으로 인해 민족 봉기가 발생했으며 스페인 최초의 근대적인 의회인 카디스 코르테스(1810-1813)가 문을 열게 되었다. 여기에서 우리는 이후에도 여러 차례 반복되어 나타나게 될 가톨릭과 자유주의자 사이의 갈등을 목도할 수 있다. 처음에는 카디스 의회를 지지했던 교회 권력은 이후 새로운 헌정 질서 내에서 다수를 차지하고 있던 자유주의자들과 교회의 역할을 둘러싸고 충돌이 벌어지는 불가피한 상황을 연출한다. 자유주의 의원들은 가톨릭을 국교로 재확인하는 헌법(1812)을 통과시켜 여전히 유효한 가톨릭의 세력을 확인시켰으며 국교로서 가톨릭을 반대하는 소수에 대해 엄격한 자세를 보여 주기도 했다. 그들 사이의 갈등은 성직자의 역할을 오직 사목에만 국한하기를 바라는 자유주의자들과 달라진 시대에서도 여전히 경제적 · 문화적 우위를 유지하고 싶어 했던 교권 사이의 수평선을 달리는 것이었다.

19세기에 이르러 스페인 자유주의는 비록 혁명적이라고는 할 수 없었지만, 교회와 국가의 관계를 재정립하는 데 상당 부분 기여했다. 자유주의는 중산층이 지배하는 새로운 사회 내에서 지적인 다원주의를 향한 문을 열어 주었으며 경제적으로 교회로 하여금 막대한 희생을 치르게 한 실용주의 정책을 추구했다. 이전 시기부터 끊임없이 문제시되어 왔던 교회재산이 1835-1860년에 걸쳐 공매로 팔렸으며 다수의 남성 수도회들이 해체되었다. 교회와 스페인의 많은 가톨릭 교도들은 자유주의를 '신과 인간 사회에 대한 반란 행위'로 간주하고 이에 대해 비타협적인 저항을 벌였는데 이는 정치적인 미래를 올바로 예견하지 못하며 변화하는 세계에서 종교의 입지를 새롭게 정립하는 시기를 적절하게 마련하지 못했다는 점에서 불행한 결과를 초래하는 계기로 작용하게 된다.

20세기의 가톨릭 교회는 특히 세기 초에 어느 세기보다도 빠른 역사의 소용돌이에 직면하게 된다. 이전 시기부터 계속된 자유주의의 흐름 속에서 수세기에 걸쳐 차지해 온 부와 특권들 그리고 문화적 우위를 점점 내어주게 되는 숙명 앞에 선 교회는 19세기 말과 20세기 초에 이르자 점차로 이전 시기에 비해 신자들의 수적 감소를 경험하게 된다. 20세기 초에 실시된 한 조사에 따르면 남부 시골의 경우 주민의 5%만이 가톨릭 교도로 활동하고 있었던 것으로 추정된다. 이러한 현상의 원인으로 급진적인 노동 계급 운동에 대한 교회의 적대감이 오히려 더욱 과격한 반교권주의를 출현시키게 된다는 점을 들 수 있다. 1909년 여름 바르셀로나에서 일어난 교회 방화와 1934년 10월 아스투리아스 봉기 당시 일어난 성직자 암살, 공화 진영의 스페인에서 약 7,000명의 사제와 수사들을 사라지게 한 내전의 대학살에서 그러한 실패를 확인할 수 있다. 가톨릭이 그나마 명맥을 유지할 수 있었던 지지기반은 일부 농촌 지역과 도시 중산층이었다. 농촌에서의 종교활동이 공동체적인 성향을 강하게 드러내는 것이었다면 도시에서는 개인적인 성향이 강했다는 점이 차이라고 할 수 있다.

미겔 프리모 데 리베라(1923-1930)의 시기에 권력의 비호하에 잠시 회복되는 듯했던 가톨릭의 위세는 제2공화국(1931-1939)에 이르러 최초로 국가와 교회의 분리를 단행하여 정부와 종교 간의 관계를 사상 처음으로 잠시나마 끊어 놓았다. 하지만 프랑코가 1930년대 스페인 내전에서 승리를 거두자 가톨릭은 1931년 이전에 누려 온 특권들을 되찾아 권위를 더욱 신장시킬 수 있는 기반을 획득하였다. 가톨릭의 주요 지도자들은 프랑코를 가톨릭을 구원하기 위해 신이 보낸 인물이라고 믿었고 이러한 믿음에 보답하기라도 하듯 새 정부는 교회에 전폭적인 지지를 보내며 가톨릭을 정신적인 기반으로 삼아 이전의 황금세기에 스페인이 누렸던 세계적인 위상을 다시 가져올 수 있을 것이라는 우민화 정책을 펴며 20세기의 다양한 이데올로기와 맞서 나갔다. 이에 개신교도들은 끊임없는 수난을 받게 되었고 교육은 다시 가톨릭 교회의 책임하에 행해졌다. 역사의 시계를 거꾸로 돌리는 듯한 이러한 움직임은 외부와의 단절을 통해 세력을 굳건히 하고자 했던 집권 초기에는 가톨리시즘의 공고화에 유리한 방식으로 전개되는 듯 했다. 그러나 프랑코 체제가 어느 정도 자신감을 회복한 뒤 주도한 자본주의적 경제 혁명은 사회의 세속화를 가속시켜 재기독교화를 꿈꾸던 성직자들의 꿈을 실현 불가능한 것으로 변모시켰다.

이러한 경제 혁명의 중심에 서 있던 사람들로 오푸스 데이 회원들을 거론하지 않을 수 없다. 오푸스 데이는 내전 이전 호세 마리아 에스크리바 데 발라게르라는 한 스페인 사제가 설립했다. 이 단체는 전적으로 신앙생활에 헌신하는 수도자들로 구성된 전통적인 수도회와는 달리 주로 학자나 법률가, 교수 같은 전문직에 종사하는 회원들로 구성되었다는 것이 특징이다. 이들은 자신의 삶 속에서 모범적인 모습을 보임으로써 일반 대중을 가톨릭 신자로 이끌수 있다고 생각했다. 사회를 이끌어 나갈 만한 역량을 지닌 전문가집단이자 독실한 가톨릭 신앙인이기도 했던 그들은 프랑코 체제 초기부터 국가의 주요 연구소들을 통제하기에 충분한 영향력을 행사하고 있었다. 1940년대와 1950년대에는 주로 대학교수로 재직하던 이들은 1950년대에는 스페인 고등교육의 25%를 담당하기에 이르렀고 1952년에는 팜플로나에 가톨릭 대학인 나바라 대학을 세우기도 했다. 점점 다양한 분야로 진출하던 회원들은 정부의 경제 요직뿐 아니라 사업가나 정치가로도 활발한 활동을 하게 되었다. 1960년대에 이르러서는 스페인의 경제적 발전을 기획하는 숨은 손의 역할을 하기도 했다. 비밀스러운 조직관리가 특징이기도 했던 오푸스 데이의 회원들이 정부의 주요 공직을 담당하게 되자 스페인 사회 내에서 반대하는 입장과 비판의 목소리가 터져 나왔다.

1970년대 초 무렵 가톨릭의 지위에 변화를 가져올 만한 상황들이 존재하고 있었지만 이러한 변화는 1975년 프랑코가 사망한 뒤에야 구체적으로 표출된다. 프랑코가 사망한 뒤에는 평화로운 혁명을 통해 의회 민주정이 수립되었고 1978년에는 헌법상으로 교회와 국가 간의 명백한 분리가 이루어졌다. 정부가 가톨릭에 일정한 제약을 가하고 있는 것은 사실이지만 아직도 교구 성직자들의 봉급을 지원해 주며 가톨릭 교육기관에 재정을 후원해 주고 있는 실정이다. 오늘날에 이르러서 가톨릭 교회의 미사에는 과거의 향수를 간직한 노인들만이 참여하고 가톨릭에 평생을 헌신하고자 하는 사제를 지망하는 젊은이들을 찾는 것도 쉽지 않은 일이 되었으나 오랜 스페인 역사 속에 묻어 있는 가톨릭의 전통은 여전히 스페인 사람들의 삶의 크고 작은 부분을 지배하고 있는 것으로 보인다. 한 예로 대다수 사람들이 영세에서 종부에 이르는 전통적인 가톨릭 성사의 통과 의식을 준수하고 있으며 1970-1980년에 실시한 한 조사에서 종교활동을 거의 하지 않는 사람들이라 하더라도 가톨릭의 기본 교리는 일반적으로 받아들이고 있다는 것이다. 최근의 한 여론 조사는 젊은이들이 스페인 사회 내에서 긍정적인 역할을 하는 기구로서 정부보다는 교회에 더 많은 신뢰를 두고 있음을 보여 주었다.

오랜 세월 동안 권력과 밀착되어 있던 스페인 가톨릭은 이미 다른 국가들에서는 경험했던 자립의 걸음마를 이제 힘겹게 시작하고 있으며 변화되는 세상 속에서 자신들의 위치를 겸허하게 되묻는 단계에 서 있다. 아메리코 카스트로가 지적하듯, 스페인 역사는 최소한 본질적으로 믿음과 종교적 감성의 역사라고 할 수 있다. 통일을 이룩한 이래 스페인은 가톨릭이라는 종교적 힘에 뿌리를 내리고 거기로부터 자양을 섭취해 자라고 열매를 맺어 온 것임에는 틀림이 없다.

† 참고문헌 †

김춘진, 「세르반테스: 카톨리시즘의 위기와 위기 시대의 문화적 정체성」, 『이베로아메리카연구』 8집, 서울대학교 스페인중남미연구소, 1997.

엘리엇, 존 H. 편, 『히스패닉 세계』, 김원중 외 역, 새물결, 2003.

Callahan, William J., *Church, Pilitics and Society in Spain 1750–1874*, 1984.

Kamen, Henry, *The Spanish Inquisition*, 1776.

Payne, Stanley, *Spanish Catholicism*, The University of Wisconsin Press, 1984.

Sánchez, José M., *The Spanish Civil War as a Reliogious Tragedy*, 1987.

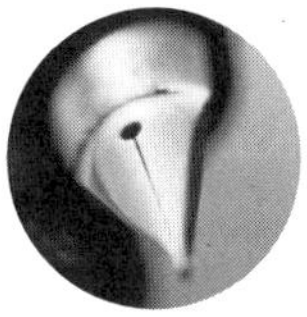

스페인 문학, 새로운 세계와 인간의 발견:
세르반테스를 중심으로

김경범 서울대학교 전임대우연구조교수

1. 들어가는 말

강렬한 태양, 지중해를 따라 끝없이 이어진 휴양지, 플라멩코를 추는 깊은 눈동자의 여인, 사나운 황소 앞에서 죽음과 춤을 추는 투우사, 신대륙 개척과 해가 지지 않는 제국 건설, 그리고 세르반테스, 고야, 피카소, 달리를 비롯한 위대한 예술가들의 조국. 이처럼 스페인의 이미지를 보여 주는 많은 어구들이 있지만 '스페인이란 무엇인가?' 라는 물음에 충분한 답이 되지 못한다. 스페인은 유럽일까, 아닐까? 정체성이란 반도에 거주했던 사람에 대한 문제일까, 아니면 다른 사람과 구별되는 '스페인 사람' 이라는 공유 의식의 문제일까? 스페인은 하나일까, 여러 개일까? 오랜 시간에 걸쳐 이처럼 수많은 질문들을 파생시켰던 스페인의 정체성 문제에 대하여 완전한 결론을 도출하기란 쉽지 않다. 그 이유는 하나의 국가가 수 세기를 두고 고정적인 정체성을 유지할 수 있는지에 대한 근본적인 의문과는 별개로, 스페인 문화의 궤적이 매우 독특하기 때문이다. 다시 말하면 이베로족, 켈트 족, 페니키아, 그리스, 로마, 고트 족, 유대인, 북아프리카의 아랍계 무어 인 등 다양한 집단이 이베리아 반도에 순차적으로 거주하거나 서로 공존했다는 역사적 사실로 인해, 스페인에는 불을 품은 채 물속에 살고 있는 살라망드르처럼 서로 모순적으로 보일 만큼 이질적인 요소가 뒤엉켜 있다. 그 결과 문학에서도 과연 무엇이 정말 '스페인적인 것' 인지 단언하기 어렵다. 다만 스페인 문학사의 저자들이 지적하고 있듯이, 스페인이 유럽을 지배하던 이른바 '황금세기'(16-17세기)의 문학이 후대에까지도 스페인적인 것의 전형이 되고 있다면, 스페인 문학의 특징은 삶과 죽음, 열정과 환멸, 이성과 광기 등 서로 대립적인 요소가 하나로 합쳐졌을 때 나타나는 낯설음, 과장된 몸짓 속에 담긴 처연함, 뭔가가 일어나고 있음에도 불구하고 실제로는 아무것도 일어나지 않아 보이는 의뭉스런 이중성이라고 말할 수 있다. 그리고 이 황금세기의 가장 대표적인 작품이 미겔 데 세르반테스(Miguel de Cervantes, 1547-1616)의 『돈키호테 *Don Quijote de la Mancha*』다.

2. 스페인 문학의 형성과 중세

스페인 문학을 이베리아 반도에 살던 사람들의 문학이 아니라 스페인어 즉 카스티야(Castilla) 지방의 언어로 쓰인 문학으로 한정한다면, 스페인 문학은 스페인어와 그 시작을 같이한다. 스페인어는 문헌상으로 10세기 이전에는 존재하지 않는다. 현재 남아 있는 최초의 문건은 10세기에 기록된 실로스(Silos) 수도원의 문서(Glosas Silenses)와 산밀얀 델라 코골야(San Millán de la Cogolla) 수도원의 문서(Glosas Emilianenses)이며, 이 문건들은 북부 산악 지역에서 태동된 스페인어가 주변의 바스크어와 같은 지방어와 접촉하면서 발전해 오고 있었다는 것을 보여 준다. 그리고 이른 바 문학의 범주에 들어갈 수 있는 작품들은 12세기 이후에 만들어진다. 스페인 문학이 시작된 중세의 문화는 일반적으로 '동서양의 가교' 혹은 이질적인 세 종교—가톨릭, 이슬람, 유대교—의 공존으로 정의된다. 문학에서 서구의 고전 전통과 아랍의 전통이 서로 융합하고 있는 모습은 이슬람 지역에 사는 기독교도의 카스티야어로 기록된 '하르차스(Jarchas)' 라는 서정시의 존재나, 그리스어, 아랍어, 히브리어 텍스트의 라틴어 번역을 담당했던 헤로나(Gerona)의 리폴(Ripoll) 수도원과 톨레도의 번역학교(Escuela de Traductores de Toledo)에서 찾을 수 있다.

스페인 문학의 초기에는 프로방스의 영향을 받은 갈리시아 지방의 서정시를 제외하면, 구술된 서사시가 주류를 형성한다. 서사시는 '후글라르(Juglar)' 라는 만능 공연자가 거리와 광장에서 영웅들의 이야기를 춤, 노래, 연극의 형태로 공연하는 장르와, 사제 출신의 음유시인이 고대 영웅이나 성자의 이야기를 궁정에서 고상한 언어로 노래하는 장르로 나눌 수 있다. 후글라르의 서사시는 지은이를 알 수 없으며 그 대표적인 예인 『시드의 노래 *Cantar de Mio Cid*』에서 알 수 있듯이 실존 인물의 이야기를 사실적으로 그리고 있다는 점에서 프랑스 서사시와 다르다. 12세기 말경에 등장한 사제들의 서사시는 15세기 초반 이탈리아에서 넘어온 새로운 시 형식의 등장과 함께 사라지는데, 이름이 알려진 최초의 시인인 곤살로 데 베르세오(Gonzalo de Berceo)의 『성모의 기적 *Milagros de Nuestra Señora*』과 작자 미상의 『알렉산더 이야기』 등의 작품이 여기에 속한다. 일반적으로 후글라르의 서사시는 일반 민중들에게 재미를 주기 위해서, 그리고 사제들의 서사시는 식자층의 교육을 위해서 읊어졌다고 하지만, 후글라르와 음유시인이 완전히 구별되는 관객과 레퍼토리를 가지고 있었던 것은 아니다. 연극은 대학, 교회, 광장에서 상연되었다. 대학에서는 테렌티우스와 플리니우스의 작품 같은 고전을, 교회에서는 『동방박사 이야기』 등의 제례극을, 그리고 궁정에서는 서정적인 내용의 짧은 연극 작품을 상연했지만 아직 본격적인 연극의 체계를 갖추지 못하였다. 15세기 이전 작품 가운데 현재 남아 있는 작품은 『동방박사 이야기』뿐이다. 그 외에 유럽 사회에 널리 퍼졌던 『죽음의 춤』처럼 종교적인 내용의 알레고리 극이 다수 있다. 스페인에서의 본격적인 연극은 16세기 이후에 만들어진다.

산문에서는 알폰소 10세 시대(1221-1284)에 주목해야 한다. 알폰소 10세와 궁정의 학자들은 역사, 법률, 과학, 오락, 문학 등 다양한 분야의 저술을 남겼다. 노아 시대부터 당대까지의 역사를 기술한 스페인 최초의 역사서인 『일반 연대기 *Crónica General*』와 법률서 『7부 법전 *Siete Partidas*』은 당대 사회를 파악하는 데 중요한 자료다. 또한 이 시기에 이르러 인도 원전을 아랍 세계에서 개작한 『칼릴라와 딤나 *Calila e Dimna*』, 『센데바르 *Sendebar*』, 『발람과 호사팟 *Barlaam y Josafat*』의 번역이 이루어져 중세 교훈담 문학(exemplum)이 널리 유포되었다. 이러한 교훈담 문학의 결정체가 14세기 중반 돈 후안 마누엘(Don Juan Manuel)의 『루카노르 백작 *El Conde Lucanor*』이다. 그리고 비록 작품은 남아 있지 않지만 여러 기록을 통해 존재가 확인된 '잃어버린 장르'에는 아더왕 시리즈(La Vulgata) 등 프랑스의 기사 로망스도 포함되어 있다. 이 장르는 잠시 사라졌다가 16세기 전반기에 기사소설로 부활한다.

3. 황금세기 문학과 세르반테스

대부분의 스페인 문학사는 중세와 르네상스의 경계를 페르난도 데 로하스(Fernando de Rojas)의 『라 셀레스티나 *La Celestina*』(1499)라는 작품으로 설정한다. 그러나 다른 시각에서 보면 이미 15세기 중반부터 새로운 변화의 물결이 외부로부터 들어오고 있었다. 이 변화는 이탈리아 르네상스와의 접촉—스페인적 시각에서는 자생적 르네상스 의식의 발현—과 인쇄술의 발명이다. 15세기 후반 인쇄술의 보급과 '움직이는 글자'로의 기술적 발전은 듣는 문학에서 읽는 문학으로의 엄청난 변화를 촉진시켰으며, 출판업자와 작가들은 문학의 상품적 가치에 주목하기 시작했다. 그리하여 16

세기 전반 스페인 문학에는 특히 소설에서 대중의 욕구를 충족시키기 위한 다양한 장르들이 등장했다. 『아마디스 데 가울라 *Amadís de Gaula*』를 비롯한 기사소설, 목가소설, 센티멘털 소설, 비잔틴 소설, 피카레스크 소설, 무어 인 소설 등이 그것인데, 각 장르가 쇠락한 시기에 따라 정도의 차이가 있지만 이 시기의 소설들은 세르반테스의 문학에 적지 않은 흔적을 남기게 된다. 또한 르네상스 시대의 시는 이탈리아의 시 형식에 스페인어의 운율을 접목하여 새로운 형식을 창조하는 과정에 있었으며, 스페인의 시는 바로크 시대에 와서 공고라(Góngora)와 케베도(Quevedo)에 의해 꽃 피우게 된다. 연극에서는 이탈리아의 콤메디아 델아르테(Commedia dell'arte)의 영향을 받아 그 틀이 마련되었으나, 선풍적인 인기를 끌게 될 스페인 '국민극'은 16세기 말 이후 로페(Lope)와 칼데론(Calderón)에 의해 완성되었다. 16-17세기 동안 르네상스에서 바로크로 이어지는 스페인 황금세기 문학의 흐름 속에서 가장 중요한 작가인 세르반테스는 다양한 장르를 시도했으나 결국 그는 시인이나 극작가라기보다는 소설가로 명성을 얻는다.

미겔 데 세르반테스

그렇다면 무엇이 그를 문학으로 이끌었을까. 이 질문은 후대 비평가들을 갈라놓은 가장 기본적인 분기점이었던 '문학 교육을 받지 못한 세르반테스'라는 문제와 맥을 같이한다. 적어도 20세기 초반까지의 비평가들은 그의 대표작인 『돈키호테』의 가치를 인정하면서도 작품의 의미가 우연의 산물인가 아니면 작가의 철학적 사유가 조직해 낸 구조물인가를 두고 서로 다른 입장을 보여 왔다. 비록 1925년 아메리코 카스트로(Américo Castro)의 기념비적 저작인 『세르반테스의 사상 *El Pensamiento de Cervantes*』 이후 축적된 일련의 연구로 인해 작품이 우연적 결과라는 주장은 자취를 감추었지만, 그의 문학 수업이 언제 어떻게 이루어졌는가의 문제는 여전히 남아 있다. 이에 대하여 불확실하나마 전기적 사실에 기초한 해석이 있지만, 그에게는 삶이 책이었고 살아가는 과정 속에서의 성찰이 작품을 만들어 내었다는 주장이 더 설득력을 얻고 있다. 이탈리아 체류 및 마드리드 귀환 후 성공적이지 못한 문단으로의 편입 과정에서 고전과 당대 이탈리아와 스페인의 문학 작품에 대한 독서는 부차적인 문학적 자양일 뿐이다.

5년 동안 북아프리카에서의 포로 생활을 마치고 돌아온 1580년, 33세의 세르반테스는 관직을 얻기 위해 왕실에 청원을 했지만 이미 관직은 세르반테스처럼 제대한 군인으로 넘쳐나 있었다. 그에게 제일 중요한 문제는 가난이었고 붐이 일기 시작한 연극은 그에게 훌륭한 피난처를 제공해 줄 수 있을 것 같아 보였다. 이렇듯 문학은 그의 삶에 있어서 제2의 선택이었고 그는 자신의 역량을 펼칠 공간이 어디인지 아직 알지 못했다. 그의 첫 작품인 목가 소설 『라 갈라테아 *La Galatea*』(1585)는 세르반테스가 쓰지 않았더라면 후대에 이르러 잊혀지고 말았을 것이다. 첫 작품 이후 58세에 『돈키호테』를 출판할 때까지 20년 동안 세르반테스는 극단과 두 차례에 걸쳐 계약을 하지만 작품이 상연 또는 출판되었다는 기록은 없다. 다만 이 시기에 두 편 이상의 연극 작품과 몇 편의 단편소설을 썼을 것으로 추정된다. 하지만 그의 연극 작품은 변화하고 있는 시대의 조류를 읽어내지 못했다. 로페의 『우리 시대의 새로운 연극 작법 *Arte nuevo de hacer comedias en este tiempo*』(1609)에 나와 있듯이, 당대의 대표적인 극작가들은 관객에게 즐거움을 주기 위해 시학적 제약을 극복해야 한다고 주장하고 있었다. 그러나 세르반테스의 연극은 아직 르네상스 시대에 해석된 아리스토텔레스 시학을 따르고 있었던 것이다. 또한 연극의 언어인 운문도 그의 장점은 아니었다. 세르반테스가 극작가로서 실패를 맛보고 세금 징수원으로서 두 차례의 감옥 생활을 하는 등 경제적 궁핍과 사회적 무기력으로 곤란을 겪던 이 무렵, 스페인도 정치적 · 경제적으로 점점 몰락해 가고 있었다. 세르반테스가 살았던 스페인은 레판토 해전으로 대표되는 대제국의 영광이라는 빛과 국가 경제의 파탄이라는 어둠이 공존하다가 무적함대의 패배로 어둠이 빛을 거의 잠식해 가는 상황이었다. 빛에서 어둠으로의 전환은 유럽의 정치 지형에 있어서도, 세르반테스 개인의 삶에 있어서도 마찬가지였다. 사람들은 빛에 취해 있다가 그 허상에서 깨어나 어두운 환멸로 빠져들고 있었다. 이렇게 시대적으로나 개인적으로 어둠이 짙게 드리워진 황혼 무렵에 『돈키호테』가 탄생했다. 작가가 서문에서 말하고 있듯이 "온 세상의 슬픔과 고통으로 가득한 감옥에서 잉태"되었다고 말하지만, 역설적으로 세상에 나온 작품에는 해학이 가득하다.

4. 현실 인식과 주체

1605년에 출판된 1부와 1615년의 2부로 구성된 『돈키호테』는 서구 문학사에서 중세와 근대의 경계, 최초의 근대 소설, 포스트모더니즘의 배아로 평가되며 현재까지도 끊임없이 새로운 해석이 나오고 있다. 또한 그 해석의 역사만으로도 근대 서구의 문예사를 아우를 수 있으며, 새로운 개념과 방법론이 등장할 때마다 적용의 대상이 되어 왔다. 중세와의 단절이며 동시에 바로크의 전형이었고, 낭만주의와 리얼리즘 그리고 안티 리얼리즘의 모델이었으며 동시에 네오 바로크 또는 포스트모더니즘의 원천이었다. 서구문학에서 이처럼 거의 모순적으로 보일 만큼 다양한 해석의 스펙트럼을 보여 주는 작품은 없다고 해도 과언이 아니다. 주인공은 밤낮 없이 기사소설만 읽다가 현실과 허구를 그리고 현재와 과거를 혼동하고 만다. 그래서 과거 기사도의 이상을 현실 속에서 구현하고자 세 차례의 출정을 감행한다. 이 소설은 중세 기사로망스와 16세기 기사소설에 대한 비판이나 단순한 패러디가 아니라, 르네상스에서 근대로 넘어가는 시대적 전환기의 혼란과 이 혼란을 살아내고 있는 인간의 모습에 대한 형상화다. 이 소설에 대하여 에라스무스주의와 대항종교개혁 이데올로기 사이의 충돌, 혹은 아리스토텔레스와 호라티우스에 기초한 르네상스 시대의 시학과 이에 대한 바로크 시대의 비틀기 등 다양한 관점을 통해 작품을 규정할 수 있다. 그러나 작품의 가장 기본적인 주제는 두 가지 측면에서 찾을 수 있다. 하나는 인식론적 측면으로서 다층적인 현실과 이분법적인 인간의 인식 사이에서의 혼돈이고, 다른 하나는 존재론적인 측면으로서 그 혼란을 껴안고 살아가는 인간의 정체성이다. 요컨대 '내가 인지한 것은 사실일까' 와 '나는 누구일까' 라는 질문으로 단순화할 수 있으며, 이와 같은 근대적인 문제의식이 작품의 보편성을 담보하고 있다.

돈키호테는 들판 위에 서 있는 한 물체를 향해 달려간다. 그의 눈에는 그것이 사악한 거인으로 보이고 산초의 눈에는 풍차로 보인다. 그 물체에 부딪혀 쓰러진 돈키호테는 자신의 명예를 시기한 마법사가 그것을 풍차로 바꿔 놓았다고 생각한다. 그 물체는 무엇이며 거인과 풍차의 차이는 왜 생겼을까. 이 점에 대하여 『돈키호테』는 우리의 의지가 만들어 낸 믿음이 실체를 변형시킨다는 점에서부터 논의를 시작한다. 이어서 사물을 지각하는 우리의 감각 기관이 우리를 속여서 실체를 왜곡시킨다고 말한다. 그 결과 우리의 인식은 실체에 접근하지 못하며, 돈키호테의 거인과 산초의 풍차는 모두가 허상이면서 실체의 편린이다. 이렇듯 우리 앞에 놓인 현실은 마법에 걸린 채 허상과 실체 사이에서 부유하고 있다. 그래서 현실은 여러 층위로 구성되며 그사이에 진실과 거짓의 절대적 경계를 설정할 수 없다.

이와 같은 현실의 다층성으로 인해 속임수가 개입한다. 그런데 여기서의 속임수는 한 사람이 다른 사람을 속이는 일방적인 관계가 아니라, 스스로 속고 속이려다 속고 진실을 위해 속이고 진실을 가지고 속이는 복잡한 양상을 보인다. 결국 사물의 실체는 대명사로 표현될 수밖에 없다. 그러므로 일반적으로 알려진 돈키호테-이상주의자, 산초-현실주의자라는 이분법은 너무나 단순한 구분이라 적절하지 않다. 산초가 이성에 충실한 현실주의자라면 왜 미친 돈키호테를 따라 나섰겠는가. 주인이 제 정신이 아니라는 것을 알고 있음에도 불구하고 모험이 끝난 뒤 영주 자리를 준다는 약속 때문에 그를 따라다녔다면, 어쩌면 산초도 또 다른 '돈키호테' 인지 모른다.

5. 〈분별없는 호기심 이야기〉

『돈키호테』 1부 33-35장에 삽입된 이 이야기는 돈키호테와 산초의 모험과 직접적인 관련이 없지만 작품의 근본적인 문제의식을 함축하고 있다고 평가된다. 기사도의 이상을 현실에서 구현하고자 떠난 첫 출정에서 몰매를 맞고 돌아온 돈키호테는 산초를 종자로 삼아 두 번째 출정을 감행한다. 풍차를 향해 달려가는 유명한 사건 이후 비슷한 일련의 에피소드가 벌어진 뒤 돈키호테는 실연 당한 기사처럼 산속에 들어가 고행을 한다. 이어서 그를 다시 마을로 데려가려는 마을 신부와 이발사가 나타난다. 그 와중에 공작의 둘째 아들 페르난도의 거짓 결혼 약속으로 인해 정절을 잃은 부자 농부의 딸 도로테아의 이야기와, 사랑하는 루신다와 페르난도의 결혼을 막지 못하는 그의 시종이자 친구인 카르데니오의 이야기가 끼어든다. 페르난도와 루신다를 제외한 이 모든 인물들이 여관에서 묵고 있을 때, 여관 주인은 돈키호테가 자는 동안 다른 손님이 남겨 놓은 가방에서 〈분별없는 호기심 이야기〉가 쓰인 종이 뭉치를 신부에게 주고 신부는 일행에게 그것을 읽어 준다. 이 이야기의 거의 결말 즈음에 돈키호테가 비몽사몽간에 포도주 자루를 거인으로 착각해 베어 버리고 다시 잠이 든다. 그리고 이야기가 끝나면서 그 여관에 페르난도와 루신다가 찾아오고 그들은 모두 제 짝을 찾는다. 그렇다면 이 이야기는 어떠한 문제를 내포하고 있으며 이에 대한 해석은 어떻게 이루어지고 있을까.

〈분별없는 호기심 이야기〉에 대하여 작품의 출전, 인물의 성격, 인간 본연의 '호기심'에 대한 해석, 교훈성, 서술 구조 등 많은 연구가 이루어졌지만, 우리의 눈을 끄는 것은 이 단편소설이 끝없이 이어지는 속임수로 짜여 있다는 점이다. 남편 안셀모, 아내 카밀라, 안셀모의 절친한 친구 로타리오가 엮어 내는 비극적 이야기의 주제는 열정적 사랑이나 간통, 또는 사랑과 우정의 대립이 아니다. 이는 하나의 서술적 장치일 뿐이다. 더 근본적인 주제는 세계가 불확실성으로 가득하다는 인식, 즉 추상적 믿음뿐만 아니라 눈으로 본 것조차 진실성이 의심되는 혼란스런 상황 속에 인간이 존재하고 있다는 것이며, 이러한 현실 인식은 일련의 속임수들로 구체화된다. 비극의 발단은 안셀모의 호기심, 즉 아내의 정절에 대한 '믿음'을 '확인하고 싶은 욕망'에 있다. 안셀모에게는 정숙한 아내 카밀라와 세상에 둘도 없는 친구 로타리오가 있다. 아내의 정절, 친구의 우정, 이 두 가지에 대한 믿음은 확실하다. 그럼에도 불구하고 그는 아내의 정절을 시험하여 자신의 믿음을 확인하고 싶은 호기심에 사로잡히고 친구에게 아내를 유혹해 달라고 부탁한다. 그렇다면 이 호기심은 왜 '분별없는' 것일까? 로타리오는 여자의 불완전함을 거론하며 시험했을 때 얻게 될 이득이 없다는 점을 주장하지만, 그보다 더 중요한 것은 믿음 자체의 근거가 불확실하다는 점이다. 이성적으로 인지할 수 없는 진리의 근거를 확인하려는 호기심이 바로 그의 부적절한 욕망이다. 아내의 정절과 친구의 우정은 풍차처럼 눈에 보이는 현실이지만 그 현실은 믿을 만하지 못하고 결국 그것은 거인으로 판가름 난다. 돈키호테의 세계는 풍차와 거인 사이에서 어느 한 쪽이 진실이고 다른 것은 거짓임을 단정하지 않는다. 현실이란 진실과 거짓의 경계에 위치하며 그런 현실의 애매성(ambiguity)은 속임수를 통해 표현된다. 그리고 그 속임수의 결말은 비극적이다. 남편은 절망으로 죽고 친구이자 아내의 애인은 전쟁터에서 죽는다. 친구와 도망쳤던 아내도 수도원으로 들어가 생을 마친다. 세르반테스의 뛰어난 점은 속이는 행위의 다양성과 복잡성에 있지 않다. 그가 만들어 낸 속임수들은 단순히 뭔가를 빼앗고 감추는 외형적 행위의 차원에서 이루어지고 있는 것이 아니라, 그 행위에 개입된 인간 심리와 욕망의 복잡한 층위에서 진행되고 있다. 따라서 속이는 자–속는 자, 가해자–피해자의 도식도 정형화된 틀을 벗어난다. 이야기 속의 세 인물들은 결국 모두가 속이는 자이자 속는 자이며 가해자이자 피해자다. 또한 이들은 속이려는 자 없이도 속는다. 진실, 눈으로 본 사실, 그리고 이성적으로 합리화되지 않는 광기 혹은 본능적 이끌림 때문에 거짓과 진실은 서로 자리를 바꾼다. 이렇게 서로가 서로를 속이고 또 스스로 속는 과정은 처음에 제시되었던 진실한 우정과 정숙한 아내라는 안정적이고 신뢰할 만한 인간관계가 단순한 외형에 지나지 않다는 것을 보여준다. 현실은 속임수로 가득하고 그 속에서 인간이 믿고 있는 사실은 도리어 인간을 속인다. 그 결과 이상에 대한 믿음은 그 근거가 소멸된다. 그러므로 〈분별없는 호기심〉은 돈키호테의 광기—혹은, 믿음—에 대한 반례다. 돈키호테에게 있어서 날을 세우고 있는 적대적 현실은 비록 잘못된 것일 지라도 믿음이라는 여과 과정을 거쳐 변형되며, 그 변형된 현실은 인간의 영혼에 상처를 내지 않는다. 그래서 돈키호테는 염세적이지 않다. 그러나 〈분별없는 호기심 이야기〉가 그리고 있는 현실은 적대적일 뿐만 아니라, 우리에게 상처를 주는 칼날을 감추고 있다. 안셀모, 카밀라, 로타리오는 믿음으로 현실을 변형시키는 것이 아니라 속임수를 통해 칼날이라는 현실의 본질을 찾아간다. 돈키호테가 믿음의 세계에 있다면 그들은 진실의 세계에 있다. 그리고 현실은 믿음과 진실 사이에서 속임수의 옷을 입고 나타난다. 따라서 돈키호테가 기사도적 세계관의 희극적 반례라면 〈분별없는 호기심 이야기〉의 세 인물은 그에 대한 비극적 반례라고 할 수 있다. 그 결과 이 모든 인물들은 이성이 지배할 근대 세계의 징후이자 모순이라는 하나의 패러다임으로 묶이게 된다.

6. 『돈키호테』 2부

『돈키호테』 2부에는 이미 출판된 1부를 읽어서 돈키호테의 광기에 대해 알고 있는 인물들이 등장한다. 현실을 인식하는 양태도 다르다. 예컨대 2부에서는 돈키호테와 산초를 포함한 주변 인물들은 들판 위에 서 있는 물체가 풍차라고 생각한다. 그럼에도 불구하고 주변 사람들은 그것이 거인이라고 돈키호테를 속이고, 돈키호테는 마법에 걸려 있기 때문에 자신에게 풍차로 보인다고 생각한다. 그런데 돈키호테를 속이려던 주변 사람들은 나중에 그것을 정말 거인으로 생각한다. 1부의 무대가 하나의 연극이라면, 2부는 연극 속에서 또 다른 연극이 공연되는 모습과 같다. 무대 밖의 세계와 무대 위의 세계가 서로 구분되지 않는 연극 속의 연극이라는 장치에서 파생된 존재의 불안정성과 불확실성은 근대성에 대한 질문을 우리에게 던진다. 특히 1부 5장에서 돈키호테가 "나는 내가 누구인지 알고 있다."라고 말했을 때, '나'라는 주체의 문제는 돈키호테라는 이름으로 모험을 떠난 한 인간의 정체성을 넘어서 바로크와 근대의 문화적 정체성, 그리고 현재를 살아가는 인간의 본질적 문제까지도 포괄하고 있다. 그 결과 작품에 개입된 수많은 목소리들—원저자인 아랍 현인, 공동 작가이자 편집자인 일인칭 화자, 번역자 무어 인, 많은 연대기의 저자들, 삽입 소설의

스페인 광장의 돈키호테와 산초

저자, 등—가운데 어느 목소리에도 권위를 부여하지 않는 관점의 미로가 나타난다. 그리고 미로와 같은 현실 속에 있는 '나'는 『돈키호테』 2부의 결말에서 죽음을 선택한다.

7. 돈키호테의 이름과 죽음의 해석

세르반테스는 돈키호테의 묘비명에서는 죽음을 '광기에서 깨어남'으로 표현한다. 그러나 주인공의 죽음에 대한 의미를 해석하기 위해서 먼저 알론소 키하노(Alonso Quijano)라는 이름부터 살펴볼 필요가 있다. 『돈키호테』의 주인공이 가졌던 이름은 매우 다양하다. 라만차의 어느 하급 귀족일 때는 여러 이름—키하다, 케사다, 케하나, 키하나—으로 불렸고, 돈키호테가 되어서는 '슬픈 표정의 기사'와 '사자의 기사'라는 별명을 가졌으며, 죽기 전에는 '선한 사람 알론소 키하노'가 된다. 그렇다면 알론소 키하노라는 이름은 누가 부여했으며 그것이 정말로 라만차의 어느 마을에 사는 시골 양반의 '본래' 이름일까. 1부 1장에서 일인칭 화자는 주인공의 이름이 '키하다' 혹은 '케사다'라고 알려져 있는데 자신이 생각하기에는 '케하나'였을 것이라고 말한다. 그런데 5장에서는 농부 알론소의 입을 빌려 주인공이 돈키호테가 되기 전 이름이 '키하나'라고 뒤집는다. 여기까지는 돈키호테의 모험을 기록한 가상의 아랍 작가 시데 아메테 베넨헬리(Cide Hamete Benengeli)가 등장하기 전이며, 따라서 알론소 키하노는 가상의 작가가 붙인 이름으로 볼 수 있다. 그런데 여러 명의 '작가'가 등장하는 『돈키호테』에서 절대적 권위를 갖는 작가는 아무도 없다. 비록 일인칭 화자와 가상의 작가는 반복적으로 이 작품이 '진실된 역사'라고 강조하고 있으나 '역사'에 '진실된'이라는 수식어가 붙어 있는 것 자체가 역사에 대한 패러디이듯이, 시데 아메테 베넨헬리도, 무어인 번역자도, 일인칭 화자도 돈키호테에 대한 진실을 알고 있는 전지전능한 서술자가 아니다. 또한 1부 처음에 키하나라고 기록한 일인칭 화자가 2부 마지막 장에서 '키하노'로 바꾼 이유가 텍스트에 명시되어 있지 않다. 세르반테스가 '키하나' 대신에 키하노라고 한 것은 실수나 의도된 실수가 아니다. 만약 2부

마지막 장에서 주인공의 이름이 '알론소 키하나' 혹은 '알론소 케하나'로 쓰였다면 그의 본명은 당연히 그것이며 이 점에 대해 의심할 여지가 없다. 그런데 이웃에 사는 농부를 통해 확인된 이름이나 일인칭 화자가 부여한 이름 대신에 새로운 이름을 부여했다는 사실은 알론소 키하노가 주인공의 본래 이름이 아니라는 것을 드러낸다. 주인공이 살던 마을 이름처럼 그의 본명도 여전히 불확실하다. 따라서 주인공이 돈키호테라는 이름과 성격을 자신에게 부여했듯이 '알론소 키하노'라는 또 다른 이름과 성격을 스스로 부여한 것으로 볼 수 있다. 여러 이름으로 불린 한 인간에게는 다른 이들과 구별되는 자신만의 고유한 영혼과 삶에 대한 소명이 있다. 무엇인지 명확히 드러나지 않은 그의 본명은 더 이상 나뉘지 않는 자신의 내면적 본질이고, 텍스트에 등장하는 여러 이름들은 그 본질이 외부 현실에 투영된 편린이자 세상이라는 연극 무대에서 수행해야 할 역할이다. 돈키호테도 그 편린의 이름이며 돈키호테가 되기 전의 여러 이름과 알론소 키하노라는 새로운 이름 역시 마찬가지다. 그러므로 세르반테스는 돈키호테의 경우처럼 새로운 인간을 창조하기 위해 알론소 키하노라는 새로운 이름을 부여한 것이다.

앞에서 언급했듯이 1부에서 돈키호테가 들판 위에 있는 물체를 거인으로 보고 다른 사람들은 풍차로 보았다면, 2부에서는 돈키호테의 눈에 풍차로 보이는 것을 다른 사람들이 거인이라고 속인다. 산손 카라스코는 세 번째 출정을 떠나라고 돈키호테를 꼬드기고, 산초도 촌스런 시골 처녀를 둘시네아라고 속인다. 2부의 중심적인 사건인 공작 궁정에서의 모험들은 주변 인물들이 돈키호테를 속이고 있는, 그러나 연출자인 공작의 의도대로 진행되지 않는 거대한 연극이다. 의사가 돈키호테가 죽는 원인으로 진단한 우수와 자폐는 바로 이 연극성에서 발아한다. 자신의 의지에 의해 형성된 기사도 세계가 연극화되면서 조금씩 자신의 존재 기반이 허물어져 가고 있다는 것을 알아차린 주인공은 그 세계 내에서는 자신의 정체성을 확보할 수 없다고 깨닫게 되는 것이다. 다시 말하면 진실이라고 믿어 왔던 삶이 연극으로 변하면서 돈키호테의 존재 기반은 모호해지고 연극 밖의 세계와 유리되면서 결국 죽음에 이르고 만다. 따라서 마법에 걸린 둘시네아를 구원할 수 없다는 절망이, 혹은 단순히 '하얀 달의 기사'에게 패배했다는 절망이 우수와 자폐를 낳았다는 해석은 피상적이다. 1부 첫 장에서 의지와 정체성이 하나로 합쳐진 주인공 돈키호테의 모습을 볼 수 있었다면, 2부 마지막 장에 나타난 주인공은 돈키호테도 아니고, 돈키호테가 되기 전 시골 양반의 모습도 아니다. 돈키호테의 절망이 더 이상 자신의 의지가 현실을 변형시키지 못한다는 깨달음에서 생겨났다면, 돈키호테가 되고 싶은 의지가 사라졌기 때문에 주인공에게는 이제 새로운 의지와 표상을 필요로 한다.

돈키호테를 우수와 자폐로 이끈 절망의 징후는 2부 23장에 나오는 몬테시노스 동굴의 모험에서 가시화된다. 여기서 중요한 점은 돈키호테가 그 안에서 보았다고 말한 내용의 진위가 아니라 그로테스크한 부조화다. 돈키호테가 자신의 욕망을 세계에 투영했다면 동굴에서 일어난 사건은 당연히 기사 소설에 나오는 것이어야 한다. 그런데 그곳에는 두란다르테의 심장이 부패하지 않도록 소금을 뿌린다거나, 마법에 걸린 둘시네아의 하녀가 치마를 담보로 은화 6 레알(스페인의 과거 화폐단위)을 빌리려고 하는데 그 돈이 없어서 4 레알밖에 주지 못하는 지극히 비기사도적—현실적—인 요소가 개입되어 있다. 1부에서 돈키호테가 본 것이 거인이라면 몬테시노스 동굴에서 본 것은 풍차처럼 보이는 거인이다. 그런데 풍차처럼 보이는 거인은 기괴하며 실재하지 않는다. 1부의 세계가 기사도적 이상과 현실이 돈키호테의 의지에 의해 통합되어 있다면, 동굴에서 본 그로테스크한 현실은 이 두 요소의 결합이 결국 깨어질 운명이라는 것을 암시한다. 바로 여기서 마법으로 해결할 수 없는 주인공의 인식론적 혼란이 존재론적 혼란으로 연결된다. 그리고 그 이후에 바르셀로나에 갔을 때 편력기사를 향한 그의 욕망은 이미 거의 사라졌다고 볼 수 있다. 돈키호테로서의 존재 이유가 사라져 가면서 '흰 달의 기사'와의 결투는 이미 패배가 예정되어 있었다. 주인공은 돈키호테라는 표상을 통해 자신의 존재 이유를 구현하려 했지만, 표상이 추구하는 바가 이루어질 수 없다는 것을 알게 되면서 돈키호테는 사라진다.

돈키호테의 죽음 이후에 주인공은 새로운 표상을 탐색한다. 그리고 자신을 '알론소 키하노'라고 선언한다. 그런데 이상한 점은 자신이 '알론소 키하노'라는 주인공의 말을 듣고 신부, 이발사, 산손 카라스코가 그를 또다시 미친 사람으로 취급한다는 것이다. 그의 말 가운데 상식을 벗어난 구절이 없음에도 불구하고, 주변 사람들은 왜 그를 계속 미친 사람으로 보고 있을까. 그 이유는 '알론소 키하노'라는 이름이 주인공의 본명이 아니기 때문일 것이다. 오로지 이름만이 문제가 될 뿐 임종을 앞둔 그의 말은 '정상적'이다. 그래서 주변 사람들은 이름만 제외하면 그가 제 정신으로 돌아왔다는 것을 인정한다. 마치 죽음이 임박한 사람에게 더 이상 이름 가지고 문제 삼지 않기로 암묵적으로 합의한 것처럼 보인다. 돈키호테에서 알론소 키하노로의 변신은 또 다른 광기의 시작이다. 산초의 말처럼 자신의 의지로 죽음을 선택했다는 것, 더 정확히 말하면 자신을 죽게 놓아 두었다는 것이 알론소 키하노의 유일한 광기이자 영웅적인 성격이다. 지루하고 반복적인 시골 양반의 삶을 버리고 존재의 의미를 찾아 떠나는 모험으로 돈키호테의 광기를 해석할 수 있다면, 알론소 키하노의 광기는 대명사로 표현된 주인공의 존재 의미를 영원히 보존하기 위한 것이다. 이제 그는 기사도의 세계와 둘시네아를 잊어버릴 수도 있지만 존재의 의미가 사라진 뒤의 삶은 감당할 수 없다. 비록 의사는 그의 병을 우수와 자폐로 진단하지만, 알론소 키하노의 죽음은 역설적으로 자신의 존재 이유에 대한 긍정이다. 주인공에게 죽음은 산초의 말처럼 인간이 할 수 있는 가장 지독한 광기이면서 영원한 생존에 대한 약속이다. 따라서 산손 카라스코가 쓴 묘비명의 구절—"죽음은 그가 죽었음에도 삶에게 승리를 거두지 못했다."—처럼, 죽음은 한때 돈키호테였으며 알론소 키하노였던 주인공의 죽음에도 승리하지 못하고 그의 이름들을 영원하게 만들었다. 알론소 키하노라는 또 다른 표상의 광기—죽음—은 자신의 영혼과 소명에 충실하기 위한 진정한 자유의 표현이다. 그렇기에 삶은 쓰디쓴 연극이지만, 그 신산함은 우수와 절망이 아니라 유머를 통해 그려지고 있다. 중세와 근대의 경계였던 이 소설이 현재까지 의미가 있다면 그것은 우리는 언제나 우리의 시대를 경계로 생각하기 때문이다. 그리고 우리가 여전히 대명사로 표현된 주인공의 본명을 알 수 없다면, 수세기가 흐른 지금 알론소 키하노 대신 자신의 이름을 넣어 볼 수도 있다. 우리의 내면에도 돈키호테가 있기 때문이다.

8. 새로운 단편소설

세르반테스의 문학적 명성은 『돈키호테』만으로 얻어진 것은 아니다. 우리에게는 낯선 작품이지만 1613년에 출판된 『모범소설집 *Novelas Ejemplares*』은 스페인뿐만 아니라 유럽 단편소설사에 있어서 근대라는 새로운 시대를 연 작품으로 인정된다. '스페인 단편소설의 창조자'로 평가받는 세르반테스는 12편의 단편소설로 이루어진 『모범소설집』 서문에서 이 새로운 장르에 대한 자신감을 피력하고 있다. "나는 스페인어로 단편소설을 쓴 첫 번째 작가다. 스페인에 많은 단편소설이 출판되어 돌아다니고 있지만 모두가 외국어에서 번역된 것이다. 그러나 내 작품들은 나 자신의 것으로서 결코 모방하거나 훔쳐오지 않았다.” 여기서 외국어란 이탈리아어다. 스페인 단편소설의 첫 번째 작가라는 세르반테스의 선언에서 알 수 있듯이 그는 이탈리아 단편소설(노벨라 novella)과의 차별성을 강조한다.

16세기 이탈리아 노벨라에 부과되었던 시학적·도덕적 비판들을 수용하여 근대적인 단편소설로의 길을 연 『모범소설집』은 그 제목에서부터 스페인의 토양에 적응된 노벨라의 성격을 보여 준다. 이탈리아 노벨라가 쾌락을 추구하는 장르로 인식되었던 것과는 달리, 세르반테스의 단편소설은 쾌락과 교훈의 조화를 추구하는 호라티우스의 명제—prodesse et delectare—를 충실히 이행하고 있다. 이는 중세의 교훈담 문학이 추구했던 도식적인 이분법에 의거한 조화, 즉 수단으로서의 쾌락이 목적으로서의 교훈에 봉사하는 형태도 아니고, 르네상스 시대의 긴 산문 속에 끼워넣은 삽입소설들처럼 쾌락을 위한 위선적 가면으로 교훈을 이용하지도 않는다. 세르반테스의 단편소설은 쾌락과 교훈을 작품 표면에 드러내지 않고 있다. 이야기 자체가 쾌락이고 교훈은 어디에서나 찾을 수 있기 때문이다. 그리고 호라티우스의 명제는 ‘건전한 즐거움’이라는 개념 속에 용해된다. 즐거움은 지친 사람을 위한 위로이며 누구에게나 위로가 필요하다. 따라서 건전한 즐거움을 추구한다는 것은 타락이 아니라 타락을 막는 안전장치인 셈이다. 16세기 동안 노벨라에 음험한 쾌락이라는 굴레가 씌어졌다면, 세르반테스는 문제를 회피하거나 위선적인 가면을 쓰지 않고 단편소설에게 정당성을 부여한다.

또한 오랫동안 이탈리아 노벨라를 괴롭혀 왔던 핍진성(verosimilitud)의 결핍, 즉 이야기가 실제로 일어날 것 같지 않은 황당한 내용이라는 비난에 대하여도 세르반테스는 사실과 거짓을 나누는 절대적인 기준은 없으므로 문학 내적인 합리화를 통해 그럴듯하게 ‘보이도록’ 만드는 서술적 장치가

문학에서의 핍진성이라고 생각한다. 『돈키호테』에서 이미 제시되었듯이, 현실이 환영들 사이에서 부유하고 있는데 그 환영들을 가지고 진실과 거짓을 나누려는 과거 르네상스 시대 이전의 기준들은 이미 그 효력을 상실했다는 것이다. 인물의 성격이나 행위가 비사실적이라고 노벨라를 비난해 왔다면 그것은 현실 자체가 그렇게 보여지는 것이며, 따라서 비사실적인 현실을 모방하는 것이 오히려 사실적일 수도 있게 된다. 그 결과 진실과 거짓의 문제는 다양한 시점의 문제로 치환되면서 해체된다. 다만 주어진 시점 내에서의 현실 인식이 일관성을 유지해야 한다는 조건이 따른다. 이렇듯 세르반테스는 핍진성의 문제를 이분법적 구분할 수 없는 새로운 현실 인식의 수단으로 제시한다.

그가 규정한 핍진성의 원리는 『모범소설집』의 마지막에 위치한 두 연작인 「사기결혼」과 「개들의 대화」에 구현되어 있다. 「사기결혼」은 주인공인 캄푸사노가 결혼을 미끼로 여자에게 사기당하는 이야기를 다루고 있다. 그는 여자가 도망간 뒤 성병에 걸려 병원에 입원한다. 그리고 고열에 시달리던 어느 밤 개 두 마리가 인간의 언어로 대화하는 내용을 듣고 기록한 뒤 친구인 페랄타에게 보여 준다. 물론 페랄타는 개가 사람의 언어로 대화한다는 것을 의심하면서 캄푸사노가 건네준 「개들의 대화」를 읽는다. 개들이 사람의 말을 할 수 있는가? 캄푸사노는 정말로 여자에게 사기를 당한 것일까? 캄푸사노가 여자에게 사기를 당했다는 주장은 그 자신도 여자의 재산에 이끌렸다는 사실에서 설득력을 잃는다. 여자와 캄푸사노 모두가 사기를 치려고 시도했으며 결국 두 사람 모두 얻은 것은 하나도 없다. 왜냐하면 여자가 훔쳐간 보석은 가짜였기 때문이다. 또한 그가 개들의 얘기를 들었다고 주장했을 때 그는 고열에 시달리고 있었으며 자신의 주관적인 관점과 판단에서만 그것은 사실인 것이다. 이렇게 작가는 화자의 전지전능함을 부정한 뒤 두 마리의 개가 원래는 사람이었는데 여자 마법사의 질투로 인해 개로 변했다고 말한다. 그 결과 두 이야기에 나오는 많은 목소리 가운데 확실히 믿을 만한 목소리는 그 어디에도 없게 된다. 믿음의 근거가 사라졌는데도 그것이 진실인지 아닌지 논의하는 것은 더 이상 의미 없는 일이다. 여기서 주목할 점은 페랄타가 「개들의 대화」를 읽고 있는 동안 캄푸사노는 낮잠을 자고 있으며 독서가 끝난 뒤 두 사람은 개들이 사람 말을 하는 것이 가능한지 아닌지에 대해 더 이상 논하지 않는다는 것이다. 페랄타의 관점에서도 캄푸사노의 관점에서도 개들의 대화가 마법에 의해서 그럴 듯한 장치로 용인되었듯이 소설을 쓴다는 것은 비현실 속에서 현실의 논리가 통용되는 하나의 마법적 공간을 창조하는 행위가 된다. 그래서 연구자들은 이 단편소설을 '소설을 어떻게 써야 하는가'에 대해 쓴 소설로 평가한다. 『모범소설집』과 더불어 스페인에는 단편소설의 전성기가 시작되지만 당시의 작가들이나 그 이후의 작가들은 세르반테스라는 전범을 쫓아가기보다는 쉽고 익숙한 이탈리아 노벨라를 계속 모방했다. 그 결과 스페인에서 이 장르의 생명력은 당분간 소진되고 만다.

9. 맺는 말: 가상의 자서전

세르반테스는 『모범소설집』 이후 네 작품을 더 출판했지만, 그가 자신의 역작으로 꼽은 것은 유작이 된 『페르실레스와 시히스문다의 고난』이다. 이 비잔틴 소설의 서문은 그가 죽기 나흘 전에 쓴 문학적 유언장이다. 이 작품에 대한 평가는 시각에 따라 많은 차이를 보이지만, 어쩌면 이 소설은 세르반테스가 꿈꾸던 세계를 그려낸 가상의 자서전일 수도 있다. 사랑하는 남녀가 집을 떠나 북유럽에서 로마에 이르기까지 수많은 고난과 시험을 겪으면서 사랑을 확인하고 결혼에 이르는 이야기는 어쩌면 늙은 작가가 각박한 삶을 마감하기에 앞서 젊은 시절을 회고하며 스스로 자신을 위로하기 위해 쓴 작품이 된다. 따라서 이 소설을 두고 비잔틴 소설 양식의 혁신이나 기법의 문제를 논하는 것은 무의미하지 않을까.

돈키호테는 골판지로 만든 얼굴 가리개를 붙인 투구를 이 세상에서 가장 강한 투구라고 믿는다. 날이 서 있는 현실 앞에서 돈키호테처럼 믿음의 영역에 있을 수 있다면 행복한 일이겠지만, 변화무쌍한 현실은 우리의 믿음과 감각을 흔들어 일깨우고 환상을 깨버리기 일쑤다. 세르반테스가 그려낸 문학은 그 이전 시대를 지배했던 단일한 세계관이 더 이상 세계를 설명하는 데 유효하지 않음을 보여 준다. '역사' 혹은 '진실'이 유일하지 않다는 세르반테스의 인식은 우리 시대에도 적용할 수 있을 것이다.

세르반테스를 중심으로 스페인 문학을 설명하는 것은 주목할 만한 다른 작가가 없어서가 아니라, 그를 통해 스페인 문학의 중요한 단면을 볼 수 있기 때문이다. 스페인 문학은 그리스와 로마의 고전 전통과 아랍과 유대인의 동양적 전통이 만나면서 형성되었다. 그리고 중세를 거쳐 르네상스와 바로크에 이르러 스페인 문학의 전형성을 확보하면서 전성기를 맞게 되지만, 18세기 이후 왕가의 교체와 함께 프랑스의 영향이 문학을 주도한다. 이 상황은 스페인이 마지막 해외 식민지를 잃은 1898년 이후 스페인의 정체성을 규정하고 회복하기 위한 이른바 '98세대'라는 지식인 운동이 있기까지 지속된다. 그리고 20세기 전반기에는 98세대가 찾아낸 과거 전통과 아방가르드가 다양한 사회적 흐름 속에서 뒤섞이다가 내전(1936-1939)을 맞는다. 내전 이후의 프랑코 체제는 검열을 통해 작가의 자유로운 창작을 억압하였다. 그래서 이 체제 동안 국내에 남아 있는 작가와 국외로 망명한 작가들이 서로 다른 문학을 추구했다. 특히 국내에서는 민감한 정치적 문제보다는 개인의 내면으로 침잠해 가려는 경향이 나타났다. 프랑코 체제의 몰락 이후 현재의 스페인 문학은 어떤 흐름을 규정할 수 없을 만큼 다양하다. 또한 유럽 여러 나라 사이에 문학적 경계도 점점 사라져 가고 있다.

† 참고문헌 †

Canavaggio, Jean, *Cervantes*, Madrid: Espasa-Calpe, 1987.

Casalduero, Joaquín, *Sentido y forma del Quijote*, Madrid: ínsula, 1966.

Castro, Américo, *El pensamiento de Cervantes*, Barcelona: Noguer, 1972.

Cervantes, Miguel de, *El ingenioso hidalgo Don Quijote de la Mancha*, Barcelona: Planeta, 1980 (1605, 1615).

_________, *La Galatea*, Madrid: Cátedra, 1995 (1585).

_________, *Los trabajos de Persiles y Sigismunda*, Madrid: Castalia, 1969 (1617).

_________, *Novelas Ejemplares*, Madrid: Castalia, 1982 (1613).

_________, *Ocho comedias y ocho entremeses nuevos*, *Teatro Completo*, Barcelona: Planeta, 1987 (1615).

_________, *Viaje del Parnaso*, Madrid: Castalia, 1973 (1614).

Riley, Edward C., *Teoría de la novela en Cervantes*, Madrid: Taurus, 1981.

Rosales, Luis, *Cervantes y la libertad*, Madrid: ICI, 1960.

스페인 건축예술의 문화적 다양성과 독창성

임주인 서울대학교 강사

1. 스페인의 예술사적 배경과 전통

스페인은 다양한 문화유산을 지닌 국가다. 그 역사적 배경을 살펴보면 스페인의 문화가 다양할 수밖에 없다는 데 공감할 수 있다. 스페인 역사의 특징을 크게 두 가지로 표현하면 다양성과 진취성이라고 할 수 있다. 다양성과 관련해서는 아랍 인과 유대인과의 공존의 역사를 지적할 수 있고 진취성과 관련지어서는 신대륙의 발견을 들 수 있을 것이다.

이베리아 인과 켈트 인 그리고 셀티베로 인이 정착해 있던 이베리아 반도에 서고트 족의 침입이 있었고 뒤이어 로마 인들이 쳐들어와 로마 문명을 전수하게 된다. 뿐만 아니라 북아프리카를 통해서 아랍 인들이 침입한 8세기부터 국토수복전쟁(Reconquista)이 마무리된 15세기까지 기독교와 이슬람교, 그리고 유대교라는 세 종교와 민족이 공존하게 된다. 이 시기를 무데하르 시기라고 하는데 '무데하르'는 원래 기독교도 지역에 살고 있는 이슬람 교도를 지칭하는 말이었다. 무데하르와는 반대로 아랍 인들이 차지하고 있던 지역에서 기독교 신앙을 지켜 나가던 사람들을 '모사라베'라고 부른다.

서로 다른 혈통과 종교를 가진 세 민족이 수세기에 걸쳐서 공존하면서 이룬 문화를 무데하르 문화라고 부르는데 건축에서도 무데하르 양식이라는 것이 존재하고 있다. 무데하르 양식은 스페인 역사의 다양성을 건축 양식을 통해서 입증해 주는 단서가 되는 것이라고 단언할 수 있다. 왜냐하면 무데하르 양식은 유럽에서 생겨난 건축 양식을 수용하여 스페인 역사와 문화의 특수성에 맞게 소화해 낸 독창적인 건축 양식이기 때문이다. 그런데 이 양식이 이베리아 반도에서만 유행했던 건축 양식이 아니라 대서양을 건너가 신대륙으로까지 그 영향을 미쳤다는 데서 무데하르 문화의 진취성을 엿볼 수 있다.

'대항종교개혁(Contrarreforma)' 이나 '국토수복전쟁' 그리고 '피의 순수성' 등이 암시하고 있다시피 스페인의 역사는 종교와 뗄 수 없는 관련을 맺으면서 배타적인 측면이 다분히 있었다. 반면 '무데하르' 나 '모사라베' 가 보여 주듯이 보수적인 가운데 타협을 통해 융통성을 발휘하고 다양성을 인정하는 또 다른 측면도 지니고 있다. 스페인의 역사는 보수와 진보 이 둘 사이에서 변증적인 관계를 맺어 가면서 끊임없이 자아를 발견해 나가는 과정의 연속이었다고 해도 과언이 아닐 것이다.

다음 장에서 스페인에 도입된 서유럽의 예술 양식이 어떻게 내부의 문화적 특수성에 맞게 변용되고 창조되는지 건축을 중심으로 살펴보려고 한다. 그래서 독창적인 건축물 속에 담겨 있는 새로움에 대한 끊임없는 도전 정신이 스페인 역사 속에 면면히 이어져 내려오는 무데하르 문화 전통의 정신적 유산임을 확인해 보도록 한다.

2. 중세의 건축: 알람브라와 무데하르 양식

스페인의 중세시대 건축의 유형은 크게 두 가지로 나누어진다. 그 하나는 교회의 건축이고 다른 하나는 아랍 인들이 지배하고 있던 지역에서 발달한 이슬람 사원과 아랍식 건축 양식이다. 이슬람 세력의 영향이 컸던 스페인의 남부지방에서는 모사라베 양식의 건축과 이슬람 사원이 발달했고 기독교도의 세력이 컸던 북서부 지방은 교회 건축 등에 있어서 유럽의 영향이 컸다. 그러면 스페인에 이식된 아랍 건축 양식이 당시 서유럽 교회 건축 양식에 어떻게 영향을 끼쳤는지에 관심을 두면서 살펴보도록 한다.

아랍의 건축 양식

아랍 건축 양식을 살펴보기에 앞서 8세기부터 15세기에 이르는 아랍의 통치시기를 칼리프 시대(8–11세기), 알모하드 왕조 통치기(12–13세기), 그리고 아랍 통치의 마지막 시기인 나사리 통치기(14–15세기), 이렇게 셋으로 구분지어 살펴보려고 한다. 그리고 다음 표를 통해서 아랍 건축 양식의 발달 과정을 한눈으로 알아볼 수 있다.

칼리프 이전시대		칼리프 시대		알모아드 시대		나사리 시대	
700	800	900	1000	1100	1200	1300	1400
710–929		929–1031		1091–1248		1238–1492	
코르도바의 메스키타 건축(785)				세비야의 라 히랄다 건축(1184)		알람브라 궁전 (1350)	

〈아랍 건축 양식 발달사〉

칼리프 시대의 이슬람 사원(모스크)에는 하얀 돌과 붉은 벽돌이 서로 번갈아가면서 배치되어 있는 말발굽 모양의 아치형 지붕이 열 지어 있고 아치형 지붕에는 모사라베 문양들이 새겨져 있다. 모사라베 문양의 특징은 자신의 종교인 이슬람교와 관련이 있다.

코란에서는 인간이나 동물의 문양을 새기지 못하도록 금하고 있었기 때문에 모사라베 문양의 주제가 되는 것은 기하학이나 식물, 고대 아라비

세비야의 히랄다

아 글자 이 세 가지로 한정된다. 이것들을 차례로 살펴보면 기하학 문양은 선과 별, 그리고 다각형이 서로 어우러진 모양이고 식물문양은 생생하고 사실적으로 보이게 새기는 것이 아니라 꽃이나 잎이 달려 있는 가지가 줄기와 서로 얽히는 대칭구조를 이루고 있다. 또 글자문양은 벽에 수평으로 썼는데 고대 아라비아 글자는 아주 두껍고 모나게 새겼다. 이런 모사라베 문양들은 빛의 효과를 살리기 위해서 아주 섬세하게 조각되어 있었는데 이것은 후에 무데하르 건축이나 로마네스크 교회 양식과 결합되어 프랑스에까지 영향을 끼치게 된다.

다음으로 11세기에서 13세기에 이르는 알모하드 왕조의 건축물을 살펴보도록 한다. 벽돌을 주로 사용한 알모하드 왕조 시대의 건축은 세비야의 히랄다(la Giralda)가 대표적이라고 할 수 있다. '바람개비' 라는 뜻에서 유래한 히랄다는 바람이 불면 탑 윗부분의 청동으로 만든 상이 회전을 한다고 해서 붙여진 이름이다. 넓은 띠 장식과 격자문양의 천장, 그리고 아라비아 타일로 되어 있는 이 건물은 이전에 볼 수 있던 말발굽형의 아치 대신에 끝이 뾰족한 아치형 지붕과 잎 모양의 엽편 문양을 하고 있다. 히랄다는 원래 아라비아 사원을 위해 알모하드 족이 12세기에 지은 것인데 15세기 초에 히랄다 옆에 고딕 양식의 대성당을 짓게 되면서 히랄다를 대성당의 종탑으로 사용하게 된다.

아랍 세력이 쇠퇴기로 접어들던 14, 15세기에는 세라믹으로 외부의 벽을 덮고 문과 창문들에 치장 벽토를 둘렀으며 아치의 형태가 단순해졌다. 기둥으로 높이 받쳐 있던 둥근 아치는 편편해졌으며 그 주위로 레이스 문양이 새겨졌다. 알람브라 궁전은 아랍 건축 양식의 절정으로 공간과 빛, 물의 조화를 이용하여 만든 감각적인 건축물이다.

무하마드 5세는 스페인 내에서 점차 약해지던 이슬람 세력을 부흥시키고자 하는 열망을 건축에 담았다. 그는 알람브라 궁전 내에 이상적인 파라다이스를 창조해 내고자 석고나 목재 타일들을 사용하여 이슬람교에서 말하는 우주의 일곱 하늘을 상징하는 둥근 천장을 만들어 놓았다. 알람브라에서 가장 오래된 파르탈 궁전에는 아치형 주랑 현관이 있는 별채와 탑이 있다.

또, 보압딜이라는 귀족이 연회를 베풀다가 여기 참석한 라이벌 귀족들을 몰살시켰다는 전설이 전해지는 '아벤세라헤스의 방' 천장에는 피타고라스의 법칙의 영향을 받은 기하학적 문양이 그려져 있다. 그리고 '파티오 데 아라야네스'는 은매화 울타리가 둘러져 있고 아치 한가운데 있는 연못에서 반사된 빛이 주변의 홀을 비추어 환상적인 분위기를 자아낸다. 또 다른 파티오로는 '파티오 데 로스 레오네스'를 들 수 있는데 이것은 무

아벤쎄라헤스의 방

하마드 5세에 의해 만들어진 파티오로 124개의 가느다란 대리석 기둥이 아치들을 떠받치고 있고 중앙에는 12마리의 작은 대리석 사자 형상들이 분수대를 지탱하고 있다.

스페인어로 '파티오(patio)'는 '안뜰' 혹은 '앞마당'이란 의미로 아랍 건축 양식의 특징 중 하나이다. 파티오는 대서양을 건너가 신대륙의 건축 양식에까지 영향을 주게 되는데 특히 인디오들의 교회 건축에 직접적으로 영향을 끼치게 된다. 마야나 잉카 문명 등에서 알 수 있듯이 그들의 종교 의식은 주로 야외에서 제단을 쌓고 이루어졌다. 신대륙의 원주민들은 이러한 고대 종교 의식에 익숙해 있었기에 기독교로 개종한 뒤에도 교회의 안뜰에서 예배드리는 것이 실내 예배당에서 예배드리는 것보다 더 친숙하게 느껴졌다. 현실적으로 개종된 인디오들을 모두를 수용할 만한 크기의 예배당이 없어서 인디오들은 교회의 앞뜰에 계단식으로 만들어 놓은 회랑석에서 예배를 드렸다.

트리엔트공의회에서는 이러한 야외 예배 의식이 정통 가톨릭 예배의식

사자의 뜰

과 거리가 멀다고 지적했지만 짧은 시간에 많은 인디오들을 개종시켜야 했던 신대륙 선교사나 사제들은 그들 고유의 종교의식과 비슷한 야외 예배를 권장했다. 원주민들에게 조금이라도 친숙한 예배의식을 통해서 가톨릭교로의 개종이 더 수월할 것이라고 판단했기 때문이다.

멕시코의 가장 오래된 수도원의 하나인 산 아구스틴 아콜만에서 파티오의 흔적을 찾아볼 수 있다. 이 수도원은 1536년 지역 인디언들을 개종시키기 위해 이곳에 파견된 성 아우구스티누스회 수도사들이 건립한 것이다. 그 유명한 파티오는 콜럼버스 이전 시대 원주민들이 종교 의식을 치르던 광장이던 것을 기독교적으로 바꾼 것으로 인디언 신도들이 여기에 모여 설교에 귀를 기울이게 된 것이다.

결국 인디오들의 태양신 숭배의식이 모스크의 마당(파티오)에서 꿇어앉아 기도드리는 이슬람 교도들의 예배 의식과 유사해서 모스크 건축 양식을 일부 차용하게 된 셈이다. 가톨릭교로 개종하기 위해서 이슬람교의 건축 양식을 빌려 왔다는 것은 아이러니컬하다고 하지 않을 수 없다. 이후에 멕시코시티나 과달루페 등지에 프랑스나 독일 등 유럽식 대성당이 많이 건축되지만 중세 아랍식 건축 양식 또한 계속해서 영향을 미친다.

무데하르 건축 양식

무데하르 건축 양식은 아랍 세력이 이베리아 반도로 들어온 8세기에서 15세기에 걸쳐 발달한 기독교 건축 양식으로 선들이 복잡하게 솟아 있는 것이 특징이라 할 수 있다. 기독교로 개종한 모사라베들은 이슬람 건축 양식에서 볼 수 있었던 엽맥 무늬의 둥근 천정과 말발굽 모양의 아치, 그리고 그 밑에 문양을 조각해 놓은 소벽(frieze)양식을 고스란히 이어받으면서 유럽에서 들어온 건축 양식과 접목된 독자적인 양식을 만들어 내게 된다. 건축 자재만 해도 화강암과 붉은 사암, 벽돌과 석고, 세라믹을 사용한 아주 화려한 건축 양식을 발전시켰다. 그 대표적인 지역 중 하나가 레알레스 알카사레스이다.

1364년 페드로 1세는 이 도시를 통치하던 무슬림 알모하즈가 지어 놓은 아랍식 궁전 안에 자신의 왕궁을 세울 것을 명령했다. 그때 그라나다와 톨레도에서 온 장인들이 2년 만에 무데하르 양식의 파티오를 지었는데 이것이 현재 세비야의 레알레스 알카사레스에 한가운데 있는 페드로 1세의 궁궐이다. 이 궁궐의 정면장식은 무데하르 양식의 건축물 중 으뜸가는 걸작으로 손꼽히고 있으며 이사벨 1세는 카사 데 라 콘트라타시온, 우리말로 '무역의 집'에서 신대륙과 스페인의 무역을 통제하고 관리하였다. 왕권이 절정에 다다랐던 16, 17세기 스페인은 이곳을 거점으로 하여 신대륙 무역을 독점하다시피 하였는데 지나친 규제와 간섭으로 신대륙 무역에 발전을 저해하는 경우도 있었다. 그렇지만 신대륙 항로 개발을 위한 전문 항해사의 양성과 항해술의 개발 등 신대륙 개척에 긍정적인 영향도 끼쳤다.

카를로스 1세, 즉 신성로마제국의 황제인 카를 5세는 웅장하고 화려한 궁을 짓게 하였다. 이 궁은 무데하르풍의 벽토 세공을 통해서 웅장함을 더

하고 있는데 특히 '대사들의 홀' 은 복잡한 석고 세공과 짜여진 듯한 무늬로 나무에 조각을 해놓은 듯한 돔의 황금빛 세공은 화려함의 극치를 보여주고 있다. 뿐만 아니라 말발굽형 아치가 현관에 대칭으로 배열되어 있어 벽토 세공이나 금속 세공과 함께 아랍 유산의 흔적을 잘 드러내고 있다. 말발굽형 아치는 원래 서고트 족의 건축 양식의 일부를 아랍 인들이 자신 특유의 건축양식으로 발전시킨 것이다. 동서양의 건축 양식의 다양한 교류 양상을 이해하게 해 주는 증거라고 할 수 있다.

정교하게 벽돌을 쌓고 세라믹으로 무늬를 내어 장식하는 무데하르 양식의 특성은 아라곤 지방에서도 두드러진다. 아라곤 지방은 일찍이 강력한 기독교 국가가 세워진 까닭에 이슬람교에 대한 종교적 박해도 컸고 기독교로 개종한 무데하르 인들도 많았던 곳이다. 이들 무데하르 건축가와 수공인들은 국왕을 비롯하여 기독교인들의 지시에 따라 교회나 궁궐을 무데하르 양식에 따라 건축해 내야만 했기에 이곳은 웅장한 무데하르식 건축물들이 발달했다. 그중 사라고사에 있는 알하페리아(Aljafería) 궁전은 곡선과 직선이 서로 얽혀서 복잡한 격자 문양을 나타내고 곡선과 수직선 사이의 공간을 채우는 꽃무늬 모티브의 필체장식 등 무데하르 양식의 진수를 엿볼 수 있다. 뿐만 아니라 알하페리아 궁전의 역사를 통해서 스페인 무데하르 건축 양식의 변천사를 한눈에 볼 수 있다.

무슬림 궁전으로부터 시작된 알하페리아 궁전은 이후 알폰소 1세에 의해서 사라고사가 기독교인의 영토가 됨에 따라 아라곤 왕국의 궁궐로 변모하게 된다. 12세기에서 14세기까지 산 마르틴 교회가 들어서고, 산 호르헤의 예배당과 산타 이사벨의 파티오 건축물을 갖추는 등 페드로 4세의 무데하르식 궁전으로 거듭나게 된다.

뿐만 아니라 아라곤의 페르난도 국왕이 카스티야의 이사벨 여왕과 동맹하여 국토수복전쟁을 승리로 이끈 후, 기독교 왕국의 권위를 상징하려는 목적으로 1492년 무슬림 사원에 가톨릭 양왕(Los Reyes Católicos)의 궁전이 세워진다. 이 공사를 지휘한 사람은 무데하르 건축가인 파라이그 데 갈리(Faraig de Gali)였다. 그런 이유로 이 궁전은 중세 무데하르 건축양식에 르네상스의 새로운 건축양식이 접목되었는데 이 건축물이 갖는 역사적 의미를 강조하기 위해서 특별히 이 궁전 양식을 '가톨릭 양왕식' 이라고 부르기도 한다.

한편 가톨릭 양왕의 궁전은 1593년부터 펠리페 2세의 지시하에 도시를 둘러싼 현대식 요새로 바뀌어 갔다. 오각형을 띤 축성을 세우고 도시를 둘러 성벽을 쌓고 올렸다 내렸다 할 수 있는 가동교가 딸린 참호도 만들었다. 그러나 이것은 실제 적을 방어하기 위한 것이라기보다는 혹시 있을 지도 모를 사라고사 주민들의 민란을 사전에 막고 왕권을 강화하겠다는 의도가 숨어 있었다. 이처럼 무슬림 왕국에서 아라곤 왕국, 그리고 가톨릭 양왕시대를 거쳐서 절대왕정 시대로 넘어가는 시기마다 그 모습을 달리하는 알하페리아 궁전의 역사에서 건축이 그 시대의 문화와 역사를 대변해 주는 산증인임을 확인해 볼 수 있다.

아랍 문양과 장식의 화려함을 특징으로 하는 무데하르 양식은 17세기 바로크 시대에 접어들어 추리게라 건축 양식을 탄생시키게 되는데 이 양식 역시 스페인은 물론이고 신대륙에까지 많은 영향을 끼치게 된다. 그렇다면 중세 스페인 건축의 다른 한 부분을 차지하고 있는 유럽식 교회건축은 어떠한지 살펴보도록 한다.

중세 로마네스크 양식

중세 교회의 건축 양식으로 로마네스크 양식이 지배적이었는데 이 양식은 8세기에서 13세기에 걸쳐 유행했던 양식으로 주로 카탈루냐 지방과 산티아고까지의 성지 순례 경로를 따라 발달했다.

산티아고 대성당

레온 지방의 산 이시도로 성당이 로마네스크 양식의 대표적인 건물인데 둥근 아치, 단단한 벽, 창문이 몇 개 없다는 것, 그리고 중세의 생활상이나 성서 등이 조각되어 있는 기둥, 그리고 신화적인 다양한 주제를 묘사한 프레스코화 등이 로마네스크 양식의 특징이다.

또 다른 로마네스크 양식은 콤포스텔라에 있는 산티아고 대성당이다. 콤포스텔라는 예루살렘, 로마에 이어 세 번째로 중요한 기독교 순례지로서 타 유럽 지역과 비교해서 유서 깊은 건물들이 있다. 그리고 이 건축물들은 거의가 다 이 지역에서 많이 나는 화강암을 재료로 썼기에 여러 건축 양식이 혼합되어 있음에도 불구하고 전체적으로 통일감이 있다.

콤포스텔라가 성지가 된 데에는 다음과 같은 전설이 있다. 야곱 사도가 스페인으로 복음을 전파한 후에 몇 명의 제자들을 데리고 예루살렘으로 되돌아왔다. 그곳에서 헤롯 아그리파 왕이 복음을 설교했다는 이유로 그를 사형시킨다. 야곱의 제자들이 야곱 사도의 시체에 방부처리를 하여 배를 타고 스페인으로 모시고 오다 바람에 떠밀려 도착한 곳이 갈리시아였다. 그곳에 무덤을 만들어 놓았지만 아무도 그의 무덤이 있는 장소를 찾을 수 없었다. 그러던 중 오랜 세월이 지난 어느 날 들판 위에서 빛나는 별빛 같은 빛에 의해 기적적으로 야곱사도의 무덤이 발견되었다. 그래서 사람들은 그곳을 "별들의 평야"라 불렀으며 후에 콤포스텔라가 된다. 스페인어로 평야는 '캄포(campo)'이고 별은 '에스트레야(estrella)'로 이 두 말의 합성어인 콤포스텔라가 그때부터 순례지로 되고 세계 각지에서 신도들이 몰려들어 산티아고 대성당이 세워지고 고대 현인들의 유산을 기념하게 되었다.

콤포스텔라가 있는 갈리시아 지방은 이슬람의 영향보다는 프랑스나 이탈리아 등 유럽 영향을 많이 주고받는 지역인데 그것은 언급한 것처럼 이곳이 순례지로 유럽 인들의 왕래가 많고 프랑스 상인들이 이곳에 거주지를 정하였기 때문이다. 따라서 산티아고 대성당은 프랑스 교회 건축 양식과 유사하게 측면으로 복도가 많이 확장되어 있고 십자형으로 되어 있으며 재단 뒤쪽으로 둥글게 튀어나와 있는 반원형 엡시스가 보인다. 뿐만 아니라 창문과 현관문, 그리고 성당을 받치고 있는 내부 기둥의 꼭대기에 문양이 많이 들어가 있는데 이것은 당시 유행하던 모사라베 문양의 영향으로 볼 수 있다.

또 사모라(zamora) 지방에서는 모사라베 양식의 건물들이 들어서면서 조개 모양의 타일을 붙인 둥근 천장과 둥글게 각이 진 아치형 대문 등 그 지역 특유의 건축물들이 등장하게 된다.

이처럼 유럽의 건축 양식은 스페인으로 들어오면서 단순히 그들의 건축 양식을 모방하는 데 끝난 것이 아니라, 그 지방에서 많이 나는 자재를 이용하고 아랍 건축 양식과 혼합되면서 새로운 독자적인 양식으로 발전되어 갔다. 교회건물뿐 아니라 이슬람교 사원도 유럽 건축 양식의 영향을 받게 된다. 그 한 예로 메스키타(Mezquita)는 이슬람교 사원이지만 이탈리아 등 유럽의 건축 양식이 혼합되어 있는 독특한 형태를 띠고 있다. 이 건물은 12세기 세워진 이슬람교 사원으로 아랍적 특성인 벽옥과 기둥, 그리고 화려한 시각적 효과를 노린 장식 등을 갖추고 있다. 그러면서 동시에 이 사원의 한 복판에 이탈리아식 돔을 갖춘 성당이 지어져 있어 이채롭게 보인다. 대성당을 둘러싸고 있는 소성당은 무데하르 장인들에 의해서 세워진 최초의 기독교 성당답게 화려한 잎사귀 모양의 아치를 하고 있다. 아랍 건축 양식과 유럽 양식이 혼합되고 이슬람교 사원 속에 성당이 들어서는 다채로운 건축 양식에서 우리는 스페인 중세시대를 특징짓는 무데하리스모의 역사를 읽어낼 수 있다.

중세 고딕 양식

중세 건축의 또 다른 양식으로 고딕 양식을 들 수 있다. 고딕 양식은 12세기 말, 프랑스로부터 들어왔다. 둥근 아치형이 뾰족하게 바뀌었는데 이런 형태는 힘을 훨씬 많이 받기 때문에 둥근 천장이 더욱 높아지고 창문의 높이도 올라갔으며 교회 외부에는 중앙 홀(나베) 벽이 바깥쪽으로 쏠리는 것을 막기 위해 버팀벽을 대었다.

레온 대성당은 고딕 양식의 대표적인 건축물로 둥근 천장과 버팀 벽 등 프랑스의 영향을 받았다. 13세기 시작해서 향후 100년이 채 안 된 시점에서 완성된 것으로 좁지만 매우 높은 회중석에 스테인드 글라스가 있고 거대한 창문은 대성당에서 가장 눈에 띄는 볼거리가 되고 있다. 레온 성당의

레온 대성당

영광은 웅장한 유리에서 드러나고 있는데 무려 125개의 커다란 창문과 57개의 작고 둥근 창문들은 신화적인 동물이나 식물, 성경에 나오는 인물에 이르기까지 다양한 주제를 담고 있다. 창문들 중에서는 중세 생활을 환상적으로 묘사하고 있는 것들도 있다. 북쪽 벽에 있는 라 카세리아(la casaría)는 전형적인 사냥의 장면을 묘사하고 있고 나시미엔토(nacimiento) 소성당의 창문은 갈리시아의 산티아고 데 콤포스텔라에 있는 성 야고보의 무덤에 경배하는 순례자의 모습을 보여 주고 있다.

특히, 15세기 고딕 양식에는 조각을 새겨 넣은 장식도 많이 발달했다. 이 당시는 북쪽으로부터 예술가들이 내려와 불꽃모양의 건축양식인 프랑스 플랑보양 양식의 고딕 건축물이 유행했다. 이러한 양식들이 스페인에 흡수되어 두 가지의 상반된 경향으로 발전하게 되는데 하나는 화려한 장

부르고스 대성당

식을 중시하는 경향이고 다른 하나는 단순화 경향이다.

그중 화려한 건축 양식은 15세기에서 16세기 초에 유행하게 되는데 일명 이사벨라 양식이라고도 불려진다. 이사벨라 양식은 성당이나 공공건물의 전면을 경쾌하고 자유로운 레이스 문양이나 환상적인 모티브로 장식하는 후기 고딕 양식의 일종이다.

한편 기독교도들이 탈환한 지역에 남아 있던 아랍 인 수공예가들은 기독교와 이슬람 양식이 혼합된 지극히 화려한 무데하르 양식을 만들어 냈다. 그래서 스페인의 고딕 양식은 프랑스로부터 직접적인 영향을 받았지만 아랍의 건축 양식과의 접목으로 복잡하고 기하학적인 장식이 많이 나타난다. 스페인 고딕 양식의 독특한 특징으로 식조로 장식된 뚫린 벽면(pierced screen)을 들 수 있다. 이것은 아랍 건축 양식의 하나인 치장 벽토 세공에서 비롯된 것으로 무데하르 인들에 의해 기독교의 교회 건축에 맞게 변형된 것이다. 이런 특성은 부르고스 대성당에서 잘 나타난다.

부르고스 대성당은 스페인에서 세 번째로 큰 성당으로 13세기 페르난도 3세 시기에 완성되었다. 이 성당은 거의 대부분이 고딕 양식이며 독일, 프랑스와 저지대 국가들의 건축 양식에서 영향을 받았다. 그럼에도 불구하고 고딕 양식 외에 화려한 석고 세공이 되어 있는 아랍식의 둥근 지붕은 스페인풍의 독창적인 양식을 보여 주는 좋은 예다. 이처럼 스페인의 중세 건축 양식의 특성은 다른 서유럽에서 발달한 로마네스크와 고딕 양식에 무데하르 양식 등이 혼합된 형태다.

3. 황금세기 건축: 신대륙으로 건너간 추리게라 양식

이 시기에 유럽은 그리스와 로마의 고전주의를 선호했고 신 중심에서 인간 중심으로 눈을 돌리게 된다. 그래서 르네상스 시기는 건축이나 회화에서 신중심의 신비로운 체험이나 영적인 이상주의를 추구하던 것에서 사실적인 것을 추구하는 변화를 보이던 시기이기도 하다. 이탈리아의 미켈란젤로나 레오나르도 다빈치와 같은 거장들의 출현이 그것을 입증해 주고 있다. 그렇다면 스페인에서의 르네상스 시기 예술의 특성은 무엇일까. 이 시기 건축이나 회화에서 살펴볼 수 있는 스페인 르네상스 문화의 특성은 당시 서유럽의 문화 양식과 어떤 차이가 있는 것일까. 우리는 먼저 스페인 르네상스와 바로크를 아우르는 스페인의 황금세기에 대해서 먼저 살펴보아야 할 것 같다.

르네상스와 플라테레스크 문양

황금세기는 16-17세기로 이 시기에 스페인은 문학적으로 최고의 절정기를 구가하게 된다. 16세기 스페인은 새로운 정복지에서 끌어들인 부를 해외전쟁에 마구 소비하는 바람에 높은 인플레이션으로 쇠퇴기로 접어들게 된다. 스페인 황금세기의 개막기이기도 했던 이 시기에 나온 악자 소설 『라사리요 데 토르메스 *Lazarillo de Tormes*』는 당시 사제들이 얼마나 위선적이었으며 민중들의 생활이 도탄에 빠져 있었는지 잘 보여 준다. 이러한 자성의 움직임이 종교개혁의 거대한 흐름을 역행하는 대항종교개혁으로 이어지면서 엄격한 분위기 속에서 영적인 소재를 다루는 신비주의 문학이 나오게 된다.

17세기에 들어와서는 더욱 문학적 재능이 발휘되어 세르반테스의 『돈키호테』가 출현하고 그 밖에 공고라나 로뻬 데 베가 등 스페인 문단의 획을 긋는 대가들이 대거 출현하게 된다. 이들 대가들의 작품은 스페인의 경제적인 몰락과 유럽에서의 영향력의 상실로 초라해진 스페인의 자화상에 대한 스페인 인의 환멸을 보여 준다. 이러한 환멸감은 비단 문학에서만 감지되는 것은 아니었다. 미술 분야이나 건축 분야에서도 시대적 상황을 극복해 보고자 하는 의지가 때로는 장엄한 위엄으로 때로는 생동감 나는 활력으로 분출되기도 한다. 민족적 감정이 한껏 고취되었던 황금세기, 스페인 특유의 문화적 특성은 건축에서 어떻게 드러나는가 알아보자.

르네상스 시기 스페인에서는 질서와 균형, 조화를 중시하는 이탈리아 건축 양식을 도입했다. 이는 고대 로마 양식이 부흥한 양식의 하나로 좌우 대칭감각과 둥근 아치, 그리고 도리안식, 이오니아식, 코린트식 기둥을 세우는 것을 특징으로 한다. 르네상스 건축 양식은 고딕 건축의 상승성을 배제하고 조화와 균형을 이루면서 장중한 공간미를 살린다. 이것은 당시 미켈란젤로나 레오나르도 다빈치 등 원근법과 인체의 균형을 중시하는 화풍에서 영향을 받은 것이었다. 스페인에서는 이탈리아의 회화와 건축 양식을 받아들이면서도 아랍 영향을 받아서 다른 서유럽 르네상스 건축물에서 찾아볼 수 없는 화려한 세공 공예가 발달하게 되는데 이것을 플라테레

살라망카 대학교

스크 양식이라고 부른다.

플라테레스크는 스페인어로 '은'을 뜻하는 '플라테(plata)'에서 유래한 말로 장식의 정교함이 화려한 은 세공품 같다고 하여 쓰는 말이다. 이 양식은 16세기 초반에 등장한 양식으로 석공예이지만 실상 육안으로 보기에는 은공예에 가까울 정도로 정교하다. 이것은 돌을 끌로 조각해 낸 것 같이 아주 섬세한 장식으로 그 화려함 때문에 후기 고딕 양식인 이사벨라 양식과도 유사하지만 조각의 내용이 그로테스크한 문양에서 레이스 문양, 두루마리 문양에 이르기까지 다양하다는 것과 대칭과 균형을 이루고 있다는 것 때문에 이탈리아 르네상스 양식에 더 가깝다고 할 수 있다.

플라테레스크 양식은 또한 신대륙의 초기 수도원 건축 양식에도 도입된다. 스페인 정복 이후 도시 지배자는 교회였다. 16세기 수도사들은 르네상스의 플라테레스크 양식과 무데하르 양식을 쓰는 건축가로도 활동하게 된다. 그들은 교회 건물에 원주민들이 건축 재료로 쓰던 푸에블라산 광택 타일이나 석회석, 돌과 벽돌, 혹은 어도비 벽돌이라고 불리는 진흙 벽돌, 그밖에 인디언 건축물의 세부 장식을 사용하였다. 이로써 인디언 건축과 유럽의 건축 양식이 혼합된 신대륙 특유의 건축 양식이 생겨나게 된다.

누에바 에스파냐 초기의 전형적인 수도원으로 악토판 수도원을 들 수 있다. 악토판 수도원은 1550년대 세워진 거대한 규모의 건축물로 멕시코에서 가장 잘 보존된 요새 수도원이다. 당시 수도원들은 요새 형태를 많이 취했는데 이것은 수도원 안에 병원과 과수원, 그 밖에 수비 장비들을 갖춘 자급자족 구조를 취하고 있었기 때문이다. 이 수도원의 정면은 플라테레스크 양식으로 장식되어 있고 무데하르 양식의 탑이 세워져 있다. 뿐만 아니라 둥근 천장에는 구약성서에 나오는 이야기를 주제로 한 프레스코화가 그려져 있고 계단 옆 벽에는 교회의 사제들과 추기경, 성인들의 모습 등 다양한 인물들이 묘사되어 있다.

그 밖에 산 아구스틴 아콜만 교회 입구에서도 플라테레스크 양식을 찾아볼 수 있다. 문 양쪽으로 천사 대좌 위에 화환장식을 두른 기둥이 한 쌍씩 있고 기둥 사이로 성인이 각각 조각되어 있어 대체로 수수했던 초기 수도원과는 다른 이채로움을 보인다.

고전주의와 매너리즘

마드리드에는 르네상스에서 바로크로 넘어가는 중간 시기에 고전주의 양식이 나타난다. 대표적인 것으로 엘 에스코리알을 들 수 있는데 이것은 펠리페 2세가 성 라우렌세를 기념하기 위해서 건립한 궁으로 장식이 전혀 없이 엄격한 절제미를 풍기는 새로운 건축 양식이다. 내부는 화려하다기보다는 장엄한 분위기를 풍겨서 무덤이나 깊은 묵상에 잠기게 하는 은둔지 같다. 1567년 수석 건축가 후안 바우티스타 데 톨레도가 죽자, 왕실의 유적 조사관이었던 후안 데 에레라가 엘 에스코리알 궁전을 완성하게 되는데 엘 에스코리알의 단조로운 건축 양식은 '데스오르나멘따도', 즉 '꾸밈이 없다'는 의미로 불리게 된다.

펠리페 2세는 프랑스의 종교전쟁에 개입하여 승리를 거두고 오스만 제국군을 레판토 해전에서 물리치고 포르투갈을 합병하는 등 당시 유럽을 주름잡고 신대륙 무역에서 거대한 부를 확보하는 등 스페인 절대왕정의 절정기를 구가했던 왕이다. 그러나 1588년 무적함대 패배와 종교전쟁 등으로 인한 지나친 국력의 소비, 그리고 무어 인들에 대한 지나친 종교적인 박해 때문에 스스로 경제적인 기반을 붕괴시키는 돌이킬 수 없는 오점을 남기게 된다.

'해가 지지 않는 스페인' 국왕의 거주지치고는 눈에 띄게 소박했던 엘 에스코리알은 펠리페 2세의 엄격하고도 절제된 통치 성격을 그대로 담고 있는 고전주의 양식의 대표적인 건축물이다. 이곳에는 현왕 알폰소 10세가 쓴 시를 포함한 귀중한 고문서와 〈그리스도 수난상〉 등 르네상스 예술품들이 보존되고 있고 천장에 그려져 있는 프레스코화는 절제된 가운데 장엄미를 더해 주고 있다. 그런데 고전주의에서 바로크로 넘어가면서 조화와 균형에 변형을 가하면서 사실주의에서 멀어지는 대담성을 보이게 된다.

바로크 시대를 특징짓는 스페인 특유의 화풍은 섬세한 감성과 심오하고 난해한 16세기 매너리즘 작가의 작품에서 나타나기 시작한다. 미술에

엘 에스코리알 궁전

있어서 완벽한 기법의 숙달로 인해 16세기 말 사람들은 미술의 발전이 끝나 버리는 것은 아닌지 의심하기 시작했다. 이와 같은 정신적 혼란 속에 당시의 젊은 미술가들은 르네상스의 이상인 '조화와 균형'을 거부하고 반고전주의를 지향하기 시작했던 것이다. 화풍에서 나타나는 반고전주의의 움직임은 당시 스페인의 역사적 배경과 어우러지면서 스페인 바로크 시대의 예술과 문화를 특징짓게 된다.

16, 17세기 스페인 황금세기의 문학과 예술은 한마디로 펠리페 2세 이후 쇠락해 가던 스페인의 초췌해진 현실과 과거 스페인이 누렸던 영광 사이에서 오는 환멸감과 이를 극복하고자 하는 몸부림이었다고 할 수 있다. 우리는 바로크 시대 건축물에서 스페인의 현실을 신앙으로 극복해 보고자 하는 강인한 의지와 역동적 활력을 찾아볼 수 있을 것이다.

바로크 양식과 추리게라 장식

바로크 양식은 극적 효과와 변화에 대한 열망으로 활발히 전파되었으며 그 장식 또한 매우 화려해졌다. 추리게라 양식은 바로크 양식의 특성을 가장 잘 드러내고 있다. 추리게라 양식은 스페인의 한 건축가 가문의 이름에서 따온 것으로 추리게라 집안의 세 아들은 모두 당시에 이름 있는 건축가들이었다.

추리게라 일가가 만들어 낸 건축 양식은 스페인의 후기 바로크 양식을 특징짓게 되는데 이 양식은 한마디로 아주 세세한 곳까지 화려하게 장식하는 건축 양식이다. 살라망카 대성당의 수석 장인이기도 했던 호세는 50여 년에 걸쳐 살라망카를 추리게라 도시로 바꾸는 대사업을 실시했다. 추리게라 양식은 후기 바로크 양식인 로코코 양식으로 고전주의 이전의 플라테레스크 양식처럼 화려하고 촘촘한 장식을 특징으로 한다. 갈라진 박공벽, 물결치는 듯한 처마, 난간, 회반죽 피막, 꽃 장식 도안으로 가득 찬

실내표면이 모두 추리게라 양식의 특징이다.

나르시소 토메가 디자인한 톨레도 대성상의 〈트란스파렌테〉는 추리게라 양식의 걸작이다. 토메는 금박으로 처리한 햇살과 수많은 천사 조각, 그리고 자연과의 조화를 염두에 둔 건축 구성을 통해 신비하고 신성한 효과를 자아내었다. 이 양식은 스페인뿐 아니라 식민지였던 아메리카에까지 영향을 미친다.

멕시코 대성당과 탁스코에 있는 산타 프리스카 교회, 산 루이스 포토 시에 있는 산 마르틴 교회 등이 멕시코 추리게라 양식의 가장 뛰어난 건축의 예라고 할 수 있다. 1751년에 시작하여 7년 만에 완공된 탁스코 교구 교회는 멕시코 건축의 전형적인 추리게라 건축물로 화려한 외부 장식이 특징이다. 이 스타일은 물이 흐르는 듯하며 아래에서 보면 그 형체가 모호하기까지 하다. 이 건물에 쓰인 막대한 비용은 은의 제왕이라 일컬어졌던 호세 데 라 보르다가 떠맡게 된다. 또한 두텁게 금박을 입힌 조각 나무로 되어 있는 중앙에 있는 제단의 조각물은 기독교 교회의 영광과 풍요를 나타낸다.

바로크 양식은 대서양을 건너가 멕시코 지역에서 많이 생산되는 소재를 사용하게 되는데 푸에블라산 타일을 사용한 건축이 대표적이다. 대표적인 건물은 과달루페 대성당으로 남아메리카에서 가장 많은 관광객을 맞이하는 대성당이다. 갈색 피부의 성녀 마리아가 인디언 후안 디에고에게 발현한 기적이 있었다고 전해지는 이 성당은 바로크식 측면(퍼사드)에 성모 마리아 상이 부조로 새겨져 있고 성모 마리아가 발현했던 네 번째 장소라는 것을 기념하는 예배당이 지어져 있다. 이 예배당은 타원형 돔 형식에 파랑과 흰색의 눈부신 탈라베라 타일로 장식되어 있다.

뿐만 아니라 스페인에서 유래된 추리게라 양식이 신대륙 토착민들의 건축 양식과 결합되어 옥수수를 거꾸로 세운 듯한 독특한 모양의 추리게라식 기둥도 등장한다. 여기서 우리는 스페인 건축 양식이 신대륙으로 건너가서 그 지역에 맞게 재창조되는 문화의 역동성을 살펴볼 수 있다. 이러한 문화의 역동성은 중세 아랍의 건축 양식이 로마네스크나 고딕 양식과 어우러져서 생겨난 무데하르 건축 양식에서 일찍이 찾아볼 수 있었다.

4. '알람브라'에서 '사그라다 파밀리아'까지: 근원으로 돌아가는 독창성

스페인 예술전통을 마감하면서 우리는 스페인의 역사적 배경을 중심으로 스페인 건축이 다른 유럽이나 이탈리아의 건축 양식을 어떻게 받아들이고 소화해 내었는지 살펴보았다. 우리는 스페인에서 중세 아랍의 이슬람교 사원 양식이 서양 교회건축 양식과 어떻게 만나서 어우러지게 되었는지를 살펴보았고 이것이 어떻게 라틴아메리카까지 전수되었는지를 살펴보았다. 그렇다면 오늘날 스페인 건축의 위상은 어떠한가.

우리나라에 스페인 건축이 소개된 것은 불과 몇 년 전으로 스페인 건축에 대한 지식 역시 초보적이라고 할 수 있다. 그럼에도 불구하고 여러분은 바르셀로나의 안토니 가우디(Antoni Gaudí)와 그의 독특한 건축물에 대해서 한 번쯤은 들어보았을 것이다. 이것만 보더라도 현대 스페인 건축에서 가우디가 차지하는 비중이 어느 정도라는 것은 짐작이 갈 것이다.

가우디와 그의 건축

가우디는 젊은 시절, 금은 세공 기술을 배우다가 뒤늦게 건축 공부에 뛰어들게 된다. 카탈루냐 고딕 양식 한가운데서 성장했던 가우디는 자연스럽게 고딕 양식에 깊은 관심을 갖게 되었다. 고딕 양식에 대한 그의 관심은 20세기로 넘어올 무렵 유럽 전역에서 일어난 아르 누보의 영향과 어우러져 그만의 독특한 건축 양식을 창조해 내게 된다.

가우디의 초기 건축물에는 당시 건물 양식과 크게 다른 점을 발견할 수

사그라다 파밀리아

없지만 그때부터 이미 전형적인 카탈루냐 방식을 표현하고자 하는 민족주의석 열망으로 19세기 카탈루냐의 지역적 특성을 드러내면서 경제, 문화, 정치 등과도 밀접한 연관성을 보이게 된다. 19세기에 들어와 카탈루냐는 바르셀로나를 중심으로 인구 15만에서 60만에 이르는 거대지역으로 발전해 가면서 자신들의 문화에 대한 긍지와 자부심을 느끼게 된다. 그래서 카탈루냐 인들은 그들의 전통인 고딕 양식에 아르 누보의 신양식을 접목시킨 가우디의 건축에 많은 애착을 보이게 되고 에우세비 귀엘 백작 같은 인물은 가우디의 든든한 후원자가 되어 준다.

"근원으로 돌아가는 것이 독창성이다."라는 가우디의 말이 암시하듯이 가우디 건축의 특성은 바로 전통의 독창적인 차용에 있었다고 할 수 있다. 젊은 시절 삶을 즐기는 경박한 멋쟁이였던 그가 언제 광신적인 신의 건축가가 되었는지는 말하기 어렵지만 사그라다 파밀리아(sagrada familia)는 그의 건축 철학이 담겨 있는 대작이라는 데 이의를 제기할 사람은 없을 것이다.

요셉 통합 교구는 카탈루냐의 산화와 세속화에 항의하고 옛 질서를 지키는 것을 목적으로 이 교회를 건축하기 시작했다. 이 교회의 원래 건축가였던 프란시스코 데 파울라 델 비야르는 1882년에 신고딕 양식으로 사그라다 파밀리아를 설계하였다. 당시 신고딕 양식의 취향에 어울리는 과감하고 우직한 형태였다. 그러나 건축이 시작되고 1년 만에 교회 지도부와 건축가 사이에 갈등이 생기고 교회는 새 건축가를 구하게 되었다. 이때 겨우 2년 전에 건축사 자격증을 얻은 서른한 살의 가우디가 선택되었던 것이다. 당시 그는 교회에 대해 회의적이었고 철저한 카탈루냐의 민족주의자로 건축 분야에서 별다른 특색을 보이지 않고 있었다. 그런데 가우디는 이 교회를 건축하면서 이전 선배의 계획들을 하나씩 바꿔 자신만의 독창적인 구상에 따라 교회를 건축하게 된다. 그는 '돌로 된 설교'를 만들 각오로 평생을 사그라다 파밀리아에서 바쳤다.

가우디는 고딕 기둥 방식, 그러니까 가우디의 경멸 섞인 표현에 따르면 보조 목발로 이용되는 받침 벽 아치를 없애고 대신 나무 모양의 받침대를 비스듬히 세워 두었다. 이런 건축의 원칙은 자연에서 얻어온 것으로 나뭇가지들이 천장 각 부분의 무게를 나누어 맡고 그 나뭇가지들이 다시 중심 지주에 결합되는 구조를 가진다. 뿐만 아니라, 가우디는 장식의 모형도 자연에서 얻어 사암에 식물, 동물, 나뭇잎, 나무, 곤충, 꽃 등의 문양을 장식해 넣었다. 심지어는 장식문양에 구두장이, 빵 만드는 사람, 노동자 등 그 지역 주민까지 새겨 넣을 정도로 자연 그대로의 삶을 가식 없이 드러내 보였다.

이 건축은 처음부터 센세이션을 불러일으켰다. 1920년에 120미터 높이에 이르는 탑들이 완공되고 이것은 바르셀로나의 마천루로 여겨졌다. 살아생전에 이 교회와 생사고락을 같이한 가우디는 죽은 뒤에도 이 교회의 지하 납골당에 안치되었다. 그가 죽은 다음에도 건축 사업은 여전히 계속되다가 1936년 스페인 내전이 일어나면서 완전히 중단되어 버린다. 1952년에 가우디의 직원이었던 이소도로 푸익 보아다의 감독 아래 건축이 재개된 이후 오늘날까지 이 성당은 카멜레온처럼 그 모양을 바꿔 가며 계속 건축되고 있다.

전통과 창조 사이

가우디의 극단적인 건축 방식은 평론가들의 심술궂은 평가를 얻기도 했고 '미친 사람의 정신착란' 이거나 '술 취한 사람의 작품' 이라는 비웃음을 사기도 했다. 그러나 오늘날에 와서 사그라다 파밀리아 교회의 인기는 전혀 다른 평가를 내리고 있다는 것을 보여 준다. 열두 개의 채색 탑들과 다시 그 위로 치솟고 있는 예수를 상징하는 150미터 높이의 중심 탑, 수백 개의 기둥과 조각품과 장식품이 있는 이 교회는 건축 분야에서 세기의 사건임에 틀림없다.

바르셀로나 사람들은 이 기적의 건축물을 높이 평가하고 사랑해서 '과거를 가진 여인이자 미래를 가진 소녀' 라고 부르고 있다. 이는 사그라다 파밀리아가 전통적인 고딕 양식과 아르 누보의 미래지향적인 양식을 결합하고 있다는 점에서 그렇게 불린 것 같다. 실제로 이 교회를 기점으로 19세기 건축에 종결선을 긋고 동시에 새로운 건축 형식의 길을 알렸다.

뉴욕 타임즈는 이 교회를 보고서 받은 느낌을 "20세기 센트럴 파크로 공룡이 들어오는 것과 같다."라고 하였다. 이것은 사그라다 파밀리아가 중세 스페인의 전통과 자연을 차용하여 현대적인 감각으로 재창조한 것이란 의미를 내포한 은유적인 표현이다. 전통으로 돌아가 전통을 해체시키고 전통을 근간으로 재창조를 시도하는 노력은 가우디의 건축뿐 아니라 이미 중세의 무데하르 양식, 르네상스의 플라테레스크 양식, 그리고 바로크의 추리게라 양식에서 찾아볼 수 있다. 그렇다면 스페인 건축의 독창적인 양식이 갖는 이 같은 특성은 어디에서 기인한 것일까?

우리는 그 해답을 스페인의 역사적 특수성에서 찾아볼 수 있을 것이다. 서로 다른 종교와 민족인 빚어낸 다양한 문화 속에서 오랜 기간을 살아온 스페인은 전통 속에 안주하지 못하고 끊임없이 타문화의 도전에 노출될 수밖에 없었다. 이런 역사적 배경 속에서 스페인 문화의 독창성이 발휘된 것은 다원주의성향이 강한 중세 무데하르 건축 양식에서였다.

그렇다면 왜 다원화된 문화 속에서 스페인 특유의 건축 양식이 등장하게 되었을까? 우리는 그 해답을 다원화된 문화의 근간이 되는 자아와 타아 사이의 관계 속에서 찾아볼 수 있다.

다원주의 문화가 융성하기 위해서는 상대를 타자시하고 배척하는 것이 아니라 타자 속에서 자신을 새롭게 발견하고자 하는 상대주의적 사고가 전제되어야 한다. 우리는 다원주의 문화에 있어서 상대주의적 시각의 중요성을 스페인 역사를 통해 증명해 볼 수 있다. 1492년부터 스페인이 내세운 '피의 순수성' 의 신화는 이민족과 종교를 탄압하여 단일한 기독교 국가로서의 정체성을 내세우고자 하는 의도에서 비롯되었다. 그러나 그 결과, 악명 높은 종교재판소(Santo Oficio)가 등장하여 사상의 자유로운 성장을 저해했고 8세기 가량 서로 공존하고 있던 이민족을 강제 추방함으로써 그동안 아랍 인들과 유대인들이 맡고 있던 농업과 수사학, 예술과 세금과 관련된 국가 재정 업무에 공백이 생기게 되었다. 혹자들이 스페인의 국력이 쇠퇴하게 된 원인의 하나로 이민족들의 추방을 들 정도로 당시 이들에 대한 박해와 추방은 국정에 상당한 영향을 미쳤다. '피의 순수성' 의 신화는 스페인의 독창적인 문화를 융성시키기는커녕 오히려 사고를 경직시키고 스스로를 다른 문화로부터 격리시키면서 자신에 대한 올바른 자아상을 왜곡시키기에 이른다. 이것은 펠리페 2세가 이끈 무적함대의 패배를 통해서도 알 수 있다. 무적함대의 패배는 자국의 전투력만을 맹신하고 전략적인 기술의 개발이나 신무기의 사용을 도외시하던 당시 스페인의 시대착오성을 단적으로 보여 주는 예이기 때문이다. 당시 스페인의 문제점을 날카롭게 간파했던 세계적인 대문호 세르반테스는 중세 기사를 꿈꾸는 한 광인을 통해서 '하나의 유럽' 이라는 중세의 정치적 이상을 좇아 기독교 통합을 구현하려는 스페인의 시대착오적인 영웅주의를 패러디했다. 유럽은 이미 종교개혁으로 말미암아 기독교가 다원화되는 변혁기에 들어가 있었지만 스페인은 이러한 대외적인 변화에 대응해 나가기 위한 부단한 자기 혁신을 꾀하지 않고 중세의 종교적 이데올로기 속에 갇혀 도태되고 만 것이다.

역사적으로 오랜 기간 이민족의 침입으로 문화의 혼종을 경험하며 끊임없이 진정한 자기 정체성에 대한 문제에 직면해 왔던 스페인은 피의 순수성이라고 하는 종교적 순결성에 강박 관념적으로 매달리게 되었다. 그들은 기독교의 종교적 이념 속에서 자신의 정체성을 발견하고자 한 것이다. 그래서 일부 학자들은 무데하르의 공존의 역사를 스페인 정통 역사로부터 배제시키고 기독교도와 그들의 문화만을 스페인의 정통성으로 인정하고자 하였다. 그러나 8세기에 걸친 아랍 인과의 공존의 역사를 배제해 버리고는 중세 스페인 사회를 이해할 수가 없다. 건축에서만 해도 서유럽 로마네스크와 고딕 양식만으로 알람브라나 아라곤 지방에 산재되어 있는 무데하르 양식의 건축들을 설명할 방법이 없지 않은가.

어느 나라고 그 나라가 처한 기후와 지형 조건에 맞는 독특한 건축 양식을 갖기 마련이다. 그럼에도 불구하고 이슬람교 사원 속에 지어진 교회 건축과 서구식 궁전 앞에서 경탄을 자아내는 이유는 무엇인가. 오늘날 세계는 민족과 언어의 경계를 넘어서 글로벌시대에 접어들게 되었다. 그리고 우리는 다양한 문화와 이데올로기가 혼재하는 다원화된 세계 속에서 자기 정체성을 확인해야만 하는 과제에 직면해 있다. 이 같은 상황에서 스페인의 중세 무데하르 문화가 시사하는 바는 크다. 왜냐하면 무데하르 문화의 저변에는 타민족의 문화적 충격을 흡수하여 최소화시키면서 그들과의 공존과 상생을 꾀하는 문화 다원주의의 이상이 담겨 있기 때문이다. 우리는 '알람브라' 에서 '사그라다 파밀리아' 에 이르는 건축 양식을 통해 진정한 자아 정체성이란 전통을 고집하는 것이 아니라, 끊임없이 전통을 해체시키고 새롭게 창조하는 변증법적 역동성 속에서 부단히 자기를 발견해 가는 과정임을 깨닫게 된다.

† 참고문헌 †

부산대학교 건축학과, 「이베리아 반도의 풍토와 건축: 제6회 이상건축 해외 건축 기행」, 월간이상건축, 2000.

빌 리제베로, 『서양 건축 이야기』, 오덕성 옮김, 한길아트, 2000.

윤인석, 『유럽 건축 600선』, 태림문화사, 1996.

Castellon, Antonio Calvo, *Historia del arte español*, Madrid: EDI-6, 1987.

Haring, Clarence Henry, *Trade and Navigation Between Spain and the Indies*, Cambridge: Harvard University Press, 1918.

투우의 힘과 플라멩코의 정열

김상유 서울대학교 강사

1. '문화 메타포'로서의 투우와 플라멩코

스페인 사람들이 가진 삶을 즐기는 태도와 여유는 그들이 즐겨 쓰는 '마냐나(mañana)'라는 표현에서 잘 엿볼 수 있다. '마냐나'는 스페인어로 내일을 뜻하며, 오늘 일을 내일로 미루고자 할 때 쓴다. 스페인 사회의 각종 행정처리 속도는 짧게는 몇 주, 길게는 몇 달씩 걸릴 정도로 느리고, 그 어떤 국가보다 은행 지점 수가 많지만 언제나 은행에서는 사람들이 길게 줄을 서서 한 시간이고 두 시간이고 기다린다. 음식점을 가더라도 그들은 주문한 음식이 나오지 않더라도 웨이터에게 재촉하는 일이 드물다. 심지어는 주문한 음식을 잊어버린 웨이터가 30분 이상을 기다리던 사람에게 어떤 음식을 주문했는지 되물어도 쉽게 화내지 않는다. 분명 이러한 모습을 우리 시각에서 바라본다면 시간 낭비이자 사회 발전을 저해하는 요인일 수밖에 없고, 한국인이라면 너나없이 그런 상황에서 분통을 터트릴 것이다. 여기서 우리가 간과하기 쉬운 점이 바로 스페인 사람들은 기다림과 느긋함을 즐길 줄 안다는 것이다. 갈수록 속도를 더해 가며 급격히 변화하는 현대 사회에서 스페인 사람들은 여전히 느긋함과 기다림의 미학을 간직하고 있으며, 이러한 심성은 그들이 삶을 향유하고 즐기는 모습 곳곳에 스며들어 있다. 분명 여유와 느긋함이 없다면 삶을 제대로 향유하거나 즐길 수도 없을 것이다. 그러나 그들은 마냥 기다리거나 여유를 부리지는 않는다. 기다림과 여유 속에 그들의 에너지는 서서히 응축되어 어느 일정 시점에 이르면 폭발하는 열정으로 발산된다. 또한 이렇게 응축된 열정은 스페인 사람들이 가진 자연스런 사교성으로 배가되어, 일하거나 삶을 즐기는 데 필요한 넉넉한 힘을 발휘하게끔 한다. 이런 점은 바로 정열적인 투우와 플라멩코, 그리고 스페인 각지에서 열리는 광적인 축제에서도 잘 드러난다.

먼저, 스페인의 투우는 단순히 소를 죽이는 행위가 아니라 정교한 의식이 가미된 열정적 삶의 축제다. 이것은 바로 투우가 피와 난폭함이 난무하는 장엄하고도 예술성 높은 행위양식이며, 죽음의 위험이 있는 만큼 강렬한 행위이기 때문이다. 스페인의 투우에서는 최후의 순간에 소를 죽이지만 포르투갈이나 프랑스의 경우는 마구를 채우거나 소가 공격하지 못하도록 제지하는 것으로 끝낸다. 그러므로 스페인의 투우와 연관된 상징들은 포르투갈이나 프랑스의 투우와 관련된 상징과는 아주 다를 수밖에 없으며, 이를 통해 스페인 문화의 특성과 국민성이 확연히 구별된다. 또한 투우는 스페인 사회 전반에서 있어 중요한 의식으로 간주된다. 투우는 시작을 알리는 손수건 신호로부터 마지막 순간 성난 황소를 제물로 바치는 과정까지 엄격하게 정해진 순서를 반복한다. 이런 측면에서 투우는 스포츠라기보다는 엄숙한 축제 의식이며, 더 나아가 투우를 통해서 그들이 가진 삶과 죽음에 대한 사고방식까지 엿볼 수 있다. 다시 말해, 투우는 스페인 사회를 이해하기 위한 대표적 문화 코드이자 스페인의 문화적 특징을 함축하고 있는 행위양식인 것이다.

이러한 투우 못지않게 플라멩코 또한 스페인을 강렬하게 대변하는 문화 양식이다. 흔히 스페인 문화의 독특함이 다양한 문화적 유입과 그 혼합으로 비롯되었다고 이야기하는데, 그 결과물 중의 하나가 바로 플라멩코 음악과 춤이라 하겠다. 플라멩코가 발생하게 된 문화사적 배경에는 기독교 문화와 유대교 문화에 근간을 둔 음악적 요소뿐만 아니라 이베리아 반도를 점령했던 이슬람 세력이 남긴 음악적 자취가 진하게 감돌고 있다. 이러한 문화적 배경 속으로 집시들 또한 15세기부터 인도의 예술 문화를 가지고 들어오게 된다. 선천적인 방랑문화와 음악적 재능을 소유한 집시들은 플라멩코 음악과 춤의 발생에 커다란 역할을 한 사회 계층이다. 그들은 음악을 만들어 내고, 춤을 전승함에 있어 활발하게 활동했다. 즉흥적이고 화려한 집시음악은 이슬람교, 기독교, 유대 문화 등과 융화하면서 안달루시아의 전통 음악을 만들었으며, 이 지역 음악은 스페인 문화의 전형으로까지 발돋움하게 된다. 이는 스페인이 포용한 여러 문화들이 혼합되어서 만들어진 예술적 결정체 중 하나가 플라멩코임을 뜻하는 것이며, 특수한 지방 음악으로 싹트고 자라났지만 어느새 스페인이라는 국가 이미지를 상징하는 문화로 자리 잡았다는 것이다.

이렇듯 투우와 플라멩코는 스페인의 '문화 메타포' 역할을 톡톡히 하고 있다. 문화 메타포란 특정 문화권 사람들이 감성적, 인지적으로 표출하는 대표적 활동이나 현상을 뜻하며, 그 속에는 해당 문화 자체를 대표하는 가치가 내포되어 있다. 다른 문화의 기본적 가치를 이해하고 해석하는 데 우리는 어려움을 겪기 마련인데, 그 상이한 문화 체계를 좀 더 깊이 있고 구체적으로 이해하기 위한 한 가지 방편이 바로 문화 메타포를 통한 인식이라 하겠다. 투우와 플라멩코는 우리가 스페인이라는 국가에서 가장 먼저 떠올리는 문화 영역이기도 하면서 그들 문화의 대표적 특징을 담고 있다. 따라서 이 글에서는 스페인의 대표적 문화 상징인 투우와 플라멩코를 통해서 스페인 문화의 가치체계에 한 걸음 다가가고자 한다.

2. 투우

수만 년 전 스페인 사람들이 그린 인류 최초의 벽화가 알타미라 동굴에 지금까지 남아 있으며, 그 이외에도 여러 동굴에 태고적 흔적이 보전되어 있다. 특히 알타미라에는 들소, 말, 멧돼지, 사슴 등으로 구성된 동물 그림들이 있고, 푸엔테 니카소 동굴에는 인간의 손바닥 자국이 찍혀 있다. 만일 손바닥 자국이 인간의 독창성을 의미하는 하나의 대담한 인장(印章)이라면, 동물 그림은 고대 지중해 세계에서 점차 숭배의 대상으로 떠오른 황소를 힘과 생명의 상징으로 승화시켰다. 전기 구석기시대의 어둠 속 벽화를 간직하고 있던 알타미라 동굴이 1879년에서야 발견된 사실도 흥미롭지만, 그 동굴을 발견한 이가 다름 아닌 다섯 살짜리 여자 아이였다는 것에 놀라지 않을 수 없다. 더욱이 알타미라 동굴의 어둠 속에서 떠오른 것은 바로 지금까지 스페인을 지배하고 있는 황소였기에 말이다. 황소는 이베

알타미라 동굴 벽화

리아 반도의 오수나 지방에 있는 동굴벽화(기원전 3~4세기)에서도 볼 수 있고, 스페인 기산도에서는 황소 석상이 켈트 족의 수호신으로 남아 있다. 스페인 도로를 달리다 보면, 저 먼 언덕 위에 거대한 황소가 듬직하게 서 있는 모습을 자주 보게 된다. 그것은 오즈번 브랜디를 선전하는 검은 황소 간판이다. 그리고 파블로 피카소는 인류가 자행한 참혹한 비극을 〈게르니카 *Guernica*〉에서 묘사하고 있다. 그 작품 속에서 아기를 두 손에 부여잡고 울부짖는 어머니를 애처로운 눈빛으로 바라보고 있는 것은 다름 아닌

피카소의 〈게르니카〉의 부분 그림

황소다. 이와 같이 황소는 예나 지금이나 스페인에서 군림하며 자신의 위치를 굳건히 지키고 있는 존재라 할 수 있다.

마드리드 고고학박물관에서 소장하고 있는 사람의 머리를 지닌 발라소테의 괴물은 스페인의 황소숭배문화를 지중해 연안이라는 보다 큰 문화권에 직접 연결시킨다. 지중해 문명이 싹튼 크레타 섬은 투우의 발상지로도 알려져 있다. 이는 바로 인간의 몸을 지니고 황소의 머리를 가진 괴물, 미노타우로스 때문이다. 미노타우로스의 실제 이름은 아스테리오스 일명 아스테리온으로, 미노스의 아내 파시파에와 포세이돈이 미노스에게 보낸 황소 사이에서 태어난 아들이다. 비정상적인 사랑에서 태어난 이 괴물을 보고 놀라움과 수치심에 사로잡힌 미노스는 당시 자신의 궁정에 있던 아테네 출신의 장인 다이달로스를 시켜 거대한 미궁을 짓게 하고 그 속에 괴물을 가두었다. 그리고 매년 아테네 인들이 바치는 공물인 일곱 명의 젊은 남자와 일곱 명의 처녀를 그에게 먹이로 주었다. 테세우스는 스스로 제물이 되기를 자청해 이 젊은이들 사이에 끼었고, 아리아드네의 도움을 받아 이 괴물을 죽이고 돌아 나오는 길을 찾아냈다. 이 전설은 황소에 대한 숭배와 거대한 궁전을 가지고 있던 것으로 추측되는 미노아 문명의 흔적을 간직하고 있다. 더 나아가 이 전설은 황소의 힘과 다산성에 대한 동경과 더불어, 인간의 지성과 상상력을 겸비한 근원적인 황소로의 변신에 대한 인간의 열망을 보여 준다는 해석에까지 이른다.

지중해 사람들에게 황소라는 동물은 놀이나 유희에서도 친숙한 존재다. 황소 위로 뛰어오르거나 황소 등을 타고 가는 장면이 묘사되어 있는 크레타 섬의 벽화에서 볼 수 있듯이, 그들은 황소 등 위에 올라서서 균형을 잡고 가는 놀이를 즐겼다. 제우스가 황소로 모습을 바꾸어 에우로페를 유괴한 것에서 알 수 있듯이 황소는 잔인한 폭력을 상징하기도 한다. 이러한 폭력의 상징인 황소가 황도 12궁 가운데 하나의 성좌로 자리 잡게 되면서, 강간의 상징은 우주 창조의 신화로 승화된 것이다.

앞서 언급한 바 있는 미노타우로스를 퇴치한 아테네의 영웅 테세우스는 최초의 투우사로 간주할 수 있을 것이다. 테세우스와 엇비슷한 시대의 영웅인 헤라클레스는 그리스의 황소 신화를 스페인으로 가져왔다. 열두 가지 과업 중에 헤라클레스는 뜨거운 불길로 크레타의 황소를 잡아 제물로 헤라에게 바친 바 있으며, 스페인까지 와서 3개의 몸을 가진 거인 게리오네우스로부터 붉은 소들을 빼앗아 그리스로 데려간 바 있다. 소들을 가져오기 위해 헤라클레스는 아프리카와 스페인 사이의 지브롤터 해협을 건너야만 했는데, 이러한 전설 덕분에 이 해협은 '헤라클레스의 기둥'이라고 불리고 있다. 그러나 이 명칭은 단순히 지명만을 의미하는 것은 아니다. 그것은 인류의 가장 오래된 의식 중의 하나로서, 성스러운 동물의 제의적 죽음을 통한 통합과 분열을 상징하기도 한다. 헤라클레스는 스페인에서 받은 환대에 대한 답례로 몇 마리의 소를 스페인에 되돌려 보냈다고 한다. 그 후 크리사오르 왕은 매년 헤라클레스에게 바치는 황소의 희생제의를 스페인에서 확립시켰다.

헤라클레스는 저 머나먼 고대로부터 시작해서 스페인으로 무수히 건너왔던 이주자들의 상징으로도 볼 수 있다. 스페인에 정착한 이주자들은 헤라클레스처럼 소를 몰며 최초의 대중적 장소인 투우장과 그곳에 이르는 길을 지켜 왔으며, 스페인 고유의 황소 이미지를 남겼다. 특히 카를로스 푸엔테스는 투우장을 '공동의 장소'로 간주하며 색다른 의미를 부여한다. 그에 의하면 '공동의 장소'란 문자 그대로 사람들이 만나서 서로를 알아보고 타자와의 체험을 공유하는 장소로 간주되며, 투우장에서 사람들은 민족을 인식하게 된다고 한다. 가난한 사람이나 시골 사람이나 머나먼 벽지에 고립되어 있는 사람들이나 할 것 없이, 그들 모두는 매주 일요일 오후에 행해지는 의식, 즉 이단적인 미사라고도 말할 수 있는 희생제의를 위

투우장의 경기 전 모습

해서 투우장에 모인다. 기독교 미사와 투우는 희생이라는 공통의 의미를 가지고 있지만 시간은 서로 달라서, 미사는 오전에 행해지고 투우는 저녁에 행해진다. 따라서 미사는 하늘에서 빛나는 태양 밑에서 이루어지는 투우이고, 투우는 석양 가운데서 행해지는 빛과 그림자의 미사다. 이러한 논리를 연장한다면, 투우사는 인간의 생존을 위해 자연을 굴복시키는 제식을 연출하는 배우라 할 수 있으며, 인간과 자연의 관계 속에 놓여 있는 비극적 주인공이라 부를 수 있다.

투우는 스페인 사람들이 가진 강한 자존심과 개성을 제대로 보여 준다. 특히 투우의 행사 순서는 독특한 스페인의 문화적 의미를 담고 있다. 스페인어로 투우를 의미하는 명칭은 '코리다 데 토로스(corrida de toros)'다. 이 표현을 문자 그대로 번역을 한다면 '황소의 질주'라는 의미를 가지고 있으며, 보통 줄여서 '라 코리다(la corrida)' 혹은 '로스 토로스(los toros)'로 부른다. 투우는 주로 일요일 오후의 해질 무렵 즉 해뜨는 시간과 정확하게 반대되는 시간에 열린다. 먼저 투우는 트럼펫 소리와 함께 대회장이 흔드는 흰 손수건을 신호로 시작된다. 파소도블레(pasodoble)의 경쾌한 가락에 맞추어 대회 참석자들이 서열 순으로 행진해 들어오는 축하 퍼레이드인 파세이요(paseíllo)로 화려하게 개막된다. 퍼레이드가 끝나면, 대회장은 첫 번째 소의 등장을 알리기 위해 흰 손수건을 다시 흔든다. 이와 같이 투우 경기의 매 단계가 시작될 때마다 대회장은 흰 손수건으로 신호한다.

투우를 행하는 참여자의 단위를 쿠아드리야(cuadrilla)로 부르며 보통 세 그룹이 참여하는 게 원칙이다. 쿠아드리야는 여러 명의 투우사로 구성되는데, 흔히 투우사를 통칭하는 표현은 토레로(torero)이나, 각 투우사들이 맡은 역할에 따라 여러 가지 명칭으로 불린다. 마지막으로 등장해 소를 죽이는 역할을 하는 중심 투우사를 마타도르(matador)라 부르며, 하나의 쿠아드리야는 마타도르 한 명과 그의 조수들로 구성된다. 각 쿠아드리야는 황소 두 마리를 상대하게 되며, 따라서 한 투우장에서 도합 여섯 번의 투우가 하루에 행해진다.

첫 번째 소가 투우장 안으로 들어오게 되면, 먼저 부를라데로(burladero)라고 불리는 마타도르의 조수 3명이 그 소와 대결하게 된다. 이들은 자홍색과 황금색으로 된 망토인 카포테(capote)로 소를 유인해서 투우사가 그 소의 주력 및 움직임의 특색을 살펴볼 수 있도록 하며, 때로는 마타도르 자신이 이 단계부터 참여하기도 한다. 몇 분 후에 마타도르가 경기장 안으로 들어와서 망토를 한 층 더 예술적으로 휘두르면서 용맹스러움을 과시하는데, 여기에 전통적인 베로니카(verónica, 투우사가 정지한 채 망토로 천천히 흔들어 소를 다루는 재주)도 볼 수 있다. 이때 마타도르가 용맹함을 떨치거나 반대로 관중의 기대에 못 미치거나 하면, 관중들은 감정적으로 반응한다. 마타도르의 용맹함에 감동을 받으면 박수로 환호하며 '올레(olé)'라고 소리친다. 그러나 반대로 경기가 만족스럽게 못하면 야유하거나 휘파람을 분다. 이렇게 대중들이 마타도르와 상호 반응함으로써, 마타도르가 더 아슬아슬하고 예술적인 몸동작을 펼치도록 부추긴다. 이러한 상호 반응은 다시 관중에게로 되돌아와 사람들을 한층 더 흥분시킨다.

황소와 첫 대면이 끝나면, 두 명의 피카도르(picador)가 말을 타고 경기장 안으로 들어온다. 피카도르 한 명은 대기 상태로 있고, 다른 한 명은 자신이 타고 있는 말을 향해 소가 돌진해 오도록 약을 올린다. 이는 그가 가지고 있는 기다랗고 뾰족한 창으로 소를 찌르기에 충분한 거리 내로 유인하기 위해서다. 피카도르의 임무는 창으로 소의 등을 찌르는 것으로, 이를 통해 소의 기운을 빼고 주력을 떨어트려 마타도르가 싸울 때 능력을 한껏 과시할 수 있게 한다. 그 다음은 소가 다시 원기를 차리게 만드는 단계로 한층 흥미로운 볼거리를 제공한다. 그것은 바로 3명의 반데리예로(banderillero)가 각각 두 개의 반데리야(banderilla, 화려한 장식이 달린 나무 작살)를 소의 뒷목에 꽂는 행위다. 투우가 끝날 때까지 작살들은 소의 뒷목에 꽂힌 채로 있게 된다. 이 시점에서 소는 잠잠해지는 듯하나 뒷목에 꽂혀 있는 작살에 자극받아 더욱더 사나워진다.

마지막 단계에서 마타도르는 약 15분간에 걸쳐서 자신의 기술을 펼쳐 보인다. 이때 마타도르는 카포테보다 크기가 작은 붉은색 망토인 물레타(muleta)와 칼을 들고 소를 다루는 위험스런 드라마를 연출한다. 칼은 결정적인 순간을 제외하고 언제나 물레타 속에 감춰 둔다. 마타도르는 투우를 시작하기 전에 대회장을 향해 인사를 한다. 그와 싸울 소가 이날 오후 경기에서 만난 첫 번째 소일 경우 그 소를 죽여도 좋다는 허락을 구한다. 그리고 죽인 소를 친구나 대중들에게 헌납하게 된다. 소 죽이기가 완전히 끝나면, 관중들의 반응에 따라 마타도르가 받게 될 보상 수준을 대회장이 결정한다. 또한 용맹하게 싸웠던 소 역시 투우장 밖으로 끌려나오면서 박수를 받는다. 투우 경기에서 남은 다섯 마리 소 또한 위와 똑같은 과정을 반복한다. 마타도르 한 명이 소 두 마리씩을 상대하고, 그 다음 쿠아드리야로 교체된다. 따라서 언제나 3명의 마타도르가 등장해서 투우를 치르고,

마타도르

대회장이 자리를 뜨면서 투우의 공식 행사는 끝나게 된다.

스페인에서 오래전부터 대중들의 인기를 끌고 있는 투우가 발생하게 된 것과 관련하여 여러 가지 설이 존재한다. 기원전 2000년 크레타 섬에 있었던 고대 미노아 인의 축제라든지, 로마 원형경기장에서의 싸움으로부터 유래했을 수도 있다. 어느 주장이 맞든지 간에, 스페인 투우의 뿌리는 이베리아 반도에 들어온 여러 민족들과 그들의 문화에서 기인한 것임에 틀림없다. 사료에 의하면 기원전 3000년경에 북아프리카로부터 이주해 온 이베리아 인이 반도 남쪽 3분의 2 가량을 차지했다고 한다. 그 후 다른 민족들이 이 지역을 점령하거나 교역하기 위해 혹은 정착하게 위해 이베리아 반도에 잇달아 들어왔다. 처음엔 페니키아 인(셈 족)이 들어왔고, 이어서 켈트 인, 그리스 인, 카르타고 인, 로마 인, 유대인, 게르만 족, 고트 족 그리고 아랍 인이 들어왔다. 그리고 집시는 중세에 이집트에서 이주해 왔는데, 스페인 사회에서 가장 뒤늦게 정착한 사람들이다. 이렇게 지속적으로 이어진 침략과 이주의 물결은 투우에서 반복되는 소의 공격에 견줄 수 있다. 경기 순서에 따라 투우장으로 들여보내는 여섯 마리의 소에 비유된다는 말이 오히려 더 적절할 것이다. 이러한 비유로 본다면, 스페인의 초기 역사는 외지인들의 침입이 너무나 잦아서, 마치 투우사들이 침략해 오는 민족의 수만큼이나 황소의 무수한 공격을 막아내며 치러야 하는 투우 경기에 비유할 수 있겠다.

투우에서 쿠아드리야는 스페인 사람들이 팀과 집단주의를 어떻게 보는지 명확히 보여 준다. 개인주의가 강한 나라에서도 공동 방어의 필요성을 느낄 때에는 타인과의 협력이 필요하다. 쿠아드리야에 속하는 사람들은 밀접한 상호 행동을 하지 않기에 영어의 팀(team)이라기보다는 '그룹, 일당, 또는 갱(gang)' 이라는 의미로 받아들여야 한다.[1] 소를 죽이는 목적을 성취하기 위해 투우사들 개개인의 뛰어난 힘을 합하고 여러 명이 같이 싸우는 게 안전하다는 사실을 쿠아드리야에서 살펴볼 수 있다. 스페인의 역사는 용기 있고 자존심이 강한 개인들이 어렵지만 공동의 목표를 달성하기 위해 뭉쳐서 이뤄 낸 영웅적인 사건들로 가득 차 있다. 예를 들면, 로마에게 항복하기를 거부하여 누만시아(Numancia)라는 도시 전체가 불태워진 사건이나, 16세기 초 아스테카와 잉카 제국의 정복자들을 비롯하여, 그리고 19세기 초반 스페인을 침입한 나폴레옹에게 대항했던 게릴라 전투 등을 언급할 수 있을 것이다.[2]

일반적으로 투우장의 좌석은 햇빛(sol), 그늘(sombra), 그리고 햇빛과 그늘의 혼합(sol y sombra) 지역의 세 종류로 나누어져 있다. 이것은 이미 언급한 대로 투우가 해 뜨는 시각과 정확히 반대되는 시간에 열린다는 사실을 생각해 보면 가능한 일이다. 스페인의 강렬하고 뜨거운 햇빛을 감안한

1) 팀이라는 의미의 스페인어는 'equipo' 이다. 여기서 팀과 쿠아드리야를 비교하기 축구를 예로 들 수 있다. 공을 유기적으로 주고받으며 움직이는 축구와는 달리, 투우에서 쿠아드리야는 자기 자신에게 맡겨진 임무만을 수행하면 되는 것이다.

2) '게릴라전' 이라는 용어는 1812년 나폴레옹에게 승리하기 위해 스페인에서 처음 사용했던 것인데, 겉으로는 비조직적으로 보이지만 실제로는 체계적인 전투를 일컫는다.

다면 그늘 좌석이 가장 비쌀 수밖에 없다. 그늘 좌석의 요금은 가장 싼 좌석인, 해가 비치는 좌석 요금의 두 배다. 투우 경기 입장권 가격이 비싸다는 사실을 고려할 때, 좌석을 구분해 주는 이 입장권은 관중들을 부자와 가난한 사람들로 구분해서 앉게 만들기도 했다. 그러나 투우 경기가 진행되는 시간과 비례해서 당연히 그늘이 차지하는 면적이 넓어지고 투우장의 열기는 점차 고조되어 관중들은 그러한 구분을 끝내는 사라지게 된다. 수직적인 차이가 있지만 그것은 유동적이며 결국에 가서는 수평을 유지하는 사회적 단면이 이러한 좌석 배치에서 엿볼 수 있다.

투우 경기의 개막에 앞서 벌어지는 퍼레이드인 파세이요는 스페인 문화가 보여 주는 가장 흥겨운 모습들 중 하나다. 투우는 경쾌한 파소도블레 음악에 맞추어 경기장에 입장해 자랑스럽게 행진하는 사람들의 퍼레이드로 시작된다. 이 퍼레이드에 참가하는 사람들은 화려한 의상을 입으며, 투우사에서부터 경기장 정리를 담당하는 아레네로(arenero)에 이르기까지 여러 사람으로 구성된다. 또한 그들은 역할의 중요성에 따라 순서대로 뽐내면서 걷는다. 이러한 귀족적인 개막 행사는 투우의 역사에서 비롯된다. 17세기 말까지는 오직 귀족만이 여성들과 동료와 부하들 앞에서 자신의 남성미를 뽐내기 위해 투우를 할 수 있었기 때문이다. 구체적으로 투우와 관련된 역사를 살펴보면 스페인의 설화적 영웅 '엘 시드(El Cid)'가 창으로 투우를 한 기록이 12세기 서사기에 남아 있으며, 16세기에 카를로스 1세가 자신의 아들 펠리페 2세의 탄생을 기념하기 위해 바야돌리드 광장에서 황소를 죽이는 행사를 거행하기도 했다. 초기에는 말을 탄 채로 투우를 했지만 18세기 중엽부터는 직업적인 투우사가 등장했으며, 말에서 내려와 땅에서 황소와 겨루면서 대중들의 축제로 변모하게 된 것이다.

우아하게 몸을 기울인 투우사가 스쳐 지나가는 황소의 뿔을 칠 때 관중들이 내는 환호성과 '올레' 라는 고함소리는 스페인 사람들의 강한 감성주의를 나타낸다. 고함과 환호는 자기표현의 한 형태일 뿐만 아니라 투우사의 행동과 그의 성과에도 영향을 주는 관중 참여의 한 형태이기도 하다. 더욱이 투우사가 소를 죽일 때 관중들은 투우사의 능력에 대해 심판을 하며, 관중들의 반응에 따라 투우사는 적절한 의례를 갖춘다. 만약 관중들 속에 투우사에 대해 불만을 갖고 있는 사람이 있다면 휘파람을 불며 야유를 퍼붓기 때문에 그 투우사는 다시 경기장에 들어오지 못하게 된다. 긍정적인 관중들의 반응이 지속되는 경우 투우사는 그가 사용한 칼을 들고 경기장 주위를 돈다. 투우사의 경기가 매우 만족스러웠다면 관중들은 투우사가 황소의 귀를 상으로 받는 영예를 얻도록 손수건을 흔들어 준다. 대회장은 관중 대다수가 손수건을 흔들게 되면 이에 응해야 한다. 이때 대회장은 아주 훌륭한 경기의 대가로 황소의 양쪽 귀를 투우사에게 상으로 주어야 할지 결정한다. 그리고 드물지만 황소 꼬리를 증정하기도 한다.

특정 지역의 가치관이나 문화적인 양태는 그 지역민들의 치르는 의식 속에서 잘 나타난다. 지역주의, 비극성, 자존심과 같은 개인주의, 그리고 감정적인 상호 작용과 같은 스페인 문화의 특징들은 투우 속에서 생생하게 살아 있다. 궁극적으로 볼 때 투우는 스페인에서 하나의 주요한 사회적 의식이기 때문이다. 의식에서처럼 손수건 신호로 투우는 시작되며 부를라데로, 피카도르, 반데리예로, 마타도르에게 주어진 엄격한 역할 및 정확하게 규정된 순서가 있다. 그리고 대회장의 공식적인 역할이나 마지막 순간에 성난 황소를 제물로 바치는 것 또한 투우가 가진 의식적 요소라 하겠다. 사실 동물보호단체를 필두로 해서 상당수의 사람들은 투우를 잔인한 동물 학대 행위로 간주한다. 하지만 투우는 엄숙함과 흥겨움, 그리고 삶과 죽음이 결부된 의식이다. 투우가 스페인 국민들에게 깊이 자리 잡은 문화적 가치와 태도를 이해하는 유일한 상징은 아니지만 투우 의식이나 투우에 내재하는 문화가 없는 스페인을 상상하기는 힘들 것이다. 따라서 투우는 스페인을 대표하는 문화적 현상이며, 그 평가 또한 문화상대주의적 관점에 따라야 할 것이다.

3. 플라멩코

플라멩코(Flamenco)는 이베리아 반도에서 벌어진 역사적 과정을 대변하는 대표적 음악이자 춤이다. 플라멩코의 발원지인 안달루시아(스페인 남부지방)는 이슬람 문화의 영향을 강하게 받았을 뿐만 아니라 유대인, 집시 등의 유입이 상대적으로 많았던 지역이기도 하다. 따라서 여러 가지 이질적인 요소들이 서로 영향을 주고받으며 새로운 문화를 형성할 수 있는 토대를 가진 지역이라 할 수 있다.

특히 플라멩코의 형성에 커다란 역할을 한 계층은 바로 집시들이다. 집시가 유럽에 처음 모습을 나타낸 것은 그렇게 오래된 옛날이 아닌 14세기 경이었다. 인도 서북부, 인더스 강 상류의 펀자브 지역에서 쫓겨난 집시들의 첫 정착지는 이집트의 집타노스(Giptanos)라는 곳이었고, 또다시 체코슬로바키아 지역으로 옮겨 온 후, 유럽 각지로 흩어지게 된다. 이들 중 한 부류의 집시가 스페인 남부에 정착한 사실을 기록한 최초 자료는 1447년으로 거슬러 올라간다. 그리고 1480년경 기독교 왕국이 이슬람 세력의 그라나다 왕국을 공략할 때, 집시들이 군마를 조달하고 적정을 정찰하는 역할을 수행하였다. 1492년 그라나다를 함락시킨 후, 그 협력의 대가로 카스티야의 이사벨 여왕은 집시들이 안달루시아의 사크라몬테(Sacramonte) 언덕에 거주하도록 허락하였으며, 세습적인 면세 특권을 부여하였다. 이후 집시들은 그 언덕에 횡혈식 주거지를 형성했으며, 현재 그 지역은 플라멩코로 유명한 관광지 역할을 하고 있다. 과거 집시들의 주요한 수입원 중 한 가지가 말의 매매였다. 집시들은 말을 조련하고 돌보는 일에 있어 놀라

세비야나스

운 능력을 보유하고 있었다. 따라서 방랑하는 집시들에게 말은 생계수단이자 교통수단 역할 또한 겸하는 것이다. 물론 집시들은 간단한 가내수공업 기술을 보유하고 있었고, 목수나 대장장이를 하였다. 그러나 대량 생산 공장이 들어선 현대에 들어와 그들이 가진 기술은 쓸모없게 되었고, 교통수단의 발달로 말도 소용이 없게 되었다. 이런 이유로 집시들은 주로 날품팔이나 일용 노동에 종사하긴 하지만, 현대 사회에 적응하지 못하는 모습을 보이고 있다. 이는 집시들의 자유롭게 떠돌아다니는 성향뿐만 아니라, 그들의 독특한 문화 때문일 것이다. 주변 다른 문화를 가진 이웃과 동화해 정착해서 살지 못하지만 음악에는 탁월한 재능을 소유하고 있었다. 특히 소유가 간편한 악기들인 바이올린, 아코디언, 기타, 탬버린, 캐스터네츠

등을 능숙하게 연주했으며, 흥겨운 즉흥연주에 일가견이 있었다. 이러한 이유로 집시들은 플라멩코의 형성과 발전에 커다란 영향을 주었다.

플라멩코는 집시를 중심으로 한 사회주변부 계층에서 발생한 음악이라 할 수 있으며, 보통 14세기경부터 지역 민요와 종교 성가를 바탕으로 형성되기 시작했다. 서서히 플라멩코는 기타 반주에 즉흥적인 춤을 곁들인 노래로 구성되어 갔다. 현재 플라멩코는 몇 가지 범주로 나뉘며 지역에 따라 약간씩 다른 모습을 보이기 때문에 여러 가지 명칭으로 불리어진다. 짙은 비장미를 동반하며 죽음이나 절망을 다루는 장중한 음악에서부터 사랑과 즐거움을 노래하는 경쾌한 음악에 이르기까지 플라멩코 리듬은 기교와 내용 면에서 다양함을 보여 준다. 세비야나(sevillana), 불레리아(bulería), 시기리야(siguiriya), 말라게냐(malagueña), 단사 모라(danza mora), 알레그리아(alegría), 사에타(saeta), 마르티네테(martinete) 등 안달루시아의 각 지방 민속 음악과 춤은 여러 가지 모습을 보여 주고 있다.

비록 플라멩코라는 용어가 어디서 유래되었는지 정확한 기원은 밝혀지지 않았지만, 플라멩코는 스페인어로 플랑드르 인, 아랍어루 '땅 없는 농부(fellah mengu)' 등의 의미가 있으며, 플라멩코라는 표현이 유래했을 법한 비슷한 스페인어 단어로 flama(불꽃), flamante(빛나는), flamear(타오르다) 등을 나열할 수 있다. 용어의 기원이 어떠하든 간에 플라멩코라는 용어는 음악과 춤을 지칭하기 이전에 특정한 행동유형을 일컫는 말이다. 플라멩코는 소위 자기의 감정을 억제하지 못하는, 열심히 일하기보다는 본능의 즐거움을 추구하는, 그래서 때로는 법의 외곽지대에 사는 사람을 지칭하기도 한다. 긍정적인 의미로 이 표현을 풀이하자면, 부나 명예보다는 자유를 추구하고 일상적인 삶보다는 즉흥적인 개성을 존중하고 깊이 있게 표현할 수 있는 사람을 의미한다고 볼 수 있다. 플라멩코가 현대의 음악적 의미로 사용되기 시작한 것은 18세기 중엽이다. 그때 극장에서 오페라의

플라멩코

막간을 이용하여 사람들의 삶을 노래와 춤으로 보여 주기 위해 상연되었고 이 막간 상연에 등장한 사람들은 대부분 집시들이었다. 이러한 이유로 플라멩코와 집시가 같은 의미로 쓰이게 된 것이라 한다.

플라멩코 음악은 독특한 불협화음으로 이뤄져 있어서, 정형화된 클래식 음악에 익숙한 이에게는 상당히 당혹스러운 느낌을 준다. 이는 플라멩코가 이성적으로 체계화된 음악이 아니라 삶 속에서 우러나오는 진한 감성을 표현하는 비이성적인 특성이 강하기 때문이다. 플라멩코가 논리적이기보다는 주관과 개성이 강한 음악이기에 그만큼 정열적인 것이다. 플라멩코는 한스러운 노래를 피를 토하듯 뱉어내거나 절규하듯 소리를 지르기도 한다. 이는 한국의 창이나 판소리와 아주 흡사한 측면이며, 플라멩코가 지닌 동양적인 음악 요소에 기인한다. 구체적으로 플라멩코에서는 서양 음계에 없는 음과 음 사이를 넘나드는 창법과 더불어 한 음을 중심으로 두고 리듬을 반복하는 특징이 잘 나타난다. 또한 아름다운 목소리보다는 풍부한 표현을 할 수 있는 거친 목소리를 선호하는 측면이 있다. 이러한 음악적인 특징을 통해 인간이 가진 감성을 최대한으로 표출하고, 흥분의 절정에서부터 헤어나지 못하는 아픔까지 모두를 예술로 승화시킨다. 특히 삶의 가장 어둡고 고통스러운 측면을 노래하는 장르를 '칸테 혼도(cante jondo)'라 부르며, 이는 심오한 노래라는 의미를 지니고 있다.

노래와 음악으로 표현하는 모든 감정을 움직임으로 보여 주는 것이 바로 플라멩코 춤이다. 즉 동작 하나하나에 체계적인 기교를 담는 게 아니라 주관적 감정을 표현하는 것을 우선시한다. 다른 춤과 비교했을 때 플라멩코의 춤 동작은 사뭇 차이가 있다. 다른 지역 춤은 몸통으로부터 팔과 다리가 독립적으로 움직이며 뜀뛰기를 하면서 하늘로 도약을 꿈꾼다. 반면 플라멩코의 주요 동작으로 팔과 다리는 꼿꼿한 몸통을 중심으로 움직이며 특히 발구르기 동작이 강렬하다. 이것은 하늘을 향해 뛰어오르기보다는 땅과의 교감을 강조하는 것이며 천상의 삶보다 지상의 삶을 지향하는 것이다. 그리고 박자는 발로만 맞추는 게 아니라 손바닥으로도 한다. 일반적으로 캐스터네츠를 사용하기도 하지만 순수한 형식의 플라멩코에는 캐스터네츠가 들어가지 않는다. 춤사위에는 특정한 양식이 정해져 있지 않고 무용수들의 감정과 감각에 맡겨져 있다. 이런 특징에서 플라멩코의 자유분방한 기질을 엿볼 수 있다.

유럽의 다른 어떤 국가보다 스페인 문화는 대중적 전통이 상대적으로 강하다. 먼저 스페인 문화의 황금세기인 17세기에 두드러졌던 것이 바로 대중 혹은 민중들이 즐기던 연극이다. 극작가들은 대중의 취향을 고려하여 그들을 대상으로 작품을 만들었으며, 길거리나 광장과 같은 곳에서 연극은 곧잘 상연되었다. 또한 스페인적인 오페라인 사르수엘라(zarzuela)[3] 도 가장 대중적이며 통속적인 국민들의 삶을 그린 스페인만의 장르다. 이러한 문화적 배경을 가진 스페인에서 19세기 중순경 플라멩코에 대한 대중적인 수요가 일어나 플라멩코의 황금기를 맞이했다. 특히 1840년대에 세비야, 카디스 등 안달루시아 지방에 플라멩코를 위한 '음악 카페'가 들어서기 시작했고, 가수, 무희, 기타연주자 등으로 구성된 플라멩코 그룹들이 결성되었다. '음악 카페'가 생겨나자 그 이전과 비교할 수 없을 정도로 플라멩코 음악과 춤의 기법들이 상당한 발전을 보였다. 그 이전에는 플라멩코 전수자들은 목동, 대장장이, 광부, 농부, 떠돌이 등과 같은 비전문인들이었기 때문일 것이다. '음악 카페'가 생겨나고 대중들의 수요가 커지자 플라멩코 음악을 직업으로 하는 전문가들이 배출되기 시작했다. 이러한 전문직업화는 플라멩코를 크게 변화시켰지만, 다른 한편으로는 짙은 상업성이 가미되면서 부정적인 측면 또한 파생하게 되었다. 즉 '음악 카페'를 찾은 고객들의 취향에 맞추려다 보니 혼이 깃든 무용가들보다 형식적 쇼맨십을 보여 주는 음악가들을 선호했다. 따라서 무용가의 즉흥적인 창안과 혼이 들어가야만 되는 플라멩코에서 반복적인 움직임과 일상적인 레퍼토리만이 계속되었다. 이러한 상황을 거쳐 1920년대에 플라멩코 본연의 형식과 정신을 되살리고자 작곡가 마누엘 파야와 시인이자 극작가인 가르시아 로르카는 그라나다에서 플라멩코 노래와 춤의 전통적 기법에 주안점을 둔 경연대회를 개최한 바 있다. 현대에 들어와 플라멩코의 흐름

3) 17세기에 신화나 영웅을 주제로 다룬 귀족들의 오락물로 시작되었다. 첫 공연은 마드리드 근처의 라 사르수엘라에 있는 왕의 저택에서 있었다. 17세기 말과 18세기에 이탈리아 오페라가 인기를 끌면서 이 양식은 쇠퇴했으나, 19세기 중반 유사한 양식인 18세기의 토나디야를 확대하여 대중적인 뮤지컬로 되살아났다. 재치와 풍자가 넘치는 사르수엘라는 등장인물들을 일상생활에서 관찰하여 다루었으며, 그 속에는 민속음악 · 춤 · 즉흥곡이 포함되어 있었다.

은 크게 전통성을 지키려는 부류와 새로운 변용을 인정하려는 부류로 나눌 수 있다. 특히 적지 않은 젊은 예술가들은 플라멩코를 고정된 스타일이 아니라 과거와 현재를 아우르며 끊임없이 변화하는 예술 중의 하나로 인정하고 있다. 그 예로 미국의 음악 리듬을 플라멩코에 끌어들인 록-플라멩코를 들 수 있으며, 더 나아가 재즈리듬까지 받아들이고 있다.

여러 갈래의 외래문화가 유입되어 발생한 플라멩코는 어느덧 스페인을 대표하는 문화적 아이콘으로 변화하게 되었다. 더 나아가 스페인적인 색체로 재탄생한 플라멩코 리듬은 또다시 대서양을 건너 아메리카에서 새로운 리듬을 만들어 내는 데 주요한 역할을 하게 된다. 아메리카 원주민과 아프리카 흑인의 리듬은 플라멩코와 융합되면서 19세기 말에서 20세기 중반까지 다양한 라틴 음악을 탄생시키게 된다. 즉 여러 문화의 융합에서 탄생한 하나의 문화 양식이 또 다른 문화들과 결합하여 새로움을 창출하고 있는 것이다. 그리고 '룸바 히타나(rumba gitana)' 와 '콜롬비아나(colombiana)' 와 같은 춤은 역으로 라틴아메리카의 춤의 영향을 받은 스페인 플라멩코의 새로운 갈래다. 이렇게 본다면 문화의 새로운 창조는 여러 문화의 역동적인 상호 작용으로 일궈진다고 할 수 있을 것이다. 따라서 문화는 탄생과 변화와 변용의 과정을 거친 후 다시 재탄생하는 순환성을 지니고 있음을 플라멩코에서 엿볼 수 있다.

4. 투우와 플라멩코의 문화적 맥락

이베리아 반도의 지도를 펼쳐 보면 사방에서 팽팽하게 잡아당긴 황소 가죽을 닮았다고 한다. 그 지도 위에 놓인 수많은 길들은 그 옛날부터 다녀간 사람들의 흔적을 말해 주고 있다. 수천 년 동안 유입된 수많은 종족에 의해 그 형상을 갖춘 스페인은 분명 다면적인 정체성을 가지고 있다. 마치 투우장의 햇볕과 그늘이 갖가지 명암을 만들어 내듯이 스페인은 여러 가지 모습으로 우리에게 다가온다. 종교재판소, 배타성, 대항종교개혁 등으로 대표되는 '흑색 신화'의 스페인에서부터 투우, 플라멩코, 카르멘 등에서 보이는 영국 여행자나 프랑스 낭만주의자들이 묘사한 스페인까지 말이다. 이렇듯 빛과 그림자가 어우러지는 스페인의 모습은 아메리카에 살고 있는 스페인 식민지 후손들의 눈에 비친 스페인 상과도 이어진다. 디에고 리베라의 벽화에 묘사된 것처럼 잔혹한 정복자의 모습으로 혹은 경건한 선교사의 모습으로 말이다. 스페인을 두고 볼 때 언제나 대립적인 요소가 반복적이고 풍요롭게 나타난다. 바이런이나 비제의 작품에서 느낄 수 있는 낭만적이고 현란한 모습의 스페인 안에는 엘 그레코나 벨라스케스의 그림에서 볼 수 있는 어둡고 진지한 표정을 짓고 있는 귀족의 모습이 함께한다. 이것은 바로 스페인이 수많은 민족의 침략, 그들의 이주와 정착을 경험하면서, 그리고 그 대립과 융화를 통해 스페인적인 문화를 일궈냈기 때문일 것이다.

이렇듯 다면적 모습을 지닌 스페인 속에서 투우와 플라멩코는 분명 지극히 작은 문화적 단면에 지나지 않는다. 그러나 앞서 살펴보았듯이, 투우와 플라멩코가 함축하고 있는 문화적 · 사회적 의미의 폭은 넓고 풍부하다. 너구나 이 두 가지 문화적 단면은 전통성과 대중성, 고유문화와 외래문화를 논함에 있어 하나의 의미를 시사하고 있다.

먼저, 전통성과 대중성은 상호 대립적인 의미를 가지고 있진 않다. 하지만 과거의 전통문화가 지금까지 대중의 관심을 받으며 그 생명력을 유지하기란 쉬운 일이 아니다. 투우처럼 전통이 대중성을 가지게 될 때, 그 전통은 한 국가나 지역 공동체의 정체성 구현에 커다란 역할을 하게 된다. 다양한 인종과 편차가 큰 지역성을 가진 스페인이 자신들의 정체성과 공동체 의식에 대해 논할 때, 전통 대중문화로 자리 잡고 있는 투우를 빼놓을 수 없을 것이다. 왜냐하면 한 국가나 지역 공동체의 형성은 같은 문화를 함께 공유하고 즐길 때 일궈지기 때문이다.

두 번째, 고유문화와 외래문화를 논함에 있어서 각 단어의 의미 자체는 분명히 구별되지만 실제 문화 영역에서 고유문화와 외래문화를 엄밀히 구분하기란 쉽지 않다. 플라멩코의 경우를 보면 바로 고유문화와 외래문화의 의미에 대해 다시 한 번 재고할 수 있다. 플라멩코의 원류를 거슬러 올라가면 아프리카, 아시아, 중동, 다른 유럽지역 등의 문화에 이르게 된다. 하지만 이러한 외래문화들의 유입으로 형성된 문화가 현재 스페인을 대표하는 문화로 자리 잡게 된 것이다. 즉 플라멩코는 스페인적인 문화 장르로 그 고유성을 획득하게 된 것을 의미한다.

일반적으로 문화는 그 사회의 기본적인 신념과 가치, 그러한 신념과 가치를 표현하기 위해 사용되는 양식과 수단으로 이루어져 있다. 인간은 본능보다는 문화에 의존하여 다양한 상황에 적응하며, 인간이 만들어 가는 사회 또한 문화를 토대로 건설된다. 인간이 가지고 있는 그 의존성으로 인해 문화는 한 지역에서 다른 지역으로 옮겨 가며 발전해 갈 수 있다는 것을 의미한다. 초기의 문화는 고립되어 발전했으나 시간이 흐를수록 이질적인 문화 간의 상호 교류를 점점 왕성해졌고, 현대 사회는 바로 그러한 문화적 교류의 절정이라 해도 과언은 아니다. 그런 교류가 많을수록 자신의 정체성을 지키려는 배타성이 힘을 얻기도 한다. 하지만, 타문화에 대한 배척이 아니라 그 상대적 가치를 이해하고 융화할 수 있을 때 자국의 문화는 새로워지고 발전하게 될 것이다. 더구나 투우와 플라멩코에서 보듯, 그런 과정은 자신의 정체성을 잃어버리는 과정이 아니라, 좀 더 역동적이고 깊이 있는 문화적 에너지를 구축하여 좀 더 그고 끈긴한 공동체 형성을 위한 과정일 수 있는 것이다.

† 참고문헌 †

개논, 마틴 J., 『세계문화이해』, 최윤희 공역, 커뮤니케이션북스, 2002.

마상영, 『스페인 문화예술의 산책』, 청동거울, 2000.

스턴스, 피터 N. 편, 『문화는 흐른다』, 문명식 역, 궁리출판, 2003.

안영옥, 『스페인 문화의 이해』, 고려대학교출판부, 2000.

엘리엇, 존 H. 편, 『히스패닉 세계』, 김원중 외 역, 새물결, 2003.

푸엔테스, 카를로스, 『라틴아메리카의 역사』, 서성철 역, 까치, 1997.

새로운 스페인: 포스트모던 시대의 국가 정체성

임호준 한국예술종합학교 영상원 연구교수

1. 프랑코의 사망과 민주화로의 이행

내전 이후 36년 동안 억압적인 독재체제 속에 갇혀 있던 스페인은 1975년 프랑코의 사망과 함께 민주화로의 뒤늦은 여행을 시작한다. 독재자가 죽기 전부터 이미 여행의 방향은 정해져 있었다. 1960년대 이래로 비약적으로 발전한 스페인 경제는 프랑코 집권 말기를 후기 자본주의의 소비사회로 바꾸어 놓았다. 1960년대를 거치며 누적된 사회적 · 문화적 변화들은 스페인을 복합적이고 복수적인 시민사회로 만들었고 프랑코의 시대착오적인 억압적 정치 시스템을 와해시키는 결정적인 힘으로 떠올랐다. 독재체제는 몸집에 맞지 않는 구식 갑옷일 뿐이었다.

프랑코 사망 이후 진행된 스페인의 민주화 과정이 세계 현대사에서 가장 모범적인 민주화 이행 사례로 꼽힐 정도로 순조로웠던 것은 민주화에 대한 국민적인 의식과 사회적 여건이 성숙해 있었기 때문이었다. 1969년 프랑코에 의해 후계자로 임명된 후안 카를로스(Juan Carlos) 국왕은 프랑코 사망 후 권력을 이양받자 민주화로의 점진적인 이행을 선언한다. 그리고 당시 무명이었던 아돌포 수아레스(Adolfo Suárez)를 수상으로 임명하여 이것을 실행에 옮기도록 했다. 중도 우파에 속했던 수아레스 수상은 좌파의 동의를 얻어 정치개혁법안 국민투표(1976. 11.), 공산당 합법화(1977. 4.), 자유 총선거 실시(1977. 6.), 몽클로아 협정(1977. 10.), 신헌법 국민투표 통과와 선포(1978. 12.) 로 이어지는 민주화 일정을 성공리에 진행시켰다. 이후 1982년의 총선거에서 좌파인 사회노동당(PSOE)이 정권교체에 성공함으로써 제도적 민주화는 완전하게 달성된 것으로 평가되었다.

대체로 순조로워 보이는 이 과정에서도 갈등과 위기의 순간이 없었던 것은 아니다. 점진적인 민주화라는 대명제에 대해 불만 세력도 많았기 때문이다. 특히 프랑코 집권기 동안 누렸던 특권을 내놓아야 했던 보수 기득권 세력, 독재체제와 급속하고도 완전한 단절을 요구했던 급진적 좌파 세력, 그리고 완전한 자치를 보장받으려 했던 바스크 분리주의자들의 불만은 평화로운 이행을 위태롭게 했다. 실제로 민주화 이행기 동안 크고 작은 소요사태와 테러는 지속적으로 일어났다. 특히 1981년 2월에 발생한 군부 쿠데타는 군부 극우파 세력의 불만을 단적으로 보여 주는 사건이었다. 그러나 이 쿠데타가 동조세력을 구하지 못하고 하루도 못가 실패한 것은 민주화에 대한 국민적 공감대와 신념이 확고하다는 것을 입증하는 것이었다.

스페인의 민주화는 근대화, 유럽화에 대한 범국민적 열망이 표출된 결과였다. 스페인의 근대 역사는 범유럽의 근대화 과정, 즉 농업의 합리화, 산업화, 도시회, 세속화, 사회의 세분화, 정치의 시스템화 등에서 소외된 것이었다. 19세기 말과 20세기 초에 있었던 스페인의 산업발전은 제한적이었고 또한 불균등한 것이었다. 게다가 내전으로 인해 산업화의 리듬은 이어지지 못했고 프랑코의 집권과 함께 스페인은 유럽에서 철저히 소외된 지역으로 남게 되었다. 단일한 정체성으로 이루어진 강력한 중앙집권 국가를 고집했던 프랑코의 신념은 역사의 시계 바늘을 거꾸로 돌리는 것이었다. 집권 초기 프랑코는 "스페인은 다르다(España es diferente)."라는 말로 유럽과 분리된 스페인만의 정체성을 지켜 가려 했다.

그러나 1940, 50년대 궁핍의 시기를 겪으면서 유럽식의 근대적 자본주의 경제체제를 도입하는 것만이 경제문제를 해결할 수 있는 유일한 길이라는 것이 명확해졌다. 그리하여 프랑코는 1960년대부터 내전의 공로자 등 이데올로기적 동료들 대신 정치색이 옅은 기술 관료들(technocrats)을 등용하여 경제의 개방화와 산업개발에 진력하기 시작한다. 그러면서 프랑코 체제는 경제적 근대화 기획이 미칠 사회적 · 문화적 변화의 파장을 과소평가했다. 경제발전은 필연적으로 유럽식 자유주의에 대한 기대와 열망을 불러일으켰고 이 때문에 프랑코식의 전체주의는 집권 말기에 가서 심각한 위기상황에 직면하게 된다.

프랑코 사망 후 사회 · 정치 체제의 급속한 변화는 스페인에서 기형적으로 뒤쳐져 있던 사회 · 문화 분야를 근대화하는 예정된 과정이었다. 역사책에는 주로 정치적 민주화 과정으로 기술되어 있는 이 시기는 사실상 스페인 사회의 문화적 체질이 변화하는 시기였고 민주화는 이 과정의 필연적인 수순이었다. 개인의 삶에 간여하던 국가와 교회의 힘이 급격하게 축소됨으로써 개인, 사회, 국가 간의 상호 관계가 새롭게 정립되었다. 이제 전체주의적 사회의 심리적 억압에서 벗어난 개인들은 새로운 삶의 양식을 추구하게 된 것이다.

2. 과거의 사슬: 내전과 독재의 기억

모범적인 것으로 평가되는 스페인의 민주화 과정은 사실은 중대한 결함을 숨기고 있었다. 그것은 과거의 문제를 그냥 덮어 버렸다는 것이다. 합법적인 선거에 의해 탄생한 제2공화국을 전복시키기 위해 프랑코를 중심으로 군부가 반란을 일으켜 벌어진 스페인 내전은 동족상잔의 비극이었다. 3년 동안의 내전에서 전장에서만 30만 명 이상이 사망했으며 테러와 보복으로 10만 명이 희생되었고 전쟁으로 인한 질병과 영양실조로 63만여 명이 사망하여 총 100만 명의 희생자가 발생한 것으로 추산되고 있다. 전쟁의 와중에서 공화파는 3만 명, 프랑코파(국민파)는 6만 명의 포로를 처형했을 정도로 양측은 잔인했다. 공화파가 13명의 대주교와 4,000명 이상의 신부를 총살한 것은 교회의 재산과 권력을 둘러싼 스페인 내전의 종교적 성격을 말해 주는 대목이다. 이 외에 50만 명이 망명을 떠나고 종전 후 30만 명이 감옥에 갇히게 되는 비극적인 결과를 낳았다. 내전에서 승리한 프랑코파는 전쟁의 보복으로 무려 5만 명의 공화파 포로를 처형했다.

프랑코가 지배한 36년 동안 과거의 기억은 철저하게 억눌렸다. 그리고 프랑코 정권은 국민들의 머리 속에 새겨져 있는 과거의 기억을 바꿔 놓으려 노력했다. 국민파 전몰자들을 위한 추모 공간인 '전몰자의 계곡(Valle de los caídos)'에 공화파 희생자들을 받아들여 내전의 모든 희생자들을 추모하고 화해를 의미하는 기념물로 바꾸어 놓은 것이나 내전을 '해방전쟁'이나 '성전(聖戰)'이 아닌 '형제들 간의 다툼' 또는 '집단적 광기'로 규정하고자 한 것들이 바로 그런 노력들이었다. 또한 1960년대 이래 프랑코 정권의 주도하에 이룩한 눈부신 경제성장은 스페인 사회에 자본주의적 풍요를 가져왔고 이로써 과거의 원한은 상당히 희석될 수 있게 되었다.

그러나 막상 1975년 11월 오랫동안 병상에 누워 있던 프랑코가 죽었을 때 스페인 국민들은 불안감에 휩싸였다. 프랑코의 죽음은 자유를 갈망하던 그룹에겐 해방을 의미하는 것이었지만 대다수의 사람들에겐 그나마 질서와 평화를 보장해 주었던 보루가 사라지는 것을 의미했다. 학생시위, 노동운동, 분리주의 운동 등도 문제였지만 무엇보다도 사회를 불안하게 했던 것은 내전의 오래된 원한이었다. 내전 동안 양측에서 자행되었던 잔인한 폭력들 그리고 내전 직후 프랑코 정권에 의해 저질러진 엄청난 숙청의 기억은 독재자가 사라진 권력 진공의 공간을 혼란의 소용돌이 속으로 몰아넣을 것이 분명해 보였다. 실제로 프랑코 사망 직후 민주화를 요구하는 대중의 시위와 바스크 분리주의자들의 테러, 이에 자극된 우파들의 보복으로 스페인 사회는 혼란스러웠고 시민들 사이에는 불안감이 증폭되어 갔다. 1976년의 시점에서 당시 스페인의 대표적 소설가 후안 베넷(Juan Benet)은 '두 개의 스페인' 사이의 갈등은 여전하다며 매우 비관적인 시각을 보여 주었다.

> 가장 명백한 것은 지난 40년이 정치적·사회적으로 헛되이 지나갔다는 것이다. 1936년 전쟁을 벌였던 두 편은 여전히 같은 입장을 고수하고 있다. 여전히 같은 참호 속에 있으면서 적들 또는 앞에 있는 이들에게 총을 겨누고 타격을 주려 하고 있다. 시간이 흘렀지만 어느 쪽도 새로운 생각을 잉태하지 못하고 있다. 스스로 깨닫지 못하면 주변을 돌아보며 교훈을 얻어야 할 텐데 그것도 못하고 있다. 1936년의 유산은 여전히 원한으로 채워져 있다. 이것이 오늘날의 스페인이다.[1]

이 상황에서 당시 민주화를 주도하고 있던 중도 우파세력은 물론 좌파 정치인들 역시 과거의 문제를 거론한다는 것이 얼마나 위험한 일인가 하는 것을 절감하고 있었다. 자유와 정의도 좋지만 우선은 질서, 평화, 안정이 중요했다. 이것은 정치인들뿐만이 아니라 당시 스페인 국민 대다수의 생각이었다. 그리하여 사회노동당(PSOE)의 당수인 펠리페 곤살레스(Felipe Gonzálcz)와 공산당 서기장인 산티아고 카리요(Santiago Carillo)는 수아레스 수상이 제안한 정치적 대타협에 서명하게 된다. 사면법 통과와 노조의 파업중지, 임금 동결이 그 골자였다. 이전의 모든 정치적 범죄에 대해 책임을 묻지 않기로 한 사면법의 통과로 당시 감옥에 갇혀 있던 반체제 인사들

1) Juan Benet, *Qué fue la Guerra Civil?*, Barcelona: La Gaya Ciencia, 1976, p. 11.

1977년 11월 좌우파 지도자들의 대타협인 '몽클로아 협약' 장면

이 대거 석방되었다. 하지만 동시에 이 법은 내전과 내전 직후에 자행된 프랑코파의 범죄에 대해서도 최종적으로 면죄부를 주는 것을 의미했다.

평화적으로 민주화를 달성했다는 점에서 세계 현대사에서 가장 모범적인 민주화 사례로 꼽히는 스페인의 민주화 이행은 이렇게 과거에 대한 망각을 대가로 얻어진 것이었다. 일부 국외자들은 과거청산의 과정이 생략됨으로써 불의를 용납했다는 비판을 가하기도 하지만 스페인의 복잡한 근대사와 당시의 정치적 역학관계를 고려한다면 이것은 불가피한 선택이었다. 어쨌든 이렇게 정의보다는 평화를 택한 현실적 선택 덕분에 스페인은 평화로운 방법으로 단기간 내에 민주화를 달성할 수 있었다.

하지만 해결되지 못한 채 그냥 덮인 과거의 기억은 지식인들에게는 치유되지 않은 상처로 남았고 이후의 스페인 문화에도 깊은 상흔을 남긴다. 민주화 시대 스페인 문화를 '상처 입은 문화(Cultura herida)'라고 일컫는 것은 이러한 이유에서다. 과거를 기억하지 말자는 국민적 합의에 따라 예술가들도 드러내 놓고 과거의 사건들을 거론하지는 않았지만 과거의 상처는 이들의 작품에 보이지 않는 근원적 아픔으로 남아 있게 된다. 1980년대 후반 혜성처럼 등장하여 일약 1990년대 스페인 문단을 대표하는 작가로 떠오른 소설가 안토니오 무뇨스 몰리나(Antonio Muñoz Molina)의 작품들이 이를 잘 보여 준다. 느와르 영화와 팝음악에서 영감 받은 대중 문화적 감수성으로 스페인 포스트모던 소설의 새 장을 열었다고 평가받는 그의 작품에는 과거의 상처가 유령처럼 출몰하고 있다. 범죄소설이라고 해서 예외가 아닌데, 『어둠의 왕자 *Beltenebros*』(1989)의 경우가 이를 잘 보여 준다. 이 작품은 프랑코 말기를 배경으로 하여 반프랑코 지하 조직의 전문 암살자로서 영국에 살고 있는 주인공이 배신자를 처단하라는 지령을 받고 스페인에 오는 것으로 시작한다. 오랜만에 마드리드에 돌아온 주인공은 일상의 피부 속에 깊숙이 감추어져 있는 과거의 상처를 의식하게 된다.

> 창백하리만치 파란 하늘 속에서 과거와 똑같이 아주 차가운 햇빛이, 휘날리는 깃발이 걸린 우체국의 가장 높은 곳을 비추고 있었다. 막 게양된 것처럼 보이는 그 깃발은 여전히 나에게 적 또는 침략자의 것으로 보였다. 세월이 쌓아 놓은 무관심과 망각의 피부는 마드리드에 올 때마다 사라지는 듯 했고 나에게 상처를 주었던 모든 일들은 금방 일어난 일처럼 또렷이 기억되었다.[2)]

이렇게 범죄소설의 형식 속에서도 출몰하던 과거의 유령은 무뇨스 몰리나의 자전적 고백이라 할 수 있는 1991년 작품 『폴란드 기수 *El jinete polaco*』에서 더욱 뚜렷하게 등장한다. 작가는 주인공의 입을 빌려 자신의 세대가 "의식의 심연까지 윗세대의 목소리에 젖어 있고, 태어나기 훨씬

2) Antonio Muñoz Molina, *Beltenebros*, Barcelona: Seix Barral, 1989, p. 62.

전에 실패한 어떤 가치의 계승자들로서, 전혀 알지도 못하는 가혹하고도 기억에 남을 사건들에 의해 빚어진" 세대라고 말한다.[3] 물론 "실패한 가치"란 제2공화국의 개혁을 의미했고 "기억에 남을 사건"이란 내전과 프랑코의 학살을 의미한다.

과거를 거론하지 않기로 한 이행기의 사회적 합의에 따라 예술작품에서조차도 전면적으로 다뤄지지 못했던 과거의 일들은 1990년대 중반 이후 본격적으로 표면으로 부상하게 된다. 민주화 이행기로부터 1990년대 초반까지가 과거에 대한 의식적인 망각의 시대였다면 1990년대 후반부터는 기억의 시대가 도래했다고 할 수 있다. 이것은 무엇보다도 이제 충분한 시간이 흘러 이행기의 합의가 더 이상 유효하지 않게 되었다는 집단적 의식에서 연유한 것으로 보인다. 영국감독 켄 로치(Ken Loach)가 1995년에 만든 영화 〈토지와 자유 *Land and Freedom*〉는 스페인 내전을 재조명하는 움직임에 도화선이 되었다. 이어서 1996년 스페인의 비센테 아란다(Vicente Aranda) 감독이 내전 당시 여성 아나키스트들의 활동을 그린 〈자유여성들 *Libertarias*〉을 만들어 화제가 되었다. 영화 외에도 소설, TV다큐멘터리, 역사서 등이 내전에 얽힌 충격적인 실상을 파헤치기 시작했고 2000년대에 접어들어서도 내전을 새롭게 조명한 작품들이 이어졌다. 결국 2002년 11월 스페인 의회는 프랑코를 자유를 탄압한 독재자로 규정하고 피해자들의 명예회복과 유골발굴을 정부에 요구하기에 이르렀다. 그리고 2004년, 우파인 국민당을 누르고 재집권에 성공한 사회노동당 정권은 과거사 청산을 선언하고 나섰다. 이에 따라 프랑코 재단에 대한 지원금이 중단되었으며 많은 도시에 남아 있던 프랑코의 동상과 기념물들이 철

3) Antonio Muñoz Molina, *El ginete polaco*, Barcelona: Planeta, 1989, p. 113. 여기에서 "태어나기 훨씬 전에 실패한 어떤 가치"란 프랑코에 의해 무너진 제2공화국의 정치적 이상을 말하는 것이고 "전혀 알지도 못하는 가혹하고도 기억에 남을 사건"이란 스페인 내전을 의미한다.

거되고 있다. 또한 사회노동당 정부는 좌파 정당들과 공조하여 내전과 프랑코 정권의 피해자들을 복권시키기 위한 "역사기억법(Ley de memoria histórica)"을 의회에서 통과시키려 하고 있다.

2005년 마드리드에서 있은 프랑코 동상의 철거 장면

하지만 그렇다고 해서 현재 스페인 사회가 이 문제로 큰 혼란을 겪고 있는 것은 아니다. 이제 많은 시간이 흘러 과거의 문제는 내전의 참상과 프랑코 초기시대의 억압을 경험한 노년 세대에게는 민감한 문제이지만 그 보다 젊은 세대에게는 돌이킬 수 없는 역사적 사실에 불과하기 때문이다. 따라서 현재의 세대는 정파적 편견 없이 과거를 바라보고 있거나 현재의 시점에서 다시 과거의 비극에 대한 책임 문제를 거론하는 것이 국가적으로 도움이 되지 않는다고 믿고 있다.[4] 정도의 차이는 있지만 불행했던 과거에 대한 책임은 양쪽 모두에게 있다고 보는 것이 후대의 일반적인 시각이다. 그러나 어찌됐든 프랑코는 민주주의를 짓밟고 국민을 억압했던 독재자였던 만큼 그를 격하하는 움직임은 앞으로도 지속될 것이다. 또한 진실을 규명하고 피해자를 보상하는 차원의 과거사 청산 작업이

4) 최근 『엘 문도 *El mundo*』가 조사한 설문조사에 의하면 사회노동당이 주도하고 있는 과거 청산 작업에 대해 25%의 국민들이 지지 의사를 표명했을 뿐 41.3%의 국민들이 반대 의사를 나타냈고 33.2% 국민들이 유보적인 입장을 보였다.

활발해질 것으로 보인다. 하지만 스페인 국민들은 여전히 양보와 타협으로 과거의 갈등을 봉합한 '이행기의 정신'을 존중하고 있기 때문에 앞으로 스페인 사회가 이 문제로 큰 동요를 겪을 것으로 보이지는 않는다.

3. '환멸'의 의식

정치적 민주화의 과정에서 파생되어 훗날까지 이어지며 스페인 지식인의 유력한 태도로서 체화된 중요한 의식은 '환멸(desencanto)'이라는 정서다. 앞서 말했듯 쟁점이 될 만한 민감한 정치적 문제들을 회피해 가며 '좋은 게 좋은 것'이라는 식으로 제도적 민주주의의 달성에 주력한 스페인의 민주화 과정은 대중의 탈정치화를 유도하는 것이었다. 프랑코 말기의 반독재 투쟁과 억압 그리고 독재자 사망 직후의 정치적 혼란을 통해 대중의 정치성은 한껏 고조되었다. 그러나 점진적 민주화 일정이 밝혀지고 정치 지도자들에 의해 민감한 사안들이 덮어짐으로써 대중의 정치성은 급격하게 이완되기 시작한다. 대중들은 정치적 이슈에서 관심을 돌리게 되고 스페인 사회는 급격하게 탈정치적인 대량 소비사회로 변모하게 된다.

프랑코 정권의 와해와 함께 검열과 감시가 사라지자 대중들은 향락적인 소비문화에 탐닉하게 되었다. 성, 무질제, 술, 마약이 억압에서 해방된 스페인들의 삶에 일상적인 요소가 되었다. 1970년대 초 〈파리에서의 마지막 탱고〉를 보기 위해 프랑스 국경을 넘어야 했던 스페인 인들은 이제 자신들의 도시에서 포르노 영화까지 볼 수 있게 되었다. 그동안 수입이 금지되었던 영화와 연극들이 대량으로 수입되었고 스페인 작가들도 앞다투어 저질의 작품들을 양산한다. 그리하여 이 시기는 문화사적으로 '벗기기 시대(Época de destapé)'라는 오명을 쓰게 되었다.

프랑코가 사라지면 정치적으로나 문화적으로 성숙한 민주사회가 이루어질 것이라고 믿었던 좌파 성향의 지식인들에게나 금욕적인 삶을 중시하던 보수적 성향의 대중 모두들에게 민주화 이행기의 이완된 문화와 자유방임적 분위기는 실망스러운 것이었다. 그래서 1970년대 말부터 '환멸'의 정서가 유행하게 된다. '프랑코에 맞서며 더 행복했네' 또는 '프랑코 밑에서 더 행복했네'라는 자조 섞인 탄식으로 유명한 이 정서는 오히려 프랑코 시대를 그리워하는, 현실에 대한 뼈아픈 탄식이었다.

'환멸'의 정서는 변화에 대한 희망과 가능성을 포기한 태도라는 점에서 당대의 정치적 · 사회적 상황에 대해 냉소적인 시각을 담고 있었다. 예를 들어 프랑코 치하의 대표적 반체제 지식인으로서 공산당 비밀조직에서 활동하기도 했던 작가 바스케스 몬탈반(Vázquez Montalbán)은 점차 자신이 회의주의에 빠지게 되었음을 고백한다. 시인이었던 그는 프랑코 사망 후 장르를 바꿔 범죄소설을 써 민주화 시대 최고 인기 작가로 떠오른다. 그의 범죄소설의 주인공인, 냉소적이고 데카당트적인 사립탐정 카르발로는 '환멸'의 정서를 체화한 인물로 평가받는다. 비평가들은 다음과 같이 카르발로를 평가한다.

> 이데올로기적으로 카르발로는 1978년부터 스페인에서 '환멸'이라는 이름으로 말해지는, 정치적 열광이 쇠퇴한 것의 산물이다. 그가 잡을 수 없는 현실에 대한 향수적 분위기 속으로 침잠하는 것은, 이와 반대로, 급진세력들의 희망이 붕괴되어 버린 것 그리고 1970년대 스페인 사회가 시장경제로 안정화되는 것에 상응하는 이데올로기적 태도다.[5)]

'환멸'은 이 시기의 지성적 성찰을 담은 예술작품에서 공통적으로 발견되는 정서가 된다. 예를 들어 일부 군인들의 쿠데타가 있던 1981년 시인

---

5) Joan Ramón Resina, "El detective en la cultura del desencanto," AA.VV., *Del Franquismo a la posmodernidad*, Madrid: Akal, 1995, pp. 111-112.

레오폴도 마리아 파네로(Leopoldo María Penero)는 "나는 내가 누구인지도, 이 군인들이 누구인지도 모른다(No sé quién soy, ni quién los militares)."라고 노래하며 민주화 이행기 공간에서 실종된 정체성에 대해 고민하고 있다.[6] 이러한 상실감은 민주화 시대가 가져올 유토피아를 꿈꾸던 사람들에게 공통적인 정서였는데 좌파적 성향의 시인 힐 데 비에드마(Gil de Biedma)는 1982년의 시에서 "이 시대는 나의 것이 아니다/……/ 단 한 순간도 행복할 수 없는/ 나는 초대받지 못할 새로운 날이 밝았다(No es el mío, este tiempo/.../ Amanece otro día en que no estaré invitado/ ni a un momento feliz)"라고 토로하기에 이르렀다.[7]

'환멸' 이라는 말이 유행했던 것은 한시적인 기간이었지만 정치적 냉소주의, 대량소비사회의 향락에 대한 데카당트적 태도로 발현되는 '환멸' 의 의식은 민주화 이행기 이후 스페인 지성인들의 주류적 태도로 자리 잡는다. 특히 1980년대 말부터 불거지기 시작한 집권 사회노동당의 무능과 부패는 지식인들로 하여금 더욱 정치에 등을 돌리게 만들었다. 1990년대 이후 전문적인 축구 비평가로 나선 몬탈반이나 프랑코 후기시대로부터 1980년대까지 실존적인 고민을 담은 순수문학 작품을 내놓다 1990년대부터 연애소설 작가로 돌아선 안토니오 갈라(Antonio Gala)의 행보가 이를 단적으로 보여 준다.

4. '모비다(La movida)' 와 알모도바르 신드롬

1960년대 말부터 세계를 휩쓴 젊은 세대들의 자유주의적 저항문화에서

6) Leopoldo María Panero, "Edgar Allen Poe, o el rostro del fascismo," *Contra España y otros poemas no de amor*, pp. 13-14.

7) Jaime Gil de Biedma, *Las personas del verbo*, Barcelona: Seix Barral, 1982, p. 70.

소외되어 있던 스페인에서 1970년대 말부터 마드리드를 중심으로 '모비다'가 유행하기 시작한다. '모비다'는 새롭고 발랄한 감수성을 지닌 젊은 대중예술가들이 마드리드의 밤을 휘저으며 유행시킨 일종의 청년 저항문화였다. '모비다'는 시기적으로 늦기는 했지만 스페인 젊은 세대가 세계적 조류에 합류한 것을 의미했고 따라서 태생적으로 상당히 외부 모방의 성격이 강했다. 그 당시 유럽의 젊은 층이 향유하던 팝 음악과 정치의식을 그대로 모방하여 자기 정체성화하였고 그 결과 펑크, 마약, 페미니즘, 게이 해방운동이 유행하게 되었다. '모비다'는 당시 스페인의 사회적 분위기와 맞물려 서구의 펑크나 히피 문화에 비해 훨씬 더 환호적인 기질을 갖게 되었다. 이로써 근엄한 도시 마드리드는 일약 젊은 문화의 중심지로 바뀌었고 '모비다'는 바르셀로나를 비롯하여 스페인의 다른 대도시들로 퍼져 나가며 스페인 문화의 토양을 바꾸게 된다.

'모비다'의 중심에는 영화감독 페드로 알모도바르(Pedro Almodóvar)가 있었다. 라만차(La mancha)의 작은 마을에서 상경하여 마드리드의 전화국에서 일하던 그는 밤에는 '모비다'에 심취하며 예술적 끼를 발휘하기 시작한다. 아마추어 단편영화를 만들고 언더그라운드 잡지에 코믹 꽁트를 기고하는가 하면 트랜스 펑크 록 그룹을 결성하여 활동함으로써 이내 '모비다'의 중심인물로 떠오른다. 모비다의 광란적이고 정신분열적인 몸짓을 고스란히 담고 있는 그의 첫 상업영화인 〈페피, 루시, 봄 *Pepi, Luci, Bom y otras chicas del montón*〉(1980)과 〈열정의 미로 *Laberinto de pasiones*〉(1981)는 예술영화 전용관에서만 상영되었음에도 당시의 스페인 사회에 적지 않은 파장을 일으켰다. 세련되고 화려한 시각적 스타일로 포장된 그의 영화는 섹슈얼리티와 젠더에 관한 전통적 관념을 허물고 종교적 교리에 도전장을 내미는 것이었다. 한시적인 유행으로 끝날 수 있었던 '모비다'가 언더그라운드에서 표면으로 부상하며 문화사적 의의를 인정

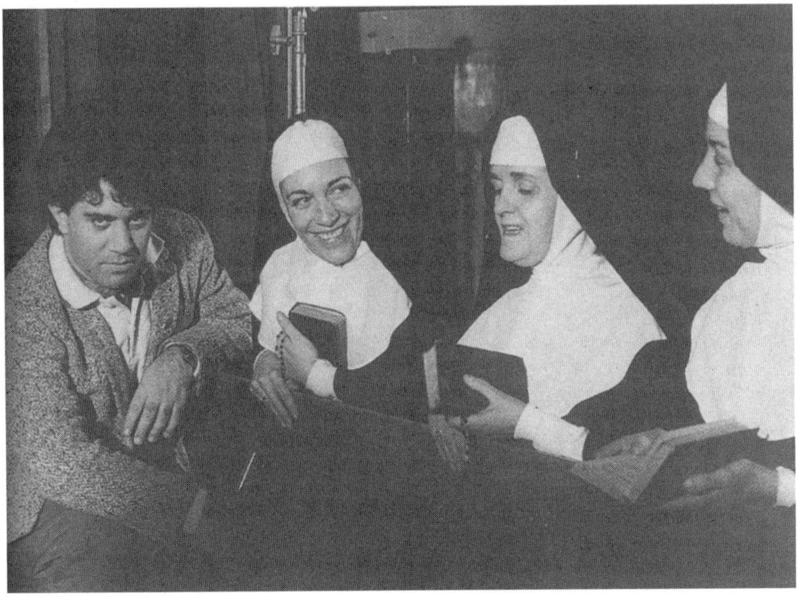

영화 〈어둠 속에서〉의 배우들과 포즈를 취한 알모도바르 감독

받을 수 있었던 것은 당시의 사회적 · 정치적 상황과 맞아 떨어졌기 때문이다. 첫째로 민주화 이후 이완된 사회 분위기 속에서 번져 나가기 시작한 향락주의적 삶의 양식은 '모비다'가 일반 대중에까지 수용될 수 있는 문화적 토양을 제공했다. 민주화 이후 급속하게 세속화된 문화적 토양이 없었다면 '모비다'는 일반 대중에게끼지 수용되기 어려웠을 것이다. 둘째로는 1982년 집권한 사회당 정부의 공식적 인정과 지원이 '모비다'에 결정적인 도움이 되었다. 이미 우파의 집권 시기에서부터 사회당 소속 마드리드 시장의 지원을 받았던 '모비다'는 사회당의 집권으로 더욱 큰 힘을 얻게 되었다. 문화의 황폐화를 당시 스페인 사회의 가장 큰 문제로 인식하고 있었던 사회당은 '모비다'에서 스페인 문화 혁신의 가능성을 발견했던 것이다. 이로써 정부의 지원을 등에 업은 '모비다'는 새로운 스페인의 얼굴로 떠올랐다. 1980년 이래로 지속적으로 개봉된 알모도바르의 작품들은 알모

도바르는 스페인 내에서뿐만 아니라 국제적으로도 주목을 끌기 시작했고 1986년 개봉된 〈마타도르〉부터는 스페인 문화부가 50%의 제작비를 대고 나섰다. 기상천외한 유머와 부조리를 세련된 감수성으로 담아내는 그의 작품은 어느덧 세계적인 유행상품이 되었고 알모도바르의 영화는 프랑코 사후 새롭게 태어난 스페인의 대표적 아이콘으로 자리 잡게 되었다. 1988년 스페인의 대표적 시사주간지 *Cambio16*이 '올해의 인물'로 알모도바르를 선정한 것은 그가 영화계뿐만 아니라 스페인 사회 전체에 엄청난 영향을 미치는 인물임을 인정했기 때문이었다.

결국, 모비다에서 출발한 알모도바르는 사회당의 지원, 이완된 사회 분위기, 포스트모던 감수성의 유행, 유럽화에 대한 대중들의 갈망 등 시류에 따른 우호적인 조건을 등에 업고서 '새로운 스페인'의 대표적인 인물로 부상할 수 있었다. 이로써 그의 영화는 스페인 문화를 선도하고 이끄는 입장에 놓이게 되었고 1980년대 이후 스페인의 문화에서 탈정치화, 세속화가 가속화되는 데 상당한 영향을 주었던 것이다. 스페인 영화 전문가 마르샤 킨더는 스페인의 경우 특이한 것은 국가성을 재정립하는 과정에서 매스 미디어가 결정적인 역할을 한 것이고 이 역할 수행을 가장 극적으로 보여 준 것이 1980년대와 1990년대 초 알모도바르의 영화라고 말한다."[8] 알모도바르 영화의 토대라고 할 수 있는 차이들과 복수성은 1980년대 이후 스페인 문화의 기본적 자질이 되었다고 보여지는데 실제로 프랑코 시대의 "스페인은 다르다."라는 표어는 1992년에 이르러 "다른 것들의 스페인(la España de las diferencias)"으로 바뀌었다. 모비다의 불꽃은 1980년대 중반 이후 사그라졌지만 짧은 시간 동안 스페인 문화의 기질을 결정하는 데 중대한 역할을 했고 이후에도 알모도바르의 영화를 통해 지속저으로 스페인

8) Marsha Kinder ed., *Refigruing Spain : Cinema, Media, Representation,* 1997, p. 3.

문화에 영감을 주게 되었다.

알모도바르는 자신의 영화들을 보지 않고서는 1980년대의 스페인을 이해할 수 없다고 했는데, 그의 영화는 포스트모던한 도시적 감수성이 스페인의 전통적인 삶의 양식과 병존하면서 빚어지는 1980년대 스페인 사회의 정신분열증적 양상을 잘 드러내고 있기 때문이다. 예를 들어 〈어둠 속에서 *Entre tinieblas*〉(1982)에서 요란한 옷차림의 팝가수 욜란다로 대표되는 도시적 감수성은 스페인의 전통적 공간인 수녀원과 대비된다. 그러나 이 수녀원의 수녀들은 전혀 종교적이지 않고 심지어 원장 수녀는 마약 중독자이다. 이렇듯 알모도바르의 영화에는 전통 스페인을 의미하는 많은 기표들이 등장하지만 모두 잘 작동되지 못한다. 이 틈에서 부각되는 것은 전통적 시스템으로부터 독립된 근대적 개인들의 외로움, 즉 전통적인 것과 유럽적인 것 사이의 명백한 모순이다. 알모도바르는 이 모순을 건강한 웃음과 기발한 유머로 패러디함으로써 스페인 국민들, 더 나아가 전 세계인들을 감탄시킬 수 있었던 것이다.

알모도바르의 영화는 1980년대 스페인 영화에서 유일하게 해외에서 팔리는 것이었다. 예술성이 뛰어난 작가주의적 작품으로 해외 유명 영화제에서 상을 받은 경우는 왕왕 있었으나 상업적으로도 해외에서 성공한 경우는 알모도바르가 유일했다. 이로써 알모도바르의 영화는 해외에서 스페인 영화에 대한 이미지를 대표하게 되었고 알모도바르의 성공은 스페인 영화의 해외 진출에 있어 결정적인 힘이 되었다. 그 결과 해외 시장에서 '스페인 영화'라고 하는 전 세계인의 사랑을 받는 한 장르가 탄생하게 되었던 것이다. 그리하여 1990년대 초, 훌리오 메뎀(Julio Medem)의 〈암소들 *Vacas*〉(1992), 비가스 루나(Bigas Luna)의 〈하몽 하몽 *Jamón, Jamón*〉(1992), 페르난도 트루에바(Fernando Trueba)의 〈아름다운 시절 *Belle Epoque*〉(1993) 등의 영화가 해외에서 큰 성공을 거두며 스페인 영화의 본격적인 부흥기를 열게 된다. 작품성 측면에서 그리 대단하다고 할 수 없는 〈아름다운 시절〉이 1993년 오스카상에서 대단한 호평을 받았던 첸 카이거의 〈패왕별희〉를 물리치고 최우수 외국어 영화상을 수상한 데에는 이 시기 스페인 영화의 유행이 한몫을 하였음이 틀림없다. 이후 비가스 루나, 비센테 아란다(Vicente Aranda), 페르난도 트루에바 등의 감독이 해외에서 지속적으로 성공하는데 스페인 영화 전문가 스미스의 말대로 이들의 영화에 등장하는 스타일 있는 에로티시즘, 정열과 고통의 혼합, 부조리한 유머는 일찍이 알모도바르의 영화가 해외관객들에게 제공하던 것들로서 스페인 영화의 고유한 미학으로 자리를 잡게 된다.[9)]

알모도바르를 필두로 1990년대 초반까지 스페인 영화가 국제적으로 거둔 성공은 민주화 이후 다시 태어난 스페인에 대한 세계인의 축하였다. 이와 동시에 상상력과 미학의 고갈로 신음하던 서구 문화계에 영화를 비롯한 스페인 문화상품의 발랄한 감수성과 독특한 미학은 세계인들을 매료시키기에 충분했던 것이다. 스페인 영화의 국제적 성공은 최근까지 지속되어 이제 세계적 거장의 자리에 오른 알모도바르는 1999년 〈내 어머니의 모든 것〉, 2002년 〈그녀에게〉로 아카데미상을 연거푸 수상했고 젊은 감독 알레한드로 아메나바르(Alejandro Amenábar)는 1997년 〈오픈 유어 아이즈 *Abre los ojos*〉로 국제적인 성공을 거둔 데 이어 2004년 〈바다 속으로 *Mar adentro*〉로 아카데미 최우수 외국어 영화상을 수상했다.

영화 분야의 성공은 1990년대 이래로 세계적인 유행 상품이 된 스페인 문화의 한 단면을 보여 줄 뿐이다. 스페인 문화생산물은 영화 외에도 다른 많은 분야에서 세계 문화의 첨단 흐름을 주도하고 있다. 예를 들어 건축의 경우를 보더라도 1999년에 완공된 빌바오의 구겐하임 박물관, 2002년에 완공된 발렌시아의 자연사 박물관 등은 세계적으로 포스트모던 건축의 진

9) Paul Julian Smith, *Desire Unlimited : The Cinema of Pedro Almodóvar*, 1994, p. 138.

수를 보여 주는 작품들로 평가받고 있다. 고색창연한 중세의 성당과 장엄한 왕궁들로 기억되는 스페인에 이제는 전위적인 스타일의 건축물들이 들어서고 있는 것이다.

5. '다양성의 총합체': 현대 스페인 사회

19세기 말 유럽 국가의 지도자들은 스페인을 기울어 가는 나라로 여겼지만 1세기 후 스페인은 활기찬 모습으로 다시 살아났다. 1982년의 월드컵, 1992년의 바르셀로나 올림픽과 세비야 엑스포 등의 국제 행사는 새로 태어난 스페인의 얼굴을 세계에 알리는 계기가 되었다. 나폴레옹으로부터 "피레네를 넘으면 아프리카"라는 말을 들었고 프랑코 시대에는 유럽 경제 공동체 가입이 거부되는 수모를 당해야 했던 스페인은 현재 유럽의 중심국가로서 유럽연합 내에서 중추적인 역할을 수행하고 있다. 한 해에 5, 6천만 명의 관광객들을 맞는 세계적 관광대국으로서 스포츠, 음악, 미술, 건축, 영화 등의 분야에서 배출된 걸출한 스타들은 세계인들을 매료시키고 있다.

경제 분야의 지표는 스페인의 부상(浮上)을 객관적으로 보여 주고 있다. 스페인은 최근 10년 동안 EU 국가들 중에서 가장 높은 경제 성장률을 기록해 왔고 스페인 경제는 앞으로도 밝은 전망을 나타내고 있다.[10] 2005년 기준으로 1조 1,248억 달러에 달하는 국내 총생산액(GDP)은 세계에서 아홉 번째로서 같은 해 7,875억 달러를 기록한 우리나라를 훨씬 상회하고

10) 예를 들어 1996년에서 2000년까지 EU의 경제성장 평균이 2.7%를 기록한 반면 스페인은 평균 4%를 기록했다. 2000년대에 들어서도 EU의 경제성장 평균치가 1%대로 떨어졌지만 스페인은 3%대를 유지하고 있다 ("Tales of the Boom," *Time*, 유럽판, Vol. 163, No. 10, March 8, 2004.). 또한 도이체 방크는 최근 발표한 "2006—2020년간 세계경제전망 보고서"에서 스페인이 향후 15년간 평균 2.8%의 경제성장률을 기록하며 유럽 내 OECD 국가들 중에서 가장 높은 경제성장률을 기록할 것이라고 예상했다(『한국경제신문』 2005년 2월 10일자).

있다. 이에 따라 1995년 EU 평균의 78%였던 스페인 인들의 개인소득 수준은 2003년 84%로 향상되었다. 또한 2000년 이후 EU에서 새롭게 창출된 일자리의 40%가 스페인에서 만들어졌다. 16, 17세기 동안의 제국시대 이후 서서히 유럽의 변방으로 밀려났던 스페인은 이렇게 유럽연합 속에서 확고한 위치를 차지함으로써 세계무대에 재등장하게 된 것이다.

현대 스페인 사회의 가장 큰 특징은 다양성이다. 프랑코 사망 이후 획기적으로 변화된 지역주의에 대한 인식은 역사적 결과물을 있는 그대로 받아들이고자 하는 자연스러운 흐름이다. 인종적 · 역사적 · 문화적 · 언어적으로 상이한 역사적 과정을 거쳤던 이베리아 반도의 각 지역들은 모두 독자적인 문화를 발전시켜 왔다. 바스크, 카탈루냐, 갈리시아, 안달루시아, 발렌시아 등의 지역은 독립된 정치적 단위로서 저마다 독자적인 문화적 전통을 가져왔는데 이베리아 반도가 카스티야 왕국 중심으로 통일되면서 마드리드를 중심으로 한 중앙의 지배를 받게 되었던 것이다. 19세기 중반 이래로 중앙 왕권의 약화와 함께 다시 지역주의는 고개를 들기 시작하여 제2공화국에서는 상당한 수준의 자치를 인정받게 된다. 그러나 보수파들은 이를 자랑스러운 국가 통합체로서 스페인 제국의 해체 위기로 받아들였고 이것이 내전의 한 요인이 된다. 내전에서 승리한 프랑코는 지역민족주의를 국가의 단일성을 저해하는 암적인 요소로 여겨 극심한 탄압을 가했다. 특히 억압의 강도가 심했던 집권초기에는 지역어의 사용이 엄격히 금지되어 공적인 자리에서는 물론 일상생활에서도 지역어를 사용할 수 없었다. 이러한 탄압이 ETA와 같은 무장투쟁조직의 결성과 저항을 불러왔던 것이다.

프랑코의 퇴장 이후 각 지역으로부터 자치권에 대한 요구가 봇물처럼 쏟아진 것은 당연했다. 이에 따라 민주화 이행기에 제정된 새로운 헌법은 언어적 · 문화적 다양성을 존중하며 많은 자치권을 17개 자치주에 양도했다. 그리고 현재까지 집권한 좌 · 우파 정권들은 일부 지역에서 급진주의자들이 주장하는 독립을 허용하지는 않았지만 점점 광범위한 자치권을 지역에 양도하고 있다. 지역 정부에 직접세의 징수권을 부여했을 뿐만 아니라 부가가치세 등 간접세의 일정비율을 지역에 할당하고 있다. 2004년, 지역주의에 보다 유연한 태도를 취하고 있는 사회노동당이 집권함에 따라 분리주의 움직임은 더욱 힘을 얻고 있다. 이에 따라 카탈루냐에서는 2006년 6월 카탈루냐를 하나의 국가(Nation)라고 규정한 새 주헌법이 주민투표를 거쳐 확정되었다. 또한 카탈루냐 정부는 카탈루냐어 보급을 위해 지역 내에서 카탈루냐어를 사용하지 않는 기업에 대해서는 벌금을 부과하고 있다. 게다가 EU의 통합정책으로 국가의 경계가 흐려져 가고 있는 경향도 오히려 지역의 다양성이 부각될 수 있는 우호적인 환경이 되고 있다. 유럽연합은 국가들의 연합이라는 개념을 넘어 지역들이 뭉친 유럽(Europe of regions) 개념을 지향하고 있기 때문이다.

최근 스페인에 활발하게 유입되고 있는 많은 수의 이민자들 역시 스페인에 다양성을 더해 주는 요소가 되고 있다. 이주는 현 시대의 세계적인 현상으로서 최근 스페인에서도 매우 두드러지고 있다. 세계에서 가장 낮은 수준의 출산율을 기록하고 있는 스페인은 최근 10년 동안 북아프리카, 라틴아메리카, 동유럽으로부터 적극적으로 이민자들을 받아들이고 있다. 따라서 1995년 46만 명에 불과했던 스페인에 합법적으로 거주하는 이민자의 숫자는 2000년 80만 명으로 늘어난 데 이어 2005년에는 200여 만 명으로 대폭 늘어났다. 2005년 현재 불법적으로 체류하고 있는 외국인의 숫자도 최소 160만 명으로 추산되고 있다.[11] 그렇다면 최소 360만 명의 외국인이 영토 내에 거주하고 있는 셈인데 이 숫자는 전체 인구의 8.4%에 해당한다. 물론 이 비율은 아직 유럽 내 다른 국가들에 비해 높은 수준은

11) http://www.elmundo.es/especiales/2005/02/sociedad/inmigracion.

스페인 남부 해안에 상륙하고 있는 아프리카 출신 불법 이민자들

아니지만 최근의 증가 추세는 스페인에서 가장 두드러진다. 이로써 한 해 동안 자국 인구를 훨씬 상회하는 숫자의 관광객이 드나드는 데다 이민자들로 넘쳐나는 스페인은 이제 단일한 언어를 쓰는 단일한 얼굴의 국가가 아니라 상이한 요소들이 서로 뒤섞인 다양성의 통합체다.

낮은 교육 수준의 이민자들이 대량 유입되는 것을 우려하는 목소리도 있지만 대부분의 스페인 인들은 이러한 다양함이 스페인 사회에 역동성을 더해 준다고 여긴다. 다양화로의 불가피한 선택을 긍정적으로 해석하고 있는 것이다. 예를 들어 스페인에서 가장 사랑받는 스포츠인 프로축구에서 일어나고 있는 현상이 이를 잘 증명해 주고 있다. 1990년대 이래로 유럽통합법에 따라 유럽 축구 구단들의 대부분은 과반수 이상의 선수들을 외국선수로 구성하고 있다. 스페인의 1부 리그 구단들 역시 반수 이상의 선수를 라틴아메리카 등 외국 출신 선수들로 구성하고 있다. 자금이 풍부한 명문 구단의 경우, 주전 선수 중 스페인 선수는 3–4명에 불과하다. 그렇지만 스페인 국민들은 별다른 거부감 없이 예전처럼 자기 도시의 구단들을 열성적으로 응원하고 있다.

또한 스페인 국민들이 세계에서 가장 열정적으로 해외 입양아를 받아들이고 있다는 사실 역시 현대 스페인 사회의 개방성을 증명하고 있다. 유럽 국가 중에서 가장 심각한 저출산 현상을 겪고 있는 스페인은 한 해 5,000명 이상의 아이를 중국, 러시아 등으로부터 받아들이고 있다. 2005년의 경우, 인구 10만 명당 12.3명 이상의 아이가 입양되어 세계적 입양국가로 알려진 북유럽 국가들을 제치고 인구대비 세계에서 가장 높은 입양률을 기록했다.[12)]

스페인은 EU의 통합 계획에 대해서도 매우 적극적으로 나서고 있다. 몇몇 국가의 국민투표에서 부결된 EU 헌법도 스페인에서는 쉽게 통과된 바 있다. 불과 얼마 전까지만 해도 프랑코 정권하에서 과거의 제국주의 역사를 들먹이며 국가적 정체성의 추구에 골몰했던 것을 감안하면 현재의 스페인 인들이 국가 개념에 집착하지 않고 있음은 놀라운 일이다. 그런 점에서 현재의 스페인은 과거와는 완전히 다른 패러다임의 사회를 지향하고 있다고 할 수 있겠다.

물론 이러한 외형적 평화 속에는 여전히 해결되지 못하고 있는 스페인의 고질적인 문제점들이 도사리고 있다. 당장은 바스크 무장단체 ETA의 존재가 사회의 큰 불안요소가 되고 있다. 1968년 창설 이래 총 800명 이상을 암살한 ETA는 바스크의 완전한 정치적 독립을 목표로 하고 있기 때문에 독립을 허용하지 않는 한 근본적인 해결책이 존재하지 않는다는 데 문제의 심각성이 있다. 2006년 3월 ETA는 항구적 휴전을 선포했지만 과거에도 휴전선포 이후 이를 파기한 전력이 있고 최근 주요인물의 검거로 조

12) *La Vanguardia*, 2006년 7월 19일자, "Espana, lider mundial en adopciones".

1996년 토마스 이 발리엔테 교수가 ETA에 의해 피살된 사건에 대해 항의하는 마드리드대학 학생들

직이 약화된 시점을 극복하기 위한 전략적 선택일 수 있다는 점에서 아직은 그 향방을 속단하기 힘들다.

또 다른 문제점은 내전을 불러왔던 좌 · 우파 간의 대립이 표면화되지 않고 있을 뿐 여전히 아물지 않은 상처로 남아 있다는 것이다. 1982년 사회당 집권 이후 우파인 국민당이 집권한 적도 있었지만(1996-2004) 프랑코 시대와 비교해서 민주화 시대 스페인의 정책 기조는 주로 좌파적이었다고 할 수 있다. 따라서 아직 프랑스나 오스트리아처럼 노골적인 극우파가 모습을 드러내지는 않고 있지만 지방자치의 강화, 이민자들에 의한 범죄증

현재 세계 영화계에서 가장 재능 있는 감독 중 한 명으로 평가받고 있는 알레한드로 아메나바르 감독

가, 프랑코 격하 움직임 등에 대해 사회의 보수층은 적지 않은 불만을 갖고 있는 듯하다.

경제적으로 보자면 IT 분야를 비롯한 신기술에 취약한 것이 문제로 지적되고 있다. 그동안 스페인은 주로 건설, 정유, 자동차 등 전통적인 2차 산업 분야의 발전과 서비스 산업의 팽창으로 양적인 경제발전을 이루어 왔다. 덕분에 1995년 무려 22%에 달하던 실업률은 경제의 건실한 성장과 함께 지속적으로 줄어들어 2003년 11.3%로 낮아졌다. 하지만 단기간에 실업률을 낮추려다 보니 비정규직이 양산되었고 그나마 이 수치 역시 EU 국가 중에서 가장 높은 수준이다. 국민소득에 있어 지속적으로 유럽의 부유한 국가들과의 격차를 줄여 왔지만 스페인도 고령사회로 접어들고 EU에 동구권이 편입된 현재의 상황에서 고부가가치를 창출할 수 있는 하이테크 산업 분야의 발전 없이 미래를 낙관하기는 어려워 보인다.

이제 스페인 인들은 과거의 제국을 그리워하거나 패권 국가를 꿈꾸지 않는다. 대신 다양성과 자유가 살아 숨 쉬는 평화로운 국가를 지향하고 있다. 이에 따라 옛 식민지였던 라틴아메리카 국가들과도 경제적 · 문화적으로 우호적인 연대를 형성하고 있다. 현재 스페인은 안정된 민주주의를 바탕으로 유럽에서도 가장 자유로운 사회 분위기가 지배하는 국가이다. 이제 세계인들은 스페인에서 몰락한 제국주의 국가를 연상하거나 내전과 독재자 프랑코를 떠올리기보다 지역마다 다양한 축제가 펼쳐지고 자유롭고 낭만적인 기운이 살아 숨쉬는 이완된 분위기의 사회를 연상한다. 어쩌면 스페인 인들의 일부 또는 세계인의 일부는, 스페인이 유럽통합에 적극 참여하고 지역의 다양한 정체성을 발전시키며 대규모의 이민자들을 받아들임으로써 수백 년 동안 유지되어 온 스페인의 전통 이미지와 정체성이 와해되는 것을 아쉬워할지도 모른다. 그러나 이것은 거역할 수 없는, 포스트모던 시대 국가 정체성의 진행 방향이다. 단일민족의 신화를 수천 년 동안 자랑스럽게 간직해 온 우리나라 역시 최근 이러한 흐름을 경험하고 있지 않은가. 스페인은 이 대세를 거부하거나 주저하는 대신 적극적으로 수용하기로 방향을 정한 것이다. 이는 시대정신에 뒤쳐져 고립과 몰락을 자초했던 역사적 과오로부터 학습한 것이기도 하고 현재 스페인이 처한 국내외적 상황에서 가장 현실적인 선택이기도 하다. 스페인은 이렇게 짐짓 새로운 모습으로 거듭나고 있다.

† 참고문헌 †

김원중, 「청산없는 과거청산 스페인의 사례」, 『세계의 과거사청산』, 안병직 외, 푸른역사, 2005.

엘리엇, 존 H. 편, 『히스패닉 세계』, 김원중 외 역, 새물결, 2003.

오웰, 조지, 『카탈로니아 찬가』, 민음사, 2001.

임호준, 「내전의 기억과 스페인의 과거청산」, 『세계의 과거사 청산』, 안병직 외, 푸른역사, 2005.

임호준 · 홍두승, 「스페인의 지역 민족주의: 정치적 자치와 문화 정체성」, 『국제지역연구』, 제9권 제2호, 2000.

제등효 편, 『스페인 내전 연구』, 형성사, 1981.

황보영조, 「스페인 내전의 전쟁 이념 분석」, 『이베로아메리카 연구』, 제12집, 2001. 125-164.

Carr, Raymond, *España: de la Restauración a la democracia, 1895-1980*, Barcelona: Ariel, 1998.

Gil de Biedma, Jaime, *Las personas del verbo*, Barcelona: Seix Barral, 1982.

Kinder, Marsha (ed.), *Refiguring Spain: Cinema, Media, Representation*, Durham: Duke University Press, 1997.

Moreiras Menor, Cristina, *Cultura herida: Literatura y cine en la España democrática*, Madrid: Libertarias, 2002.

Muñoz Molina, Antonio, *Beltenebros*, Barcelona: Seix Barral, 1989.

______, *El ginete polaco*, Barcelona: Planeta, 1991.

Panero, Leopoldo María, *Contra España y otros poemas no de amor*, Madrid: Libertarias, 1990.

Paredes, Javier, *Historia contemporánea de España (Siglo XX)*, Barcelona: Ariel, 1998.

Resina, Joan Ramón, "El detective en la cultura del desencanto," AA.VV., *Del Franquismo a la posmodernidad*, Madrid: Akal, 1995, 109-121.

Smith, Paul Julian, *Desire Unlimited: The Cinema of Pedro Almodóvar*, London: Verso, 1994.

문화 혼종인가 갈등인가?: 안데스 유토피아를 중심으로

우석균 서울대학교 언어교육원 연구원

1. 들어가는 말

지상 최대의 스릴 넘치는 볼거리는 과연 무엇일까? 광란의 질주를 벌이는 자동차 경주일까?, 아니면 K1처럼 피를 튀기는 격투기일까? 그것으로도 만족하지 못한다면 이런 스릴은 어떨까? 그 시작은 콘도르와 투우를 상처 내지 않고 잡아들이는 것으로 시작한다. 안데스의 제왕 콘도르와 야생의 소나 다를 바 없이 키운 황소를 상처 없이 잡아들이는 과정 자체가 스릴의 연속이다. 그러나 진짜 스릴은 그 다음부터다. 황소의 등 위에 콘도르를 묶어 투우장에 몰아넣는다. 제왕의 몸으로 수치스럽게도 영어의 신세가 된 콘도르는 자유를 찾아 비상하기 위해 발버둥친다. 소름끼치는 부리로 애꿎은 황소를 거침 없이 후벼 파고 쪼아대면서……. 황소의 등은 섬뜩한 피로 검붉게 물들어 간다. 맨살이 생으로 뜯겨 나가는 처절한 고통, 등 위의 정체 모를 적에 대한 분노, 황소는 점점 살기등등해진다. 바야흐로 인간과 황소의 대결이 임박했다. 웃통을 벗어젖힌 인디오들이 하나, 둘 경기장으로 들어선다. 투우사의 망토나 칼은 보이지 않고 대신 무엇인가를 들고 있다. 황소는 분노의 질주를 시작한다. 목숨을 걸고 이리저리 피해 다니면서 틈을 엿보는 인디오들, 드디어 들고 있던 것을 돌진하는 황소의 몸 가까이에 던진다. 굉음과 함께 황소는 쓰러지고 만다. 인디오들의 손에 들

야와르 피에스타

려 있던 것은 다이너마이트였던 것이다. 거칠 것 없이 산하를 누비던 황소는 그렇게 처참한 최후를 마친다. 지켜 보던 사람들은 우레 같은 박수갈채를 보낸다. 그러나 성공적인 투우였는지 아닌지를 판가름하는 최후의 절차가 아직 남아 있다. 사람들은 기대와 긴장감이 교차하는 가운데 조심스레 콘도르를 풀어 준다. 커다란 날개를 힘차게 움직이며 하늘로 치솟는 콘도르, 투우는 대성공이었다. 이름하여 '야와르 피에스타(Yawar Fiesta)', 즉 '피의 축제' 라고 부르는 축제가 대단원의 막을 내린 것이다.[1)]

1) '야와르' 는 원주민어인 케추아어로 '피' 를 의미하며, '피에스타' 는 '축제' 를 뜻하는 스페인어이다. 오늘날에도 페루 독립기념일인 7월 28일을 즈음하여 코타밤바스(Cotabambas)라는 곳에서 볼 수 있는 이 피의 축제는 물론 정복 이후 스페인의 투우가 전파되어 안데스에서 토착화된 것이다. 다만 지금은 다이너마이트를 사용하지 않는다고 한다. 호세 마리아 아르게다스(Jose Maria Arguedas)는 이미 1941년 소설 『야와르 피에스타』(1941)를 통해 이 축제를 생동감 있게 형상화시킨 바 있다.

2. 마지막 잉카 왕의 원죄: 말하는 성경을 탐한 죄

스페인의 상징인 투우와 안데스의 상징인 콘도르가 결합되었다는 점에서 야와르 피에스타는 그야말로 두 문화의 대표주자끼리 만난 형국이다. 그래서 그런지 이 축제는 식민 시대 때부터 지배자와 피지배자가 같이 즐기는 장이었다. 가히 두 문화의 행복한 만남이라 간주할 만하니 언뜻 보면 문화 혼종을 찬양하는 세계화 시대의 선구적인 예로 꼽을 만하다. 그러나 안데스처럼 두 문화의 만남이 폭력적이었고, 지배 문화-피지배 문화(혹은 주류 문화-비주류 문화)의 갈등이 첨예한 지역에서 문화 혼종을 논하는 것은 차라리 사치다. 두 문화의 행복한 만남으로 보이는 야와르 피에스타가 그 좋은 예다. 지배자들은 그저 여흥거리로 이 축제를 즐겼지만 원주민들은 황소를 콘도르의 매서운 부리에 시달리게 만들고 결국에는 무지막지하게 다이너마이트로 처치하며 지배자들을 죽이는 희열을 맛보았다. 과연 안데스의 수많은 축제 중에서 지배자들에 대한 증오를 이렇게 직접적으로 표출한 문화 형식이 또 있을까 싶다. 콘도르가 다칠세라 황소만 죽일 수 있을 기회를 몇 시간씩이나 엿보는 원주민들의 치밀함, 그들의 대지의 여신인 파차마마(pachamama)가 황소의 피를 마시고 풍요로움을 가져오리라는 믿음 역시 야와르 피에스타에 대해 문화 혼종을 논하기 어려운 이유다.

물론 야와르 피에스타가 외래문화인 투우 형식을 차용하고 있다는 점을 들어 문화적 '오염' 내지 '동화'를 지적할 이도 있을 것이다. 또한 안데스의 수많은 축제에 흔적을 남긴 가톨릭적 요소를 언급하며 문화적 갈등보다는 혼종이 대세라고 주장할 수도 있을 것이다. 그러나 안데스 원주민들이 얼마나 정복자와 지배자의 문화에 거부감을 지니고 있는지는 그들의 재앙이 시작된 날, 즉 아타왈파 왕이 스페인 인들에게 생포된 날에 대

아타왈파의 생포

한 집단적 기억에서 또다시 적나라하게 드러난다.

프란시스코 피사로(Francisco Pizarro)는 1526년에서 1527년에 걸쳐 페루를 정찰한 뒤 1532년 잉카 정복에 나선다. 그가 동원할 수 있었던 병력은 기병 63명과 보병 200명뿐이라 전면전은 불가능했다. 그래서 피사로는 잉카 왕을 생포하려고 사자를 보내 만날 것을 청한다. 침략군이 소수라는 사실에 방심한 아타왈파는 별다른 대비 없이 약속 장소로 향한다. 페루 북부의 카하마르카(Cajamarca)라는 곳이었다. 이때 피사로 대신 발베르데라는 신부가 나서서 잉카 왕에게 가톨릭에 대해 설명하고 개종을 권한다. 과연 아타왈파가 개종을 명확히 거부했는지 혹은 그저 상대방의 말을 이해하지 못했는지는 알 수 없다. 확실한 것은 스페인 군이 가톨릭을 거부한 이교도와 '정당한 전쟁'을 할 수밖에 없다는 명분을 내세워 일제히 아타왈파에게 덤벼들어 포로로 잡았다는 사실이다.

페루의 문학 비평가이자 문화 비평가인 안토니오 코르네호 폴라르(Antonio Cornejo Polar)는 아타왈파 생포에 대한 각종 기록을 검토한 바 있다. 그리고 몇 가지 모티브가 반복되고 있음을 발견했다. 그중 하나가 성경(혹은 기도서였다고도 함)에 관한 것이다. 신부가 아타왈파에게 성경을 건네주자 아타왈파가 책을 땅바닥에 내동댕이치는 바람에 신부가 '정당한 전쟁'의 개시를 선언했다는 것이 그 골자다. 그리고 상당수 기록은 아타왈파가 책을 내동댕이친 이유가, 신의 말씀이 담겨 있다면서 신부가 건네준 책이 아무런 말을 하지 않아 화가 나서였다는 것이다.

엄청난 영토의 왕국을 지배하고 있던 잉카 왕이 고작 책이 말을 하지 않는다고 땅에 내동댕이친 죄로 포로가 되어 결국 살해당했다니 두 문화의 만남에 대한 기록치고는 너무 허망한 결말이다. 아니 차라리 한 편의 코미디 같아서 그 기록을 믿기 힘들 정도다. 사실 잉카 역사서 중 오랫동안 권위를 인정받아 온 『페루 통사 *Historia general del Perú*』(1616)에는 그런 이야기가 없다. 스페인 인과 잉카 공주 사이에 태어난 잉카 가르실라소 델 라 베가(Inca Garcilaso de la Vega)의 『잉카 왕조사 *Comentarios reales de los Incas*』(1609) 속편 격인 이 책에는 아타왈파가 통역을 끼고 스페인 신부와 대화를 나누었다고만 되어 있을 뿐이다. 그렇다면 '말하지 않는 성경' 운운하는 대목은 날조된 이야기일까?

하지만 그것이 날조된 것인지 아닌지를 따지는 것은 그다지 의미 있는 일이 아니다. 어차피 기록의 진위 여부를 밝히기 힘들기 때문이다. 잉카에 대한 기록은 정복자의 관점에서 서술했는지 혹은 피정복자의 관점에서 서술했는지에 따라, 또 잉카 가르실라소처럼 잉카 왕족의 관점에서 서술했는지 아니면 잉카에 복속되어 있던 원주민의 관점에서 서술했는지에 따라 너무도 다르다. 게다가 잉카 인들은 문자가 없었기 때문에 아타왈파 생포에 관한 이야기는 구전으로 전해지다 나중에야 기록될 수 있었다.

그렇다면 말하지 않는 성경 일화를 신빙성이 없다 하여 배제할 것인가? 잉카 연구가들은 이 이야기의 진위 여부보다는 후대 기록에 반복되어 나타난다는 사실을 중시하기를 권한다. 동일한 기록의 반복이 서구 문화에 대한 안데스 원주민의 저항의식에서 비롯되었다고 보기 때문이다. '말하지 않는 성경' 대목에서 서구의 문자 문화와 안데스의 구전 문화 간의 첨예한 갈등을 읽어내는 코르네호 폴라르의 경우가 그렇다. 책이 어떤 물건인지 알지 못해 침략 전쟁이 시작되고, 아타왈파가 포로로 잡히고, 결국 잉카 왕국이 멸망하는 재앙을 겪게 되었다는 원주민들의 인식은 문자를 스페인 문화의 상징이자 정복의 도구로 간주하는 문화적 저항이라는 것이다. 사실 포로가 된 아타왈파가 몸값으로 황금 한 번과 은 두 번으로 방 하나를 채워 줄 테니 자신을 풀어 달라고 했을 때, 서기를 불러 공증까지 했던 스페인들이었으니 원주민 입장에서 문자는 분명 정복의 도구였다.

문자처럼 효용가치가 높은 문명의 도구조차 지배의 도구로 여기는 인식이야말로 외래문화에 대한 안데스 원주민들의 뿌리 깊은 거부감이 단적으로 드러난 사례다. 그리고 이러한 거부감이 사라지지 않는 한 야와르 피에스타의 외형상의 혼종성보다 그 기저에 깔려 있는 문화적 갈등을 더 주목할 수밖에 없다. 분명 안데스 문화도 근 5세기 동안 정복, 식민 통치, 근대화, 세계화 과정을 거치면서 전통문화와 외래문화가 뒤섞여 이제는 순수한 형태로 보존된 전통문화는 사실상 존재하지 않는다. 그러나 세계의 질서를 안데스의 전통적 세계관에 의거하여 구축하려는 의지만은 식민 시대 때부터 현재에 이르기까지 상존하고 있다. 펠리페 와망 포마 데 아얄라(Felipe Guaman Poma de Ayala)가 쓴 연대기 속의 수많은 삽화야말로 안데스의 전통적 세계관이 얼마나 끈질긴 것인지를 잘 보여 준다.

3. 마테오 리치의 세계지도와 와망 포마의 지도그리기

와망 포마에 주목하는 이유는 그가 처음에는 대다수 원주민들과는 다른 시각으로 식민 질서를 바라보았다는 점 때문이다. 그는 식민 통치를 돌이킬 수 없는 현실로 받아들이고 차선을 모색했다. 식민 질서를 조속히 안정시키는 데 협조하고, 그 질서에 적극적으로 편입되어 원주민들의 활동 공간을 최대한 확보해야 한다는 것이 그가 생각하는 차선이었다. 그래서 와망 포마는 스페인어와 문자를 배워 통역과 번역 일을 하며 정복자들을 도왔다. 문자에 대한 대다수 원주민들의 거부감을 그는 공유하지 않았던 것이다. 가톨릭 포교 사업도 앞장서서 협력했을 뿐만 아니라 실제로 그 자신이 독실한 가톨릭 신자로 개종했다. 원주민 입장에서 볼 때 와망 포마는 반역자였던 셈이다.

그러나 점점 혹독해지는 식민 통치를 바라보며 와망 포마는 결국에는 자신이 순진했음을 깨닫게 된다. 1560년대부터 서서히 강화되어 1610-1615년 사이 절정에 달한 우상숭배 근절 정책이 그로 하여금 식민 통치에 회의를 느끼게 만들었다는 것이 와망 포마 전문가인 롤레나 아도르노(Rolena Adorno)의 주장이다. 그리하여 와망 포마는 안데스에 관한 역사서이자 일종의 정치론인 『새로운 연대기와 좋은 정부 *Nueva corónica y buen gobierno*』(1615)를 쓰게 된다. 이 책은 정복자의 언어로 정복자를 신랄하게 비판한 책이다. 근 1,200쪽에 달하는 방대한 분량이나 무려 399개에 달하는 삽화는 그가 얼마나 단단히 마음먹고 정복자들에게 쓴 소리를 내뱉었는지 짐작하게 해 준다.

덕분에 이 책은 20세기 후반기에 안데스에 관한 가장 중요한 사료로 각광받았다. 식민 시대의 대다수 기록이 스페인 인들이 쓴 승자의 기록인데 반해 와망 포마의 책은 보기 드물게 패자의 시각을 담고 있다. 더구나 방대한 분량과 수많은 삽화 덕분에 '패자의 시각'의 총결정판이라는 평가까지 이끌어냈다. 원주민 역사를 '패자의 시각'에서 접근하는 것이 올바른 사관이라는 인식은 멕시코 식민사 연구자인 미겔 레온 포르티야(Miguel León Portilla)가 1959년 『패자의 시각 *Visión de los vencidos*』을 출간하면서 비롯되었으며, 원주민 연구에 일대 전환점이 되었다. 가령, 안데스 연구에서 메스티소의 시각으로 씌어진 잉카 가르실라소의 『잉카 왕조사』보다 와망 포마의 책을 더 높이 평가하게 된 것도 그런 인식의 확산과 어느 정도 관계가 있다.

과연 와망 포마가 패자의 시각을 대변할 수 있을 인물일까? 관점에 따라서는 그렇지 않을 수도 있다. 비록 말년에 식민 통치를 강하게 비판했지만 와망 포마는 이미 식민사관의 포로가 되어 있었다고 단정지을 만한 점들을 발견할 수 있기 때문이다. 가령, 그는 가톨릭 사제들의 잔인한 우상숭배타파 작업을 비난했을지언정 결코 가톨릭 자체를 거부하지는 않았다. 또한 몇몇 스페인 문필가들을 일종의 문화적 영웅처럼 숭상하기도 했다. 그러나 또 한편으로는 식민 질서 대신 대안의 질서를 모색한 흔적이 역력하다. 적어도 『새로운 연대기와 좋은 정부』를 집필하고 있을 때의 와망 포마에게 식민 시대는 '거꾸로 뒤집힌 세상(el mundo al revés)', 즉 모든 것이 미쳐 돌아가는 말세였다. 그래서 그는 하나님으로부터 신대륙의 통치권을 위임받았다는 정복자들의 시각을 인정하지 않았다. 대신 이 책을 통해 원주민 자치권을 강력히 요구했다. 결국 와망 포마는 일종의 민족사관이라고 부를 만한 것과 식민사관이 뒤섞여 있는 의식구조를 지니고 있었던 것이다. 그러나 이 혼란스럽게만 보이는 의식구조를 일관되게 제어하는 것이 있었다. 바로 이 책의 수많은 삽화들에 녹아 있는 안데스의 전통적 세계관이다.

와망 포마의 삽화에 담겨 있는 전통적 세계관이 식민 통치에 대한 얼마나 강력한 저항수단이었는지를 알기 위해서 월터 미뇰로(Walter D. Mignolo)를 따라 서구제국주의 팽창기의 중국으로 잠시 시선을 돌리고자 한다. 미뇰로는 예수회 신부 마테오 리치가 중국에서 선교활동을 하던 중 1584년에 겪은 일화를 언급한다. 어느 날 마테오 리치를 방문한 중국인들이 서양 지도를 보고 거세게 항의했다. 중국이 세계의 중심이라고 믿어 온 그들로서는 세계지도의 중심부를 유럽이 차지하고 있다는 사실을 도저히 용납할 수 없었던 것이다. 마테오 리치는 원활한 선교사업을 위해 중국인들을 달랠 필요가 있었다. 그래서 아시아가 중심에 오는 세계지도를 제작했다. 하지만 실제 계측에 따르다 보니 북반구에 있는 중국을 완전히 한가운데에 그릴 수는 없었다. 중국인들은 여전히 만족할 수 없었고, 결국 이후 몇 세기가 지나도록 서구식 지도를 안중에 두지 않고 자신들의 전통적인 지도 제작 방식을 고수했다.

월터 미뇰로는 이 일화에서 두 가지 결론을 도출해 낸다. 먼저 팽창 일로에 있던 서구의 자신감이다. 마테오 리치가 쉽게 지도 중심을 바꿀 수 있었던 것은 이미 유럽이 우위에 섰는데 그까짓 지도 중심이 아시아면 어떠냐 하는 자신감의 발로라는 것이 미뇰로의 해석이다. 그가 내린 두 번째 결론은 중국인들의 강한 자부심이 그들의 전통적인 지도 제작법을 고수할 수 있는 원동력이 되었다는 것이다.

미뇰로는 이어 라틴아메리카 원주민들의 지도를 검토하면서 와망 포마가 삽화로 그린 지도들을 포함시킨다. 그중 하나가 〈교황의 세계 *Pontifical mundo*〉다. 다음 그림에서 보는 바와 같이 지도는 두 부분으로 나뉘어 있다. 위는 쿠스코(Cuzco)를 중심으로 한 안데스 지도이며 아래는 마드리드가 속해 있는 카스티야 지방을 중심으로 한 지도다. 미뇰로는 지도 전체의 중심이 텅 비어 있다는 사실을 주목한다. 쿠스코를 '세계의 배꼽'이라고 믿었던 잉카 시대의 전통적 세계관이 흔들리고 있는 징후를 포

와망 포마의 삽화 〈교황의 세계〉

착한 것이다. 그리고 안데스 원주민들이 중국인처럼 중심을 고수하지 못하고 있다는 점에서 식민 질서에 편입되고 있다는 결론을 내린다.

그러나 필자가 보기에 미뇰로는 '중심의 부재' 라는 사실에만 집착해 성급한 결론을 내린 듯싶다. 미뇰로는 적어도 〈교황의 세계〉에 남아 있는 안데스의 세계관, 적어도 잉카 세계관의 흔적을 인지하고 있었다. 예를 들어 안데스 지도를 그린 부분에 태양이 등장하고, 안데스 지도가 카스티야를 중심으로 하는 지도보다 위에 그려져 있으며, 위와 아래 두 개의 지도 모두 중심부와 이를 둘러싼 네 지역이 있다는 사실을 지적하고 있다. 잉카 시대에는 특정 지역의 지리적 구분을 크게 '하난(Hanan)' 과 '우린(Hurin)'

으로 하는 경향이 있었다. 하난은 상위 지역을 뜻하며 우린은 하위 지역을 뜻한다. 즉 하난 지역에 우월적인 지위를 부여한 것이다. 이런 구분은 쿠스코의 경우에서처럼 행정체계에도 반영되곤 했다. 따라서 〈교황의 세계〉에서 안데스 지도가 카스티야 지도보다 위에 그려져 있다는 사실은 와망 포마가 안데스 세계관을 포기하지 않고 있는 증거라 할 수 있다. 더구나 안데스 지도는 잉카 왕실의 상징인 태양과 같이하고 있지 않은가? 중심부와 이를 둘러싼 네 지역 역시 잉카의 세계관과 긴밀한 관계가 있다. 자신의 왕국을 타완틴수유(Tawantinsuyu)라고 부른 잉카 인들은 쿠스코를 중심으로 하여 왕국을 네 개의 지역으로 나누었다. 이는 단순히 행정구역상의 구분이 아니라 종교적 의미가 있었다고 한다. 쿠스코에 있는 태양의 신전으로부터 42개의 가상의 선이 뻗어 나가 세계 전체를 나누고 있다는 것이 잉카 인들의 믿음이었고, 이 가상의 선들에게 부여된 특징에 따라 네 개의 지역으로 왕국을 구분한 것이다.

결국 와망 포마는, 미뇰로가 내린 결론과는 반대로, 안데스의 세계관을 결코 포기하지 않았던 것이다. 따라서 그에게 식민사관에 사로잡힌 자라는 굴레를 씌우는 것은 적절치 않다. 전통적인 세계관을 고수했다는 사실이 뭐 그다지도 중요할까 반론을 제기할 이도 있을 것이다. 하지만 그것은 식민 질서가 단 한 번도 원주민들을 완전히 납득시키지 못했다는 사실을 의미한다. 이처럼 당대의 질서를 용납하지 못했을 때 원주민들은 늘 대안의 질서를 모색하게 되었다. 그리고 원주민들이 모색하던 대안의 질서의 중심에는 잉카 왕이 자리하고 있었다. 잉카 왕의 재래를 염원했던 안데스 유토피아는 이렇게 해서 탄생했다.

4. 잉카 왕을 찾아서: 안데스 유토피아의 탄생과 전개

1956년 페루 안데스의 소도시 푸키오에서 기묘한 신화가 채집되었다. 이 신화를 일컬어 〈잉카리(Inkarrí) 신화〉라고 부른다. 스페인 인들에게 참수된 태양신의 아들 잉카리의 머리에서 몸통이 자라나고 있으며, 몸이 다 자라나면 부활하여 최후의 심판을 내릴 것이라는 내용의 신화였다. 이 신화가 정복 이후 생겨난 것은 너무나 명확하다. '부활', '최후의 심판' 등의 성서적 모티브가 담겨 있으며, 잉카리의 '리'라는 말 자체가 왕을 뜻하는 스페인어의 '레이(rey)'에서 유래한 것이기 때문이다.

식민 통치가 얼마나 철저했으면 잉카 왕에 대한 신화마저 가톨릭적 색채를 담고 있을까 하고 생각할 수도 있을 것이다. 그러나 이 신화에서 중요한 점은 잉카 왕을 마치 메시아처럼 갈망하는 원주민의 의식구조이며, 잉카 왕이 부활하여 기존 질서를 깨뜨리리라는 신앙과 같은 염원이다. 대략 17세기 초에 생겨났으리라고 추정되는 이 신화는 18세기에 광범위하게 퍼져 오늘날까지 전해진다. 1953-1972년 사이에만 무려 15종류나 채집되었을 정도다.

잉카리 신화처럼 잉카 왕을 통해 대안의 질서를 모색하는 심리가 안데스 진역에 너무도 광범위하게 확산되고 끈질기게 전승되면서 특별히 '안데스 유토피아'라는 명칭을 얻게 되었다. 안데스 원주민들의 열망은 확실히 유별난 것이었다. 가령, 아스테카의 후예들 역시 식민 질서에 대해 강력한 거부감을 드러내 왔지만 아스테카 유토피아라고 부를 만한 흐름은 형성되지 못했다. 더구나 아스테카의 마지막 군주 목테수마가 부활하여 새로운 질서를 확립하리라는 믿음은 거의 존재하지 않는다.

진짜로 원주민들은 잉카 왕이 부활할 수 있다고 믿은 것일까? 만일 그렇다면 너무나 허황된 생각이 아닐까? 잉카 왕에 대한 존경이나 충성심 때문에 그렇게 허황된 생각을 하게 된 것일까? 프란시스코 피사로가 쳐들어왔을 때 상당수 원주민 부족이 스페인 군을 도와 잉카 멸망에 일조했건만 나중에는 모두가 한마음으로 잉카 왕의 부활을 염원했다니 모순된 태도가 아닐까?

사실 하루아침에 잉카 왕이 저항의 구심점으로 떠오른 것은 아니다. 잉카는 1438년에서 1471년까지 재위했다고 하는 제9대 파차구티 왕(파차쿠텍 왕) 때부터 갑자기 성장한 국가였다. 끊임없는 정복전쟁을 통해서 너무나 급격하게 팽창하였고, 피정복 부족들을 국가에 확고히 통합시키기 전에 스페인 군의 침입으로 멸망하였다. 따라서 잉카 왕에 대한 적개심을 지닌 부족이 많았을 뿐만 아니라, 아타왈파와 와스카르의 왕위계승전쟁에서 알 수 있듯이 잉카 내부의 단결력도 의심스러운 대목이 많았다. 따라서 잉카 왕이 저항의 구심점이 되기까지에는 먼저 잉카의 피비린내 나는 정복사업을 망각할 어느 정도의 시간이 필요했다.

일련의 정세 변화가 잉카의 잔인함에 대한 망각을 촉진시켰다. 잉카부흥운동의 진압과 식민 통치의 강화가 그것이었다. 잉카부흥운동은 스페인 정복군이 꼭두각시 왕으로 옹립한 망코 잉카(망코 카팍 2세라고도 함)에 의해 시작되어 30여 년 간 지속되다가 1572년 마지막 왕 투팍 아마루 1세가 처형되면서 끝이 났다. 이 처형이 잉카 왕에 대한 동정심이 생겨난 중요한 한 계기가 되었다. 또 다른 계기는 식민 통치의 강화였다. 당시, 리마를 거점으로 남미의 식민 통치를 총괄하는 누에바 카스티야 부왕청(Virreinato de Nueva Castilla)의 수장은 톨레도였다. 그는 원주민들의 저항이나 종교 문제에 대해 강경책으로 일관했다. 또한, 행정, 조세 제도 등을 전면 재정비하여 식민 체제를 반석 위에 올려놓은 인물이기도 하다. 즉, 본격적인 원주민 수탈 체제가 가동된 것이다. 이와 함께 식민 통치를 대재앙으로 여기는 인식도 원주민들 사이에 본격적으로 확산되기 시작했다. 잉카 왕에 대한 동정심과 수탈 체제의 공고화가 잉카 시대로의 회귀를 바라는 염원을 낳았던 것이다.

안데스 유토피아의 중요성은 그것이 단순한 몽상이 아니라는 점에 있다. 그것은 잉카 왕의 부활을 믿었던 여러 차례의 원주민 봉기에서 드러났듯이, 언제든지 원주민들의 봉기를 촉발시킬 수 있을 현실성을 지니고 있었다. 1780년 11월 스페인 관헌의 처단으로 시작된 호세 가브리엘 콘도르캉키(José Gabriel Condorcanqui)의 봉기야말로 안데스 유토피아의 절정의 순간이었다. 그의 봉기는 일단 식민 시대 수백 번에 달하는 안데스 지역의 봉기 중에서 가장 규모가 컸다. 게다가 대다수 봉기가 특정 정책에 대한 불만의 표출이나 악질 식민 관료를 처단하는 한풀이에 그쳤음에 반해 콘도르캉키는 원주민 국가의 창건을 꿈꾸었다. 군대를 조직하고 원주민 관리를 임명했으며, 스페인 인들의 추방과 이들이 고착화시킨 수탈적인 경제 체제의 타파를 강령으로 내세웠다. 그리고 잉카 왕실 혈통임을 자처하며 자신을 투팍 아마루 2세라고 칭했다. 즉 그가 구상한 원주민 국가의 구심점이 바로 잉카였던 것이다. 잉카 왕을 통해 대안의 질서를 모색한 안데스 유토피아가 잉카 체제의 계승에 의거한 원주민 국가를 모색한 투팍 아마루 2세에 의하여 완벽한 현실이 된 것이다.

사태의 심각성을 인식한 부왕청은 유례없는 대규모 병력을 동원하여 5개월 만인 이듬해 4월 투팍 아마루 2세를 생포하였다. 그리고 한 달 뒤에 쿠스코 중앙 광장에서 그를 공개적으로 처형하고 본보기 삼아 목과 사지를 잘라 안데스 각 지역에 보냈다. 그러나 안데스 유토피아는 투팍 아마루 2세의 죽음을 아랑곳하지 않고 지속되었다. 쿠스코 일대는 물론 티티카카 호수 주변, 라파스, 칠레 북부, 아르헨티나 북부에 이르기까지 원주민 봉기가 걷잡을 수 없이 확산된 것이다. 그리고 투팍 아마루 2세를 따라 잉카 왕의 후손임을 자처한 이들이 각 지역에 나타나게 되었다. 안데스의 각종

쿠스코의 투팍 아마루 2세 동상

봉기는 1783년에 접어들어서야 잦아들었다. 그러나 식민 통치는 이미 뿌리째 흔들려 예전의 '질서'를 회복하지 못했다. 그것은 일개 민란이 아니라 하나의 혁명이었다. 아니, 원주민들의 세계관에 따른다면, 천지가 요동친 '파차쿠티'였다.

물론 식민 질서에 균열을 냈다는 점에서만 파차쿠티였을 뿐 안데스 원주민들이 그토록 염원하던 대안의 질서를 구축하는 데는 결국 실패한 셈이다. 더구나 잉카 왕으로 떠받들었던 투팍 아마루 2세가 허망하게 처형되었으니 잉카 왕을 구심점으로 하는 대안의 질서 모색이라는 안데스 유토피아의 중심축 역시 흔들릴 수밖에 없었다. 게다가 19세기, 20세기가 진행되면서 근대화와 함께 진보 이데올로기와 서구식 합리주의가 화두가 되었을 때 신화적 세계관에 기초한 안데스 유토피아의 입지는 현저히 좁아질 수밖에 없었다. 실제로, 투팍 아마루 2세로 촉발된 18세기 말의 일련의 봉기 이후 잉카 왕의 재림 혹은 왕조 자체의 복원을 천명한 원주민 봉기는 거의 존재하지 않았다. 그러나 이는 잉카 왕이 현실 세계를 다스리는 날이 올 것이라는 믿음이 깨진 것일 뿐이지 잉카의 상징성 자체가 폐기된 것은 아니다. 애초에 안데스 유토피아 속의 잉카 왕은 대안의 질서를 바라는 종교와도 같은 염원이 낳은 형이상학적 존재였지, 투팍 아마루 2세 같은 현실 속의 인물이 아니었기 때문이다. 오랫동안 수면 아래 잠복해 있던 안데스 유토피아는 결국 1920년대에 이르러 거센 폭풍우가 되어 안데스를 강타했다. 그리고 1950, 60년대에 절정의 순간을 구가하게 된다.

5. 다시 되살아난 잉카의 돌

페루의 소설가이자 인류학자인 호세 마리아 아르게다스의 대표작 『깊은 강 *Los ríos profundos*』(1958)의 첫 장에는 의미심장한 대목이 있다. 주인공 소년 에르네스토가 아버지와 함께 잉카의 고도 쿠스코의 골목길을 걷다가 담벼락만 남은 잉카 왕궁의 돌담장을 가만히 이루민져 본다. 돌 사이의 구불텅한 선이 작열하는 햇빛을 받으며 안데스 계곡을 거칠 것 없이 흘러가는 강물을 연상시킨다. 소년은 잉카의 돌들이 생명을 얻어 꿈틀거리는 듯한 희열을 느낀다. 나아가 잉카 왕이 죽지 않았고 잉카의 돌들이 담장 위의 스페인식 건물에 살고 있는 지배자들을 삼켜 버릴 것이라는 확신을 얻는다.

이 대목은, 안데스 유토피아 연구의 결정판 『잉카 왕을 찾아서 *Buscando un inca*』에서 정복 이후 오늘날에 이르기까지의 안데스 역사를 잉카 왕을 찾아온 역사로 규정한 알베르토 플로레스 갈린도(Alberto Flores Galindo)의 주장이 그리 과장은 아니었음을 입증하고 있다. 비록 아르게다스가 잉카 왕이 실제로 부활하리라고 믿은 것은 물론 아니었지만, 식민 잔재의 수혜자인 당대 지배층에 대한 저항의 구심점으로 '잉카 왕'이라는 상징을 내세우고 있기 때문이다.

특히 이 대목은 잉카의 돌에 생명력을 부여하는 문학적 상상력을 발휘했다는 점이 의미심장하다. 가령, 호세 델 라 리바 아구에로(José de la Riva Agüero)의 잉카의 돌 묘사와 비교해 보면 그 의미를 알 수 있다. 페루 보수 지배층의 대표적인 논객이었던 리바 아구에로는 젊은 시절 페루를 여행하고 1912년에 남긴 여행기 『페루 풍경 *Paisajes peruanos*』에서 잉카의 돌이 '장례식의 매력'을 발산한다고 적고 있다. 즉, 잉카는 그에게 사라진 문명이지 현재와는 아무 관련이 없는 것이었다. 리바 아구에로의 시각은 어쩌면 너무나 당연한 것일지도 모른다. 쿠스코에서 스페인식 건물을 이고 있는 잉카 시대의 담장은 흔하다. 잉카 건축물이 지진에 잘 견뎠기 때문에 스페인 인들이 토대를 남기고 그 위에 건물을 지었던 것이다. 그런 수많은 건물 중에서도 식민 지배의 상징처럼 여겨지는 건물로 산토도밍고 성당이 있다. 이 성당은 잉카의 성소였던 태양의 신전 코리칸차 위에 들어섰다. 이는 단순히 지진을 대비하기 위해서만은 아니었다. 이교도에 대한 가톨릭 교도의 우위를 과시하기 위한 목적이 더 컸다. 아무튼 잉카의 돌들을 짓누르고 있는 스페인식 건물은 안데스 문명의 찬란함이나 그 문명을 일구어낸 원주민들의 역사는 화석화된 과거일 뿐이라는 느낌을 자아낼 수밖에 없다. 따라서 아르게다스처럼 잉카의 돌에서 생명력을 떠올리는 상상력을 발휘하기는 결코 쉽지 않은 일이었다.

그렇다면 『페루 풍경』과 『깊은 강』 사이의 약 50년에 가까운 세월이 흐르는 동안 안데스에 어떤 변화가 생긴 것일까? 비록 아르게다스가 유년기에 계모의 방치로 원주민들에 의해 양육되어 그들에게 남다른 애정을 품고 있었다지만, 백인이면서도 잉카의 돌에서 생명의 약동을 느낄 수 있게 된 데에는 어떤 사회적 · 문화적 맥락이 작용했을까?

잉카의 돌이 부활하기까지는 실로 오랜 진통이 필요했다. 페루에서 그 첫 발을 디딘 이는 시인이자 사상가인 마누엘 곤살레스 프라다(Manuel González Prada)였다. 그는 1888년 폴리테아마 극장에서 대독시킨 연설에서 원주민들도 페루 국민임을 상기시키면서 그들도 다른 국민들과 똑같은 권리를 누리는 사회를 만들어야 한다고 주장했다. 안데스 국가들 중에서는 최초로 원주민주의(indigenismo)를 표방한 사건이었고, 19세기 초 대부분의 라틴아메리카 국가들이 독립하여 국가를 형성하는 과정에서 도외시되었던 문제를 공론화시킨 것이었다. 크리오요(criollo)라 불리는, 독립을 주도한 라틴아메리카 백인 지배층은 원주민들을 동화나 배제의 대상, 심지어는 멸족 대상으로 간주했다. 이에 따라 박해와 수탈이 이어졌고 원주민들의 삶은 식민 시대보다 오히려 열악해졌다. 문화적으로도 크리오요들은 원주민 문화의 흡수, 동화, 말살을 시도했다. 곤살레스 프라다의 반성은 이런 오랜 암흑기를 거친 후에야 나온 것이었다.

원주민주의는 점점 확산되었다. 곤살레스 프라다의 영향을 받은 클로린디 마토 데 투르네르(Clorinda Matto de Turner)는 원주민주의 소설 『둥지 없는 새 *Aves sin nido*』(1889)를 발표하고, 1905년에는 최초의 원주민어 시선집 『케추아 백합들 *Azucenas quechuas*』이 발간되고, 1909년에는 리마에서 친원주민 협회가 결성되었다. 엔리케 로페스 알부하르(Enrique López Albújar)나 벤투라 가르시아 칼데론(Ventura García Calderón)은 원주민에 대한 왜곡된 시선이나 이국적인 시선으로 비판을 받기는 했지만 원주민주의 문학을 유행시키는 데는 기여했다. 그리고 1920년대에 접어들면서 페루 원주민주의는 마침내 사상, 학문, 정치, 예술의 중심 주제가 되었다. 고고학에서는 훌리오 C. 테요(Julio C. Tello), 회화에서는 호세 사보갈(José Sabogal), 민족지학에서는 루이스 E. 발카르셀(Luis E. Valcárcel), 사상과 정치에서는 호세 카를로스 마리아테기(José Carlos Mariátegui)와 빅토르 라울 아야 델 라 토레(Víctor Raúl Haya de la Torre), 문학 비평에서는 루이스 알베르토 산체스(Luis Alberto Sánchez)가 일세를 풍미했다. 쿠스코나 푸노(Puno), 트루히요(Trujillo) 같은 지방도시에서도 원주민주의는 대세가 되었고, 1927년에는 원주민주의의 정당성과 방향성에 대한 대논쟁이 뜨겁게 펼쳐졌다. 이 시기의 분위기를 한마디로 요약하는 비유가 있다면 그것은 아마도 '폭풍우' 일 것이다. 1927년 『안데스의 폭풍우 *Tempestad en los Andes*』에서 발카르셀은 원주민주의를 안데스에서 일어난 폭풍우에 비유한 바 있었다.

발카르셀은 일종의 '원주민의, 원주민에 의한, 원주민을 위한 세상' 이 도래하리라고 예언했다. 그리고 그 세상은 정복 이전의 상태를 다시 복원하는 것이 될 것이라고 주장했다. '잉카 왕' 에 대한 언급이 빠졌을 뿐이지 안데스 유토피아가 다시 수면 위로 부상한 것이다. 이런 현상은 페루 원주민주의 역사의 한 획을 그은 마리아테기에게서도 엿볼 수 있다. 그는 1927년 「토지 문제 El problema de la tierra」라는 글을 통해 경제 문제, 특히 토지 문제의 해결이 원주민주의의 최대 현안이 되어야 한다고 주장했다. 이는 가진 자의 온정이나 교육을 통해 원주민 문제 해결을 모색한 그때까지의 원주민주의의 흐름에 대해 근본적으로 문제를 제기한 것이었다. 페루 공산당을 창당한 마르크스주의자다운 발상이었고, 마리아테기 이후 원주민주의는 뚜렷한 좌파 성향을 띠게 되었다. 그런데 마리아테기 역시 토지 문제의 해결을 잉카 시대의 모델에서 찾았다. 토지의 공동 소유와 공동 경작을 근간으로 하는 잉카 이래의 원주민 공동체의 보존과 확산을 표방한 것이다. 아이유(ayllu)라고 불리는 이 원주민 공동체에 주목한 것은 마리아테기만이 아니었다. 페루 사회당을 창당한 카스트로 포소(Hildebrando Castro Pozo) 역시 아이유를 원주민 문제 해결의 열쇠로 여겼다. 마르크스주의의 과학적 사회 분석에 안데스 유토피아가 스며든 것이다.

그러나 1920년대의 원주민주의는 '원주민 없는 원주민주의' 라는 한계를 지니고 있었다. 원주민들의 투쟁의 산물도 그들이 주도한 운동도 아니었기 때문이다. 그 당시의 원주민주의는 '민족주의' 의 미명하에 원주민들을 적극적으로 국가에 통합시키려는 근대국가 이데올로기의 부산물이었다. 페루의 경우 근대국가 이데올로기는 칠레와의 태평양 전쟁(1879-1883)에서 패하면서 작동하기 시작했다. 수도 리마까지 일시 점령당하고 국토의 일부까지 양도하는 국치를 겪은 후에 강력한 국가 건설의 필요성이 제기되었던 것이다. 이를 위해서는 국가를 위해 헌신할 수 있는 국민이 필요했고, 비로소 인구의 다수를 차지하는 안데스 원주민을 국가에 통합시켜야 한다는 발상의 전환이 곤살레스 프라다를 통해 이루어졌던 것이다. 국민을 동원의 대상으로 여기는 원주민주의는 종종 정권 획득이나 유지의 수단으로 악용되었다. 아이러니하게도 원주민주의가 활짝 꽃을 피운 1920년대는 사실상의 독재 체제가 11년간 지속되었다 하여 '온세니오'(1919-1930)라고도 부르는데 이때의 대통령 레기아(Augusto Bernardino Leguía)가 원주민주의를 악용한 경우였다.

국가만 원주민의 지지를 필요로 했던 것이 아니었다. 중산층 지식인과 예술가들도 '원주민 없는 원주민주의' 를 낳은 공범이었다. 이들은 소수의 지배층이 정치적 · 경제적 권력을 독점하고 있는 과두체제에 치를 떨고 있었다. 신분상승이나 자아실현에 커다란 걸림돌이 되었기 때문이다. 그러나 페루처럼 근대화가 초기 수준에 머문 나라에서 중산층은 과두체제에 대항하기에는 너무나 미약한 존재였다. 중산층 지식인과 예술가들은 미약한 힘을 보충하기 위해 원주민들의 지원을 이끌어내고 싶어 했고, 그 통로가 바로 원주민주의였던 것이다.

그러나 비록 원주민 없는 원주민주의로 출발했지만 일단 원주민 문제가 국가적 현안이 되었다는 점에서 1920년대의 원주민주의는 커다란 의미를 지니고 있었다. 1940년대 중반부터 원주민주의는 적어도 누구도 부인할 수 없는 국가 공식 의제가 되었다. 그 상징적인 사건이 잉카 시대의 주요한 제천의식인 인티 라이미(Inti Raymi), 즉 태양의 제전의 복원이다. 매년 쿠스코에서 거행되며 오늘날 남미 3대 축제의 하나로 꼽히는 성대한 제전이다. 또한 페루에서는 1940년대 중반부터 국가에서 지원하는 원주민 연구기관이나 문화보존 기관이 속속 설립되기 시작했으며, 1950, 60년대에는 인류학, 사회학, 경제학 등의 사회과학을 필두로 역사학, 언어학 등에 걸쳐 당대 원주민을 연구하는 일이 학계의 주요 과제가 되었다. 1920년대부터 본격적으로 분출된 원주민주의가 점점 확산되면서 결국 아르게다스가 잉카의 돌을 부활시킬 수 있었던 밑거름이 되었던 것이다.

아르게다스는 1964년 장편 소설 『모든 피 *Todas las sangres*』를 발표한다. 페루의 문제점을 안데스 문제에 국한하지 않고 총체적으로 진단하려고 하였다는 점에서 그로서는 최대의 야심작이었다. 아르게다스는 원주민 지도자의 지휘 아래 투철한 사회 변혁 의지와 의식을 지닌 원주민 상을 제시했다. 그리고 이 소설을 옥중에서 눈물을 흘리며 읽은 이가 있었다. 쿠스코 일대에서 지주들의 토지 점거를 주도한 우고 블랑코라는 농민 지도자였다. 그는 『모든 피』에서 원주민의 미래를 보았다. 그리고 그와 서신을 주고받기도 했던 아르게다스도 우고 블랑코에게서 원주민의 미래를 보았다.

그 미래는 예기치 않게 들이닥쳤다. 1968년 페루에 군사 쿠데타가 일어났다. 여타 라틴아메리카 국가의 군부 쿠데타 경험에 비추어 볼 때 쿠데타는 으레 보수반동 정치로 귀결될 것이라고 예상했다. 그러나 대통령에 취

호세 마리아 아르게다스

임한 벨라스코(Juan Velasco Álvarado) 장군은 뜻밖에도 투팍 아마루 2세를 국가의 상징으로 삼았다. 그리고 1969년 전격적이고도 비교적 철저한 농업개혁을 단행하였다. 이로써 농지의 80% 이상을 독점하고 있던 0.8%의 대지주들은 돌이킬 수 없는 타격을 받았다. 일찍이 마리아테기가 주장한, 과누제제와 봉건적 대농장의 해체가 이때 이루어진 것이다. 아르게다스가 잉카의 돌에 생명력을 불어넣으며 안데스의 부활을 염원한 지 10년 만에 안데스 유토피아는 또다시 현실이 되었다. 그러나 유감스럽게도 새로운 질서는 오래가지 않았다.

6. 맺는 말: 케케묵은 유토피아?

1969년의 농업개혁은 협동농장 체제를 정착시키려고 하였다. 이는 원주민 공동체를 모델로 한 것이다. 그러나 국정운영 경험이 없는 정부, 협동농장 간부들의 부패와 무능이 농업개혁을 표류하게 만들었다. 안데스의 농업 생산량은 현저하게 감소하고 아이러니하게도 원주민들은 생존을 위해 안데스를 탈출해 도시로 향하였다. 이런 현상이 벌어진 데에는 원주민들의 책임도 있었다. 그토록 토지를 염원하던 원주민들이지만 정작 자기 땅이 생겼을 때 그들은 무엇을 해야 할지를 몰랐다. 대부분의 원주민들이 근 4세기 반 동안 노예나 다를 바 없는 삶을 살았던 터라 스스로 자신의 삶을 개척하는 데에 익숙하지 않았던 것이다. 더구나 협동농장을 근간으로 한 농업개혁이 표류하면서 자신의 몫이나마 챙기려는 도덕적 해이가 원주민들 사이에서도 공공연하게 발생했다. 발카르셀, 마리아테기, 카스트로 포소, 아르게다스 등이 주장한, 공동체를 위해 사심 없이 희생할 줄 아는 원주민이 과연 존재하는가 하는 의문이 꼬리를 물었다. 1975년 벨라스코가 물러났을 때 이미 그의 농업개혁은 실패작으로 판명났다. 군부가 내세운 또 한 명의 대통령이 취임했지만 군부통치에 대한 페루 사회의 전반적인 염증은 결국 그들의 퇴진을 요구하게 되었다.

새로운 민선정부가 들어섰다. 그러나 그 정부는 전혀 신선하지 않았다. 새 대통령은 1968년 벨라스코에 의해 실각한 77세의 벨라운데(Fernando Belaúnde Terry)였나. 더구나 그는 1964년 '미지근한' 농업개혁을 주도했다가 반발을 산 인물이었다. 그가 빈부 격차나 인종 간 갈등을 풀 수 있으리라고 기대하는 사람은 별로 없었다. 그럼에도 불구하고 벨라운데는 1980년 5월의 대통령 선거에서 압도적인 승리를 거두었다. 그의 재등장은 정치권에서는 안데스 문제를 해결할 인사가 없다는 신호로 받아들여졌다. 그래서 올 것이 왔다. 10여 년 간 안데스를 거의 내전 상태로 몰아넣은 혁명 단체 센데로 루미노소(Sendero Luminoso)가 같은 달 아야쿠초(Ayacucho)에서 봉기한 것이다. 마리아테기가 걸었던 '빛나는 길'을 따르겠다는 의미로 '센데로 루미노소'라고 부른 이 단체는 철저한 혁명 노선을 견지했다. 이로 인해 무려 3만 명 이상이 목숨을 잃었고, 그보다 많은 사람들이 삶의 터전을 등져야 했다. 희생자 중에는 그들의 혁명 이념에 동조하지 않거나 이해하지 못했던 원주민들도 다수 포함되어 있었다. 센데로 루미노소가 가장 파괴적인 활동을 벌였던 1980년대 후반기는 라틴아메리카 전체가 경제위기를 겪었던 시절이기도 하다. 알란 가르시아(Alan García) 정부에 해당하던 그 시절 인플레가 연 10,000%를 웃돌던 해가 있을 정도로 경제가 악화되었다. 유례없는 경제위기와 센데로 루미노소의 존재로 안데스는 고사상태에 이르게 되었다.

1990년의 대통령 선거는 어처구니없는 결과가 빚어졌다. 당선이 유력한 후보였던 세계적인 소설가 마리오 바르가스 요사(Mario Vargas Llosa)가 결선투표에서 일본계 이민자의 후예인 후지모리(Alberto Fujimori)에게 패하는 대이변이 일어난 것이다. 정치 신인이라는 이유로 가장 정직할 것이라는 대중의 막연한 기대가 후지모리를 대통령에 당선시킨 요인이었다. 반면, 바르가스 요사는 백인이라는 원죄 때문에 리마 이외의 지방민들, 특히 안데스 주민들에게 환영받지 못했다. 후지모리는 1992년 센데로 루미노소를 이끌어 온 아비마엘 구스만(Abimael Guzmán)을 체포하면서 절정의 인기를 구가했다. 덕분에 안데스는 예전에 비해 평화로운 땅이 되었다. 하지만 후지모리는 신자유주의 모델을 페루에 도입함으로써 재앙의 불씨를 안데스에 퍼뜨린 인물이기도 하다. 아이러니하게도 신자유주의를 도입하겠다고 공약한 사람은 그가 아니라 바르가스 요사였다.

바르가스 요사는 1996년 『케케묵은 유토피아 *La utopía arcaica*』라는 책을 썼다. 젊은 시절 바르가스 요사가 유일하게 좋아한 페루 소설가인 아르게다스와 그의 작품에 관한 비평서다. 또한 페루의 원주민주의에 대해 전반적인 검토를 하고 있는 책이기도 하다. 바르가스 요사는 이 책에서 다시 한 번 강조했다. 안데스 문제를 해결하는 길은 서구식 근대화밖에 없다는 것을. 그리고 아르게다스를 필두로 한 원주민주의에 담겨 있던 안데스 유토피아는 시대착오적인 것이라고. 그래서 그는 안데스 유토피아를 '케케묵은 유토피아'라고 부르며 자신의 책의 제목으로 삼았던 것이다.

바르가스 요사가 원주민주의를 신랄하게 비판한 데는 나름대로의 몇 가지 이유가 있었다. 그는 우선 원주민주의가 곧잘 인종주의로 발전하는 것을 문제점으로 꼽았다. 가령, 발카르셀의 경우 백인이나 메스티소의 비도덕성이 인종에 기인한다는 과격한 주장을 했다. 사실 이런 주장은 백인/원주민의 우열 비교에 기초한 지배층의 시각을 뒤집어놓은 데 불과하기 때문에 페루 사회의 균열 구조를 고착화시킬 뿐이다. 이런 점에서는 원주민주의를 넘어서서 다양성을 인정하는 사회를 모색하는 바르가스 요사의 이상이 그리 잘못된 것이 아닐 것이다.

현재의 안데스와 잉카 시대의 안데스가 같은 것이라고 주장하거나 잉카 시대로 되돌아가자는 주장을 펼친 일부 원주민주의 시각 역시 바르가스 요사의 주요 비판 대상이었다. 현재의 안데스는 분명 정복 이전의 안데스와 같을 수 없다. 특히 20세기에 접어들어서는 산업화와 도시화 그리고 반복적인 안데스의 경제 위기로 인해 수많은 원주민들이 해안가 도시로 내려왔다. 19세기까지와는 달리 백인과 원주민 간 삶의 양식이나 문화의 경계가 상당히 희미해질 수밖에 없었다. 더구나 세계화는 이주와 문화의 혼종을 더욱 가속화시키고 있다. 따라서 과거회귀적인 기존 원주민주의를 극복하고 안데스의 현재 문제를 해결할 방법을 모색하는 미래지향적인 태도가 필요하다는 것이 바르가스 요사의 주장이다. 그래서 그는 아르게다스 작품의 미학적 가치를 여전히 높이 평가하면서도 그의 소설이 안데스에 관한 '아름다운 거짓말'이었을 뿐이라고 말한다.

그러나 바르가스 요사의 비판은 1920년대식 원주민주의에 대해서는 대체로 유효하지만 1950년대 원주민주의의 진면목을 제대로 짚어 내지 못했다. 현재의 안데스가 과거와는 다르다거나, 안데스 문화가 외부 문화와 이미 상당히 뒤섞여 있다는 사실은 이미 아르게다스가 1950년대에 자신의 인류학 연구를 통해 확인하고 주장한 바 있다. 또한 아르게다스는 그가 정신적 스승으로 여기던 마리아테기가 안데스 원주민의 실제 삶에 대해서는 피상적인 지식밖에 없었다는 점을 비판하며 1920년대식 원주민주의의 극복을 주장했다. 실제로 아르게다스와 인식을 같이하던 대다수 학자들은 1950년대부터 주로 당대 원주민의 삶을 안데스 연구의 주제로 삼았다. 다만 문화적 혼종보다는 패자의 시각에 관심을 지닌 안데스 유토피아 연구도 더불어 유행했다는 점에서 바르가스 요사의 비판에도 어느 정도 일리가 있었다는 점을 인정할 수 있을 것이다.

그렇다면 외견상 대립되는 경향이라 할 수 있을 당대 원주민 연구와 안데스 유토피아 연구가 동시에 진행될 수 있었던 것은 어떤 이유에서일까? 심지어 아르게다스의 경우 인류학 연구에서는 당대 안데스 문화의 변화상을 주요 주제로 삼았으면서도 창작에서는 안데스 유토피아를 지향하는 모순된 모습을 보이지 않았던가? 이성적으로는 안데스 역시 국제화, 그리고 오늘날의 세계화로 인해 변화하고 있다는 것을 인정하면서도 안데스 나름대로의 질서가 필요하다는 시각을 고집하는 형국이 아닌가?

젊은 시절 역시 좌파였던 바르가스 요사가 입장을 180도 바꾸어 어느 날 신자유주의의 전도사로 변신하는 데 커다란 영향을 끼친 센데로 루미노소가 안데스 유토피아의 존재 이유를 설명해 준다. 센데로 루미노소는 라틴아메리카에서는 드물게 마오쩌둥주의를 추종했다. 농촌에서 혁명을 시작해 도시로 진군한 마오쩌둥식 혁명이 안데스가 따라야 할 모델이라고 보았기 때문이다. 또 아비마엘 구스만은 개인적으로 문화혁명 예찬자였다. 철저한 숙청 없이 혁명이 성공하지 못하리라고 보았던 것이다. 이처럼 외부에서 강요된 질서가 아닌, 안데스만의 질서를 고집한 배경에는 안데스 주민의 뿌리 깊은 피해의식이 작용했다. 가령, 아비마엘 구스만이 1970년 센데로 루미노소를 결성했을 때 조직원은 전국에서 불과 12명이었고, 가장 세를 떨쳤던 시절에도 열혈 조직원의 수는 2,700명 남짓했을 뿐이었다. 그럼에도 불구하고 안데스의 상당 지역을 장악하고 오랫동안 활동 가능했던 배경에는 중앙정부가 요구하는 질서에 대한 안데스 주민들의 불신이 자리하고 있었다. 결국 센데로 루미노소의 봉기는 안데스의 소외가 과거에 국한된 일이 아니라 현재진행형임을 보여 준 사건이었다.

19세기 말부터 안데스의 소외는 주로 불균등한 근대화의 산물이었다. 리마 같은 해안 도시가 근대화의 달콤한 과실을 따먹고 있는 동안 안데스가 느끼는 소외감과 피해의식은 더욱 커져 갔다. 바르가스 요사는 여전히 대안의 질서를 고집하는 안데스 주민의 태도를 비판하며 근대화와 세계화에 적극적으로 동참하라고 질타하지만 근대화를 거치면서 더욱 커진 격차가 세계화 시대에 줄어들 가능성은 현재로서는 없어 보인다. 세계화라는 이름하에 도입한 신자유주의는 안데스의 허약한 사회안전망을 오히려 철저히 허물어뜨렸다. 이에 대한 반발로 안데스는 현재 원주민 자치를 인정해 줄 것을 요구하고 있다. 신자유주의의 도입과 함께 원주민 문제를 시장에 맡긴 국가도 만일 분리 독립과 같은 과격한 요구가 없다면 차라리 원주민 스스로가 그들의 문제를 해결해 나가기를 은근히 기대하고 있다. 새로운 실험이 성공할지는 미지수다. 현재로서는 지방 토호나 원주민 엘리트의 배만 채워 줄 가능성이 더 커 보인다. 그러나 바르가스 요사가 케케묵은 유토피아라고 부른 대안의 질서 찾기가 여전히 안데스 문제 해결의 중요한 화두가 되고 있는 현실이고 보면 안데스 유토피아를 구시대적 유물로만 치부할 수는 없을 것이다.

† 참고문헌 †

Arguedas, José María, *Los ríos profundos, Obras completas*, Lima: Editorial Horizonte, 1983 (1958).

Aquézolo Castro, Manuel, *La polémica del indigenismo*, (recopilación), 2nd ed., Lima: Mosca Azul, 1987.

Flores Galindo, Alberto, *Buscando un Inca: identidad y utopía en los Andes*, 4th ed., Lima: Editorial Horizonte, 1994 (1986).

Guaman Poma de Ayala, Felipe, *Nueva corónica y buen gobierno*, México, D.F.: Siglo XXI, (edición crítica de John V. Murra y Rolena Adorno; traducciones y análisis textual del quechua por Jorge L. Urioste), 1980 (1615).

Mariátegui, José Carlos, 7 *ensayos de interpretación de la realidad peruana*, 48th ed., Lima: Amauta, 1986 (1928).

Vargas Llosa, Mario, *La utopía arcaica: José María Arguedas y las ficciones del indigenismo*, México, D.F.: Fondo de Cultura Económica, 2004 (1996).

Wachtel, Nathan, *Los vencidos: los indios del Perú frente a la conquista española (1530-1570)*, (versión española de Antonio Escobotado), Madrid: Alianza Editorial, 1973.

아스테카 문명과 멕시코 사회

이은아 서울대학교 강사

1. 아스테카 문명과 신화

아스테카의 문명과 신화는 20세기에 들어서서 멕시코가 경험하고 있는 다양한 문제의 근원을 드러내는 과정에서 새롭게 조명되었다. 과거의 역사가 현재와의 관련 속에서 재발견되는 일은 현대사회의 문제점을 밝히는 동시에 문제해결의 대안적 가능성을 제시한다는 의미에서 매우 중요하다고 하겠다. 이와 같은 취지하에 멕시코에서는 역사적으로 경험한 갈등과 혼란, 가능성을 이해하기 위해 아스테카가 남긴 유무형의 잔재를 검토하는 일이 진행되어 왔다. 따라서 이 글을 통해 멕시코 근현대사에 걸쳐 복원된 아스테카의 문화적 발자취와 현대적 의미를 살펴보는 것은 의미 있는 일일 것이다. 이를 살펴보기에 앞서 아스테카의 신화와 문명, 그리고 멸망에 처했던 국가적 운명에 관한 역사적 해석을 우선 짚어 보도록 한다.

아스테카는 16세기 스페인 침략 당시 화려한 문명을 꽃피운 국가였다. 현재 멕시코의 수도이자 당시에는 수상 도시였던 테노취티틀란은, 두 개의 큰 신전을 중심에 두고 그곳을 정점으로 주변부로 반듯하게 수로가 뻗어 있는 구조로 되어 있었다. 지금의 멕시코시티는 스페인 식민통치시대에 과거의 신전을 부수고 그 위에 가톨릭 대성당을 비롯한 스페인식 건축물을 건설해서 만들어진 도시다. 아스테카는 테오티우아칸(Teotihuacán)에

테노쉬티틀란의 상상도

서 번영을 이룬 톨테카(Tolteca) 족을 계승한 메소아메리카 세계의 마지막 왕국이었다. 그들은 메소아메리카의 다른 부족들과 전쟁을 벌이면서 남하한 유목민족으로 1300년경 중앙고원에 정착하였다. 이곳을 최종 정착지로 삼은 이유는 멕시코의 상징인 독수리가 신화적 예언의 장소를 발견했기 때문이라고 전해진다. 아스테카 건국신화에 의하면 모신(母神)인 코아틀리쿠에(Coatlicue)는 자신의 몸속에 들어간 공의 깃털을 통해 전쟁의 신 우이칠로포쉬틀리(Huichilopochtli)를 잉태하게 된다. 코아틀리쿠에 자식들은 그것을 불순하고 수치스럽게 생각해 그녀를 살해하고자 한다. 그러자 전사의 무장을 하고 태어난 우이칠로포쉬틀리는 살해기도를 한 이복형제들을 모두 죽이고, 그들의 목을 뱀의 산에 던지고 나머지 신체 부위를 토막 내서 사방에 흩뿌린다. 그 후 독수리 한 마리가 심장이 떨어진 곳에 솟아난 선인장 위에 앉는데, 훗날 이 모습을 본 아스테카 인들이 그곳을 나라를 세울 예언의 장소로 여겼다고 한다. 선인장 위에 뱀이 있고 그 뱀을 독수리가 부리와 발로 움켜쥐고 있는 형상으로 묘사되는 건국설화는, 이후 뱀의 산을 상징하는 피라미드 제단 위에 전쟁의 패배자를 제의의 희

태양의 돌

생물로 바치는 종교 행위에 정당성을 부여해 주었다. 아스테카 족은 이주하는 동안 메히카(Mexica) 족으로 불리게 되지만, 18세기에 아스테카라는 이름을 되찾는다. 이것이 메히카가 오늘날의 멕시코라는 국가명의 유래가 된 근거다.

아스테카 족이 거주하기 전 톨테카 족은 멕시코시티 북방에 툴라라는 도시를 세웠다. 그들은 기원후 700년경에 사라진 테오티우아칸의 후예라고 주장하면서 테오티우아칸을 재건설하여 번성하였다. 1200년경 아스테카 족은 당시에는 이미 사라진 톨테카의 후예라고 자처하며 테오티우아칸에 비의 신 틀랄록(Tlaloc), 전쟁의 신 우이칠로포쉬틀리, 만물을 관장하는 전지전능한 신인 케찰코아틀 등 여러 신들을 모시는 신전을 세우고 태양의 신인 토나티우(Tonatiuh)에게 인간의 심장을 제물로 바치는 의식을 행했다. 아스테카 족은 제5의 태양의 도시인 테노쉬티틀란을 건설한 후, 태양신의 원기를 북돋기 위해 인간제물을 바치는 공포정치를 펼치면서 신에게 도움을 구하고자 노력하였다. 이런 행위는 토나티우가 자신을 희생하여 해와 달이 있게 하였기 때문에 인간 또한 그에 상응하는 희생제의를 치러야 한다는 신화적 논리에 기반을 둔 것이었다.

이러한 태양신에 대한 복종은 제의적 사회를 지탱하는 인신공양의 원인이 되었을 뿐 아니라 시간과 역사의 흐름을 이해하는 기초가 되었다. 태양신 사상을 반영하는 대표적인 유물로 '태양의 돌' 이라는 구조물이 있는데, 1790년 8월에 멕시코시티의 중앙 광장인 소칼로(Zócalo) 지하에서 발견되었다. 태양의 돌은 무게 24톤, 직경 3.6m에 달하는 거석으로 아스테카 인의 달력이었다. 태양의 돌 안에 새겨진 중앙의 작은 원은 제5의 태양을 상징하는데, 아스테카 인들은 이전의 4개의 태양은 모두 멸망했고 자신들은 제5의 태양의 시대에 살고 있다고 믿었다. 또한 앞선 4개의 태양이 소멸한 것처럼 언젠가는 제5의 태양도 쇠락할 것이라는 두려움을 지니고 있었다. 제5의 태양을 감싸고 있는 바깥 원의 4개의 기호는 각각 재규어, 폭풍, 불의 비, 대홍수를 상징한다. 실제로 이 돌 위에서 사람의 심장을 신에게 바치는 의식이 행해졌다고 한다.

아스테카의 대표적 제의인 인신공양의 야만성을 묘사하는 장면은 현대 소설이나 회화의 모티브로 종종 등장한다. 2002년에 출판된 일본 소설 『공생충』에서, 작가 무라카미 류는 아스테카의 인신공양에 희생되는 전쟁 포로들의 모습을 묘사하면서 이것이 스페인 인들에게는 악마의 제의로 비추어졌으리라는 언급을 한다. 작가의 말대로 코르테스가 처음 테노쉬티틀란에 도착했을 때 목격한 인신공양과 인육을 먹는 모습은 틀림없이 그들을 경악시켰을 것이다. 인신공양은 다른 고대문명에도 존재했는데, 무라카미 류는 인신공양이 단백질 섭취가 여의치 않았던 아스테카 인들이 영양분을 얻기 위한 방식이었을 것이라고 추측한다. 사실상 이런 추측을 뒷받침하는 것으로 민속학자 미겔 오톤 데 멘디사발(Miguel Othón de Mendizábal)의 연구를 들 수 있다. 그는 희생물로 사용할 짐승이 부족했기 때문에 인간을 제물로 공양했을 것이라는 생태학적 분석을 한다. 그러나 당시 수생동물이 풍부했고 이미 동물을 가축화한 것으로 보아 이런 견해보다는 종교적 설명이 더욱 타당하게 보인다. 즉, 인신공양은 태양신 숭배사상이 정착된 후에 이루어진 것으로 신과 인간의 소통을 희구하는 종교적 목적으로 이루어졌다는 추측이 보다 설득력 있게 들린다. 옥타비오 파스(Octavio Paz) 역시 인신공양의 희생물이 인간과 신 사이의 매개체로 모든 소외된 자들을 피안의 세계로 이끄는 중간자의 역할을 수행했을 것이라고 간주한다. 따라서 인신공양은 신성의 모방을 통해 인간희생을 감내하고, 타자와 공동체의 안녕을 위해 사회질서 유지에 동참한다는 의미로 해석할 수 있을 것이다.

아스테카의 역사를 살펴보면 500여 명 남짓했던 스페인 군사가 어떻게 20만 명의 인구를 지닌 거대한 국가인 아스테카를 정복할 수 있었을까 하는 의구심을 갖게 된다. 스페인 군대는 당시 아스테카의 수도인 테노취티틀란(Tenochtitlán)에 무혈입성하면서 쉽사리 정복전쟁에서 유리한 고지를 차지했다. 이런 일이 가능했던 이유에 대한 해석은 다양한데, 두 가지 설명이 가장 우세하다. 하나는 스페인 군대의 대장인 에르난 코르테스(Hernan Cortés, 1485-1547)가 아스테카에 대한 인근 타종족들의 적개심을 이용하여 그들과 동맹관계를 유지했기 때문이라는 것이고, 다른 하나는 아스테카를 사로잡고 있던 종말론적 우주관과 순환론적 역사관 때문이라는 것이다.

아스테카의 우주관과 역사관을 살펴보면 신화와 불가분의 관계에 놓여 있다는 점을 알 수 있다. 신화는 역사를 진행하는 원동력이자 지배세력의 권력에 정당성을 부여해 주는 사유 기반이었다. 그들이 가지고 있는 이런

테오티우아칸의 케찰코아틀

종말론적 우주관은 신화 속의 케찰코아틀의 재림에 바탕을 둔 것이었다. 케찰코아틀은 아스테카가 도착하기 전 고원지대에 거주하고 있던 톨테카 족의 신이자 왕으로 뱀의 몸에 깃털을 지닌 형상을 한 테오티우아칸의 신이었으나, 어느 날 귀환을 약속한 채 동쪽으로 떠난다. 그의 재림은 세상의 종말을 의미하는 것이었기 때문에 톨테카 족의 후손인 아스테카 인들은 항상 두려움을 지니고 살았다. 황제인 목테수마 2세는 그의 시대에 케찰코아틀 신이 귀환할 것을 예감하고 있었고, 국가의 종말을 두려워한 나머지 1년에 거의 2,000여 명의 성인남자를 희생시켰다고 한다.

1450－1454년 사이에 각종 자연재해가 발생하고 대화재가 일어나는 등 제5의 태양이 기력을 소진했다는 불길한 징후로 인해 두려움이 팽배해 있었다. 그 결과 목테수마는 달력을 관리하는 사제들에게 미래를 예견하게 하는 등, 각종 불길한 징후에 대해 심한 불안감을 드러내고 있었다. 그래서

정작 스페인 군대가 '출현' 했을 때 정확한 판단을 취하지 못한 채 마치 케찰코아틀의 현현인양 코르테스를 영접했고, 스스로 권력을 포기하는 우를 범하게 되었다. 이를 두고 멕시코의 작가 카를로스 푸엔테스(Carlos Fuentes)는 『가장 청명한 곳 *La región más transparente*』이라는 소설에서 주인공인 페데리코 로블레스(Federico Robles)의 입을 빌려 다음과 같은 비판적 언급을 한다: "목테수마의 진정한 실수(원문: 복수)는 이질(원문: 병)에 있는 것이 아니라, 우주적인 질서를 유지하고자 하는 희생정신에 있다. 이것은 멕시코에 남겨진 인디오세계의 결정적(원문: 마지막) 실수(원문: 복수)다." 이처럼 아스테카의 종말론적 우주관이 빚은 결정론적 세계관은 국가의 멸망을 촉발한 원인으로뿐만 아니라 후세대에 남겨진 치명적인 역사적 약점이자 한계로 거론된다.

이와 같은 신화적 원인 외에 아스테카 패망의 과정을 다른 각도에서 분석한 책으로 츠베탕 토도로프(Tzvetan Todorov)의 『아메리카의 정복 *The Conquest of America*』을 꼽을 수 있다. 이 책에서 토도로프는 코르테스가 수적 열세에도 불구하고 정복에 성공할 수 있었던 이유는 원활한 커뮤니케이션을 통해 전략적 우위를 확보했기 때문이라고 분석한다. 아스테카가 신화적 · 종교적 세계관에 사로잡혀 두 문명 간의 역사적 충돌을 '케찰코아틀(Quetzalcóatl) 신의 현현'으로 이해한 반면, 코르테스는 통역사를 통해 정보를 획득하고 메소아메리카 사회의 내분을 활용하여 전쟁과 외교에서 주도권을 장악했다는 것이다.

그러나 이처럼 아스테카의 패배의 요인을 단지 '커뮤니케이션의 실패'에서 찾는 분석은 설득력 있어 보일지라도 지나치게 서구적 관점에 편향된 것이라고 할 수 있다. 두 문명의 충돌을 목테수마와 코르테스의 개인적 특성으로 축소하여 판단하는 시각은 이미 역사적 사건을 편의적으로 수용하는 제국주의적 관점을 내포하고 있기 때문이다. 물론 목테수마가 두려움 속에서 코르테스를 호의적으로 받아들이는 치명적인 오류를 범한 것은 사실이지만, 수년간의 제국의 저항에도 불구하고 스페인 군대가 결국 승리를 거둔 데에는 보다 더 포괄적인 이유를 제시해야 할 것이다. 따라서 신화적 세계관의 오류와 전술상의 차이뿐 아니라 아스테카 내의 종족 간 갈등과 구대륙에서 건너온 전염병의 창궐로 인한 국가의 손실과 혼란이 한층 더 근원적인 요인으로 작용했을 것이라는 설명이 더욱 타당할 것이다. 이러한 복합적인 설명이야말로 아스테카의 패배에 관해 적절한 분석을 제공한다고 하겠다.

2. 멕시코 민족주의와 원주민주의

아스테카의 복원과 멕시코의 민족적 정체성이라는 문제는 깊은 연관을 맺

디에고 리베라의 벽화 〈멕시코의 역사〉

고 있다. 아스테카는 원주민주의(Indigenismo)의 부활로 복원되기 시작했고, 역사적 상황과 정치적 필요성에 의해 그 영향력을 달리해 왔다. 멕시코의 과거 수용 방식을 알기 위해서는 아스테카가 이런 역사적 · 정치적 요인과 어떻게 연관되어 있는지 살펴보는 것이 필요하다. 이를 위해 멕시코 민족주의와 원주민주의의 관계를 검토해 본 후, 그것이 아스테카의 복원과 해석에 어떻게 관여하고 있는지 고찰해 보도록 한다.

멕시코 근대 민족주의 형성과 원주민 문화의 복원은 불가분의 관계에 놓여 있다. 1910–1940년 사이에 발발한 멕시코 혁명과 그 여파는 멕시코 민족주의라는 정치적 담론을 대두시켰다. 당시 집권한 제도혁명당(PRI)은 혁명세력을 기반으로 한 일당 독재체제를 유지하기 위해 '문화적 · 인종적 통합주의'라는 정치이념을 주창하였다. 그들은 멕시코 민족주의를 내세우면서 국민의 단합과 정체성을 확립하기 위해 '메스티소화'라는 이념을 바탕으로 멕시코의 정체성을 구축하고자 하였다. 이것은 메스티소 민족을 만들어 낸 두 가지 요인인 원주민주의(모성적 기반)와 유럽주의(Europeísmo: 부성적 기반)를 동시에 복원하는 일로서, 문화적 민족주의라는 정신적 · 예술적 유산을 남기게 된다. 이 시기에 원주민 문화의 한 부분인 아스테카 문화는 멕시코 중앙 고원의 지리적 영역을 넘어 전 국가적 전통으로 인식된다. 원주민주의의 부활은 벽화운동으로 가시화되거나, 사무엘 라모스(Samuel Ramos)와 옥타비오 파스의 '민족문화론' 같은 개념으로 공론화된다. 라모스와 파스는 '민족문화론'을 통해 아스테카 정복을 메스티소 인종과 민족문화의 출발점으로 삼고, 새로운 멕시코를 모색하기 위해서 콜럼버스 이전의 역사적 기억을 복원해야 한다고 주장한다. 이와 병행하여 원주민 문화를 민족문화의 일부로서 존중하고 지식문화를 전승하고자 하는 일련의 노력이 활발하게 전개되는데, 마누엘 가미오(Manuel Gamio)와 미겔 오톤 데 멘디사발의 민속지 연구와 인류학적 고찰

등이 이러한 문제의식에서 나온 연구 성과다. 본래 원주민 소외계층을 포괄하기 위한 목적으로 부상한 원주민주의는 적어도 1980년대까지 멕시코 국가 이데올로기의 한 부분을 차지한다.

또한 메스티소 민족주의는 세계미술사에 반향을 일으킨 벽화미술을 생산해 냈다. 벽화운동은 아카데미즘을 극복하고 예술을 사회화하려는 목적을 지닌 운동으로서 '민중교육계획'의 일환으로 일어난 정치적인 성향의 예술운동이다. 멕시코 국립궁전의 계단에 커다란 벽면을 차지하고 있는 디에고 리베라(Diego Rivera)의 벽화에는 케찰코아틀 신화를 시작으로 멕시코의 역사가 파노라마처럼 펼쳐져 있다. 이 벽화는 혁명정부가 민족정체성 고양을 위해 주문한 그림으로, 멕시코의 고유한 전통과 혁명을 진취적으로 해석하여 멕시코의 미래상을 유토피아적으로 제시하고 있다는 평가를 받는다. 리베라는 오로스코(José Celemente Orozco), 시케이로스(David Alfaro Siqueiros)와 더불어 원주민주의를 벽화예술로 승화시킨 가장 대표적인 화가로, '천지창조'라는 벽화에서는 우주의 창조원리를 바탕으로 예술과 종교를 통해 융합되는 인류의 모습을 형상화한다. 그의 벽화를 통해 알 수 있듯이 벽화운동에 구현된 신화적 세계관은 집단적(Collective) 상징과 기호의 세계를 넘어 현실비판, 미래비전의 제시로 확대된다. 벽화운동에 영향을 받은 리베라의 아내인 프리다 칼로(Frida Kahlo) 역시, 현대문명비판과 더불어 아스테카의 이원론적 세계관을 강렬하게 표현한다. 즉, 밤/낮, 달/태양, 물/불 등으로 표상되는 이중적 세계관과 더불어, 여신 혹은 말린체(Malinche)로 대표되는 페미니스트적 이미지를 은유적으로 표현하고 있다.

이와 더불어 문학에서는 '문화적 민족주의'를 위시로 아스테카의 역사와 세계관을 다양한 방식으로 차용하고 재현한다. 이런 흐름의 대표적인 작가로 카를로스 푸엔테스와 옥타비오 파스를 들 수 있는데, 작가이자 사상가인 이들은 모두 '문화적 민족주의' 라는 개념을 바탕으로 문학적 테두리 안에서 멕시코의 정체성을 어떻게 통합적으로 형상화할 것인가를 심도 있게 보여 준다. 이들은 현재 안에 공존하는 과거가 미래를 규정한다고 보고, 과거읽기를 통해 멕시코 인의 정체성 혼란을 극복할 수 있는 방안에 대해 모색한다. 먼저 푸엔테스의 경우, 과거의 이야기를 자신의 서사구조로 삼으면서 서로 다른 시공간과 인물들을 병치시킴으로써 역사를 현재화시킨다. 그의 『허물벗기 *Cambio de Piel*』라는 소설은 인신공양이나 재생의 신인 히페 토텍(Xipe Totec) 등의 신화적 이야기를 아우르면서 현대인의 상실감이라는 테마를 포괄적으로 다룬다. 또한 촐룰라(Cholula)와 같은 아스테카의 역사적 · 신화적 공간과의 중첩성을 통해, 억압적 위계질서와 독재적 권력과 같은 고대 멕시코의 문화가 현대인의 삶에도 여전히 강력한 영향력을 행사하고 있음을 드러낸다. 『가장 청명한 곳 *La Región más transparente*』이라는 소설은 현대 멕시코의 정체성을 탐구하는 일이 과거의 규명 속에서 가능하다는 것을 암시하는 대표적인 작품이다. 이 작품은 혁명 이후 정체성 혼란을 겪고 있는 멕시코 사회를 해부하고 진단하는 기록적인 의미를 지니고 있다. 도시의 다층적 측면을 파편적이고 단절적으로 그리면서도 이런 모든 현상을 포괄적으로 재현하고 있는데, 이런 문학적 시도는 시간의 혼재성이 멕시코 현실을 조망하는 관건이 된다는 작가의 역사인식에서 기인한 것이다. 이처럼 푸엔테스는 문화적인 이질성이나 역사적 행위의 고유성을 형상화하기보다는 시공간의 혼재적 측면을 단일한 사고의 틀 안에서 어떻게 통합하느냐에 더 많은 주안점을 두고 있다.

푸엔테스와 함께 현재 멕시코에 존재하는 아스테카의 영향을 가장 일관되게 담아내고 있는 작가는 파스일 것이다. 그는 멕시코성(Mexicanidad)을 정의하기 위해 아스테카의 정신적 상흔을 규명하고 이를 통해 멕시코인이 태생적으로 혼란과 좌절을 겪을 수밖에 없다는 분석을 공식화한다.

특히 1950년에 출판한 『고독의 미로 *El laberinto de la soledad*』라는 에세이에서 이와 같은 분석을 강력하게 제시하고 있다. 그는 여기서 멕시코성을 규정하는 특성이 내면을 감추는 외연적 가면에의 집착, 죽음과 재탄생의 욕망, 잃어버린 기원에 대한 향수 등임을 규명하고, 진정한 자아를 찾기 위해서는 고독과 독대하는 일이 필수적이라고 강조한다. 이는 신화와 종교, 제례의식 등에 사로잡혀 있는 멕시코 인에 대한 비판으로, 원주민적 뿌리가 동시대 문화를 형성하는 실체인 동시에 극복해야 할 과제로 남아 있다는 시각을 명확히 밝힌 것이다. 따라서 파스는 새로운 멕시코성의 정립을 위해서는 단절과 내면으로의 침잠이 선행되어야 한다고 역설한다. 반면, 세계적 명성을 얻은 시집인 『태양의 돌 *La Piedra de Sol*』에서는 반복적이고 통합적인 구조를 통해 아스테카의 역력과 순환적 세계관을 형상화한다. 아스테카 인은 태양과 금성이 다시 만나는 584일을 주기로 한 시기의 시작과 종말을 계산했는데, 그들의 이런 원형적 시간관이 『태양의 돌』에서 584행 11음절 시구와 마지막 6행이 첫 6행과 동일하게 반복되는 원적인 구조를 통해 드러나 있다. 이 작품에서 파스는 삶과 죽음의 연계나 자아와 타자의 합일, 근대사회의 한계 등을 천착하면서, 유기적 · 초월적 · 계시적인 다양한 이미지를 통해 아스테카의 인식론을 확장시킨다. 이는 멕시코성과 보편성을 동시에 추구하고자 하는 작가의 열망이 구현된 결과라 할 수 있다. 그럼에도 파스의 이와 같은 문학적 성과물은 그의 희망과는 달리 현실세계의 삶과 괴리된 경향을 나타내고, 멕시코성에 대한 정의 또한 실천적 의미가 희박한 지식인의 철학적 인식에 머무른다는 비판을 받게 된다. 이런 비판은 멕시코성이라는 전체주의적 논리가 문제시되면서 원주민주의에 대한 탐구가 한계에 부딪히는 사회적 흐름과 무관하지 않다. 이런 흐름과 병행하여 파스 자신 또한 점차로 통합주의적 경향의 초기 논리와는 상반되는 자유주의적 성향의 철학으로 선회한다.

멕시코 민족주의는 예술적 · 문화적 측면에서 풍부한 성과를 만들어 냈지만, 1970–1980년대에 이르러 현실적 문제점을 드러내기 시작하면서 그 영향력이 약화되었다. 대표적인 문제점으로 원주민주의의 진정성 문제를 들 수 있다. 멕시코 민족주의와 함께 부상한 원주민주의는 원주민문화가 복원될 수 있는 가능성을 보여 주었지만, 원주민에 대한 단선적 접근으로 인해 정치 편향적으로 이용되는 문제점을 야기했다. 다시 말해, 원주민 문화의 탐구는 문화적 관심을 환기시키는 데 성공했지만, 실제 원주민 집단의 실제적 존엄성을 보장하고 생존권을 확보하는 데에 이르지는 못했다. 결국 원주민 문화의 진정한 복원보다는 국가통합이라는 미명하에 지배세력의 통치이념을 가시적으로 드러내는 한 방편에 그치고 말았다. 결과적으로 '국민단합' 이라는 기치하에 수행된 중앙집권적 정책은 지방분권에 대한 요구와 지역적 균형발전을 담보해 내지 못했다. 또한 지식인들 중심의 문화적 민족주의는 현실세계의 필요를 외면한 채 지적 성과에만 그치고 마는 한계를 드러냈다. 더욱이 20세기 말에 이르러 세계화가 가속화되고 멕시코 정부 주도하의 신자유주의적 경제개혁이 활발히 추진되면서 멕시코 민족주의는 큰 위기에 봉착한다. 국가재산이 민영화되고 '국가' 의 기능이 축소되는 개방적 흐름은 민족주의와 문화적 정체성을 급속도로 분리시킨다. 이런 변화는 지난 30–40년간 민족주의가 양산한 한계를 넘어서는 다원주의적 관점이 사회 전반에 걸쳐 필요하다는 사실을 시사하는 것이다. 현재 자치적 생존권과 고유의 정체성 보장이라는 슬로건을 들고 투쟁에 나선 치아파스(Chiapas)의 주민들이 주장하는 원주민 중심의 원주민주의는 이런 다원주의적 관점의 필요성을 보여 주는 명백한 예일 것이다.

3. 말린체, 과달루페성모와 페미니스트적 가치

아스테카의 복원은 20세기 후반에 강력한 영향력을 발휘하기 시작한 페미니즘과도 관련이 깊다. 당시 전 세계적으로 부상한 페미니즘의 여파로 인해 그동안 여성의 역할을 규정해 온 정형적 이미지를 탈피하고자 하는 흐름이 멕시코와 치카나(Chicana) 여성 문인과 학자를 중심으로 강하게 형성된다. 이런 흐름은 라틴아메리카 역사에 걸쳐 여성성을 상징해 온 말린체와 과달루페 성모(La Virgen de Guadalupe)를 재해석하는 것으로 구체화된다. 이런 재해석은 아스테카 이후 역사가 남긴 문화적 산물을 현 시점에서 어떻게 비판적으로 재수용하고 있는지에 관한 그 수용방식과도 밀접하게 연관되어 있다. 이를 살펴보기 위해 말린체와 과달루페 성모가 어떻게 정형적인 이미지를 형성해 왔으며, 그들에 대한 페미니스트적 재해석이 어떤 방식으로 진행되고 있는지 검토해 보도록 한다.

아스테카의 정복 이야기에 자주 등장하는 말린체는 스페인과 아스테카가 역사적으로 조우하는 데 중요한 가교 역할을 한 여성이다. 스페인 인과 결혼한 최초의 원주민 여성일 뿐 아니라 아스테카의 패배에 결정적 도움을 제공했다는 이유 때문에 역사적인 오명을 지니고 있는 인물이다. 그녀의 원주민 이름은 말리날리(Malınalli)로, 원주민에게는 말린친(Malintzin)이라 불렸고, 스페인 인들에게는 그녀의 세례명인 도냐 마리나(Doña Marina)로 호명되었다. 그녀는 원래 타바스코(Tabasco) 지방의 어느 족장이 에르난 코르테스(Hernán Córtes)에게 선물로 준 20명의 여자 중 하나였다. 처음에 코르테스는 자기 부하인 푸에르토카레로(Puertocarrero)에게 그녀를 양도했지만, 말린체가 이중언어 습득자라는 것을 알게 된 후 곧 아내로 맞이했다. 당시 코수멜(Cozumel)에 포로로 잡힌 헤로니모 데 아길라르(Jerónimo de Aguilar)라는 스페인 군인이 마야어를 알고 있었기 때문에 그를 통해 삼자 간의 언어 소통이 가능했다. 먼저 그가 스페인어를 마야어로 번역하면 그녀는 마야어를 아스테카어인 나우아틀(Náhuatl)로 번역하는 방식이었다. 이런 원활한 커뮤니케이션을 통해서 코르테스는 복속된 이웃 종족들이 아스테카의 잔인하고 호전적인 통치에 반감을 지니고 있고 이에 저항하는 정치적 모략이 존재한다는 사실을 알게 되었다. 점차적으로 그녀는 정치적 목적의 통역뿐만 아니라 문화적 연결 통로로도 활약하는데, 이에 대해 후대 역사가들은 그녀의 통역과 설득에 의해 원주민들이 기독교도로 개종하였던 사실을 언급하고 있다. 그녀는 정복 이후 코르테스에 의해 그의 부하인 돈 후안 데 하라미요(Don Juan de Jaramillo)에게 보내졌고, 그에게서 또 한 명의 혼혈인 자식을 얻게 된다. 결국 말린체는 자신의 자유의지를 빼앗긴 채, 정복자에게 협조했으면서도 필요성이 사라지자 버림받게 된 비운의 여인으로 남는다.

말린체가 통역자에서 배신자로 변모하게 된 계기는 촐룰라 음모를 고발하게 되면서부터다. 스페인 군대의 잔인한 정복상이 드러나면서 아스테카인들과 촐룰라 인들은 대대적인 야습으로 전세를 역전시킬 계획을 세운다. 말린체는 동족을 통해 이 계획을 알게 되고 즉시 코르테스에게 전해 준다. 정복기의 역사가인 베르날 디아스 델 카스티요(Bernal Díaz del Castillo)의 기록에 의하면, 촐룰라 전투에서 많은 인디오가 스페인 군인에게 사실되었다고 한다. 그녀는 이 사건으로 인해 코르테스에게 충성을 증명했지만, 훗날 많은 라틴아메리카 인들은 그녀의 정치적 계산과 명민함이 오직 스페인 군대를 위해서만 유리하게 이용되었을 뿐이라는 사실에 통탄한다. 이런 역사적 사실로 인해 그녀는 '코르테스의 여자' 혹은 '혼혈인의 어머니'로, 마치 서구 사회의 추락한 이브처럼 부정직과 배반을 떠올리는 여인이 된다. 이후 말린체는 여성 일반과 라틴아메리카 대륙 전체를 상징하는 이미지로 확대되면서, 여성 억압과 차별에 결정적인 원인을 제공한 인물로 지목된다. 그로 인해 강간이나 배신 같은 단어는 여성성과 결부되어 라틴아메리카의 가부장적인 사회에서 여성을 억압하는 기제로 고착되고 만다.

말린체는 19세기 후반, 20세기 초에 그 위상이 급격하게 추락하는 계기를 맞는다. 민족주의를 주창한 멕시코 정부는 멕시코의 경제적 후진성이 인종 문제에서 비롯되었다고 보았다. 그런 맥락에서 말린체를 혼혈 문제의 원인으로 파악하고 라틴아메리카에서 가장 경멸해야 할 대상으로 만든다. 구체적으로 살펴보면, 1950년대에 파스는 『고독의 미로』에서 코르테스와 말린체의 이미지가 멕시코 인의 감수성과 상상력에 고착되어 현재까지 지속되고 있다고 파악한다. 이런 분석은 후진적 사회의 문제 일반을 혼혈인이라는 태생적 조건에서 찾으려는 것이다. 1950년대라는 시기는 멕시코 혁명 이후 민족주의가 최고조에 달했던 시기로, 국가적 정체성이 하나의 실체로 규명될 수 있다는 환원주의적 시각이 지배적이었기 때문에 이런 일반화가 가능했을 것이다. 파스는 말린체의 이미지를 '강간의 대륙', '정복의 상처'와 연결하고 멕시코의 실체는 그런 폭력과 복종, 모방의 결과로 형성되었다고 역설한다. 따라서 그의 해석은 이후 여성 억압적이라는 비판을 회피할 수 없는데, 우선 말린체를 단순히 스페인 군인에게 유혹당하는 원주민 여인으로 해석한다는 점에서다. 그리고 여성성 일반에 대한 혐오와 더불어 말린체를 수동적 희생양으로만 간주한다는 점에서, 여성을 정복대상인 영토와 동일시하는 서구 식민화 전략과 다르지 않다는 비판을 받는다.

반면 말린체는 츠베탕 토도로프와 스테반 그린블랫(Stephen Greenblatt)의 해석을 통해 배신자라는 전통적인 해석에서 벗어나게 된다. 물론 이미 베르날 디아스 데 카스티요는 『정복의 역사』에서 그녀를 중재자, 번역자로 인식한다. 그녀를 코르테스와 동등하게 묘사하고 있고, 목테수마 이후의 원주민 중에서 가장 영향력 있는 사람으로 부각시켜야 한다고 언급한다. 토도로프는『아메리카의 정복』에서 그녀가 해석자, 중재자의 역할을 감당한 중요한 인물로서 문화 융합을 상징한다고 표명한다. 이로써 멕시코는 근대국가로 탄생하면서 이중 혹은 삼중적 문화(bi-or tri-cultural)를 획득하게 되었음을 상징적으로 선언하고 있다고 해석한다. 비슷한 맥락에서 그린블랫은 그녀가 교환과 전도의 주체로 양 문화를 이해한 유일한 인물이라고 분석한다. 그럼에도 이들의 해석은 여전히 문제적 소지를 지니고 있다고 볼 수 있다. 말린체에게서 과거의 오명을 벗겨 내는 데는 성공했지만, 정복과 발견을 통한 제국주의적 사회의 재생산을 한 명의 상징적 여인에게로 집중함으로써 실제 스페인의 폭력과 역사적 잔행을 무마시키는 한계를 보여 주기 때문이다.

20세기 후반 무렵에 이르러 말린체는 신화적 인물인 요로나(Llorona), 과달루페 성모(Virgen de Guadalupe)와 더불어 페미니스트적 재해석의 핵심 코드로 부상한다. 라틴아메리카뿐만 아니라 라티나(Latina) 여성 문인들은 가부장주의에 대한 저항의 한 방편으로서 기존의 고정된 말린체의 이미지를 전면적으로 해체하게 된다. 진 프랑코(Jean Franco)는 말린체를 노예적 굴복에서 벗어나 자유로운 성적 계약의 관계를 수용한 여성으로, 소외된 계층에서 진정한 시민으로 거듭난 여성으로 인식한다. 더 나아가 타자성이나 재현, 이종성 등의 문제의식을 통해 말린체를 새롭게 조명하기도 한다. 이런 시각으로 보면 말린체는 다인종적 · 다문화적 경계지대에서 협상과 조율을 통해 자신의 정체성을 능동적으로 형성해 가는 인물로 재탄생하게 된다.

말린체적 이미지는 현대 멕시코와 치카노/나 문학의 소재로 빈번하게 등장한다. 마르고 글랜츠(Margo Glantz)는 「말린체의 딸들 *Las Hijas de Malinche*」이라는 에세이에서 로사리오 카스테야노스(Rosario Castellanos),

과달루페 성모

엘레나 가로(Elena Garro), 엘레나 포니아토프스카(Elena Poniatowska) 등의 현대 멕시코 여성작가들이 이 말린체의 환영에 고통을 받아 왔다고 언급한다. 글랜츠의 지적대로 여성작가들은 말린체적 죄의식을 극복하기 위해 어머니 세대와의 단절을 시도하는 도전적인 면모를 보여 준다. 또한 자신들을 소외시키는 현대사회에서 벗어나 원주민의 세계로 돌아가고자 하는 회귀적 모습을 형상화하기도 한다. 멕시코 여성작가들에 비해 치카나 작가들은 말린체와 과달루페 성모에 대해 더욱 해체적이고 창조적인 해석을 시도한다. 그들은 그동안 억압적으로 기능해 온 처녀성과 모성이라는 전통적 가치관을 전복하고자 말린체의 의미를 재구축한다. 체리에 모라가(Cherríe Moraga)는 말린체 신화가 여성성을 억압하는 원리로 살아 있음을 폭로하면서 여성성과 수치감을 분리시킨다. 루차 코르피(Lucha Corpi)나 카르멘 타포야(Carmen Tafolla)는 말린체를 새로운 인종(Raza)의 신화적 어머니나 근대 멕시코의 어머니로 고양시킨다. 또한 산드라 시스네로스(Sandra Cisneros)나 아나 카스티요(Ana Castillo), 데니스 차베스(Denise Chávez) 등은 말린체의 고정된 이미지를 거부하고, 여성을 문화와 사회의 행위자이자 주체로 자리매김하는 노력을 펼친다.

말린체와 함께 아스테카 이후 역사에서 자주 언급되는 여성적 상징은 과달루페 성모로, 현재 여성 해방적 성향의 대표적인 문화적 기호로 간주된다고 해도 과언이 아니다. 과달루페 성모는 아스테카 정복 이후 문화융합을 대변하는 대표적인 형상으로 제설혼합적(syncretic) 가톨릭의 특징을 보여 주는 종교적 인물이다. 과달루페 성모의 의미를 이해하기 위해서는 종교의 이식과 수용 과정을 아는 것이 필요하다. 코르테스는 원주민을 개종시키려고 신전을 파괴했고, 다혼과 전통적인 제례를 엄격하게 금하는 정책을 펼쳤다. 당시 스페인 가톨릭은 중세의 가혹한 종교재판 시기를 겪었기 때문에 극단적인 방식으로 원주민을 우상숭배자로 몰고 토착사회를 붕괴해 나갔다. 하지만 원주민을 진정으로 개종시키려면 가톨릭의 토착화가 필요했는데 그때 과달루페 성모가 발현을 한 것이다. 대지의 여신인 토난친(Tonantzin)의 신전인 테페약(Tepeyac)에서 1531년 12월 9일 원주민인 후안 디에고(Juan Diego)에게 발현한 과달루페 성모는 원주민의 피부색과 동일한 유색인으로 장밋빛 옷에 푸른 망토를 두르고 있었다. 이런 성모의 모습 때문에 원주민들은 수월하게 자신들과 성모를 동일시할 수 있었고 혼혈인의 영적 어머니로 인식하게 되었다.

성모의 출현은 아스테카 정복이 끝난 지 10년 뒤의 일인데, 이미 이 무렵에는 스페인의 정복사업이 신대륙 여기저기에 미쳐서 수많은 원주민이 학살과 수탈에 시달리고 있었다. 과달루페 성모의 발현 이후, 7년여 만에 당시 멕시코 인구의 대부분인 800만 명이 가톨릭으로 개종하게 되었다. 복음화를 정복의 명분으로 세운 스페인으로서는 격렬한 저항 없이 개종에 성공한 셈이다. 이런 과정을 통해 본다면 과달루페 성모 신앙은 획기적인 사건이라고 할 수 있다.

라틴아메리카 신학자들은 과달루페 성모의 위상에 대한 역사적 근거를 원주민 신앙에 대한 스페인 선교사들의 무지에서 찾는다. 선교사들은 아스테카 인이 지닌 양성적인 신성에 대한 이해 없이 오로지 부성으로 상징되는 신관만을 이전시키고자 했다. 아스테카 인은 남성적 신과 여성적 신을 함께 섬기는 다신관을 지니고 있었는데, 성모마리아에게서는 순종적인 여성 이미지만 느낄 수 있을 뿐 여신적 힘과 위상을 발견할 수 없었다는 것이다. 그래서 과달루페 성모가 발현하자, 이를 아스테카적인 여신으로 신격화시켜 신앙의 대상으로 삼게 됐다는 견해를 펼친다. 즉, 남성적인 스페인 가톨릭의 삼위일체론에 저항하는 대안으로서 과달루페 성모의 지위를 신과 동등한 위치에 두게 되었다고 설명한다. 이 견해는 특히 라틴아메리카와 라티나 여성작가들의 작품에 드러나는 종교관을 살펴보면 상당히 설득력이 있음을 알 수 있다. 작품 속에 빈번하게 등장하는 과달루페 성모의 위상이 여성 세대 간의 지식전달을 통해 형성되는 새로운 영적 체계를 통해서 명백히 드러나고 있다. 이렇듯 과달루페 성모는 인종적 의미와 더불어 모성과 여성성을 모두 함축한 종교적 인물이라는 점에서, 특히 여성 작가들에게 새로운 여성성의 원형을 제시한다는 점에서 긍정적인 평가를 받고 있다.

4. 치카노/나 문학의 부흥과 아스틀란

지금까지 살펴본 아스테카의 역사뿐만 아니라 아스테카 정착 이전의 고대 문화 역시 복원의 계기를 맞는다는 사실은 그 의미가 크다. 고대문화는 아스테카가 멕시코 중앙고원에 국가를 이루기 전의 것을 일컫는 것으로, 주로 치카노/나 작가들이 미국 주류 사회 내에서 자신들의 지위를 확인하는 영토적 의미의 근거로 삼으면서 학문적 관심을 획득하게 되었다. 아스테카는 가부장적 체제와 폭력적 통치를 통해 유지되었던 사회로 남성 중심적 문화를 형성하고 있었지만, 이전 고대 문화는 그들의 신화를 통해 유추할 수 있듯이 보다 더 생산적이고 조화로운 세계관을 지니고 있었다. 1960년대 치카노/나 작가들은 그들의 정치적 위상을 표현하고자 이 문화로부터 역사적 정통성을 발견한다. 나아가 이 고대 정신에서 탈근대적인 요소를 발견하고 자신들의 존재를 설명하는 인식론적 기반으로 격상시킨다. 그렇다면 여기서 아스테카의 고대문화가 어떻게 미래지향적으로 전유되고 있는지 치카노/나의 대표적인 작가로 꼽을 수 있는 루돌포 아나야(Rudolfo Anaya)와 글로리아 안살두아(Gloria Anzaldúa)의 이론을 통해 살펴보고자 한다.

먼저 치카노 운동(Chicano Movement)의 배경을 보자면, 치카노/나들은 1960년대 말, 1970년대 초부터 민족이라는 의미의 라사(Raza)라는 개념을 중심으로 자신들의 권리를 회복하려는 사회운동을 펼치기 시작한다. 하지만 이 운동은 근본적으로는 역사적으로 상실해 온 정체성을 회복하려는 일종의 민족의식 부활 운동에 더 가깝다고 할 수 있다. 우선 그들은 자신들의 공동체를 위한 일종의 지리적 · 영적 공간을 마련하려는 프로젝트를 구상한다. 이것은 미국의 남서부지방을 자신들의 원향(Homeland)으로 인식하면서 그곳을 공식적(Official) 공간으로 정의하는 일이었다. 그래서

'아스틀란의 영적 계획(El Plan Espiritual de Aztlán)' 이라는 선언문을 발표하고 1848년 과달루페-이달고 협정(Treaty of Guadalupe-Hidalgo) 이후 상실했던 미국 남서부지역을 자신들의 영토 유산으로 되찾겠다는 의지를 표명한다. 이 선언은 거주 공간에 대한 역사적인 의미 획득이 그들의 정체성을 설명하는 데 얼마나 절실한가를 보여 주는 일이었다. 아스테카 사람들은 멕시코 고원지대에 정착하기 전 아스틀란이라는 장소에 거주하다가 200년에 걸쳐 남하하였다고 전해진다. 아스틀란의 실제 존재여부는 불확실하지만, 아스틀란을 그들의 원향이라고 주장하는 행위는 자신들이 미국 내에서 더 이상 소외된 이방인 같은 존재가 아니라는 사실을 공언하는 것이었다. 마침내 아스틀란이라는 상징적 공간을 미국남서부지역에서 발견함으로써 스스로 그곳에 거주해야 할 역사적 운명을 지닌 사람들로 부각시킨다.

치카노 작가인 루돌포 아냐야가 간파하고 있듯이, 아스틀란 선언은 이후 치카노/나 작가나 예술가들이 자신들의 목소리를 더욱 강력히 발화하는 계기로 작용한다. 아냐야는 1989년 「아스틀란: 경계없는 원향(Aztlán: A Homeland Without Boundaries)」이라는 에세이에서 자신들을 치카노라고 명명하면서 미국 남서부의 자본주의적 지배에 저항하기 위해서는 그들 고유의 문화적 기억을 회복해야 한다고 주창한다. 그는 아스틀란이라는 공간을 단순히 신비화하는 데 그치지 않고, 문화적인 이상향으로 구체화한다. 또한 치카노 문화의 제설혼합적 이미지가 지닌 긍정적 의미를 탐구하면서, 그 근간의 한 축을 이루는 아스테카의 세계관을 적극적으로 재평가하고 재수용한다. 그는 이런 문화적 노력을 통해 치카노 문화가 아메리카 대륙, 보다 구체적으로 현 미국의 문화적 전통에 정당한 한 부분으로 자리매김해야 한다는 생각을 피력한다.

초기 치카노 작가들의 경우 미국 주류문화와 차별되는 전통문화의 계승을 통해 공동체의 인권을 회복하는 문제에 관심을 둔다. 이후 대부분의 치카나 작가들은 물리적 공간을 규명하는 작업에 머물지 않고, 인간상호간의 관계라는 사적 공간에 더욱 초점을 둔다. 이와 같은 문학적 주제의 변화와 함께 글로리아 안살두아의 경우처럼 고대 원주민의 정신을 복원하고자 하는 시도 또한 괄목할 만한 인식론적 발전을 이루어 『경계지대: 새로운 메스티사 *Borderlands/La Frontera: The New Mestiza*』와 같은 의미있는 텍스트를 출간하기도 한다. 안살두아는 '새로운 메스티사 의식(New Mestiza consciousness)' 을 제안하면서 아스틀란을 문화적 민족주의의 신화적 고향으로 삼고, 이 의식의 근간으로서 '코아틀리쿠에 상태(Coatlicue State)' 를 제안한다. 안살두아에 의하면, 아스테카의 성스러운 어머니인 코아틀리쿠에는 아스테카-멕시코의 가부장체제와 가톨릭의 종교 문화에 의해 역사적으로 정당한 가치를 부여받지 못했기 때문에 새로운 시각을 통해 재조명해야 한다고 한다. '코아틀리쿠에 상태' 는 아스테카가 멕시코 고원에 정착하기 이전의 고대 문화에 속하는 것으로, 우이칠로포쉬틀리로 상징되는 가부장적이고 이분법적인 아스테카의 문화와는 다른 모순적 가능성과 내적 잠재성을 포괄하는 매우 융합적인 세계관을 반영한다. 이 상태는 모순적이면서 복합적인데, 남성성과 여성성이 연대를 이루는 일종의 창조적이고 생성적인 무의식 상태와 더불어 강인한 통합의 의지를 동시에 의미한다. 또한 끊임없는 변화에 개방적인 다층적이고 생산적인 주체성과 함께 삶과 죽음을 한꺼번에 아우르는 여신의 힘과 가능성을 포함한다. 이런 측면에서 안살두아는 코아틀리쿠에를 미래지향적인 여성성을 담보하고 있는 페미니스트적 원형으로 제시한다.

『경계지대』에서 안살두아가 '경계' 라는 개념과 더불어 제시하는 새 혼혈인종(New Raza Mestiza)은 경계지대의 거주인 즉, '경계인' 의 의미로 이해할 수 있다. 이 개념은 멕시코의 철학자이자 정치가인 호세 바스콘셀로스(José Vasconcelos)의 우주적 인종(Raza Cósmica)과 동일한 맥락을 이루면서도 한층 더 진보한 것으로 간주할 수 있다. '새 혼혈인종'은 이제 어느 한 혼혈족을 지칭하는 것이 아닌, 앞으로 도래할 미래의 새로운 인종을 지칭하는 개념이기 때문이다. '새 혼혈인종'의 정체성은 치카노/나들처럼 문화적 · 인종적 혼합을 통해 획득하고, 이 과정은 바로 '코아틀리쿠에 상태'처럼 서구의 비타협적이고 이원적인 이성적 세계관을 극복하는 새로운 인식론의 발견을 필요로 한다. 안살두아는 아메리카 삶의 진정한 발견과 복원은 서양도 동양도 아닌 그들만의 고유한 이종적(hybrid) 인종과 문화를 건설하는 과정을 통해 가능하고, 이런 노력은 여전히 종결되지 않은 채 진행 중이라는 사실을 강조한다. 아나야나 안살두아가 대표적으로 보여 주고 있듯이, 아스틀란, 혹은 고대 원주민의 정신은 현재 치카노/나들이 직면하고 있는 현실에 대한 대안으로 제시되고 미래적 가치를 조망하는 하나의 이정표로 기능하고 있다.

5. 팔림세스트적 역사관

아스테카가 멕시코 역사에 미친 영향을 간단히 언급하자면, 그것이 유럽적 유산과 함께 멕시코의 문화적 · 인종적 다양성을 보여 주는 한 구성요소를 이루고 있다는 점이다. 또한 혈통이라는 직접적 방식뿐만 아니라, 문화 유산이라는 상징적 영역에서도 원형적인 틀을 제공하고 있다는 점이다. 그래서 마치 스페인과 라틴아메리카의 만남을 이해하는 방식이 라틴아메리카의 정체성을 규정하는 데 결정적인 역할을 하듯이, 아스테카의 역사 역시 멕시코의 현재를 이해하는 데 매우 중요한 단서를 제시하는 것이다. 그동안 아스테카의 영향에 대한 탐구는 근대성 비판이나, 정체성 탐구, 미래의 대안 제시 등의 주제로 표면화되었고, 이런 탐구를 통해 아스테카가 패전과 혼혈, 생존의 역사를 만든 멕시코의 근현대사를 재조명하는 출발점이 된다는 사실 또한 명확히 밝혀졌다. 그렇다면 이제 아스테카와 멕시코 근현대사의 관계를 팔림세스트(Palimpsest)라는 시각을 통해 파악하는 방식에 관해 언급해 보고자 한다. 전반적으로 멕시코 지식인이나 역사학자들 사이에서는 아스테카가 잔존하는 방식을 팔림세스트적 시각으로 파악하는 의견이 지배적이었다. 아스테카의 복원은 멕시코 사회가 과거의 영향을 팔림세스트적으로 간직하고 있다는 인식으로부터 이루어졌기 때문에 이런 인식이 어떤 결과를 낳았는지를 이해하는 일은 멕시코 사회를 이해하는 데 중요한 도구가 될 것이다. 그럼 팔림세스트적 시각을 통해 아스테카의 복원과 계승, 도전 등이 어떻게 전개되어 왔는지 살펴보고 이런 시각이 지닌 긍정적 · 부정적 영향을 전반적으로 검토해 보도록 한다.

멕시코시티의 도시 모습이 팔림세스트적이라는 것은 부정할 수 없다. 도시의 외관적 면모를 살펴보면, 아스테카의 흔적이 현대 건축물속에 잔존해 있음을 알 수 있다. 즉, 도시의 설계와 공간적 배치는 스페인적 유럽 문명의 이식과 혼합 과정 속에서도 원주민적 과거가 여전히 살아남아 있음을 말해 주는 표징 그 자체가 된다. 멕시코시티를 관통하고 있는 레포르마(Reforma) 거리는 멕시코의 연대기적 발자취를 알 수 있는 혼혈 역사의 표상들을 보여 준다. 그 거리에는 콜럼버스의 동상과 아스테카의 마지막 왕 콰우테목(Cuauhtémoc)의 동상, 독립기념탑과 혁명기념탑 등이 세워져 있다. 레포르마 거리의 북단에는 삼문화광장(Plaza de las Tres Culturas)이 있는데, 이 광장은 멕시코시티가 테노취티틀란과 텍스코코(Texcoco) 호수로 나누어져 있었던 아스테카 시대 당시, 이 두 곳을 육지와 연결하는 틀라텔롤코(Tlatelolco)라는 장소였다. 삼문화광장이라고 불리는 까닭은 아스테카 유적과 스페인 식민통치시대의 교회, 현대적인 외무부 빌딩으로 대변되는 차별적인 세 문화가 이 한곳에 모여 있기 때문이다. 이 틀라텔롤코는 역사적으로 중첩적인 의미를 지닌 장소다. 아스테카의 종교제의가 거행된 장소이자, 프라이 베르나르디노 데 사아군(Fray Bernardino de Sahagún)이 집대성한 인디오 역사의 장소이자, 1521년 콰우테목이 이끌던 아스테카군이 필사적으로 저항했지만 결국 코르테스에게 함락된 패전의 장소이다. 그 후 350년이 지난 1968년에 수만 명에 달하는 학생, 노동자, 시민들이 정부에 항의하기 위해 집결한 곳이자, 경찰과 군대의 발포로 수백 명이 숨지는 끔찍한 참사를 겪게 되는 장소이기도 하다. 이렇듯 팔림세스트적 도시공간은 역사의 중층적 사건을 동시에 드러내고 있다.

팔림세스트적 시각은 과거와 현재의 공존 속에서 멕시코 역사가 순환적으로 반복된다는 생각에서 기인한다. 이런 시각은 멕시코의 정체성을 고민하는 지식인들이 일반적으로 지닌 역사인식이라고 할 수 있다. 그들은 아스테카 시대의 역사적 유형을 따라 멕시코시티가 유사한 운명적 진로를 밟아 왔다는 생각을 표명하는데, 마요르(Mayor) 광장의 희생제단인 피라미드를 그 대표적인 상징물로 간주한다. 멕시코는 순환적인 폭력과 압제를 통해 건설되었고, 권위적인 왕권체제의 상징인 피라미드가 바로 그런 권력의 독점으로 점철된 멕시코 역사를 시각적으로 암시하고 있다는 것이다. 구체적인 예로, 파스는 삼문화광장의 피라미드 정점에 있는 희생제단이 멕시코의 국가적 정체성과 정치적 마비를 은유적으로 보여 준다고 설파한다. 아스테카의 희생 의식과 68년 학생 저항에 대한 대규모 학살이라는 현대적 사건을 연결하면서, 멕시코가 하나의 거대한 피라미드일 것이라고 해석한다. 파스의 이런 팔림세스트적 시각은 희생제의의 영원한 반복을 통해 멕시코가 생존해 왔다는 일종의 역사적 원죄의식을 표현한 것이다.

이런 공간적 팔림세스트의 개념은 같은 맥락하에서 시간적 팔림세스트

소칼로 광장의 대성당

라는 개념과 교차하고 있다. 아스테카의 순환적인 시간은 공간과 상호의존적인 것으로, 이런 시간관은 '시공간의 혼합' 혹은 '한 공간 속의 다층적 시간의 축적' 등의 개념을 통해 지금까지 지속적으로 되풀이되고 있다. 아스테카 인들의 믿음에 의하면 시간적 진행은 오히려 역사의 퇴화로서 창조의 완벽한 순간으로부터 멀어지는 것을 의미했다. 새로운 역사의 사이클은 이전의 것을 망각하면서 반복적으로 진행되는데, 이런 속성은 변화와 불균형을 막는 방식이었다. 그래서 테노쉬티틀란의 중심에 있는 마요르 성전의 위치와 피라미드의 구조는 공간 안에 시간을 가두고자 하는 시도로 파악된다. 멕시코 고대문명학자들은 테노쉬티틀란 도시 자체의 형태—호수로 둘러싸여 운하로 연결된 피라미드 중심의 형태—도 이미 이런 시공간의 집적을 보여 준다고 분석한다. 이런 인식은 이후의 건축물을 통해서도 발견되고 있다. 17세기 교회로 사용된 마요르 성전이 실제 메트로폴리탄 대성당 밑에 묻혀 있는 점이나 전쟁신인 우이칠로포츠틀리의 신전의 돌이 17세기 산티아고 틀라텔롤코 교회에 재사용된 점, 원주민의 기호와 상징들이 가톨릭 교회 안에서 혼합적으로 사용되면서 남아 있는 점을 들어 공간 안에 시간의 흐름을 담아 두고자 했던 아스테카 인들의 시도를 연상해 볼 수 있다고 지적한다. 시간적 팔림세스트의 시각을 가장 분명히 보여 주고 있는 작가로는 푸엔테스를 들 수 있다. 그는 시간적 팔림세스트라는 개념을 통해 멕시코 사회를 비판하고 있는데, 아이러니하게도 그가 비판하는 시각 자체가 이미 이 개념에 근거하고 있다. 동시적이고 순환적인 팔림세스트적 시간관을 탈피해야 한다는 그의 비판은 현재에 잔존하는 과거의 영향을 벗겨 낼 때 근대의 패러다임을 전복할 수 있다는 자신의 주장을 표명한 것과 다르지 않다. 다시 말해 그는 이미 팔림세스트적 시각을 전제로 삼아 동일한 개념을 비판하고 있는 것이다. 푸엔테스의 경우에서 알 수 있듯이, 팔림세스트적 시각은 멕시코 지식인들이 거부하기 어려울 만큼 강력한 영향력을 행사하고 있다.

역사적으로 반복되는 이미지나 상징적 표현으로는 '피흘리는 심장(Corazón Sangrante)' 과 상처(Herida) 등을 들 수 있다. 이것은 문화 전반에 걸쳐 반복과 변용을 통해 사용되기 때문에 '기호적인 팔림세스트' 로 볼 수 있다. 고대의 존재적인 상처나 '피 흘리는 심장' 은 현대에도 다양한 은유와 상징으로 사용되고 있다. 따라서 이 '피 흘리는 심장' 은 멕시코의 정체성을 드러내는 가장 보편적인 시각적 기호로 간주된다. 희생제단에서 보인 '피 흘리는 심장' 의 이미지는 역사적인 변화에 따라 다르게 수용되었고, 과거의 순종적 이미지에서 현재의 저항적 이미지까지 대조적 변화를 보이면서 유지되고 있다. 이것은 기독교와 원주민 나우아(Náhua) 전통에 모두 뿌리를 두고 있는데, 특히 13세기 유럽 중세의 시각중심의 종교

혼합주의적 전통에 의존한 것이다. 이후 예수회가 대중적으로 받아들였고, 라틴아메리카에서는 과달루페 성모에 대한 찬양으로 인해 더욱더 선호되었다. 멕시코 바로크 시대에는 천국의 임재, 그리스도의 사랑, 혹은 희생에 대한 대가 등의 상징으로 폭넓게 사용되었다. 현대에 와서는 대표적으로 프리다 칼로가 〈두 명의 프리다〉에서 자신의 내면적 고통을 표현하는 상징으로 사용한다.

상처의 이미지 또한 멕시코인들의 성격을 대변하는 것으로 알려져 왔지만, 파스의 해석에서도 알 수 있듯이 결과적으로 인종적 억압을 양산하는 부정적 역할을 한다. 파스의 정의에 의하면, 멕시코는 말린체의 배신과, 강간, 피를 통한 희생의 축적으로 탄생했기 때문에 우울하고 야만적이며 은둔적인 성격을 지녔다고 한다. 물론 '피 흘리는 심장'의 경우와 마찬가지로 아스테카의 존재적 상처는 이제 더 이상 정신적 상흔과 트라우마적 기억으로만 머물지 않는다. 안살두아가 '열린 상처(Herida abierta)'로 명명한 아스틀란처럼 치카노 정체성을 보여 줄 수 있는 상징적 의미의 비정형적이고 유동적 공간으로 재탄생하기 때문이다. 잃어버린 원향은 혼란과 좌절을 가져오는 원죄적 공간이라기보다는 집단적 기억 속에 생생히 살아 있는, 개념적 정의에 자유로운 '열린 상처'로 새롭게 인식된다.

이와 같은 팔림세스트적 시각은 긍정적인 측면에서 보면 콜럼비스 이전의 과거를 망각하거나 부정하는 유럽주의적 세계관에 대한 인식적 저항으로 볼 수 있다. 혹은 원주민 문화가 스페인적 가톨릭 문화에 통합되지 않기 위해 발휘하는 강력한 독립적 문화의 힘으로도 간주할 수 있다. 그러나 이런 시각으로 멕시코의 정체성을 인식하는 일은 이미 사라져 버린 사회에 대한 비전을 암묵적으로라도 간직하고 있다는 사실을 시사한다는 점에서 부정적이라 하겠다. 또한 이것은 고대 메히카(Mexica)와 근현대 멕시코 역사 사이에 일종의 확고한 유사성이 존재한다는 전제를 함축하고 있다. 이런 전제는 과도한 일반화를 필요로 한다는 점과, 무엇보다도 양 세계가 집단주의적 신화적 세계관에 의해 역사적인 행보를 진행시켜 왔다는 결론을 전제하고 있다는 점에서 부정적인 측면을 지니고 있다.

좀 더 자세히 살펴보면, 아스테카 문명의 건국과 번영은 지배계급이 신화에 의존해 내린 결정론적 해석에 의한 것이었다. 아스테카의 지배계급은 신화적 기호에 대한 종교적 해석을 통해 역사적 결정을 내렸고, 이것은 역으로 아스테카 인의 신화적 인식체계를 더욱 공고하게 만들었다. 그러나 아이러니하게도 문명의 건설과 유지를 위해 의존해 온 신화는 오히려 스페인 정복자들을 수용하는 조건으로 작용하고 말았다. 이런 비극적 운명은 그 후에도 비슷한 형태를 지니며 멕시코의 근현대사를 이끌어 왔다고 파악한다. 즉, 스페인 인들은 그들의 통치를 위해 메히카의 역사를 말살하였고, 정치적 목적을 위해 멕시코 역사를 조작하였고, 또한 역사가와 지식인을 통해 위조하고 문서화시켰다는 것이다. 그리고 마침내 민족주의의 부상과 함께 가짜 집단 신화화를 통해 전체주의적인 국가관을 만들어 내는 데 이르게 되었다는 것이다.

앞에서도 지적했듯이, 이런 인식은 국가적 정체성이 하나의 실체로 존재한다는 통합주의적 가정에서 나온 자연스런 결과로, 멕시코의 역사를 결정론적으로 파악하고 멕시코 사회를 일원적으로 바라보는 전체주의적 경향에 빠지는 위험을 내포하게 되었다. 그 결과 팔림세스트적인 시각은 근본적으로 아스테카 시대와 멕시코 근현대 사이에 반복되는 유사한 역사적 형태를 밝혀 냈지만 정치적 현실에서 그 한계를 명백히 드러내고 말았다. 희생제단과 멕시코의 정체성을 결부시키는 역사관은 현실을 포괄적으로 이해하지 못했고, 원주민의 실질적인 인권 옹호도 완전하게 보장하지 못했다. 또한 멕시코의 역사를 원초적인 강간에 의한 폭력의 역사로 간주하는 시각은 멕시코 사회의 일원적인 측면을 과도하게 확대, 인식하는 부정적인 측면을 만들어 냈다. 이렇게 현실을 도식적으로 파악하는 일은 지나치게 본질 환원적인 단선적인 생각이거나, 현실과 신화분석을 동일시하는 문제점을 지니게 되는 것이다. 일원적인 현실 인식을 통해서는 다양한 민족 뿌리에 대한 폭넓은 해석과 재창조를 모색할 수 없듯이, 팔림세스트적 기호읽기 역시 지나치게 획일적인 이해에 머무르는 한계를 지닐 수밖에 없는 것이다.

팔림세스트적 시각을 통해서 알 수 있는 점은 아스테카의 복원의 결과보다는 복원 자체를 가능하게 했던 정치적 요인과 철학적 인식이 함축하고 있는 배경이다. 멕시코 근현대사를 관통하는 일원적이고 전체적인 시각은 아스테카를 복원하는 과정을 통해 멕시코의 정체성을 규명하는 원동력을 제공했으나, 다른 한편으로는 다원적이고 다층적인 멕시코의 총체성을 놓치고 마는 문제점 또한 파생시켰다. 물론 현대적인 필요에 따라 복원된 아스테카가 긍정적이고 창조적인 역할을 수행하는 측면은 간과할 수 없지만, 멕시코 근현대사를 관망하는 팔림세스트적인 시각이 야기한 부정적인 영향에 대해서도 묵과할 수 없을 것이다. 따라서 이와 같은 시각을 가능하게 만든 멕시코의 인식적 · 역사적 흐름에 대해서 비판적인 관점을 견지해야 할 것이다.

† 참고문헌 †

그뤼진스키, 세르주, 『아즈텍제국: 그 영광과 몰락』, 윤학로 역, 시공사, 1995.

서성철 · 김창민 공편, 『라틴아메리카의 문학과 사회』, 까치, 2001.

이성형, 「멕시코 혁명 이후의 민족 정체성의 정치」, 『서양사론』, 제62호, 1999, 127-149.

이성형 편, 『라틴아메리카의 역사와 사상』, 까치, 1999.

정혜주, 『멕시코시티: 아즈테카문명을 찾아서』, 살림, 2004.

푸엔테스, 카를로스 , 『라틴아메리카의 역사』, 서성철 역, 까치, 1997.

Anzaldúa, Gloria, *Borderlands/La Frontera: The New Mestiza*, San Francisco: Aunt Lute, 1987.

Braham, Persephone, "El corazón sangrante and Crónica de las destrucciones: Olivier Debroise's critique of the mythic palimpsest," *Ciberletras*, 11.

Davis-Undiano, Robert Con, "The Emergence of New World Studies: Anaya, Aztlán, and the New Chicana," *Genre*, 32, 115-140.

Franco, Jean, *Critical Passions*, Durham: Duke Universtiy Press, 1999.

카리브, 인종과 문화의 용광로:
카리브 지역의 혼종문화

김용호 울산대학교 연구교수

내겐 나의 춤들이
나의 형편없는 검둥이 춤들이
굴레를 깨는 춤이
감옥을 부수는 춤이
흑인이기에 아름답고 옳으며 정당한 춤이
내게는 나의 춤이 어울리나이다.
(에이메 세제르의 『귀향수첩』 중에서)

1. 서글픈 카리브 지역의 혼종역사

넓은 의미에서 카리브 지역은 쿠바, 아이티, 자메이카, 도미니카공화국 등 도서(島嶼)를 포함하여 멕시코, 과테말라, 온두라스, 엘살바도르, 니카라과, 파나마 등 중미와 콜롬비아, 베네수엘라, 가이아나, 수리남 등 남미의 대서양 연안국들, 그리고 프랑스령 가이아나, 과들루프, 마르티니크, 푸에르토리코와 같은 수많은 자치령과 속령들로 이루어진 방대한 지역이며, 좁게 보아도 대(大) 안티야스 제도와 소(小) 안티야스 제도를 포함한 복잡한 지역이다. 한마디로 말하면, 다양한 국가와 인종 · 언어 등이 혼재한 지역인데, 이는 오랜 식민의 결과로 유럽과 아프리카 그리고 원주민들의

카리브 지역 지도

문화가 복잡하게 혼재되어 있기 때문이다. 거기에 지역의 경계까지 모호하여 총체적 의미의 통합성이나 동질성을 내세울 수 없는 곳이라는 것이 일반적인 평가였다.

그런데 카리브의 이런 '알 수 없음'은 우리들에게 항상 신비로운 매력을 불러일으켰다. 길 위에 서 있는 인간은 언제나 미지의 땅 '너머'를 동경하기 때문이다. 그래서 우리는 이곳을 떠올릴 때마다 항상 환상을 이야기하곤 했다. 달빛 밝은 밤에 에메랄드빛 바다가 출렁이면, 야자나무 아래 해먹에서 럼주를 마시며 무훈을 쉴 새 없이 떠들어대는 해적들이나, "Living la vida loca"에 맞춰 사랑을 속삭이는 연인들의 낭만적인 모습을 떠올린 것이다. 하지만 낭만적인 에로영화처럼 보이는 〈카리브 해의 정사〉라는 작품조차 실은 카리브 지역 크레올 여성들의 정체성을 서술한 영화라는 것을 대부분의 사람들이 모르듯이, 동경과 환상의 땅 카리브도 사실은 수많은 서구 제국주의 국가들에 의해 수백 년 동안 끊임없이 약탈과 착취를 당한 고통스러운 무대였다는 것을 기억하는 사람은 거의 없다.

1492년 콜럼버스가 이곳에 도착한 이래 스페인, 포르투갈, 영국, 네덜란드, 프랑스, 미국, 러시아 등 서구의 수많은 제국주의 국가들이 끊임없이 수탈해 간 땅 카리브! 그래서 항상 각국의 이해관계가 첨예하게 대립될 수밖에 없었던 공간 카리브! 그곳의 서글픈 역사를 잠시 들여다보자.

카리브에 도착한 최초의 서구인 콜럼버스는 이곳을 이스파뇰라(Hispañola), 즉 '작은 스페인'이라고 제멋대로 명명하고, '산토도밍고'라는 도시를 건설 · 식민통치를 시작한다. 그들의 가혹한 착취와 전염병의 확산은 원주민들을 급격하게 멸절시키고, 이로 인해 부족해진 노동력을 보충하기 위해 서구인들은 아프리카 흑인 노예를 수입하게 된다. 오늘날 카리브 문화의 근간을 이루는 혼종 문화의 근원이 탄생한 것이다. 대륙의 광대한 영토인 아스테카 제국과 잉카 제국을 정복함으로써 카리브 해 섬들의 중요도는 상대적으로 감소했지만, 라틴아메리카 식민지 경영을 위한 주요한 통로로서의 역할까지 사라진 것은 아니었기에 이들의 신산한 삶은 오늘날까지도 계속되고 있다. 대륙의 대부분 지역이 독립을 성취한 1820년대 이후까지 카리브 지역의 국가들이 식민지라는 종속적인 위치에 머물게 된 이유가 바로 이러한 지정학적 위치 때문인 것이다. 예를 들어, 카리브의 대표적 국가인 쿠바는 1898년까지 스페인의 마지막 식민지로 수탈당한 것도 모자라, 동유럽이 몰락한 오늘날까지 미국의 경제봉쇄에 고통받고 있으며, 자메이카는 1962년에야 비로소 영국의 식민통치에서 벗어나 독립을 획득했다. 하지만 이들의 경우는 그나마 나은 것인지 모른다. 푸에르토리코, 안틸러스, 버진 군도, 아루바, 마르티니크 등 아직까지도 미국, 영국, 프랑스, 네덜란드의 보호령에 머물고 있는 지역들이 너무도 많기 때문이다.

이 지역이 이렇게 복잡하게 쪼개진 이유가 제국주의 국가들의 비호를 받은 해적들 때문임을 아는 사람들도 드물다. 신대륙 경영에서 소외된 영국과 네덜란드는 이미 16세기 중엽부터 존 호킨스, 드레이크 등을 앞세워 스페인이나 포르투갈로 운송되는 금, 은을 약탈했으며, 해적들의 근거지를 신대륙 진출의 교두보로 활용하였다. 프랑스도 예외는 아니어서 17세기 초엽부터 쿠바의 항구에 출몰하기 시작하여, 중엽에는 이미 이스파뇰라 섬 북서쪽에 본거지를 구축하게 되었다. 노략질을 견디다 못한 스페인 인들이 동쪽으로 이주하자 프랑스 해적들이 섬 서쪽 지역을 완전히 장악하게 되었는데, 이것이 쿠바 옆의 조그만 섬을 오늘날 아이티와 도미니카공화국이라는 두 나라로 양분하게 만든 것이다.

20세기 초반부는 미국이 세계지배 전략 거점지로 이곳을 주목하던 시기다. 19세기 중반 텍사스(1845)와 캘리포니아(1848)를 병합하면서부터 이미 드러나기 시작한 미국의 제국주의적 야심은 1898년 쿠바의 독립전쟁에 개입하여 스페인으로부터 쿠바, 푸에르토리코, 괌, 필리핀을 양도받기에 이른다. 하지만 이에 만족하지 못했던 미국은 파나마 침공(1903)을 시작으로, 아이티(1914), 도미니카공화국(1916), 니카라과(1925)에 이르는 일련의 제국주의적 대외팽창을 시도하게 된다. 이데올로기 대립의 시대였던 20세기 후반부는 카리브 지역의 패권을 놓고도 소련과 미국이 사사건건 충돌했던 시기로, 이 과정에서 미국은 끊임없이 직접적이고도 공개적인 간섭정책을 유지한다. 쿠바, 니카라과, 파나마, 과테말라, 엘살바도르, 그라나다에 이르는 일련의 간섭정책은, 노골적인 전쟁에서부터 쿠데타 기획 및 지원, 암살기도, 경제봉쇄 및 반군에 대한 지원에 이르기까지, 수단과 방법을 가리지 않고 자행된 것이다.

이렇듯 카리브 지역은 세계 어느 곳보다 먼저 서구근대화를 경험한 곳이며, 식민 후에도 끊임없이 서구 열강이 각축을 벌이던 곳이었다는 점에서 역사적으로 매우 복잡하고 복합적인 지역이다. 이러한 역사적 복잡성은 이 지역을 서구의 정치체제 및 이념의 실험장으로 만들었다. 이 지역에서는 아이티의 왕정, 도미니카공화국의 독재정부, 온두라스의 민주정부 및 쿠바의 사회주의정부 등이 시차를 두고 존재하였거나 동시대적으로 공존하기도 했다. 다양한 정치체제들 못지않게 인종분포 또한 다양하여, 원주민, 흑인, 백인, 동양인 및 각종 혼혈인들이 공존하였고, 그 결과 문화적으로도 뚜렷한 경계를 지을 수 없을 만큼 복잡성과 역동성을 내포하고 있다. 이러한 다양성은 수많은 예술 작품들과 담론들이 산출된 문화적 자양분으로 기능했으며, 이로 인해 문학에서는 미겔 앙헬 아스투리아스(Miguel Angel Asturias), 생 종 페르스(Saint-John Perse), 가브리엘 가르시아 마르케스(Gabriel García Márquez), 데렉 월코트(Derek Walcott) 등의 노벨 문학상 수상 작가들을 배출하게 되었고, 음악에서는 밥 말리(Bob Marley)로 상징되는 레게와 살사, 차차차, 맘보, 메렝게 등을, 미술에서는 윌프레도 람(Wilfredo Lam)과 멘디에타(Ana Mendieta), 베디아(José Bedia) 등의 화가들을 배출하였으며, 담론에서는 네그리튀드와 같은 정체성 담론 및 해방신학, 종속이론 등 수많은 변혁이론들을 생산해 낸 것이다.

그런데 이와 같이 복잡하고 다양한 문화를 우리는 언제부터 카리브 문화라고 통합적으로 바라보게 되었으며, 그 이유는 무엇일까? 언어가 다르고 인종이 다른 문화를 하나의 문화로 통합해서 부르는 이유는 무엇이며, 그 과정에서 중미 지역과 도서 지역의 분화가 발생한 이유는 무엇일까? 이와 관련해서는 다음 장에서 자세히 살펴보기로 하자.

2. '카리브 중심성'이란 신화의 탄생

현대 사회는 사람과 자본이 비교적 자유롭게 국가 · 민족 · 인종 · 계급 · 종교 · 문화의 경계를 넘어서 이동하고 접촉하고 교류하면서 기존의 사회적 구조와 조건을 변화시키는 디아스포라 사회다.[1] 그리고 이 과정에서 그들끼리의 인간관계 또는 경제적 · 사회적 관계망을 형성하고, 이주지역에 본국의 언어와 문화전통을 지키는 코리아타운, 리틀 자메이카, 리틀 아이티와 같은 작은 디아스포라 공동체를 형성하는 탈지역적 사회(sub-society)다.

그런데 이러한 디아스포라 공간은 정착 국가가 추구하는 문화통합과 국민통합의 요구로부터 자유로울 수 없다. 그러므로 이주자로 산다는 것은 정착 국가의 주류문화에 빨리 동화하여 모국의 정체성을 부정하며 살거나, 주류문화의 일방적인 동화요구에 맞서 외국인이라는 저항적 정체성을 형성하게 만든다. 다시 말해서 국민국가의 통합이라는 구심력과 세계화라는 탈(脫)국가적 원심력이 상충하고 맞물리는 경계 지점이 바로 디아스포라 공동체인 것이다. 이 과정에서 정착 국가나 디아스포라 공동체는 각기 다양한 형태의 문화적 요소들을 동원하여 새로운 경계 만들기(boundary making)를 시도한다. 그들은 과거에 대한 발명과 기억의 선택을 통하여 역사적 공동체로서의 새로운 종족개념을 생산하고 유포시켜 나간다. 왕조국가가 쇠퇴하고 자본주의가 발달하는 시기에 나타난 특정한 '문화적 조형물'이 민족이라는 '상상의 공동체'였다면, 자본주의가 고도로 발전하고 인적 · 물적 교류가 활발해진 세계화 시대에 사람들의 경험을 새롭게 구성하고 의미를 부여하는 또 다른 역사적 조형물이 탄생한 것이다.

이 과정에서 탄생한 흥미로운 개념이 바로 '카리브 중심성(Caribcentric)'

1) 디아스포라는 '분산(分散) · 이산(離散)'을 뜻하는 그리스어에서 온 말로, 원래는 팔레스타인 외역(外域)에 살면서 유대인의 종교규범과 생활관습을 유지하던 유대인들과 그들의 거주지를 가리키는 용어로서 사용되었다. 하지만 최근의 디아스포라 이론은 논의 대상을 국제이주, 망명, 난민, 이주노동자까지 확대하고 있을 뿐만 아니라, 그 성격도 기원사회와 동일한 문화의 유지라는 고전적 관념 대신에 기원으로부터의 이탈을 강조하며, 순수성 · 문화유산 · 전통 대신에 혼혈과 혼종의 프리즘으로 조망한다.

이다. 카리브 지역에서 온 이주민들은 원래 다양한 국가와 인종 · 계급으로 구성된 이질적인 집단이었다. 하지만 그들은 이주 후 정착과정에서 다양한 형태의 인종주의적 배타성과 차별을 경험하게 되었고, 이는 그들에게 '카리브 흑인'이라는 새로운 정체성을 갖게 만들었다. 처음에 그들은 모국에서 인정되었던 계급적 차이가 정착 국가에서도 용인되기를 기대했지만, 정착 국민들은 이를 전혀 인정하지 않고 동일한 흑인 이주자로 단순하게 취급했던 것이다. 이렇게 되자 그들은 흑인의 피부색이라는 대항적 정체성을 채택하여, 정착 국가의 백인 주류문화에 저항하게 되었다. 일종의 '탈(脫)영토화된 민족주의' 또는 '초국가적 민족정체성'을 만들어 낸 것이다. 경제적 동기로 정착 국가에 이주해 왔지만, '카리브 흑인'이라는 정치적 정체성을 형성하게 된 것이다. 그리고 이로 인해 카리브 섬들의 상이한 문화들이 '카리브 문화'라는 동일 범주로 묶이게 되었으며, 중미의 비(非)흑인 문화들이 카리브 문화에서 배제된 것이다.

그런데 이러한 카리브 정체성은 카리브 인이 이주한 모든 곳에서 일어난다. 대(大) · 소(小) 안티야스 제도를 합쳐 스무 개 남짓의 국가에 3,300만 명의 인구를 가진 작은 국가들에서 이주한 이주민들은 카리브 정체성이라는 크기와 숫자가 주는 보호 장치를 모색하며, 이 과정에서 그들의 고향을 미화하고 낭만화한다. 쿠바, 푸에르토리코, 도미니카공화국, 아이티 등 너무나 잘게 부서져 있던 카리브 출신 이주민들은 노예, 플랜테이션, 식민화, 설탕이라는 공통된 가치와 환경 그리고 역사적 기억을 통해 동족의 카테고리로 모두 감싸안는다. 다양한 카리브 인 연합체들이 그들의 이익을 보호하기 위한 활동을 하고, 그것에 참여하면서 카리브 인이라는 새로운 종족의식을 강화시키며, 조금씩 공동체적 정체성을 형성하게 된 것이다.

이러한 과정은 다른 문화를 타자화하여 차별 · 배제시키는 전략과 이에 저항해서 새롭게 자기 주체성을 만들어 가는 문화적 정치의 과정을 잘 보

사탕수수 농장의 흑인 노예들

여 준다. 자메이카, 아이티, 도미니카공화국 등 다양한 지역과 다양한 계급적 차이에도 불구하고, '플랜테이션 농장에 노예로 끌려온 아프리카 출신의 흑인' 이라는 동질적이고 단일한 신화가 형성된 것이다.

이렇듯 카리브성은 카리브 인들 스스로에 의해 규정된 것이 아니라 외부에서 부여한 것이었다. 하지만 타자화시키려는 외부의 규정에 저항하는 과정에서 수체적으로 새롭게 형성한 매우 복합적인 것이기도 하다. 그렇기에, 카리브 중심성이란 조작된 신화도 다른 모든 기원신화들과 마찬가지로 때로는 이주자들에 의해, 때로는 고국에 의해, 그리고 이주자들이 정착한 사회에 의해 다양한 정치적 · 사회적 목적을 위해 이용되기도 한다. 그 과정에서 새로운 경계들이 형성되기도 하며, 허물어지기도 하는 것이다. 결국 일반적으로 카리브 문화라고 부르는 총체적 개념도 이 과정에서 형성된 것이다. 그러므로 다음 장에선 이러한 카리브 중심성이란 신화를 탄생시킨 카리브 지역민들의 디아스포라 역사를 살펴보도록 하겠다.

3. 카리브 디아스포라의 역사

사실 카리브의 역사는 그 시작부터 디아스포라로 형성된 역사라고 말할 수 있다. 원래 그 땅의 주인이었던 원주민들이 거의 멸절당하고 그 빈자리를 유럽과 아프리카에서 이주한 이주민들이 채워 나갔기 때문이다. 초기의 식민과정에서 디아스포라를 촉진한 가장 중요한 동기는 바로 사탕수수 플랜테이션 농업이었다. 1492년 서구에 의한 정복 직후, 카리브 지역의 원주민 인구가 붕괴된 상황에서 노동집약적인 사탕수수 재배가 시작되었고, 이로 인해 유입된 아프리카 출신 흑인 노예의 숫자는 1833년에 이미 100만 명을 넘어서게 되었다(Watts, 1994: 234).

그러나 이 시기의 흑인 인구가 카리브 내 모든 지역에 균등하게 분포한 것은 아니었다. 유럽 내부의 설탕 생산 자본의 헤게모니에 따라, 카리브 지역 내의 흑인 인구도 상이한 시공간적 패턴을 나타냈다. 예를 들어, 카리브 지역 내에서 흑인 인구가 가장 먼저 유입된 곳은 영국령 식민지였지만, 절대 수가 가장 많이 유입된 곳은 프랑스령 식민지였다. 17세기 중반 이후 영국과 프랑스를 중심으로 시작된 카리브 지역 내 사탕수수 플랜테이션의 전개는 19세기 초반 노예해방이 이루어지기 전까지 1,000만 명에 이르는 흑인 노예 유입과 그에 따른 카리브 지역 인종 구성 변화라는 사회적 결과를 가져왔다. '사탕수수가 있는 곳에 노예가 있다.' 라는 말이 생길 정도로 사탕수수 재배는 노예 노동력과 긴밀한 관계를 유지하였고, 카리브 지역 내 흑인 인종 구성이 백인 인종 구성에 비해 월등히 높게 나타날 수 있는 계기를 제공하였다.

하지만 19세기 초반 영국령 식민지를 필두로 프랑스, 스페인 식민지 등에서 잇달아 노예제가 폐지되면서 새로운 양상의 디아스포라가 시작되었다. 노예제의 폐지는 지난 2세기 동안 끊임없이 유입되었던 흑인 노예 노동의 공급이 중단되었음을 의미했으며, 기존에 유입되었던 흑인 노예들도 자유노동자로 신분이 변화되었음을 의미했다. 거주이전의 자유를 획득한 흑인 노동자들이 역내와 역외로 자유롭게 이동하는 2차 디아스포라가 시작된 것이다.

노예 해방과 더불어 시작된 카리브 지역 내의 2차 디아스포라에 작용한 가장 주요한 동인은 사탕수수 경제의 공간적 다양성과 그 사이클의 차이일 것이다. 19세기 이전 카리브 지역의 경제구조를 살펴보면 프랑스령 식민지의 사탕수수 생산이 영국령 식민지보다 빨랐으며, 영국령 식민지 내에서도 식민 경험의 역사에 따라 사탕수수 재배의 사이클이 서로 다르게 나타났다. 예를 들어, 1650년대 이미 사탕수수 재배가 본격화된 바베이도스에 비해, 트리니다드는 그보다 150여 년이나 늦은 1802년에야 비로소 사탕수수 재배가 본격화되었다. 또한 19세기 후반에는 쿠바와 푸에르토리코와 같은 스페인 식민지에서도 사탕수수 재배가 활성화되었다.

이렇듯 다양한 지역에서 활성화된 사탕수수 플랜테이션은 이전과 마찬가지로 많은 노동력을 필요로 했지만, 노예무역금지로 인해 새로운 흑인 노예의 공급은 불가능하였다. 그러므로 필요한 노동력을 확보할 유일한 수단은 기존에 유입되었던 흑인 노동자들의 재배치밖에 없었다. 그래서 사탕수수 재배 중심지의 변화를 따라 흑인 노동자들이 함께 이동하게 된 것이다. 결국 카리브 지역 내 사탕수수 재배 사이클의 공간적 다양성이 해방된 노예들의 역내 디아스포라를 촉발시킨 직접적 원인이 되었던 것이다. 그래서 19세기 이후 역내 디아스포라는 대부분 북쪽의 쿠바와 푸에르토리코, 그리고 남쪽의 트리니다드를 향해 전개된 특징을 가진다.

카리브 지역 내에서 2차 디아스포라를 가능케 했던 또 다른 요인은 대규모 토목공사의 범람이다. 19세기 이후 사탕수수 플랜테이션의 쇠퇴와 아시아 및 유럽에서 유입된 자유 계약 노동자들의 증가는 플랜테이션 임금의 저하를 가져왔기에 해방된 흑인 노동자들은 새로운 삶의 수단을 모색해야만 했다. 이러한 상황에서 '파나마 철도 건설' (1850-1854)과 '운하 건설' (1881-1914) 등 중미지협 대서양 연안의 대규모 토목공사는 매력적인 이주 동기가 되었다.

바나나 플랜테이션의 확장은 이 지역 노동인구의 이주를 불러온 또 다른 요인이었다. 19세기 말을 기점으로 미국은 중미 각국의 대서양 연안 지역에 철도를 건설하고, 그 대가로 토지를 할양받아 대규모 바나나 플랜테이션을 확장시켜 나갔다. 다국적 기업인 '유나이티드프루트사(United Fruit Company)' 와 '스탠다드프루트사(Standard Fruit Company)' 를 주축으로 하여 중미의 대서양 연안 지역에 앞 다투어 바나나 플랜테이션이 건설되었으며, 이는 이 지역이 '바나나 공화국(Banana Republic)' 이라는 명예롭지 못한 이름을 얻게 되는 시초가 되었다.

1차 세계대전 이후 곧 이어진 세계 경제 대공황과 2차 세계대전으로 인해 중미지역의 바나나 플랜테이션은 장기 침체를 경험하게 되며, 이는 바나나 플랜테이션 중심의 디아스포라가 비교적 짧은 시기에 막을 내렸음을 의미한다. 하지만 바나나 플랜테이션 중심의 디아스포라는 이전의 디아스포라와는 달리 '유나이티드프루트사' 나 '스탠다드프루트사' 같은 미국 자본과 긴밀한 관계를 갖고 이루어졌으며, 이는 향후 미국으로의 직접적인 이주를 촉발하는 요소로 작용한다.

2차 대전 종결 후 미국경제가 세계의 중심으로 부상하고, 전후의 복구 과정에서 서구의 노동력이 매우 부족하게 되면서, 카리브 지역의 흑인들은 새로운 형태의 이주를 활성화시키게 된다. 기존의 카리브 지역 내에 머물던 이주 형태가 역외까지 확장된 것이다. 물론 카리브 지역민의 본격적인 역외 디아스포라 현상이 발생한 최초의 시기는 1차 세계대전 기간이다. 전시 동원 체제에서 군수산업의 활황과 노동력의 고갈은 해외노동력의 수입을 절실하게 필요로 하였고, 이로 인해 영국령 식민지 출신의 노동자 수천 명이 영국으로 이주한 것이다. 하지만 전시 특수경기가 소멸하고 1929년 대공황이 발생하면서 카리브 지역민의 역외 디아스포라는 소강상태에 접어들었었다. 그러다가 2차 대전이 끝나고 전후 복구사업이 활발해지면서 디아스포라 현상이 다시 촉발된 것이다. 그리고 이러한 역외 디아스포라 현상은 1980년대 중반 본격화된 신자유주의 경제정책으로 인해 더욱 활성화된다.

이러한 역외 디아스포라 확산의 주요 동인은 흡입과 방출이라는 두 가지 요소에서 살펴보아야 한다. 우선 흡입요인으로는 미국의 경제호황, 출산율 저하 그리고 고령화로 인한 꾸준한 노동수요 창출을 들 수 있다. 반면에 방출요인으로는 만성적인 경제 위기와 이로 인한 지속적인 빈곤이라는 카리브 국가들의 취약한 경제구조를 들 수 있다.

경제적인 요인과 더불어 카리브의 급격한 정치변동 또한 중요한 방출요인으로 작용했다. 1959년의 쿠바 혁명과 뒤이은 이데올로기의 대립은 자발적 정치 난민 형태의 디아스포라 양상을 만들어 냈으며, 이러한 대립은 1980년 쿠바의 '마리엘리토스(Marielitos)' 사건과 1994년 '발세로스(Balceros)'의 위기까지 지속되고 있다. 아이티의 경우에도 1980년대 민주화 이후 2006년 현재까지 쿠데타와 민선정부의 수립이 반복되면서 정치적 불안정이 지속되고 있으며, 이는 아이티 국민의 대규모 탈출로 이어지고 있다. 따라서 카리브 지역민의 역외 이주에서 이데올로기의 대립과 불안한 국내 정치 상황은 디아스포라의 또 다른 주요 요인인 것이다.

카리브 지역의 디아스포라는 정치 · 경제 · 문화 영역에서 다양한 결과를 초래하였다. 이는 이주의 역사적 배경, 이주민의 문화적 성격, 정착사회의 성격 등의 여러 가지 요소들에 의해서 결정되지만, 여기서는 두 가지 사항만 간략하게 언급하려고 한다. 첫째는 역내 디아스포라에서 비롯된 문화적 유사성이고, 둘째는 역외 디아스포라 과정에서 형성된 '카리브 중심성'의 탄생이다.

역내 디아스포라는 전체적으로 이 지역의 스페인어권, 프랑스어권, 영어권 사이의 문화적 차이를 좁히고 유사성을 만들어 내는 데 기여하였다. 일례로, 19세기의 역내 이주는 주로 계절적인 이주의 형태로 사탕수수 플랜테이션의 경로를 따라 진행되었는데, 이러한 노동자들의 역내 이주는 문화 전파의 통로로 작용하였다. 언어권별로 상이하게 진행되던 카리브 흑인들의 문화가 상호교류를 통해 유사성을 획득하게 된 것이다. 특히 자메이카인의 파나마, 코스타리카, 쿠바 이주, 그리고 쿠바, 아이티, 도미니카공화국인의 자메이카 이주는 이 지역의 지리적인 경계와 정치적인 경계를 넘어서는 상호 교류의 기회로 작용하였다.[2)]

역외 이주의 경우에는 약간 다른 특징을 지닌다. 원래 카리브 출신의 이주민들은 다양한 국가와 인종 · 계급으로 구성된 이질적인 집단이었다. 하지만 그들은 이주 후 정착과정에서 '백인 대 비백인'이라는 단순한 형태의 인종주의적 배타성과 차별을 경험하게 되었고, 이는 그들에게 '카리브 흑인'이라는 새로운 정체성을 갖게 만들었다. 정착국가의 백인문화에 맞서 '사탕수수 플랜테이션 농장의 흑인 노예' 출신이라는 대항적 정체성을 채택하게 된 것이다. 앞에서도 말했듯이, 경제적 동기로 이주해서 '카리브 흑인'이라는 정치적 정체성을 형성하게 된 것이다. 그리고 이로 인해 그들의 다양한 문화들이 '카리브 문화'라는 동일 범주로 묶이게 된 것

2) 물론 역내 이주가 문화적 유사성의 확보에 기여했다고 말하기 어려운 경우도 있다. 카리브 지역민은 식민시대의 문화전통, 특히 언어와 관습의 영역에서 서로 간에 유사성보다는 상이성을 의식하는 경우도 적지 않다. 이러한 차이 의식은 민족주의적인 감정과 더불어 공식 담론의 영역에서 적대적인 표현으로 나타나기도 하는데, 대표적인 예가 아이티와 도미니카공화국의 관계다. 그러므로 공식적인 담론 속에서 디아스포라 공동체는 '문화적 게토'로 배타적인 성격을 띠지만, 일반 민중들의 삶 속에서는 부단한 상호 교류로 유사성을 이루어 나갔다고 할 수 있을 것이다.

이다. 그러면 다음 장부터 이렇게 하나로 묶인 카리브 지역의 다양한 문화들 중 대표적인 몇 가지를 살펴보도록 하겠다.

4. 카리브 지역의 언어와 종교

앞서 지적한 것처럼 카리브 지역은 삶의 거의 모든 영역에서 상반된 요소가 가로지르고 있는 혼종의 공간이다. 전통적인 것과 근대적인 것, 고급문화와 대중문화, 토착문화와 외래문화가 교차하고 있으며, 이들 요소끼리 서로 억압하고 저항하고 투쟁하는 공간이다. 스페인과 영국, 프랑스, 네덜란드 등 다양한 국가들의 식민역사를 경험했기에, 국가 정체성의 근원인 언어조차 식민 모국의 언어와 다양한 형태의 크레올 언어들이 혼재하고 있는 복잡한 곳으로, 정체성 형성의 또 다른 축인 종교 또한 매우 다양한 지역이다. 공식 통계에 의하면, 전체 인구의 90% 이상이 가톨릭 교도로 알려져 있지만, 실제로는 아프리카 연원의 신앙과 가톨릭이 혼합된 형태의 종교를 갖는 경우가 많다. 아이티의 보두, 쿠바의 산테리아(santería), 브라질의 칸돔블레(candomblé)와 움반다(umbanda), 자메이카의 라스타파리안(rastafarian), 베네수엘라의 마리아 리온사(María Lionza), 트리니다드토바고와 그레나다의 상고(Shango) 등 형태와 명칭이 다양한 이들의 특징을 한마디로 요약하자면 '카리브 지역에 거주하는 흑인 피지배민들의 신앙' 이라고 할 수 있을 것이다. 그런데 이러한 민중 종교들은 카리브 지역의 정치와 사회 및 예술작품들에 깊은 영향을 주었기에, 이 지역문화를 이해하기 위해서는 필연적으로 다뤄야 할 사항이다.

이 지역의 민중종교는 사실 처음부터, 즉 가톨릭이라는 서구의 요소를 받아들이기 전부터, 혼합과 혼종의 종교로 출발한다. 아프리카에서 노예로 끌려온 흑인들은 초기부터 농장주의 학대와 횡포를 피해서 끊임없이

탈출을 시도했는데, 이들 중 노예추격대의 추격을 따돌리고 탈출에 성공한 노예들은 깊은 산속에 '팔렝케(palenque)' 또는 '킬롱보(quilombo)' 라는 그들만의 공동체를 형성한다. 그런데 이러한 노예 공동체에서 창출된 새롭고 독특한 문화들의 대표적인 경우가 바로 언어와 종교다. 드넓은 아프리카 대륙에서 끌려온 흑인 노예들의 언어와 신앙체계가 서로 달랐기 때문에,[3] 이들은 의사소통을 위해 스페인어나 포르투갈어 같은 주인의 언어에 아프리카 언어를 혼합한 크레올어를 만들어 냈으며, 상이한 부족들이 믿는 서로 다른 신앙체계의 공통분모에 기초한 새로운 종교를 탄생시켰다. 다호메이 족과 퐁 족 신앙의 결합 형태를 띠고 있는 보두교나 나이지리아, 베넹, 카메룬 지역에 거주했던 상이한 부족들의 종교적 의식에서 출발한 산테리아 등이 대표적인 경우다.

이와 같은 흑인 노예들의 종교는 새로운 문화 창조의 근원이 인위적이거나 강제적인 혼합이 아니라, 거친 삶의 조건에 적응하려는 인간들의 자발적인 유연성의 발휘라고 볼 수 있을 것이다. 그런데 이러한 자발성을 가톨릭 요소의 수용에서도 발견할 수 있다는 주장도 있다. 식민시대 이 지역의 종교기구인 가톨릭은 양면성을 지니고 있었는데, 한편으로는 원주민 지배와 노예제도의 정당성을 뒷받침하는 지배자들의 종교였던 반면에, 또 다른 한편에서는 고된 노역으로 고통스러운 삶을 영위했던 노예들에게 현실의 고통을 잊고 살아갈 수 있는 위안과 희망을 주었다는 것이다. 이러한 위안과 희망의 정치적 함의가 실제로 어떤 것이었든, 많은 흑인들이 종교의 순기능에 취해 자발적으로 가톨릭을 받아들였다는 주장이다.

3) 흔히 카리브 지역에 존재하는 드넓은 아프리카 근원의 문화를 하나의 범주로 통합하여 생각하는 경향이 있는데, 이는 매우 유럽중심적인 사유체제이다. 이곳에 뿌리를 내린 유럽의 경우는 스페인, 포르투갈, 프랑스, 영국 등으로 세분해서 그들 문화의 상이성을 강조하면서, 북부에서 남부에 이르는 드넓은 아프리카 대륙의 다양한 언어와 문화를 하나로 뭉뚱그려 인식하는 태도는 문제가 있는 것이다.

하지만, 이와 다른 관점에서 가톨릭과 아프리카 종교의 혼합을 평가하는 견해가 많다. 이에 따르면, 카리브 민중 종교에서 드러나는 가톨릭적 요소는, 그들의 독특한 종교집회를 가톨릭으로 위장함으로써 식민지배자들의 견제와 압박을 피하기 위한 수단이었기에, 실제로는 흑인 노예들의 자유를 위한 투쟁과 저항의 기반이 되었다는 주장이다. 20세기 초반 네그리튀드 운동의 연장선상에서 흑인 문화의 독자성, 고유성, 자주성을 옹호하는 이러한 주장은 아이티의 흑인 노예 반란과 독립에서 보듯이 역사적인 근거에 기초를 두고 있다.

하지만 이런 설명만으로는 흑인 노예들이 주인의 종교를 받아들인 배경을 충분하게 설명하지 못한다는 한계가 있다. 원래 교황청이 흑인 노예 매매를 인정한 근거는 이교도의 선교와 개종이었다. 그러므로 노예들은 노예선에 승선하기 전 아프리카 현지에서 이미 간단한 입문식을 치렀으며, 농장주들 또한 노예들을 개종시킬 의무를 지고 있었던 것이다. 하지만 종교 교육은 노예들의 노동시간을 빼앗는데다가 반란조장의 우려마저 있었기에, 실제로 교황과 국가가 정한 선교의 의무를 이행하는 경우는 드물었다. 이러한 상황에서 흑인 노예들이 가톨릭을 받아들일 수 있었던 동기 가운데 하나가 바로 장례식이었다는 주장이 있다. 흑인 노예들이 갖고 있던 아프리카적 믿음에 따르면, 격식을 갖춘 상례를 치루지 못한 사람의 영혼은 구천을 떠돌게 되는데, 이러한 흑인 노예들에게 가톨릭의 장례식은 수용할 만한 의식이었다는 것이다. 이러한 모든 논의들을 종합해 보면, 카리브 민중종교에 투영된 가톨릭적 요소는 단순한 위장의 산물이라는 측면과 함께 자발적 수용의 결과라는 측면도 함께 고려해야 할 것이다.

카리브 지역 종교의 혼종성을 논의할 때 또 하나 고려해야 하는 요소 가운데 하나는 민중종교와 타 종교와의 관계이다. 카리브 지역의 민중종교를 논하면서 아프리카적 연원을 강조하는 것은 이 지역의 주류 종교는

보두교 의식

가톨릭이라는 전제 아래 민중종교의 외래성, 이질성을 부각시키는 정치적 함의를 띠게 된다. 이런 논의 구조 속에서 흑인들은 정치적·문화적으로 배제되며 '말할 수 없는 존재'로 전락하게 된다. 실제로 브라질의 칸돔블레는 문화상품이 되기 전까지 불법이었고, 아이티의 보두교와 쿠바의 산테리아 역시 19세기와 1960년대까지 억압과 탄압의 대상이었는데, 이는 정치적 요인과 함께 종교적 배타성이 작용한 결과 때문이다.

그런데, 최근 민중종교의 하나인 보두교에서 사악한 마술 혹은 미신이라는 굴레를 공식적으로 벗겨 주는 사건이 있었다. 2003년 4월 해방신학자 출신의 아이티 대통령 장 베르트랑 아리스티드(Jean Bertrand Aristide)가 "보두교는 선조들의 종교로서 국가 정체성의 핵심이다."라는 말로써 보두교를 공식적인 종교로 인정한 것이다. 20세기 뒤발리에(Duvalier) 부자의 독재치하에서, 폭력과 납치를 일삼는 통통 마쿠트(Tontons Macoutes)의 조직으로 보두교의 지도자(houngan)들이 악용됐다는 것은 이미 널리 알려져 있다. 그런데 이와 같은 뒤발리에 부자의 정치행태로 인하여 보두교가 명실상부한 국민의 종교로 자리매김하는 계기가 됐다는 것은 매우 아이러니컬하다. 아무튼 이제 아이티에는 가톨릭, 개신교와 더불어 보두교까지 존재하게 되었고, 이에 따라서 전통적인 가톨릭의 사회적 위상 또한 변화를 겪게 되었다는 점이다.

5. 카리브 지역의 혼종예술

음악, 미술, 문학 등 카리브 지역의 예술작품들은 대체적으로 카리브 지역민의 문화적 혼종 의식과 그에 따른 세계관을 잘 표현하고 있다고 알려져 있다. 그중에서도 특히 카리브 지역문화를 세계에 알리는 데 가장 중요하고도 핵심적인 역할을 담당하고 있는 예술이 음악이기에 우선 그것부터 살펴보고자 한다. 가장 먼저 아프리카 북인 탐보르와 스페인 기타의 환상적인 조합에 프랑스 아코디언이 첨가된 악기의 조합이 눈에 띈다. 한눈에 봐도 아프리카도, 유럽도 아닌 카리브만의 독특한 혼종음악이 새롭게 탄생한 것이다.

아프리카 각 지역에서 본인들의 의사와 상관없이 카리브 지역에 강제로 끌려온 흑인 노예들이 낯신 풍광과 새로운 문화에 적응해서 새롭게 만든 것이 언어와 종교였음은 이미 앞장에서 충분히 설명한 바 있다. 그런데 그 과정에서 가장 큰 역할을 담당한 것이 바로 탐보르라는 아프리카 북이었음을 주목할 필요가 있다. 이집트를 제외한 대부분의 아프리카 문화권에서는 파피루스처럼 오래 보존되는 기록체계를 갖고 있지 못했었다. 그러한 지역에서 공동체의 기억을 보존하고 후세에게 구술할 때 사용되던 가장 보편적인 도구가 바로 탐보르였다. 그러한 공통의 문화유산이 대서양을 건너 머나먼 이국 땅에서 상호간의 시름을 덜어 주고 의사소통을 도와주는 도구로 변모한 것이다. 탐보르의 소통능력은 카리브 지역 내에 존재하는 모든 흑인 사회에 공통된 특징이었기에, 카리브 인들의 언어를 다른 말로 "탐보르의 언어"라고까지 부르는 것이다. 비록 언어가 다른 국가들에 거주하는 민중들이라 할지라도 북소리의 리듬감만큼은 유사하기에 오늘날까지도 상호간 의사소통과 연대가 가능한 것이다. 스페인어권 국가인 쿠바의 〈손〉과 영어권 국가인 자메이카, 트리니다드토바고, 바하마 제도의 〈칼립소〉 등이 유사하며, 푸에르토리코의 〈플레나〉와 도미니카공화국의 〈메렝게〉 리듬이 비슷한 것이다.

그런데 이러한 민중음악은 백인 엘리트들의 지배문화보다는 그에 저항하는 흑인 민중들의 문화를 잘 드러내는 특징을 지니고 있다. 백인들은 흑인들의 격렬한 리듬과 그에 맞춰 흔드는 춤을 천박하고 음탕한 것으로 간주했으며 그 안에 포함된 주술적인 내용들을 경멸했었다. 그래서 백인들과 흑인들의 교감은 애당초 이뤄질 수 없었고, 흑인들은 이를 역으로 인종차별에 저항하는 연대의 도구로 사용하게 된다. 1920년대와 1930년대에 유행했었던 〈손〉, 〈과히라〉, 〈룸바〉, 〈과라차〉 등과 1960년대의 〈레게〉가 이렇게 탄생한 것이다. 예를 들어, 여러 가닥으로 꼰 머리와 간편한 셔츠 복장 등으로 유명한 레게는 영국의 문화적 지배와 인종차별주의를 배격하는 문화운동을 지향하며 탄생했었다. 인구의 75%가 흑인이고 15%가 물라토이지만 10%도 안 되는 백인들이 지배 엘리트로 군림하고 있는 자메이카에서, 억압받는 민중들의 해방을 담아낸 종교가 라스타파리안이라면 리듬으로 이 꿈을 실현한 음악이 바로 레게인 것이다. 흔히 레게의 창시자라고 부르는 밥 말리가 자신의 음악에 "Africa Unite" 같은 정치적인 가사를 담아내고, 자신의 음악을 가리켜 스스럼없이 '저항음악(rebel music)'이라고 부르는 까닭도 여기에 있는 것이다.

도미니카공화국의 민중음악인 메렝게 또한 카리브 음악의 혼종성과 저항정신을 드러내기로 유명하다. 태동기부터 사용된 악기인 탐보르와 스페인 기타에 프랑스의 아코디언이 첨가되어 유럽과 아프리카 문화의 혼종적인 특징을 잘 드러낸다. 하지만 산간 지역의 변방음악에 불과하던 메렝게가 중산층과 노동자들의 음악으로 변모한 것은 이 나라의 역사적 경험과 관련이 깊다. 1965년 웨씬(Elías Wessin y Wessin) 장군과 결탁한 2만 명의 미군 해병대가 도미니카공화국을 침공했을 때, 시바오의 농민들이 메렝게 리듬에 맞춰 산토도밍고로 진격해 들어온 것이다. 도시의 노동자들이 이에 합세해 거리로 몰려나왔고 프란시스코 카마뇨(Francisco Caamaño) 대령이 이들에게 무기를 나눠 주게 된다. 메렝게 리듬이 전 도시를 장악하게 됐으며, 이에 맞춰 공동체의 목소리와 민중들의 절규를 받아들인 노래를 작곡한 다수의 음악가들이 등장하면서 메렝게가 국민음악으로까지 승화하게 된 것이다. 이외에도 뉴욕의 빈민가에서 탄생한 살사의 저항성과 쿰비아, 밤부코 등 흑인들의 정체성을 다룬 음악들이 많지만 지면 관계상 이쯤에서 줄이고 이어서 카리브 지역의 미술을 소개하고자 한다.

아이티 원시미술과 윌프레도 람 등으로 잘 알려진 카리브 미술을 한마디로 아우른다면 원시적이고 마술적인 열대성의 표현이라고 할 수 있을 것이다. 1920년대 서구 문화의 황폐와 고갈을 경험한 수많은 예술가들은 아프리카의 토속적인 가면과 함께 카리브의 자연과 삶의 열대성에서 새로운 예술의 비전과 구원의 희망을 찾으려 했다. 특히 이런 경향은 초현실주의에서 강하게 드러났는데, 앙드레 브르통은 멕시코를 여행하고 앙드레 마송과 같은 화가들은 카리브를 찾았다. 이러한 문화적 변화의 영역을 가장 민감하게 포착한 쿠바의 화가가 바로 윌프레도 람이다. 그는 〈정글〉을 비롯한 일련의 작품을 통해서 열대 식물의 마법, 변화무쌍하고 자유분방한 자연의 창조를 화폭에 옮긴 화가였다.

1940년 유럽의 전화를 피해 귀국 길에 오른 그는 마르티니크에서 에메

윌프레도 람의 〈정글〉

세제르를 만난다. 그리고는 세제르와 그의 카리브, 마르티니크와 쿠바의 사회와 민중들의 고통이 동일함을 깨닫는다. 외형상 노예제도는 사라졌지만 흑인들의 빈곤은 여전했고 인종 간의 차별 또한 변함이 없었기 때문이다. 겉으로는 맘보와 룸바가 끊이지 않는 기쁨의 땅이었지만 흑인들의 고통스러운 삶은 변화가 없었기에, 그의 눈에 비친 세계의 모습은 말 그대로 정글이요 지옥이었다. 프랑코, 히틀러, 무솔리니 등이 폭력을 통해 세계를 지배하려 시도하는 유럽이나 인종주의와 사회적 불평등이 만연한 카리브나 마찬가지였다. 그러므로 다원론이라는 서구의 근대적 가치가 지배하는 지옥에서 벗어나기 위해서는, 정글의 존재를 인정하고 고발해야 했으며 억압됐던 흑인들의 창조적이고 원시적인 생명력을 고양시켜야만 했던 것이다. 세제르를 만난 이듬해인 1941년 쿠바에 돌아온 윌프레도 람이 내면에 꿈틀대던 흑인들의 집단적인 무의식을 화폭에 토해 낸 작품이 바로 〈정글〉인 것이다.

〈정글〉은 외형상 4명의 등장인물로 구성된 것처럼 보이지만, 실은 7명의 요루바 신들과 민중을 상징하는 한 명의 창녀로 구성된 신화적 작품이다. 객관세계의 모순구조에 던져진 힘없는 민중들의 신화를 빌려 현실의 고통을 위로하고 미래를 기약하고 있는 것이다. 산 자와 죽은 자들을 중개하고 인간과 신들을 매개시키는 신인 엘루페(Elufé)와 치료의 신 오사인(Osain), 그리고 전쟁의 신 샹고(Changó)와 모든 종류의 억압과 사슬을 끊어 버리는 신인 오군(Ogún)이 상처받은 민중인 창녀를 감싸안고 있는 그림이다. 당시 쿠바 지배계층의 문화는 백인 식민문화의 연속으로 흑인 민중들의 삶은 여전히 고달팠기에 이를 극복하기 위해서는 흑인들의 신인 샹고의 해방전쟁과 모든 사슬과 억압을 끊어 내는 오군의 가위가 필요했던 것이다.

윌프레도 람 이후에 전개된 개념미술에서도 열대성이라는 카리브 미술의 중심 코드는 변함이 없다. 예컨대, 쿠바 출신의 멘디에타는 대지예술(land art)과 아프리카 연원의 쿠바 종교의식인 산테리아를 퍼포먼스로 재현해 낸다. 역사성을 체험한 흑인들의 몸의 변화를 상징적으로 보여 준 뒤에 죽음과 조상을 껴안는 제의적 생명력을 부여하는 것이다. 베디아 또한 아메리카 원주민의 종교나 아프리카에 기원을 둔 종교의식을 통해 공식된 역사 뒤에 감춰진 착취와 억압의 그림자를 폭로하고 아메리카 원주민과 아프리카 연원의 카리브 인을 역사의 주체이자 변화의 동인으로 재현하여 주목을 받고 있는 것이다.

하지만 카리브 흑인들의 열대성을 가장 잘 표현한 회화작품들은 아마도 아이티의 원시미술일 것이다. 서반구에서 가장 가난한 나라이기에 제도권 예술의 인습과 규칙으로부터 자유롭고 오직 본능과 감정에 충실한 매력을 지니고 있는 회화들이 바로 아이티 미술이다. 그래서 1945년 아이티를 방문한 프랑스의 작가 앙드레 말로는 그들의 그림이 보여 주는 마술적인 성격에 강한 충격을 받았다고 고백했으리라. 그런데 아이티의 미술에 있어서 가장 중요한 요소 역시 그들의 사회적 상황과 관계된 정신세계, 즉 보두교의 영향일 것이다. 각각의 색채와 기하학적인 선들 그리고 제의를 통해 양식화된 그림들의 상징성 등등이 오늘날의 회화에서도 여전히 가장 중요한 요소로 자리 잡고 있기 때문이다. 그들은 시장이나 투계(鬪鷄) 또는 역사적 사건들과 보두교 의식처럼 사람들이 많이 모이는 그림들을 즐겨 그렸다. 나아가 건물의 일상적인 장식에까지 보두교의 상징적인 문양들이 발견될 정도로, 그들의 그림은 그들의 정신세계와 영혼을 깊이 반영하고 있다. 그들 중 가장 유명한 화가들을 꼽으라면 이폴리트(Hector Hyppolite)와 필로메 오벵(Philomé Obin)을 들 수 있을 것이다.

카리브 지역의 혼종문화를 드러낸 예술장르로 빼놓을 수 없는 부분이 바로 문학이다. 문학작품들에는 인종과 언어문제 그리고 제국주의 및 그와 연계된 독재정부에 대한 저항정신이 가장 잘 반영되어 있기 때문이다. 그래서 이 지역 문학작품들의 가장 큰 특징 중의 하나가 바로 "혁명적 · 이데올로기적 성격"이라고 평가받는지도 모르겠다. 그런데 이러한 특징은 식민정책 형태로서의 유럽의 전통적인 형식과 가치를 거부하는 경향에서 나타난다. 유럽과 미국의 식민전통을 거부하고 그들 나름대로의 문학적 정체성을 확보하기 위해선 맨 먼저 혼종문화의 인종적 열등성부터 극복해야만 했다. 카리브 문화는 유럽적인 것과 아프리카적인 것 그리고 토착적인 요소가 서로 접촉해 항상 새로운 어떤 것을 형성해 가는 적극적이고 창조적인 문화이기 때문이다. 이러한 혼종 문화적 인식은 쿠바 작가인 알레호 카르펜티에르의 「바로크와 경이로운 현실」이라는 논문에 가장 잘 드러나 있는데, 그에 의하면 카리브의 본질은 끊임없이 무언가를 새롭게 형성해 가는 바로크 정신의 총화다.

카리브 문화를 공존 · 공생의 혼종문화로 파악한 것은 카리브 문학이 태동한 16세기부터 지금까지 가장 오래 지속되고 있는 특징 중의 하나다. 예를 들어, 1608년 쿠바 작가 실베스트레 데 발보아(Silvestre de Balboa)가 발표한 영웅서사시 『인내의 거울』은 카리브의 본질을 혼종문화로 묘사한 대표적인 작품이다. 프랑스 해적들에게 납치된 주교를 구출하기 위해 백인 식민자들과 토착 인디오, 흑인 노예들이 구조대를 조직해서 함께 싸우는 내용을 노래하고 있는 이 시에서, 인디오와 흑인 노예는 아무런 대가 없이 주교의 생명을 구하며 전사한다. 지배자인 백인을 구출하기 위해 피지배자인 인디오와 흑인 그리고 백인이 힘을 합쳐 투쟁하는 것이다.

이 작품에서 볼 수 있듯이 인종에 의해 지배와 피지배의 계급으로 갈라지는 카리브 지역에서 인종문제는 빼놓을 수 없는 문학 주제다. 정복초기의 가혹한 수탈로 거의 멸절되어 버린 인디오와 그 문화들! 그들을 대체하기 위해 아프리카로부터 수입되어 사탕수수 농장에 투입된 흑인 노예들! 노예수입이 금지된 이후 부족한 노동력을 메우기 위해 유입된 아시아 출신의 노동자들! 이 모든 것들이 합쳐져 카리브 문화를 형성하고 있기에 인종문제는 카리브의 모든 문제를 함축하고 있는 가장 중요한 특징 중의 하나다. 그래서 19세기부터 카리브 문학의 주요 테마로 떠오른 인종문제가 개별 국가와 카리브 지역의 정체성 추구에 몰두하던 낭만주의 시대를 지난 오늘날까지도 끊임없이 재생산되고 있는 것이다.

19세기 중엽부터 카리브 문화의 뿌리를 시보네이 족이나 타이노 족 등

사라진 인디오 문화에서 찾는 인디오 중심주의가 수많은 작가들의 화두로 떠오르게 되는데, 그중 마누엘 데 헤수스 갈반(Manuel de Jesús Galván)의 역사소설 『엔리키요』는 가장 대표적인 작품이다. 하지만 카리브 문화에서 가장 중요한 요소는 역시 흑인문화일 것이다. 그래서 흑인문화에 대한 재평가도 하나의 큰 흐름을 형성하게 되는데, 이는 향후 네그리튀드로 집대성되게 된다. 19세기 후반부터 퍼밍(A. Firmin), 토마스(J.J. Thomas), 매리쇼(T.A. Marryshow), 마커스 가비(Marcus Garvey) 등 역사, 정치, 언론인 등을 망라한 모든 지식인들이 이를 화두로 삼아 이론화를 모색한 뒤에, 20세기 초반 수리남 출신 작가 쉬리니바시(Shrinivasi)와 트리니다드토바고 작가인 네이폴(V.S. Naipaul)의 작품에서 절정을 맞게 되는 것이다.

이렇듯 19세기부터 20세기 초의 카리브 문학은 주요 테마로써 흑인문제를 다루고 있다. 하지만 대부분의 작품들이 흑인들 스스로에 의해서 창작되기보다는 권력층에 끊임없이 저항했던 크리오요 계급의 입장에서 그들의 정치적 목적을 위해 창작된 한계를 갖고 있다. 그래서 〈반노예 소설〉 혹은 〈노예제 폐지 소설〉 등에서 흔히 다뤘던 노예제에 대한 신랄한 비판조차도 실은 인도적 차원에서 이루어진 것이 아니라 지배계급의 정치적·경제적 목적을 달성하기 위한 수단으로 사용되었던 것이다. 즉 『삽 *Sab*』(1841), 『세실리아 발데스 *Cecilia Valdés*』(1882) 등으로 대표되는 흑인 소설들에서조차도 작가들은 항상 수동적이고 순종하며 물화된 노예들의 비전만을 제시하고 있는 것이다. 그러므로 흑인들의 이러한 수동적 세계관은 당시 신흥 부르주아지를 형성하던 크리오요들에게 유리한 정치적·사회적 개혁을 하면서도, 흑인들이 백인들로 구성된 지배계급에 도전하는 것을 막기 위한 의도가 저변에 깔려 있는 것이다.

이런 상황에서 1966년 출판된 미겔 바르넷(Miguel Barnet)의 증언 소설 『어느 도망친 노예의 일생』은 우리의 주목을 끈다. 1860년대 쿠바의 사탕수수 농장을 배경으로 속박된 삶을 사느니 산으로 도망쳐 그를 뒤쫓는 무자비한 백인들에 대항하기를 원했던 에스테반 몬테호라는 도망친 흑인 노예의 삶을 다루고 있기 때문이다. 이 소설에 나오는 흑인은 더 이상 수동적인 하인이 아닌, 권리를 위해 저항하고 투쟁할 줄 아는 적극적이고 능동적인 인물이다. 비록 자신의 성(姓)도, 생년월일도 모르는 하잘 것 없는 민중에 불과하지만, 자유와 명예를 위해 죽기 일보 직전까지 투쟁하는 인물인 것이다.

흑인문제 외에도 카리브 문학에는 수많은 테마들이 있다. 흑인 문화에 대한 고양은 자연스럽게 언어문제로 눈을 돌리게 만든다. 카리브 국가들은 스페인어 · 포르투갈어 · 영어 · 프랑스어 · 네덜란드어 등 정복자들에 의해 강요된 언어를 공식어로 사용하고 있지만, 이들 언어들은 사실상 아직까지도 지배계급의 언어요 대도시의 언어일 뿐이다. 대부분의 흑인들은 여전히 크레올어를 사용하고 있기 때문이다. 그러므로 크레올어에 의한 작품창작은 일반 민중들의 구전 문화적 전통을 공식문화로 편입시키는 의미가 있다.

인종문제와 언어문제 외에 탈식민주의적인 경향도 카리브 문학의 주요한 특징 중의 하나이다. 토착민들 입장에서 식민지적 노예 상태의 역사는 외부인들에게 지역성을 상실당하고 토지를 강탈당한 데서 시작되었다고 볼 수 있으며, 흑인들 입장에선 태어난 고향을 떠나 강제로 투입된 플랜테이션 농업에서 시작되었다고 볼 수 있기 때문이다. 20세기 초반에 출판된 많은 작품들이 사탕수수 농장을 배경으로 한 반제국주의적 성향을 띠고 있으며, 그 대표작들로 마르티니크의 작가 르네 마랑(René Maran)의 소설 『바투알라 *Batouala*』(1921), 과달루페의 오루노 라라(Oruno Lara)의 소설 『피부색의 문제』(1923), 그리고 도미니카 인 라몬 마레로 아리스티(Ramón Marrero Aristy)의 소설 『오버』(1939) 등을 들 수 있다.

하지만 사탕수수 농장에 대한 고발만으로 민중들에게 신분제도의 철폐와 토지의 획득을 가져다줄 수는 없었다. 민중들이 자신들에게 강요된 식민 통치의 잔재와 강요된 침묵을 더 이상 무관심하게 받아들이지 않도록 하기 위해선 새로운 저항이 필요했다. 그래서 작가들은 자연스럽게 이전의 역사에서 해방의 전범을 모색하게 되며, 그 과정에서 주목된 사건이 바로 아이티 독립투쟁의 역사였다. 그래서 아이티의 역사는 19세기 중엽 헤수스 갈반의 『엔리끼요』부터 최근의 레이드(V.S. Reid)의 소설 『새로운 날』에 이르기까지 항상 새롭게 형상화되었던 것이다. 그중에서도 가장 뛰어난 작품들로는 쿠바의 알레호 카르펜티에르가 쓴 소설 『지상의 왕국』(1949)과 에메 세제르, 데렉 월코트, 그리고 에두아르 글리쌍의 희곡들을 들 수 있다.

쿠바의 독립전쟁 또한 카리브 작가들이 즐겨 다룬 테마다. 제국주의에 반대하는 카리브 지식인들이 쿠바의 독립전쟁을 다루는 것은 일종의 연대감을 표출하는 행위다. 쿠바의 독립전쟁은 미국의 제국주의적 확장을 드러내는 상징적 사건이기 때문이다. 아이티의 오스발 뒤랑(Oswald Durand), 도미니카의 아르투로 페예라노 카스트로(Arturo Pellerano Castro), 푸에르토리코의 프란시스코 곤살로 마린(Francisco Gonzalo Marín), 마르티니크의 르네 본느빌(René Bonneville), 자메이카의 발터 아돌프 로버츠(Walter Adolphe Roberts) 등 많은 작가들이 국가에 상관없이 이 사건을 다루며 미국의 제국주의를 경계한 것이다.

카리브 문학엔 이외에도 독재정부와 정치폭력에 대한 관심도 두드러진다. 쿠바의 독재자 헤라르도 마차도를 그리고 있는 카르펜티에르의 소설 『방법론의 근원』과 독재자의 원형을 찾으려고 노력하는 가르시아 마르케스의 『족장의 가을』은 가장 대표적인 작품들이다. 수많은 정치적 망명자를 양산해 낸 독재정치는 식민주의와 협력하며 아무런 수치를 느끼지 못하는 또 다른 형태의 착취형태요 극복되어야 할 제국주의적 잔재였기 때문이다.

6. 나가며

우리는 지금 식민주의와 동시에 그에 저항하는 시대에 살고 있다. 서구인들은 역사상 처음으로 단지 통치자 · 지배자로서뿐만 아니라 폭력의 범죄, 억압의 범죄, 양심의 범죄로 비난받는 문화의 대표자들로 인식되고 있다. 하지만 "미국의 특별함과 박애주의와 기회의 장점을 주장"하는 제국주의 담론의 영향력 또한 여전히 막강하다. 하지만 미국의 위대성과 인종적 우월감, 그리고 민주주의의 위대성에 대한 집착은 군대를 사용해서라도 머나먼 곳에서 벌어지고 있는 자국의 이익을 지켜야 된다는 강대국의 논리, 그 이상도 이하도 아니다. 그리고 이에 맞서는 테러리즘과 바버리즘이 도처에서 기승을 부리고 있다. 우리는 카리브 지역의 역사와 문화를 통해서, 소위 말하는 '원시적' 사회에서 살인과 반란과 끝없는 불안을 만들어 낸 것은, 토착민들이 아니라 바로 그들을 교육시켜 서구의 '문명'에 동참하게 할 수 있다고 믿었던 서구인들의 무지한 열정이었다는 것을 안다.

전근대와 근대가 혼종되어 있는 독특한 지역 카리브의 문화는 필연적으로 혁명적이요 이데올로기적이다. 하지만 지난 20세기 내내 미국이 이 지역문제에 직접적이고도 공개적인 간섭 정책을 유지한 것을 상기해 보면 일면 당위적인 느낌도 지울 수 없다. 제국주의 국가들은 키어난(V.G. Kiernan)의 언급처럼 "자신이 원하는 것은 모든 인류가 원하는 바로 그것이라고 생각하기를 좋아하는데", 지배자의 이러한 선민의식으로부터 벗어나기 위해 카리브 만의 정체성을 찾고 그들 문화에 대한 자긍심을 고취시키는 노력들이 일견 당연해 보인다.

카리브 문화엔 다양한 시대적 · 국가적 특징과 함께 탈식민적 특징을 공유하는 통합적인 흐름이 존재한다. 때론 서구문화와 흑인문화의 대립이 두드러지며, 백인문화 대신 흑인문화를 동경하고 옹호하는 담론의 역전이 일어나기도 한다. 카리브 인들의 경험 속에 살아 있는 비(非)유럽적 문화의 영향력을 강조하는 아프로-아메리카니즘이 20세기 변혁운동의 큰 축을 형성할 때도 있었다. 하지만 흑인문화가 서구문화보다 더 우월하다는 담론은 서구문화와 흑인문화의 관계를 역전시킴으로써 흑인문화에 대한 자긍심을 심어 줄 수 있을지는 몰라도 서구중심의 이분법을 재생산하는 오류를 범하는 문제점을 갖고 있기도 하다. 그리고 이러한 문제점은 아이티의 뒤발리에 대통령에 의해 정치적 이데올로기로 악용되기도 하였다. 하지만 이러한 문제점들에도 불구하고 기존의 서구중심주의 담론구조에 일정 부분 혁명적인 변화를 가져온 것 또한 부인할 수 없는 사실이다.

카리브 문화는 혼종이며, 다양하고, 놀랄 만큼 변별적이며, 다층적이다. 하지만 다시 생각해 보면 세계의 그 어떤 문화도 혼종 아닌 문화가 없다. 사실 정체성은 본체론적으로 주어지거나 영원히 결정된 불변적인 것이 아니다. 세계 그 어느 문화도 독특하거나 환원될 수 없는 고유하고 완벽한 특성으로 인해 특권적 지위를 누릴 수는 없는 것이다. 문화란 본질적으로 상호간에 주고받는 영향의 관계이기 때문이다.

† 참고문헌 †

세제르, 에이메, 『귀향수첩』, 이석호 역, 동인, 2004.
파농, 프란츠, 『검은 피부 하얀 가면』, 이석호 역, 인간사랑, 1998.

Gilroy, Paul, *The Black Atlantic: Modernity and Double Consciousness*, Harvard University Press, 1993.
Pataki, Eva, *Haitian Painting: Art and Kitsch*, Chicago: Adams Press, 1986.
Poupeye, Veerle, *Caribbean Art*, London: Thames and Hudson, 1998.
Waters, Mary C., *Black Identities: West Indian Immigrants Dreams and American Realities*, Harvard University Press, 2001.

라티노의 형성과 새로운 정체성 모색

이성훈 서울대학교 BK 교수

1. 라티노와 흑백 패러다임의 변화

미국 내에 존재하는 라티노는 1980, 90년대 이후 이주의 급격한 증가와 높은 출산율로 인해 최근 들어 흑인 인구수를 추월하였고, 2040년에는 라티노를 제외한 전체 소수인종의 수보다 커질 것으로 예측된다. 1980년에서 2000년까지 20년 동안 흑인 인구수의 증가율이 0.9%인 데 비해, 라티노 인구는 6.1%로 약 7배 정도 높은 증가율을 보이고 있다. 또한 2002년 통계에서 보여 주듯이 2000-2002년 동안 라티노의 인구 증가율은 6%로 전체 미국 인구 증가율 2.5%의 두 배를 넘고 있다. 이러한 가파른 증가율로 인해 1980년 인구센서스를 통해 조사된 라티노계 인구수가 1,400만을 약간 상회했다면, 2004년 조사 때는 약 4,132만 명으로 전체인구의 14.2%를 차지할 정도로 급속도로 증가한 것이다.

라티노 인구의 급격한 증가는 미국 사회 내에서 인종문제를 바라보는 패러다임의 변화를 보여 준다. 예를 들어 1994년에 벌어진 LA 폭동을 주류 언론이 주로 흑백 간의 갈등이라는 관점에서 접근했지만, 실제로 체포자 수가 가장 많은 집단은 라티노들 특히 멕시코나 중미 이주자들이었다. 이처럼 라티노는 미국에서 가장 급속하게 성장하는 에스닉 그룹으로, 미국 내 인종 문제가 흑백 패러다임에서 백인과 라티노 중심으로 변화되었다는 것을 보여 준다. 또한 지배 문화와의 갈등과 협상을 통해 새롭게 자신들의 문화적 정체성을 구성함으로써 동화라는 관점에서 이주자 문화를 바라보던 미국 주류 문화에 대해 새로운 시각을 제시한다. 따라서 이들의 경험과 정체성에 대한 논의는 미국 사회의 현재를 이해하고 미래를 예측하는데 있어 중요한 참조점이 될 것이다.

라티노를 바라보는 시각은 〈멕시칸 없는 하루〉라는 영화가 코믹하게 보여 주고 있듯이 미국 사회의 하층을 형성하는 저임금노동자, 혹은 사회문제를 야기하는 불법이주민이라는 관점이 주된 입장이다. 그러나 급격하게 늘어난 인구수를 배경으로 다양한 층위에서 그들은 이미 미국 사회의 모습을 바꾸고 있는 중요한 요인인 것 또한 사실이다. 미국의 수입맥주 중 가장 많이 팔리는 것은 이제 하이네켄이 아니라 멕시코의 코로나이며, 가장 많이 팔리는 양념은 하인즈의 케첩이 아니라 '살사'이고, 또 타코와 엔칠라다 등 멕시코 음식이 미국의 외식업체의 주된 메뉴로 등장하였다. 음악 등 대중문화 장르뿐만 아니라, 광고와 텔레비전, 라디오 등에서도 스페인어에 기반한 이들의 영향력이 갈수록 강화되고 있다. 이처럼 일상생활에서부터 시작해서 정치 · 경제 · 문화의 영역에서 자신들의 존재를 드러내고, 그들에 대한 주류사회의 편견을 바꾸어 내면서 새로운 미국 문화를 만들어 가고 있는 것이다.

미래 미국 사회를 구성하는 데 있어 중요한 역할을 하게 될 라티노에 대한 이해는 그들이 가지고 있는 문화적 특징을 적극적으로 이해하는 데서 시작한다. 스페인어로 "가지 않는다"라는 뜻의 "NOVA"라는 상표를 통해 라티노 마케팅을 진행했던 시보레 자동차의 실패 경험이 보여 주듯이 이들의 언어, 생활 습관에 대한 이해 없이는 그들을 온전하게 이해하기 어려운 것이다. 그만큼 이들은 미국 백인 주류 사회에 차별되는 문화를 가졌고 자신들의 전통적 문화에 대한 일체감이 강하기 때문이다. 이런 미국 사회가 경험했던 실패를 미국 내 한인 사회가 또다시 반복하고 있는 것도 이들의 언어, 종교, 습속 등 문화에 대한 충분한 이해가 없기 때문이다. 미국 내 한인들도 이러한 이해 부족으로 라티노 종업원이나 점차 구매력을 확대해 가고 있는 라티노 고객들과 많은 충돌을 경험하고 있는 것이다. 이런 맥락에서 라티노에 대한 이해는 미국 사회의 미래를 예측하는 측면뿐만 아니라, 이주를 통해 문화 갈등을 경험하고 있는 우리 사회를 이해하는 데에도 도움이 될 것이다.

미국 내 최대 에스닉 그룹으로 성장한 라티노들은 계층, 출신지역, 언어 구사 능력, 이주 시기 등 다양한 내부적인 차이에도 불구하고 공통의 문화적 자질을 공유하면서 미국의 주류 문화와 긴장관계를 형성하고 있다. 물론 이들이 공통의 문화적 자질을 공유하고 있다는 입장에 대해서는 많은 비판이 제기되지만, 일반적으로 언어, 종교, 전통 등에서 미국 내 백인 주류 사회와 차별되는 공통의 자질을 가지고 있는 것으로 간주된다. 이들이 위치하고 있는 공간을 바로 경계지역(border)이라 할 수 있는데, 이들은 이주하기 전 자신들의 출신 국가나 혹은 부모세대의 모국 문화에 전적으로 속하지도 않고, 또 이주지의 새로운 문화에 전적으로 동화하지도 않은 채 두 문화 사이에 위치하고 있는 것이다. 이를 통해 경계 문화 혹은 사이 문화를 형성하고, '경계의 정체성'을 구성해 나가고 있는 것이다. 이들의 이러한 태도는 근대 민족국가의 역사적 경험에 미루어 새로운 시각을 보여 준다. 근대 민족국가가 국경이라는 영토 내에서 이른바 '상상의 공동체'를 만들었다면, 이제 라티노들은 미국 내에서 자신들의 확정된 영토는 없지만, '영토 없는 곳에서 국가 만들기'라는 새로운 시도를 하고 있는 것이다. 물론 이들의 결합을 정치적 맥락에서만 읽어 내는 것은 다소간 과장되어 있지만, 라티노 공동체가 가지고 있는 정치적 · 문화적 특징은 문화 간 갈등을 통해 새로운 문화 주체 형성을 보여 주는 의미 있는 사례인 것이다.

2. 라티노란 누구인가?

미국 내에 존재하는 라티노의 존재는 공식적으로 미멕전쟁(1846-1848)에서 멕시코가 패배하고 과달루페 이달고(Guadalupe Hidalgo) 조약을 통해 캘리포니아, 네바다, 유타, 뉴멕시코, 애리조나, 콜로라도 지역 등을 미국이 헐값에 넘겨받고, 이 지역에 거주하고 있던 멕시코 사람들 중에서 약 75,000명이 미국 국적을 선택하면서부터라고 할 수 있다. 멕시코 영토였던 텍사스 지역을 둘러싼 갈등이 1836년 텍사스의 독립선언, 그리고 1845년 미국의 텍사스 병합으로 이어지면서 양국의 전쟁으로 치달았고, 이 전쟁에서 멕시코가 패배하면서 지금 멕시코 영토의 배에 해당하는 영토, 그러니까 한반도 넓이의 약 6배에 해당하는 136만 km^2를 1,500만 달러라는 헐값에 미국에 넘기게 된 것이다. 이러한 멕시코의 패배는 이후 캘리포니아 지역을 중심으로 서부지역에서 금광이 발견됨으로써, 더더욱 커다란 상실감을 맛보아야만 했다. 텍사스를 중심으로 한 양국 간의 갈등은 이렇듯 미국의 일방적인 승리로 귀결되었다. 그러나 미국의 남서부 지역에서는 영어를 사용하는 인구보다 멕시코계 인구들이 더 많이 자리 잡고 있었기 때문에 지속적으로 멕시코적인 문화, 전통, 역사를 유지할 수 있었고 이것이 이후 라티노 집단의 특수성으로 이어진 것이다.

앞에서 간략하게 이야기한 것처럼, 2004년 인구통계 자료에서 라티노 인구는 4,120만에 달하고 미국 전체 인구의 14.2%에 달한다. 이들 중 66.9% 그러니까 전체 라티노 인구의 2/3에 달하는 사람들은 멕시코계이고, 14.3%가 중남미계, 8.6%가 푸에르토리코계, 3.7%가 쿠바계다. 이들은 주로 미국의 남서부 지역에 거주하고 있는데, 구체적으로 보면 멕시코계가 서부지역(54.6%)과 남부지역(34.3%)에, 푸에르토리코계가 뉴욕을 중심으로 한 북동부지역(58.0%)에, 쿠바계가 마이애미를 중심으로 남부(75.1%)

에 자리 잡고 있다.

인구 구성상에 있어 라티노 인구는 비라티노계 백인 인구와 차이를 보여 주고 있는데, 18세 이하 인구가 비라티노계 백인 인구에서는 22.8%인데 반해, 라티노의 인구구성에서는 34.4%를 점하고 있다. 65세 이상 인구의 경우의 경우는 라티노가 5.1%, 비라티노계 백인이 14.4%를, 25세에서 44세 인구비율은 라티노가 33.2%, 비라티노가 28.4%를, 45-64세의 경우는 각각 14.3%와 25.5%를 차지하고 있다. 이 자료에서 보이듯이 라티노의 인구가 최근 들어 늘어나고 있으며, 향후에도 이런 추세가 지속적일 것임을 보여 주고 있다.

출생지를 기준으로 라티노 인구를 분류해 보았을 때, 이들 중 40%에 해당하는 약 1,500만 명이 해외에서 태어났고, 해외에서 태어난 라티노들 중 52%가 1990-2002년 사이에 미국에 입국했고, 25.6%는 1980년대에, 나머지 22.3%는 1980년대 이전에 미국에 이주했다. 그러나 1970년대 이전에 들어온 이민자의 73.3%와, 1980년대에 들어온 이민자의 29.9%가 2002년 현재 시민권을 획득한 것에 비해, 1990 2002년 사이에 들어온 이민자의 7.3%만이 시민권을 획득했다는 통계에서 보여 주듯이 라티노들의 법적 · 사회적 신분은 매우 불안한 상태에 있다. 이는 경제적인 측면이나 교육 수준 통계에서 보여 주는 라티노들의 저임금 · 저학력 구조와 맞물려 미국 내 라티노들의 경제적 · 사회적 조건을 잘 보여 주는 지표라고 할 것이다.

교육수준에서도 25세 이상 인구 중 고등학교 졸업자는 라티노 인구가 57.0%인 데 반해, 비라티노계 백인들은 88.7%를 보여 주고 있으며, 대학 졸입자의 경우에도 라티노 인구가 11%인 데 반해, 비라티노계 백인들은 29.4%이다. 또한 고용의 측면에서도 16세 이상의 노동인구 중 라티노의 경우 8.1%가 실업상태이고, 이는 비라티노 백인 인구의 5.1%와 비교하여 상당히 높은 수준의 실업상태를 보여 준다. 또한 취업의 질에 있어서도 라티노계 인구는 주로 서비스 직종에 종사하고 있으며(22.1/11.6%), 전문직(14.2/35.1%) 취업 수에 있어서도 의미 있는 격차를 보여 주고 있다.

교육 수준과 취업의 질은 자연스럽게 소득의 격차로 나타나는데, 풀타임 노동자 중 35,000달러 이상을 버는 라티노 인구는 26.3%로, 비라티노 인구의 53.8%와 큰 차이를 보여 준다. 또한 비라티노 인구의 7.8%가 빈곤의 상태에 있는 데 반해, 라티노의 경우 21.4%가 빈곤의 상태에 있다. 다시 말해 전체인구의 13.3%를 차지하지만, 빈곤인구의 24.3%를 차지하고 있는 것으로 미루어 라티노 인구의 현재적 조건은 그리 낙관적인 것이 아님을 보여 준다. 그럼에도 불구하고 라티노를 하나의 경제 단위로 보았을 때 세계 7위에 해당하는 경제대국으로 평가될 만큼 라티노의 경제규모는 성장하고 있으며 그들의 구매력 역시 급속도로 증가하는 등 그들의 경제적 영향력은 갈수록 강화될 것이다.

라티노 인구의 미국 내 유입은 멕시코계 이주민의 경우 멕시코 혁명시기의 정치적 혼란을 피해 이주하는 경우와 1차 대전을 거치면서 미국 내 철도, 광산, 농장 등을 위한 노동인력을 충원하는 방식으로 대규모로 진행되었다. 또한 1898년 미서 전쟁의 결과로 미국의 영향권에 편입된 푸에르토리코의 경우도 1920년대 들어 대규모 이주가 진행되었다. 그러나 이러한 20세기 초반의 대규모 이주는 1929년 대공황을 거치면서 미국의 경제상황이 악화되면서 엄격하게 통제되었다. 라티노의 이주는 이처럼 주로 미국 내 경제 상황과 밀접하게 연동되어 있는데, 2차 세계대전과 1950, 60년대의 경제 상황의 개선을 거치면서 다시 라티노 인구의 유입이 급속하게 확대된 것이다. 특히 멕시코계 인구 유입은 급속하게 증가하는데, 1950년대에 전체 유입인구의 5.9%에서 11.9%로, 1960년대에는 13.3%로 증가하면서 전체 라티노 인구구성에서 절대다수를 점하게 되었다. 이러한 멕시코계 인구의 유입과 달리 1970, 80년에는 중미 지역의 정치적 혼란으로 이 지역의 엘살바도르나 니카라과 출신의 이주민이 대규모로 미국에 들어오게 되면서 라티노 인구 구성에 다양성을 보여 주게 된다.

3. 주류 사회의 라티노 담론

그렇다면 미국에서 의미 있는 인구집단으로 성장한 라티노 집단을 주류 사회에서 어떻게 인식하고 담론화했는지 살펴보기로 한다. 대표적인 라티노 연구자 중 한 사람인 수잔 오벌러(Suzanne Oboler)는 육로를 통해 미국에 입국한 페루 출신 이주민들과 인터뷰를 통해, "여행을 통해 그들의 국가적 정체성이 보다 강화되었다."라는 것을 발견했다. 즉 페루에서 출발하여 미국에 이르기까지 대륙을 종단하는 과정에서 라틴아메리카의 다른 나라 국적을 가진 사람들을 지속적으로 접한 페루 출신 이주자들은, 언어습관, 일상생활, 복식 등에서 자신들이 가지고 있는 문화적 습속이 다른 국가의 그것들과 차별된다는 것을 느낀 것이다. 이러한 차이의 확인이 자연스럽게 다른 라틴아메리카 사람들과 차별되는 페루 인으로서 정체성을 강화했다는 것이다. 그러나 문제는 이러한 출신국가에 대한 문화적 일치 혹은 정체성 확인에도 불구하고, 미국에 도착하자마자 페루 인이라고 하는 국가적 정체성이 사회적으로 별 의미를 갖지 못한다는 것이다. 즉 그들은 미국에 도착하자마자 자신들이 페루 인이라고 불리기보다는 오히려 라티노라고 더 많이 불린다는 것을 발견하게 된 것이다. 이 경험은 미국 사회에서 페루 인이라는 정체성보다는 라티노라는 호명을 통해 새로운 정체성을 부여받는 것을 의미한다. 또한 지금까지 그들이 지녀왔던 페루 인으로서의 다양한 문화적 습속이 새로운 환경 속에서 일정하게 변화되어야 한다는 것이다. 이러한 변화는 라티노라는 호명을 통해 시작되고, 호명은 문화적으로 각인되는 과정을 거치게 된다.

이렇듯 미국 내에 거주하는 라티노 인구들은 내부적인 차이, 즉 출신지역, 이주시기, 도착방법, 사회적 계층 등을 고려하지 않고 라티노 혹은 히스패닉이라는 이름으로 범주화되고 있다. 본질적으로 이러한 범주화는 구체적인 현실의 추상이라 할 수 있고, 또 많은 경우 국가의 현실적인 필요에 의해 탄생한다. 또 범주의 사용은 불가피하게도 인종, 젠더, 계층, 언어와 관련된 것이든, 혹은 사회적으로 구성된 특정한 자질들을 통해 그 집단의 특성을 일반화한다. 다시 말해 특정한 자질들을 구성원들에게 공통된 어떤 것으로 부여하고, 이제 이 자질들은 그들을 동질화하는 기제로 작동하게 되는 것이다. 그러나 실제로 이러한 분류는 범주화하고 있는 그룹의 실상과는 반드시 일치하는 것은 아니다. 즉 히스패닉을 범주화할 때 반복적으로 사용되어지는 스페인어 사용유무, 가톨릭 신앙의 소유 유무, 유색 인종 등의 자질들은 히스패닉의 실재와 그대로 부합하는 것은 아니다. 이러한 범주화의 무역사성과 특정 자질의 본질화는 내부적인 차이를 없애고 다양성을 훼손하고 있으며, 더 나아가 주류 사회가 기회와 자원을 배분하는 데에 있어서 차별화 기제로 작동하고 있다는 점에서 심각한 사회적 차별을 야기한다.

그러나 범주화는 부정적인 측면 이외에도 일정 정도 긍정적인 측면을 가질 수 있다는 점 또한 사실이다. 다시 말해 범주화가 내부적으로 존재하는 차이를 무화하고 있다는 점은 문제적일 수 있지만, 이들 구성원들 사이에 일정한 동질감을 부여하고 그들의 정서적 유대감을 형성하는 계기로 사용되고 있다는 현실적인 측면 또한 존재한다. 예를 들어, 사무엘 헌팅턴에 의하면 멕시코에서 태어난 이주 아동들 중 41.2%가 자신을 히스패닉으로, 32.6%가 멕시칸으로 규정하고 있다. 또 미국에서 태어난 멕시칸 아동들 중 24.6%가 치카노로 20.6%가 히스패닉으로 규정했다. 이는 히스패닉이라는 라벨이 그 구성원들에게 정서적 거부감 없이 쓰인다는 것을 보여준다. 더 나아가 주류 문화에 맞서 자신들의 정체성을 강화하는 전략적 범주로 사용되고 있다는 점에서, 이 라벨의 사용은 양면적으로 사고되어야 한다. 다시 말해, 히스패닉 혹은 라티노라는 개념이 갖는 의미는 이러한 범주의 출현을 강화한 미국 사회의 특정한 맥락과 이에 대한 대응을 통해 찾아질 수 있다. 히스패닉이라는 범주화가 부정적인 함의를 통해 주류 사회의 차별화 기제로 작동하는 측면도 분명 존재하지만, 자신들의 집단적 정체성을 환기하고 자극하는 역할도 동시에 수행하고 있다는 것이다.

4. 타자로서의 라티노

그렇다면 라티노 혹은 히스패닉이라는 범주와 이 범주로 불려졌을 때의 효과는 무엇인지 간략하게 살펴보고자 한다. 일반적으로 미국 내에서 스페인에 의한 식민지배의 유산과 관련되었거나 혹은 라틴아메리카 출신 공동체나 그 구성원들을 지칭하기 위해 사용되는 이 용어들은 그 정의상 약간의 차별성을 가진다. 히스패닉이 스페인과 스페인의 식민 유산과 관련된 지역의 이주민들을 통칭한다면, 라티노라고 하는 개념은 스페인의 식민적 유산과의 관계보다는 라틴아메리카 출신 미국 체류자들의 정치적 · 사회적 결사를 강조하는 의미로 사용된다. 물론 이 두 가지 용어 중에서 어떤 것이 보다 바람직할 것인가를 둘러싼 논쟁은 라티노 연구자들 사이에 뜨거운 문제들이다. 또 다른 맥락에서 두 용어를 둘러싼 논의는 둘 다 내부적 차이를 간과한 범주화라는 점에서 문제가 있다는 반론으로 이어지기도 한다. 따라서 차라리 히스패닉이라는 널리 알려진 개념을 사용하는 것이 라틴아메리카계 이주민과 그 후손들의 정체성 확인과 정치적 기동에 보다 유리할 것이라는 주장이 나오기도 한다.

히스패닉이라는 라벨은 1970년 이후 미국 정부 기관들에 의해 광범위하게 사용되었고, 현재에도 미국에 살고 있는 라틴계 인구들의 정체성을 담보하는 용어로 라티노라는 개념과 같이 사용되고 있다. 그러나 점차 대안으로 사용되고 있는 라티노라는 용어와는 달리 히스패닉이라는 용어는 와습(WASP)이라고 정의되는 백인 주류 사회에 대한 타자적인 의미를 가지고 있다. 따라서 부정적 함의를 내포한 히스패닉이라는 용어보다는 라티노라는 개념을 통해 이들의 미래지향적인 가치를 표현하는 것이 바람직하다는 비판이 제기되는 것이다. 그렇다면 히스패닉이라는 용어가 어떻게 사용되고 있는지를 살펴보면서, 중남미계 이민자들이 구체적 삶 속에서 이러한 라벨에 부여하고 있는 사회적 가치와 의미를 찾아보려고 한다. 주지하다시피 에스닉 라벨은 특정한 입장들을 구축하는데, 지배적인 관점에서 히스패닉은 "정부지원금이나 축내는, 에이즈에 걸린, 약물 중독된, 학업을 중간에 포기한, 그리고 10대 때 애나 임신한(welfare-ridden, aids-ridden, drug-ridden, dropout-ridden, teen-age-pregancy-ridden)" 즉 사회적 문제집단으로 인식된다. 또 다른 측면에서 "소비효과와 광고효과가 큰 특정 소비자 계층"이라는 경제적 측면에서 바라본 잠재적 시장이라는 맥락이 존재한다. 이처럼 라티노 집단은 사회적 문제집단이나, 상업적 마케팅의 대상으로 존재한다. 물론 최근 들어 급속하게 증가하는 인구수에 따라 라티노들의 정치적 영향력에 주목하는 입장이 존재하기는 하지만 대부분의 경우 부정적 타자화가 일반적이다. 이러한 타자화의 근거들이 과연 라티노들의 실상과 부합하는가라는 문제는 차지하고, 보다 중요한 점은 여타의 다른 이름들처럼 에스닉 라벨 역시 그 본질상 구체적 현실의 추상으로 많은 경우 타자화시키기 위한 헤게모니 문화의 전략이라는 점이다.

예를 들어, 히스패닉의 주된 자질로 부과되는 스페인어 사용 유무는 미국 사회 내에서 라티노들을 다른 그룹과 구별하기 위해 사용되는 속성들

중 하나에 불과하다. 즉 모든 라티노들은 스페인어를 잘한다라고 하는 것이다. 그러나 최근의 연구는 미국에 있는 모든 라티노들이 스페인어를 제1언어로 사용하고 있는 것은 아니라는 것을 보여 주고 있다. 사실상 이주 1세대 이후 세대들에게 있어 영어 사용자가 의미 있는 증가를 보여 주고 있고, 또 작은 숫자이기는 하지만 스페인어를 하지 못하는 인구도 늘고 있다. 마찬가지로 모든 라티노들이 인종적으로 혼혈이라거나, 종교적으로 가톨릭 신자라거나, 계층적으로 하층이라는 가정 또한 일반적으로 히스패닉이라는 에스닉 라벨에 의한 동질화를 합리화하기 위해 사용되는 왜곡된 견해라고 할 수 있다.

이처럼 히스패닉이라는 라벨에 부여된 속성들이 시간을 넘어 지속되는 것은 본질적으로 이 개념 자체가 특정한 맥락에서 만들어졌고, 이러한 맥락이 지속적으로 유지되고 있다는 것을 의미한다. 다시 말해 에스닉 라벨이 갖는 동질화 기제가 미국 사회 내에서 소수 공동체를 타자화하기 위한 전략이었고, 이 라벨을 지속적으로 사용하는 것은 여전히 백인 주류 사회와의 관계에서 소수 공동체가 차별과 배제를 경험하고 있다는 것이 적절한 예인 것이다. 따라서 이 용어가 만들어지고 그것에 담겨 있는 의미나 사회적 가치들이 형성된 특정한 조건을 파악하는 것은 이러한 차별과 배제를 전복하는 전환점이 될 것이다. 이처럼 히스패닉이라고 말했을 때 일반적으로 간주되는 부정적 속성, 예를 들어 영어 구사 능력의 열등함, 노동규율의 결여 등 사회적 핸디캡을 가지고 있거나 혹은 일반적으로 문화적 · 사회적 · 인종적 차이를 가졌다는 의미로 사용되는데, 이런 맥락에서 에스닉 라벨은 사회적 차별의 근거로 기능하게 되는 것이다.

앞에서 정치적 문맥에서 에스닉 라벨은 보다 구체적으로 기회나 사원의 분배와 직접적으로 관련되어 있다고 말한 바 있다. 다시 말해, 시민으로서 정치 · 문화 · 경제의 영역에 전적인 참여를 배제하거나 혹은 제약하는 것이다. 이러한 정치적 · 사회적 사용은 '낙인적' 라벨을 통해 사회 내에 특정한 거부를 결과하는 차별이 존재한다는 것을 확인한다. 이처럼 비록 원래의 의미가 상실되고 또 그 사회구성원들에 의해 인식되지 못할 지라도, 에스닉 라벨은 사회적으로 우월적 지위를 가진 그룹과 열등한 그룹 간의 갈등을 담고 있는 갈등기제가 되는 것이다. 따라서 그 그룹의 구성원들은 일상생활 속에서 그리고 외부사회와의 관계 속에서 그 라벨에 부과되어 있는 차별의 사회적 · 정치적 효과를 극복해야 한다. 그러나 보다 중요한 것은 그들 자신이 스스로 내면화하고 있는 라벨의 부정적 함의와 틀을 바꾸어야 한다는 것이다.

이렇게 지배 문화에 의해 각인된 히스패닉이라는 부정적 자의식을 극복하고 새로운 자의식을 형성하기 위한 움직임은 앞서 언급한 것처럼 히스패닉이라는 라벨을 라티노라는 새로운 이름으로 대체하고자 하는 움직임에서 상징적으로 나타난다. 그러나 이러한 움직임은 단기간에 나타난 것이 아니라, 지속적으로 시기별로 성격을 달리하면서 존재했다. 이런 움직임을 1960년대의 민족주의적인 경향에 주목하면서 다음 장에서 살펴보고자 한다.

5. 1960년대 문화 민족주의의 탄생

1960년대는 미국 사회에서 소수자 인권운동이 강하게 전개되던 시기로 개별 에스닉 그룹들이 자신들의 정체성을 구성해 가고자 하는 시기라고 할 수 있다. 미국 내에 존재하는 라틴아메리카계 인구 중 가장 큰 비중을 차지하는 치카노와 뉴요리칸(Nuyorican)이라고 불리는 푸에르토리코 공동체 역시 다른 소수 인종과 결합하여 '권리를 가질 수 있는 권리'를 가진 시민으로서 자신의 존재를 확인하고 자신들의 정치적 입장을 개진하고자 했다. 자신들의 권리를 주장하는 과정 속에서 다양한 방식으로 오랫동안 공동체의 생존을 지탱해 온 언어적 · 문화적 전통과 가치체계, 상징물 등을 재정립하고 자신들의 권리를 위한 투쟁에서 상징적 기호를 사용하고자 했다.

그러나 각 공동체들이 자신들의 집단적인 정체성을 추구했지만, 다른 한편으로 일정한 한계를 보여 주기도 했다. 즉 공동체 문화에 대한 강조는 그 구성원에게 공동체에 대한 강한 소속감을 부여하고, 공통의 정치적 · 사회적 의제를 통해 공통의 이익을 추구해 나갈 수 있는 정서적 기반을 구축하는 긍정적인 효과를 줄 수 있다. 다른 한편으로 이런 공동체 문화에 대한 강조는 공동체 구성원들이 가지고 있는 이데올로기적인 차이뿐만 아니라, 현실적으로 존재하는 인종적 · 계층적, 그리고 성적인 차이들을 무화하고 추상화 기제로 사용될 수도 있다는 것이다. 그럼에도 불구하고 1960년대 라틴아메리카 출신 이주민 밀집지역을 중심으로 전개된 이러한 집단적 정체성의 모색은 1970년대 라티노라는 동질적인 라벨이 출현하게 되는 맥락을 형성하게 된다. 즉 치카노와 뉴요리칸이라는 용어가 보여 주듯이 서로 다른 출신국가의 문화에 기반하여 서로 다른 문화 공동체를 형성해 갔지만, 미국 주류 사회와의 대립구도 속에서 같은 라틴아메리카 인으로서 가지고 있는 동질적인 경험을 통해 통합적인 정체성을 갖고자 한 시도도 존재한 것이다.

이러한 1960년대의 라틴아메리카 출신 이주민들의 민족적 정체성 모색은 다음과 같은 사회적 조건에서 나타났다고 할 수 있다. 2차 대전 이후 미국 사회에서 강화되던 국가주의적이고 애국주의적인 분위기 속에서 이주민들이 경험해야 했던 일상적인 모순이 그것이다. 이들은 공식적으로 시민권을 인정받고 1940년대의 인구센서스를 통해 백인으로 범주화되었음에도 불구하고, 전후 미국 사회를 지배하고 있던 애국주의 속에서 일정하게 민주주의의 이상과 괴리를 경험한 것이다. 이러한 '아메리카주의'는 민주주의 이념 속에 내재한 정의, 평등, 존엄 등의 가치들로부터 이주민들을 정치적 · 사회적으로 소외시키고 배제하고 있다는 현실적인 느낌을 제공한 것이다. 인종적 차이, 언어, 습관, 피부색들의 차이에 의해 주류사회로부터 배제되어 저임금 구조에 고착되어 있다는 배제와 소외의 경험이 1960년대 중반의 민족주의로 나타나게 되는 것이다.

이러한 라틴아메리카 이주민들의 민족주의들 중 가장 대표적인 형태가 바로 치카노 공동체가 모색했던 대안이라 할 것이다. 이들은 1969년 이른바 "아스틀란 선언(Plan Espiritual de Aztlán)"이라는 선언문을 통해 치카노들의 문화적 민족주의를 주장한다. 학생들에 의해 주로 진행된 이 운동은 지금까지 자신들을 규정해 오던 백인으로서의 공식적인 분류를 거부하고 이른바 '라사(raza)'에 대한 일체감을 통해 새로운 정체성을 모색하고자 했다. 이전 세대가 가지고 있던 주류 사회에 대한 동화라는 패러다임과 단절하면서, 치카노들은 아스틀란(Aztlán)이라고 하는 신화적 공간과 시간 속에서 자신들의 역사를 재구성하기 시작한 것이다.

6. 아스틀란: 치카노 민족주의

멕시코계 이주민들을 시칭하기 위해 일반적으로 사용되는 치카노(chicano)라는 용어는 그 기원이 명확하지 않지만, 미국에 이주한 멕시코 인들이 주로 치우와우와(Chihuahua) 출신이기 때문에 출신지 이름의 'Chi'와 멕시코 사람이라는 뜻의 'mexicano'의 'cano'가 합해져서 치카노라는 단어가 만들어졌다는 설과, 스페인 인들이 도착하기 이전 존재했던 원주민어인 나우아틀(Nahuatl)어의 멕시코를 뜻하는 'Meshico'에서 'esh'가 스페인어에서 없는 발음이기 때문에 멕시코 사람을 뜻하는 'meshicano'가 'chicano'로 이어졌다는 설이 존재한다.

치카노 운동은 수세대에 걸친 멕시코계 이주민들의 역사적 경험에 기반하여 사회적 변화를 추구하고자 1960년대에 일어난 운동으로서, 치카노의 정치적 · 사회적 · 경제적 지위를 증진시키고 그들의 문화를 재건하고자 하는 다양한 조직과 개인들의 결합이었다고 할 수 있다. 다시 말해 이 운동은 단순하게 문화적인 측면에만 집중한 운동이 아니라, 농장 노동자 운동, 토지 소유권 운동, 청년운동 등 다양한 형태의 운동들이 동시적으로 나타난 것이다. 농촌을 중심으로 한 운동이 치카노 운동의 가장 중요한 자극제였다면, 치카노 운동이 가장 조직적으로 그리고 정치적 의미를 가지고 등장한 것은 도시 중심의 청년운동이었다.

이러한 움직임은 1969년 콜로라도의 덴버에서 개최된 전국 치카노 청년회의에서 "아스틀란 선언문"을 채택하는 것으로 이어진다. 이 선언문은 치카노의 인종적 · 문화적 · 민족적 자부심을 강조하고, 유럽적 기원 대신 그들의 신화적 기원이라고 할 수 있는 아스틀란을 통해 공통의 정서적 기반을 구축하자는 것이다. 아스틀란을 상징으로 채택함으로써 치카노들은 자신들이 미국 내의 소수 인종이 아닌 원래 자신들이 이 땅의 소유자였음을 자각하게 된다.

아스틀란이라는 치카노 공동체의 신화적 공간은 그들에게 부과된 지배문화의 부정적 담론에 저항할 수 있는 상징적 도구로 사용된다. 수세기 동안 지배 담론들은 그들의 지배를 항구화하기 위해 치카노를 타자화했으며, 치카노 정체성을 퇴행적이고, 열등하며, 게으른 것으로 성공적으로 특징화했다. 여기에 저항하기 위해 치카노 공동체는 지배 문화에 맞서 분리주의적 민족주의를 선전해 낼 상징적 형식을 모색했고, 이러한 민족주의의 자의식적인 도구로 스스로의 기원을 재발견한 것이다. 도시에 거주하는 젊은 치카노들은 자신들의 기원을 고대 멕시코의 고대문명과 동일시함으로써 자긍심을 고취시키고 앵글로색슨의 주류 사회에 맞서 민족주의

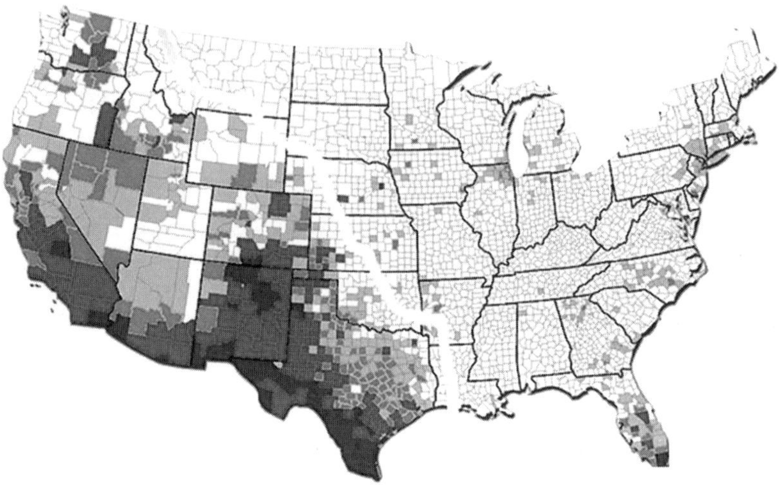

미국 내 라티노 주요 거주지역(진할수록 라티노가 많음)

적인 감성을 자극했다. 다시 말해, 성, 계급, 혹은 지리적 특수성에 구애받지 않는 즉 다양한 지역적 공동체 구성원들을 하나로 결합할 상징적 결합체를 모색한 것이다.

이제 치카노들은 아스테카 선조를 상징적으로 등장시키기 시작하고, 그들이 소수자가 아닌 원래 그 땅의 소유자이자 원주민임을 주장하기 위해 고대 문명의 근거지였던 아스틀란에 상징적 의미를 부여하기 시작한다. 아스틀란을 통해 이제 그들은 미국 사회의 소수자라기보다는 자신들이 이 땅의 원주민이었음을 주장하고, 잃어버린 땅을 되찾고 아스테카 시기의 영화를 회복하자는 새로운 담론을 구성해 내기 시작한 것이다. 이들은 멕시코라는 출신지역의 문화적 유산에 퇴행적으로 고착되거나 미국의 유럽 이주민 문화에 동화되는 것이 아니라, 스스로 하나의 독특한 경험을 공유하는 민족임을 주장하게 된다. 이러한 주장은 아스틀란이라는 상징적 공간을 통해 치카노로서 자신의 정체성을 절합하고 집단적 자의식의 이미지를 표출해 내는 것이다. 또 다른 한편으로 이러한 상징들은 지배 문화가 유포하는 부정적 담론에 대항하는 정치적 · 도덕적 무기 역할을 수행한다.

그러나 치카노 민족주의는 1970년대 들어와 일정하게 쇠퇴하게 된다. 그 이유는 우선 이 운동이 학생들에 의해 조직되었다는 점을 들 수 있다. 이들은 이민자 그룹이나 노동자 조직 내에서 만들어진 자생적인 조직들과는 약간의 거리가 있었다. 즉 학생들은 노동자, 농민 등 기층의 이주민들보다 더 쉽게 지배 문화에 포섭되거나 동화될 가능성이 많았다. 또한 이들이 제기한 문화 정체성 문제나 종족적 자기 정체성, 혹은 민족주의 문제는 대중적 관심을 끌어낼 의제라기보다는 학생운동의 의제에 머물 가능성이 많았다. 이런 맥락에서 학생운동의 역량은 민족주의적인 태도를 발전적으로 극복한, 설득력 있는 대안을 만들어 내기에는 역부족이었다. 또 다른 측면으로 이러한 종족주의적이고 민족주의적인 정체성에 대한 강한 반발이 존재했는데, 이것은 문화적 민족주의에 대한 반대로 나타났다. 주로 계급 중심적 사고에 토대한 이런 비판은, 민족주의가 계급이라고 하는 사회적 갈등 구조를 가리는 부정적인 역할을 한다고 주장한다. 또한 이러한 민족주의적인 태도를 일종의 국수주의적인 것으로 간주하고, 치카노의 문화적 자질들을 이분법적 대립 구도 안에 고착시켜 본질화시키는 것은 역오리엔탈리즘적인 것으로 비판하는 입장도 존재한다.

결국 1960년대의 이러한 민족주의에 대한 모색은 지배를 극복하고자 하는 효과적인 대안으로 이어지기보다는 그들의 문화를 강조하고 보존하는 폐쇄적인 경향으로 나아갔다. 따라서 문화와 공동체의 기원과 본질을 모색하고 이를 통해 치카노 민족주의를 고취하고자 했는데, 이것은 앞서 언급한 것처럼 치카노의 투쟁을 문화적 정체성을 구축하기 위한 단순하고 이상적인 모색으로 축소시키는 결과로 나타났다. 즉 치카노 공동체가 경험하고 있는 현실적으로 존재하는 정치적 · 사회적 · 경제적인 소외의 문제를 전면화하지 못하고 1970년대 초반 쇠퇴하게 된다.

그러나 이러한 운동은 1970년대 초반에 들어와 젊은 도시 라티노 인구들 사이에서 그들의 출신국가 중심의 개별 공동체 문화와 차별되는 집단적인 라티노 정체성을 모색하려는 시도로 이어진다. 개별 공동체와 차별되는 새로운 지역적 정체성의 모색을 위한 다양한 움직임은 대학 제도 내에서 라티노 연구라는 새로운 학문을 만들어 냈다. 기존의 치카노 연구나 뉴요리칸 연구 등 개별 단위 공동체에 대한 연구가 라티노 연구로 통합되고 있는 경향을 보여 주는 것이다. 라티노 연구는 라티노들을 규정짓는 다양한 이미지들의 상관관계에 주목하고, 이러한 상호 관계의 결과로 나타나는 경계적 정체성 혹은 경계적 주체의 모색에 치중하고 있다. 다시 말해, 생물학적인 토대에 기반하여 라티노를 열등한 것으로 간주하는 식민적 문화 이미지나, 미국 사회에서 라티노가 경험하고 있는 경제적 · 사회적인 차별적 이미지를 극복하는 것뿐만 아니라, 최근 들어 선거를 통해 영향력을 확대하고 있다는 정치적 의미를 넘어서는 차별화 기제의 전유들을 포함한 다양한 창조적 대응을 통한 새로운 라티노 정체성 형성과정이 갖는 의미를 드러낸다고 할 것이다.

7. 라티노 연구와 라티노 정체성 모색

라티노를 연구 대상으로 하는 라티노 연구(Latino/a Studies)는 주로 멕시코계 이주민이 자리 잡고 있던 남서부 지역과 푸에르토리코 출신 이주민들이 집단적으로 거주하고 있던 뉴욕 지역을 중심으로 해서 1960년대에 시작되었다. 이는 당시 활발하게 전개되고 있던 인종운동이나 소수자 운동 등 사회운동의 의미 있는 결과로 나타난 다양한 목소리들의 제도화 현상이라 할 수 있다. 캘리포니아, 텍사스, 콜로라도, 미국남서부 지역에 거주하고 있던 멕시코 태생의 학생들과 활동가들이 대학 과정에 그들의 역사와 문화를 반영할 프로그램을 요구한 것이다. 뉴욕에서는 푸에르토리코 출신이 동일한 요구를 했다. 이러한 요구들은 인종적 · 문화적 소수자들이 기존의 다양한 사회제도들을 비판하고 있었던 정치적 배경에서 나타났다. 각급 학교의 프로그램 역시 이러한 사회운동이 비판적으로 바라본 대상 중 하나였는데, 라티노들은 기존의 교육제도를 앵글로색슨 중심의 사회에 대한 총체적 동화라는 지배 패러다임이 작동하는 공간으로 간주했다.

이렇게 제도권 내에 자리 잡기 시작한 라티노 연구는 미국 사회에서 지속적인 동화의 과정에 있는, 혹은 동화의 대상으로 간주되어 온 이주자라는 입장과 백인 중심의 미국 사회라는 인식틀 자체와의 단절을 의미한다고 할 수 있다. 이러한 태도는 기존의 백인 중심적인 미국 사회에의 동화를 주장하는 문화적 '용광로' 라는 논리에 맞서 다문화주의를 강조하고, 이는 자연스럽게 당시의 민족주의적인 태도와 결합된다. 또한 1970년대 등장한 내부 식민지론은 미국 내 자본주의의 진전이 내부에 식민화된 소수인종 즉, 흑인과 라티노들의 착취를 통해 가능했다는 견해를 통해 라티노를 이해하는 데 주목할 만한 변화를 보여 준다. 다시 말해 내부 식민지론은 유럽계 백인들과 유색인들의 이주경험을 구별하고, 후자를 일종의 식민화로 파악하는 것이다. 이러한 견해는 기존의 동화와는 전혀 다른 관점에서 이주의 문제를 사고하고 있으며, 당시 등장하고 있던 민족주의적인 성향과 밀접하게 결합된다. 라티노들은 정복된 계층이고, 아직 식민화된 노동력의 일부에 불과하다는 것이다. 그러나 이러한 입장은 모든 유색인을 같은 사회적 · 경제적 · 문화적 조건을 갖고 있는 것으로 간주한다. 따라서 흑인들이나 기타 유색인과 차별되는 치카노나 뉴요리칸의 독특한 경험들을 이론적으로 체계화하려는 시도가 존재했다. 이런 태도가 라티노 연구의 초기 단계에서 치카노 연구, 푸에르토리코 연구 등 국가주의적인 성격으로 나타난 것이다. 이렇듯 지배적인 라티노 단위 그룹들은 그들의 출신국가와 관련된 문화적 정체성 모색에 전략적으로 집중했다.

그러나 1970년대를 넘어서면서 이러한 치카노와 뉴요리칸 운동의 문화적 국가주의는 변화를 보여 준다. 즉 개별 공동체의 정체성이 아닌 '범라티노성'을 모색하게 된 것이다. 세계 경제의 다양한 변화가 야기한 결과로 인해 미국 내 라티노들이 다양화되고 지역적으로 재배치된 것이 그 첫 번째 이유라고 할 것이다. 이러한 변화는 개별 라티노 그룹의 국가주의적 경향을 넘어서 라티노 공동체 내에서 국가적 다양성을 인정하는 것을 요구하게 된다. 물론 동시에 대학들이 다양한 개별 국가문화를 다루는 프로그램들을 통합하려는 경향 역시 영향을 끼쳤다고 할 수 있다.

이렇듯 이주의 변화 등 글로벌한 층위에서 벌어지는 세계화 효과로 인해, 치카노 연구나 뉴요리칸 연구와 같은 국가주의적인 경향과 차별되는 라티노 연구 경향이 강화된다. 대량이주와 이주가 주는 초국적 성격이 기존의 이주와 차이를 가지고 있고, 이주의 다양화로 인해 기존의 지역별 공동체 조직과는 다른 다양한 출신지를 가진 라티노들의 복합적인 거주지가 나타난 것이다. 따라서 라티노 연구는 특정 국가 단위로 고정되어 있는 것이 아니라, 미국 내 라티노 공동체가 경험하고 있는 출신지의 다양화와 사회적, 문화적, 그리고 역사적 변화에 대응하는 학문으로 규정되는 것이다.

물론 국가주의적인 태도는 여전히 라티노 연구에 일정하게 잔존하고 있다. 따라서 라티노 연구에는 실제로 우리가 범라티노라고 부르는 집단적 정체성을 구성하고자 하는 전략적 필요와, 각 그룹들 간에 존재하는 국가주의적인 태도 사이의 긴장이 존재한다. 즉 각 그룹의 특수성이라 할 수 있는 문화적 국가주의와 라티노 연구를 특징짓는 동질적인 경험과 특징을 집단화하고자 하는 요구 사이의 긴장 사이에 나타나는 것이다. 이렇듯 라티노 연구는 초기 라티노 연구에 나타나던 국가주의적 경향이 가지고 있던 통합성과 총체성이라는 전제를 혼종적이고 다양한 입장들이 상호 교차하는 유동적인 것으로 바꾸었다. 결국 특정 국가나 에스닉에 의해 부여받는 고정된 주체가 아니라, 끊임없이 상호 의존하고 전복적인 경계적인 주체(border subject)와 혼종적 정체성의 발견이 라티노 연구의 가장 중요한 성과라고 할 것이다.

8. "Gracias, Nueva York": 라티노의 미래

2005년 5월 로스앤젤레스 시장 선거에서 최초로 라티노 계열의 안토니오 빌야라이고사가 당선된 이후로, 라티노 출신 정치인들의 등장이 두드러지고 있다. 로스앤젤레스에 이어 대표적인 라티노 밀집 지역인 뉴욕시 선거에서도 역시 라티노 계열 후보의 당선이 예측되고 있는 상황이다. 뉴욕의 경우에도 올해 처음으로 비라티노계 백인의 수가 과반수 이하로 감소하면서, 라티노가 선거에서 중요한 열쇠를 가지게 된 것이다. 물론 에스닉 분류에 따라 투표행태가 결정되는 것은 아니지만, 적어도 의미 있는 결정요소라는 점에서 라티노의 정치적 영향력이 강화하고 있다는 것을 상징적으로 보여 준다고 할 수 있다. 뉴욕 시장 선거에 출마한 페르난도 페레르가 민주당 예비선거에서 승리한 후, 지지자들 앞에서 한 연설의 첫마디가 '감사합니다, 뉴욕'에 해당하는 스페인어였다는 사실은 더 이상 라티노가 미국 사회의 타자가 아닌 미국 사회의 내용을 결정하는 중요한 요소로 자리 잡았음을 의미한다.

물론 라티노 출신 정치인들의 당선들이 보여 주는 정치적 영향력의 증대를 곧바로 미국 사회에서 라티노들의 사회적 · 경제적 조건의 변화로 이해하기에는 많은 어려움이 있다. 앞의 지표들에서 보이듯이 여전히 교육 수준과 경제 수준에서 많은 질적 차이를 보이고 있는 것이 사실이다. 그러함에도 불구하고, 라티노들은 이전까지의 동화대상이라는 타자의 위치에서 벗어나 주류 사회와 교섭을 통해 스스로의 문화를 형성해 나가는 주체로 성장하고 있음을 보여 주는 의미 있는 사례라고 할 수 있다. 물론 과거에 몇몇 비라티노계 백인 정치인들이 라티노의 표를 획득하기 위하여, 스페인어를 배우고 라티노적인 정서를 의도적으로 표시하면서 라티노들을 정치적으로 동원하기도 하였다. 그러나 이제 이들 정치인들이 구사하는 스페인어는 단순하게 라티노들의 표를 노리는 전술이 아닌, 미국 주류 사회가 라티노들의 언어, 문화, 습속과 협상을 통해 새로운 문화를 구성해 가고 있다는 실례로서, 경계의 주체인 라티노들이 주류 사회와의 협상을 통해 새로운 정체성을 모색하고 있음을 의미하는 상징이라 할 것이다.

이른바 세계화를 통해 국가적 경계를 가로지르는 초국적 흐름들이 강화되면서, 근대적 주체를 형성해 왔던 많은 지식과 재현체계들이 위기를 경험하고 있다. 또 국경개념이 완화되면서 문화적 접경지대가 급속하게 확장되고 국가 정체성은 새로운 국면에 다다르고 있다. 이런 맥락에서 경계적인 존재로서 라티노 문화와 정체성은 근대 민족국가 이후의 새로운 국가 정체성의 등장과 관련하여 매우 주목할 만한 의제를 제시하고 있는 것이다. 즉 이주자인 이들은 이미 존재하고 있던 헤게모니 문화의 지배적인 힘과 구조에 대해 저항하는 것뿐만 아니라, 그것들과의 교섭을 통해 헤게모니 문화의 형성에 적극적으로 개입하고 있는 것이다. 이러한 역할을 통해 라티노들은 이제 타자의 위치, 동화와 소비의 대상이 아닌 문화 생산의 의미 있는 주체로 성장하고 있으며 미국 사회의 정체성을 규정하는 주된 요소로 성장하고 있다.

† 참고문헌 †

사무엘 헌팅턴, 『미국』, 형선호 역, 김영사, 2004.

Noriega, Chon A. et al., *The Chicano Studies Reader: An Anthology of Aztlán, 1970–2000*, L.A., Calif.: UCLA Chicano Studies Research Center Publications, 2001.

Oboler, Suzanne, *Ethnic Labels, Latino Lives: Identiy and the Politics of (Re)Preesentation in the United States*, Minneapolis/London: Univ. of Minnesota Press, 1995.

Romero, Mary et al., *Challenging Fronteras: Structuring Latina and Latino Lives in the US, An Anthology of Readings*, New York/London: Routledge, 1997.

마술적 리얼리즘과 라틴아메리카 문학의 논리

김현균 서울대학교 서어서문학과 교수

1. 『백년 동안의 고독』과 라틴아메리카 문학의 국제화

1966년 가르시아 마르케스(Gabriel García Márquez, 1928)는 18개월의 긴 칩거생활 끝에, 마콘도가 인간의 기억에서 영원히 사라질 것이라는 멜키아데스의 예언을 언급하는 『백년 동안의 고독 *Cien años de soledad*』의 마지막 구절에 마침표를 찍었고, 이 책은 이듬해 6월 부에노스아이레스의 수다메리카나 출판사를 통해 세상에 모습을 드러냈다. 근친상간으로 돼지 꼬리 달린 아이가 태어나는 순간까지 부엔디아 가문이 7대에 걸쳐 겪는 숙명적 고독을 다룬 이 소설은 지구상의 거의 모든 문명어로 번역되었으며, 라틴아메리카 문학의 국제화를 성취한 '붐(boom)' 소설의 대표작이자 영원히 고갈될 수 없는 우리 시대의 고전으로 자리매김하였다. '소생의 문학' 이라는 찬사 속에 문학의 트렌드를 바꾸어 놓은 이 한 권의 책으로 가르시아 마르케스는 소설가로서의 본연의 위상을 넘어 하나의 문화현상이 되기에 이르렀다. 이 소설이 성취한 고급문학과 대중적 성공의 행복한 결합에 견줄 만한 또 다른 사례를 찾기 위해서는 19세기의 발자크나 위고, 디킨스까지 거슬러 올라가야 할 것이다.

제2차 세계대전 이후 이 작품이 발표된 1960년대에 이르기까지 서구문학이 보여 준 불모성은 소설의 영광이 끝났음을 시사하는 것처럼 보였다.

가르시아 마르케스

그러나 '소설의 죽음'을 예고하던 바로 그 시기에 가르시아 마르케스, 마리오 바르가스 요사, 훌리오 코르타사르, 카를로스 푸엔테스 등을 필두로 한 소위 '붐' 작가들은 환상과 현실, 합리성과 비합리성을 넘나드는 상상력의 극단을 창조하며 소설문학의 새로운 지평을 열었고, 이때부터 개별 국가문학을 넘어 진정한 의미의 라틴아메리카 문학이 보편적으로 작동하기 시작했다. 특히 『백년 동안의 고독』은 동시대 서구문학 특유의 작은 스케일에 익숙해진 독자들에게 놀라움과 전율을 불러일으키며 세계문학 속에 라틴아메리카 문학의 존재를 뚜렷하게 각인시켰다. 이 소설은 당대의 서구문학을 특징지었던 자폐적 분위기를 깨뜨리고 문학 공간에 생동감 넘치는 거리의 삶을 받아들였으며, 우리가 상상할 수 있는 모든 인간 유형과 사건이 뒤얽힌 총체적 세계를 현란하게 펼쳐 보인다.

이 방대한 파노라마에서는 번영과 쇠퇴, 진지함과 유머, 인간적 비애와 환희, 경이로움과 진부함, 좌파 이데올로기와 보수적 이데올로기, 구약성서와 민중문화, 주관과 객관, 개인적인 것과 집단적인 것이 경계 없이 자유롭게 어우러진다. 이러한 이유로 이 작품을 접할 때 독자들은 마치 한 편의 소설이 아니라 방대한 문화 영역과 마주하고 있다는 인상을 받게 된다. 인류의 광대한 문화 전통은 『백년 동안의 고독』을 가로지르며 그 페이지들을 보편적 미스터리로 가득 채운다. 마콘도(Macondo) 사람들의 꿈과 악몽은 세상의 모든 사람들에게 공통적이다. 호세 아르카디오 부엔디아와 우르술라 뒤에는 세상의 할아버지 할머니들이 있고, 아우렐리아노 대령이 겪은 전쟁 뒤에는 인간의 탐욕이 불러온 일체의 폭력과 갈등이, 유나이티드프루트사가 가져온 파멸 뒤에는 진보에 대한 무모한 신뢰와 그 치명적 결과가, 그리고 마콘도의 여자와 남자들 뒤에는 애정과 혐오, 에로티시즘과 억압, 환희와 고독을 짊어진 세상의 남자와 여자들이 있다.

그러나 동시에 『백년 동안의 고독』의 서사양식은 근본적으로 지역적 가치와 경험에서 비롯된 것이다. 로드리게스 모네갈이 지적했듯이, 외견상 소설의 서사는 "울창한 밀림과 산과 늪지에 묻힌 콜롬비아의 잃어버린 한 작은 마을에 관한 끝나지 않는 이야기"를 넘어서지 않으며, 실제로 서사를 뒷받침하는 사건들은 카리브 해 연안에 위치한 작가의 고향 마을 아라카타카와 어린 시절의 경험, 그의 가족사 그리고 콜롬비아의 구체적인 사회적 · 역사적 환경에 근거를 두고 있다. 이런 이유로, 부엔디아 가문의 가족사는 흔히 서구의 식민지배와 왜곡된 근대화 과정을 겪어 온 라틴아메리카의 메타포로 이해되어 왔다. 이처럼 라틴아메리카의 작가들에게 폭력과 갈등, 빈곤으로 점철된 고통스러운 현실은 상상적 글쓰기에 유리한 도발적인 환경을 제공했다. 같은 맥락에서 가르시아 마르케스는 「라틴아메리카의 고독」이라는 제하의 노벨상 수상연설에서 "내가 올해 스웨덴 학술원으로부터 노벨문학상을 받게 된 것은 단지 문학적 표현양식뿐만 아니라 우리의 가공할 현실 때문이며…… 그것은 지칠 줄 모르는 창작의 원천"이라고 말한다. 가르시아 마르케스가 주변부 작가의 한계를 넘어 중심부 문학담론에 편입될 수 있었던 것도 무엇보다 그의 작품이 도달한 지역성과 보편성의 절묘한 조합 덕분이었다. 패배한 원주민의 유산과 토착 아메리카를 유린한 유럽 인의 유산을 함께 물려받은 라틴아메리카의 작가들은 제1세계와 제3세계를 동시에 조망함으로써 지역적인 동시에 보편적이고 유럽적인 동시에 반유럽적인 양가성의 독특한 문학적 가치를 창출할 수 있었던 것이다. 오늘날 또다시 문학의 죽음과 소설의 위기를 말하는 사람들이 있다면 다시 한번 『백년 동안의 고독』이 일깨운 매혹적인 서사의 힘을 기억할 필요가 있다.

『백년 동안의 고독』이 지닌 또 다른 미덕은 지금까지 씌어진 어떤 소설보다 재미있다는 점일 것이다. 가르시아 마르케스는 이 소설에 대해 "철저하게 진지함이 결여된" 작품이라고 말한다. "당신의 소설은 무엇을 다루었느냐?"라는 질문을 받을 때면 그는 "돼지꼬리 달린 아이가 태어나기를 원치 않는 가족의 이야기"라고 답하길 좋아한다. 또 등장인물들의 이름이 끊임없이 반복되는 것에 대해 공개적으로 질문을 받았을 때는 "여기 아버지 이름을 따르지 않은 사람 있어요?"라고 짓궂게 반문했다. 작가의 대답은 『백년 동안의 고독』을 라틴아메리카의 고독의 뿌리에 대한 상상적 탐구로 이해하고, 끝없이 되풀이되는 이름과 근친상간에서 고독의 자폐적 순환과 재생산을 읽어 내는 대다수의 비평가와 독자들을 실망시키기에 충분하다. 그러나 가르시아 마르케스는 작품을 해석하려 들지 말고 독서의 즐거움에 몸을 맡기라고 권유한다. 『백년 동안의 고독』의 소설적 본질은 바로 '옛날 옛적에'로 시작되는 민담 구조와 그로 인한 즐거움에 있을 것이다. 어쩌면 방바닥에 배를 깔고 누워 낄낄거리며 이 책을 읽는 것이 라블레의 전통을 잇는 위대한 유머 문학에 대한 진정한 경의의 표시일지도 모른다.

2. 마술적 리얼리즘: 자기 발견의 미학

잘 알려진 대로, 『백년 동안의 고독』은 마술적 리얼리즘(realismo mágico)이라는 용어와 관련하여 집중적인 조명을 받아 왔다. 그러나 이 용어에 대해 명확한 미학적 정의를 내리기는 쉽지 않다. 또 그 기원과 특징, 범주 설정 등의 문제를 둘러싸고 지금까지 숱한 논쟁과 비판이 제기되기도 했다. 혹자들은 마술적 리얼리즘을 '타자'의 픽션을 폄훼하고 고립시키기 위해 '백인들'이 사용한 범주로서 식민주의의 잔재라고 주장한다. 또 혹자들은 시대에 뒤떨어진 문학적 트렌드 혹은 라틴아메리카의 '붐'으로 돈을 벌기 위한 상업적 방편에 불과하다고 본다. 또 이 용어가 지나치게 제한적이며 라틴아메리카 소설을 진지한 문학의 세계에서 추방하는 경향이 있다고 보는 사람들도 있다.

마술적 리얼리즘이란 용어는 후기표현주의 회화 양식을 지칭하기 위해 독일의 미술평론가 프란츠 로가 1925년에 처음으로 사용하였다. 그에 따르면, 후기표현주의는 사실주의적 색조의 조형적 표현과 현실의 이면에 존재하는 마술적 · 신비적 요소를 조합하는 경향을 보여 준다. 그 후 1955년에 앙헬 플로레스가 「스페인어권 아메리카 픽션에서의 마술적 리얼리즘」이라는 글에서 라틴아메리카 문학에 처음 적용한 이래 이 용어가 보편적으로 사용되기 시작했다. 그러나 그에 앞서 우슬라르 피에트리는 평론집 『베네수엘라의 문학과 사람들』(1948)에서 실증주의 철학과 19세기의 리얼리즘을 극복하고 환상과 신비의 세계에 둘러싸인 인간과 인간의 환경을 고려하는 새로운 리얼리즘을 창조한 라틴아메리카의 서사문학을 가리키기 위해 이 용어를 채택한 바 있다.

말 그대로 마술적 리얼리즘은 내용과 기법에서 현실과 환상, 사실과 허구라는 대립물의 경계가 무너진 모순어법적 글쓰기 양식을 일컫는다. 작품의 얼개나 외형은 사실주의적일 수 있으나 초자연적 신화, 몽상적 환상 같은 대조적 요소들이 리얼리즘을 침범해 작품의 전반적인 토대를 변화시킨다. 그런데 여기서 마술적 리얼리즘은 문화적 혼종성을 본질로 하는 라틴아메리카의 특수한 문화적 콘텍스트와 경험적 현실에 대한 인식에서 출발한다는 점에 주목할 필요가 있다. 다시 말해, 마술적 리얼리즘은 초현실주의의 경우처럼 환상적 또는 마술적 속성이 상상력을 통해 인위적으로 창조된 서구와 달리 라틴아메리카에서는 이러한 속성이 일상적인 삶의 범주에 속한다는 인식에서 출발한다. 이런 맥락에서, 가르시아 마르케스는 '환상' 이라는 용어의 사용을 탐탁하게 여기지 않으며, 거듭 스스로를 '리얼리스트' 로 규정한다. 심지어 그는 "내 소설에서 실제 일어난 사건에서 비롯되지 않은 것은 단 하나도 없다."라고 단언하기까지 한다. 아라카타카에 있는 작가의 생가에도 "가르시아 마르케스는 세상을 보는 새로운 렌즈를 만들었다. 그 렌즈의 이름은 리얼리즘이다."라는 안내문이 적혀 있다.

그러나 그는 전통적 리얼리즘에 대해서는 지나치게 정적이고 배타적인 현실관을 제출하는 일종의 계획적인 문학이라고 비판한다. "현실은 토마토 가격으로 한정되지 않는다."라고 말하는 그에게 현실은 일상의 사건들이나 경제적 고통뿐만 아니라 민중신화나 민간신앙, 민간요법까지도 두루 포함한다. 다시 말해, 그의 폭넓은 현실 개념은 객관적 사실만이 아니라 그러한 사실에 대해 일반 민중들이 느끼고 생각하고 말하는 것까지를 아우르는 것이다. 실제로 『백년 동안의 고독』을 가득 채우고 있는 초자연적이고 환상적인 내용은 대부분 작가가 어린 시절 외할머니에게 들었던 이야기들에 뿌리를 두고 있다. 작가 자신의 말을 빌리면, 외할머니는 그에게 "마술적이고 미신적이고 초자연적인 현실관의 원천"이었다. 또 그는 외조부모 집을 떠난 여덟 살 이후 자신의 삶에서 더 이상 흥미로운 일은 일어나지 않았다고 말한다. 『백년 동안의 고독』에서, 카리브 해 지역의 구비전통은 "마술적 태도에 가치를 부여함으로써 통상적인 서구의 모더니티 개념에 도전하는 세계관"을 제공한다. 결국, 가르시아 마르케스는 라틴아메리카 인들의 정체성을 구성하는 핵심 요소인 신화와 민담, 주술을 재발견함으로써 서구의 이성중심주의가 고착화시킨 현실/환상의 이항대립을 넘어서는 또 다른 현실 개념을 일깨우고 있는 것이다.

이렇게 본다면, 마술적 리얼리즘은 일찍이 쿠바의 작가 알레호 카르펜티에르가 주창한 '경이로운 현실(lo real maravilloso)' 개념과 매우 유사하다. 굳이 두 개념을 구분하자면, '경이로움' 이라는 본질적 요소를 공통분모로 지니지만, 그 기원은 서로 다르다고 하겠다. 마술적 리얼리즘은 일상적 현실에서 출발하며 취해진 현실의 세부는 미학적 요구에 따른 '시적 변형' 을 거쳐 마술적 현실로 탈바꿈한다. 즉 마술적 리얼리즘은 하나의 문학 양식이며, 따라서 현실 자체가 아니라 현실 재현 기법과 깊이 관련되어 있다. 그렇다면 결국 마술적 리얼리즘 작가들은 미지의 땅(terra incognita)의 불가사의를 개념화할 필요성에 봉착했던 신대륙의 연대기 작가들과 흡사한 상황에 놓여 있다고 할 수 있다. 서구의 문화 제국주의에 대한 대항담론으로서의 의미를 함축하고 있는 개념인 '경이로운 현실' 역시 일상 현실에서 경이로움을 발견한다는 점에서 마술적 리얼리즘과 일치하지만, 이 경우에는 현실을 경이로움으로 변형하기 위한 어떠한 인위적 가공도 요구되지 않는다. 요컨대, 라틴아메리카 현실은 그 자체로 마술적이기 때문에 문학 역시 경이로울 수밖에 없다는 것이다. 이런 미묘한 차이에 주목한다면, 아마도 카르펜티에르의 또 다른 개념인 '바로크성(lo barroco)' 이 마술적 리얼리즘의 함의에 좀 더 가깝다고 볼 수 있을 것이다. '바로크성' 은 미하일 바흐친의 '카니발성' 개념을 상기시키는 터무니없고 규범 파괴적인 표현 양식을 지칭한다.

한편, 『백년 동안의 고독』은 "비현실이 현실의 일부를 이루는" 넓은 지평의 현실 개념에 토대를 두고 있기 때문에, 작가는 사이언스 픽션이나 환상문학의 경우처럼 사건의 미스터리적 성격에 대한 논리적 · 심리적 설명을 제공할 필요가 없다. 가령, 마콘도의 주민들에게 죽음은 너무나 자연스럽고 친숙한 것이어서 죽은 자들은 산 자들과 더불어 나이를 먹고 함께 고통을 겪는다. 호세 아르카디오 부엔디아와의 결투에서 죽은 프루덴시오 아길라르의 유령이 현실 공간을 활보하고, 소설의 4장에서 죽은 멜키아데스는 죽음에서 돌아와 아우렐리아노를 비롯한 살아 있는 인물들과 끊임없이 소통한다. 이 밖에도 『백년 동안의 고독』에는 카리브 해 지역의 자연 풍토와 토착 문화에 뿌리를 둔 환상적 상상력을 통해 리얼리즘의 옛 도그마에 도전하는 초자연적 모티프가 쉼 없이 등장한다. 미녀 레메디오스의 승천, 날아다니는 양탄자, 니카노르 레이나 신부의 공중부양, 호세 아르카디오 부엔디아가 죽었을 때 밤새 내리는 노란 꽃비, 돼지 꼬리를 달고 태어나는 아이, 건망증을 동반하는 전염병인 불면증, 정부당국이 하룻밤 사이에 기억에서 지워 버리는 군사적 대학살, 아우렐리아노 세군도를 부자로 만들어 준 동물들의 놀라운 번식능력, 번데기처럼 오그라드는 노파, 4년 11개월 이틀 동안 쉬지 않고 내리는 비…….

이처럼 마술적 리얼리즘은 초자연적이고 환상적인 요소들을 현실의 일부로 자연스럽게 받아들이게 한다. 따라서 등장인물이나 독자들에게 츠베탕 토도로프가 환상문학의 기본조건으로 제시하는 '주저함'이나 존재론적 동요 같은 감정적 효과를 유발하지 않는다. 물론, 초자연적이고 환상적인 요소를 독자들이 용인할 수 있는 일관성 있는 현실의 일부로 변화시키는 것은 일상적인 것을 불가사의한 것으로, 그리고 불가사의한 것을 일상적인 것으로 제시하는 작가의 주도면밀한 서사 전략과 일화의 내적 논리다. 예컨대, 호세 아르카디오가 총을 맞고 쓰러졌을 때, 그가 흘린 피는 그의 몸뚱이를 빠져나와 마콘도 거리를 가로지른 다음 우르술라가 빵을 만들려고 36개의 계란을 깨뜨리려는 찰나에 부엌에 모습을 나타낸다. 이것은 분명 하나의 불가사의다. 그러나 피의 행로는 정확한 현실 언어로 줄곧 아주 상세하게 묘사되고 있으며, 이 경이로운 여행은 마을의 일상생활과 할머니의 집안일에 완벽하게 통합되어 있다. 더 좋은 예는 너무도 아름다워서 주위에 항상 노란 나비 떼를 몰고 다니는 인물인 마우리시오 바빌로니아의 경우일 것이다. 이 터무니없는 특성은 나비의 날개가 하나같이

너덜너덜하게 찢어져 있다는 관찰에 의해 상당한 현실감을 확보한다. 한편, 집시들이 마콘도에 들여온 "팔팔 끓는" 얼음은 경외감으로 묘사되고 있다. 이처럼, 자세히 들여다보면 경이로운 것은 지극히 현실적이다. 작가 자신의 말대로, 마술적 텍스트는 역설적으로 '사실주의적' 텍스트보다 더 사실적으로 그려지고 있는 것이다.

위에서 간략하게 정의한 대로, 사실적 요소와 환상적 요소, 이성적 요소와 비이성적 요소의 결합은 마술적 리얼리즘의 가장 두드러진 특징으로 여겨진다. 그런데 이러한 보편적 정의 자체는 라틴아메리카 문학에 일정한 패러다임을 부과한다고 할 수 있다. 본질적으로, 하나의 픽션을 '마술적'이라고 규정한다는 것은 식민세력이 예속된 사회 체계에 질서의 개념을 부과하는 것과 아주 흡사한 방식으로 하나의 질서 체계를 강요하는 것이기 때문이다. 다시 말해, 라틴아메리카 인들에게는 지극히 일상적이고 현실적이지만 서구인들의 눈에는 낯설고 초자연적으로 보이는 모든 것들에 '마술적'이라는 꼬리표가 붙게 되는 것이다. 따라서 라틴아메리카 인들의 입장에서 볼 때, 이 용어는 텍스트에 기술된 문화, 그리고 "이미 본질적으로 마술적이거나 환상적인 현실"을 '타자화'하는 도구에 지나지 않는 셈이다. 이는 앙드레 브르통이 멕시코의 신비에 매혹되어 토해 낸, "여기는 초현실주의의 땅!"이라는 감탄사만큼이나 라틴아메리카의 현실을 서구 중심적 시각에서 바라본 결과이다. 이처럼 '사실적', '환상적'이라는 말은 문화적 콘텍스트에 따라 그 의미의 층위가 달라질 수 있다. 서구적 관점에서 타 문화의 현실은 종종 미신, 마법 혹은 불합리로 묘사된다. 또 아프리카나 아시아, 라틴아메리카 같은 비주류 문화의 관점에서는 서구의 논리와 과학이 마술적·영적 세계에서 분리된 무미건조한 것으로 여겨질 수 있다. 이러한 상이한 세계관 간의 교차를 탐사하는 문학이 바로 마술적 리얼리즘이다. 타자의 관점을 동등하게 가치 있는 방식으로 받아들이고 현실을 '다른' 눈으로 바라보는 '탈중심적' 전망 및 진보적인 정치적 의제와 밀접하게 결부되어 있다는 점에서 마술적 리얼리즘은 하나의 문학 양식을 넘어 새로운 세계 인식의 방법으로 정의될 수 있다.

비슷한 맥락에서, 존 바스와 브라이언 멕헤일 같은 미국의 비평가들이 각각 『백년 동안의 고독』과 푸엔테스의 『테라 노스트라 *Terra Nostra*』(1975)를 가장 전형적인 포스트모더니즘 텍스트로 간주하는 것 역시 라틴아메리카의 특수한 조건을 고려하지 않는 서구중심적 시각의 재생산이라는 혐의에서 자유로울 수 없다. 다시 말해, '붐' 소설가들을 포스트모더니즘 문학의 정전에 포함시키는 것은 오직 서구문학과 차별화되는 그들만의 고유한 탈중심적 특수성을 지워 버리는 과격한 탈텍스트화를 통해서만 가능하다. 포스트모더니즘 문학은 제도화되고 신성화된 모더니즘에 대한 반란에서 출발하는데, '붐' 이전의 라틴아메리카 소설에 진정한 의미의 모더니즘은 존재하지 않았다. 이러한 이유로 '붐' 소설가들은 기원적이고 기념비적인 작품을 창조하는 존재로서의 신화적이고 특권적인 작가 개념을 받아들인다. 거대 서사는 '붐' 작가들 사이에서 꽃을 피웠고, 그들은 노버트 레흐너가 "이데올로기의 인플레이션"이라고 부른 현상의 이정표가 된 쿠바 혁명에 대해 한 목소리로—1971년 에베르토 파디야 사건으로 바르가스 요사를 비롯한 많은 지식인·작가들이 카스트로와 결별하기 전까지는—공개적 지지를 표명했다. 호세 도노소의 말대로, "'붐'이 무언가에서 거의 완벽한 통일성을 지녔다면, 그것은 쿠바 혁명의 대의에 대한 믿음이었다." 그러나 이러한 믿음은 직접적으로 혁명에 복무하는 문학으로 이어지지 않았고, 오히려 혁명적인 문학 형식과 진정 라틴아메리카적인 언어 및 정체성의 탐구를 지향했다. 결국 이들이 어느 때보다 필요로 한 것은 혁명의 문학가가 아니라 "언어의 체 게바라", 즉 문학의 혁명가였으며, 이는 모더니즘 문학의 두드러진 특징이다. 『백년 동안의 고독』의 경우만 하더라도, 프란츠 카프카, 윌리엄 포크너, 버지니아 울프를 비롯한 모더니즘 작가들을 통해 체득한 글쓰기 방식과 밀접하게 맞닿아 있다. '붐' 세대에서 꽃을 피운 마술적 리얼리즘은 서구 모더니티의 이항대립, 이성주의, 환원적 유물론을 거부한다는 점에서 일견 '포스트모던'한 것으로 간주될 수도 있지만, '붐' 세대의 작가들은 기원과 총체성, 언어의 재현성, 진보와 혁명, 그리고 유토피아에 대한 향수를 버리지 못한 채 여전히 모더니티의 신화에 매달려 있다. '붐' 소설가들의 모더니티에 대한 욕망은 안토니오 스카르메타의 묘사—코르타사르의 "초월의 추구", 호세 도노소의 "알레고리적 체계의 절대화", 가르시아 마르케스의 "신화적 과장을 통한 역사의 조명", 카르펜티에르의 "라틴아메리카의 문학적 재건"— 에서 잘 요약되고 있다.

여기에서 가르시아 마르케스의 소설에 나타난 역사, 정치, 환상의 문제를 좀 더 살펴보기로 하자. 『백년 동안의 고독』은 환상의 비약에 기대는 대신 의미의 탐색에 복무하는 사실과 환상의 특수한 결합에 의존하며, 환상성과 초자연적 마술성을 정치적 · 역사적 맥락과 결부시킴으로써 제3세계적 의식의 표명이라는 이데올로기적 성격을 드러낸다. 물론 마콘도 역시 후안 룰포의 『페드로 파라모 *Pedro Páramo*』(1955)의 무대인 코말라나 윌리엄 포크너의 요크나파토파처럼 상상의 공간이다. 그러나 『백년 동안의 고독』의 제2부에 해당하는 4장부터 15장까지는 '천일전쟁'으로 일컬어지는 보수당과 자유당 간의 내전(1899-1902)과 네를란디아 휴전협정(1902), 시에나가에서 자행된 바나나 대농장 학살사건(1928)처럼 1899-1928년 시기에 콜롬비아에서 실제로 있었던 역사적 사건에 바탕하고 있으며, 식민시기와 내전, 유나이티드프루트사로 대변되는 제국주의 자본의 침투에 이르기까지 라틴아메리카 역사의 축도가 그려져 있다. 이처럼 역사는 자연 및 인간과 어우러져 라틴아메리카의 '경이로운 현실'을 구성하고 있는 것이다.

『백년 동안의 고독』 표지

이러한 이유로 혹자들은 이 소설을 내전, 노동자 파업, 군사적 탄압 등을 다룬 위대한 정치소설의 하나로 평가하며(물론, 그의 작품 중 가장 정치적 성격이 강한 것은 독재의 문제를 다룬 『족장의 가을 *El otoño del patriarca*』일 것이다), 가르시아 마르케스를 조지 오웰, 사르트르 등과 더불어 20세기를 대표하는 정치적 작가로 분류하기도 한다. 가르시아 마르케스가 푸엔테스, 에두아르도 갈레아노 등과 더불어 라틴아메리카를 대표하는 좌파 지식인의 한 사람으로 현실정치에 비판적으로 개입해 온 이력을 고려한다면, 『백년 동안의 고독』이 정치적 성격을 띤다는 것은 전혀 이상할 게 없다. 종속이론, 해방신학, 제3영화 등 라틴아메리카에 토대를 두고 제출된 모든 담론들이 그렇듯, 『백년 동안의 고독』 역시 정치적 이상을 향한 끝없는 투쟁으로 특징지어지는 격동의 라틴아메리카 현실을 반영하고 있는 것이다. 이러한 성격 때문에 다양한 학제적 접근이 가능한 이 소설은 미국의 대학들에서 비교문학은 물론, 라틴아메리카 역사나 정치학, 여성연구 과정의 교재로 채택되기도 한다.

그러나 이 소설에서 특이한 점은 역사적 · 정치적 상황을 직설적으로 고발하지 않고 환영적인 정치현실의 주된 이슈를 부각시키기 위해 흔히 상징과 과장, 신화 등의 마술적 요소를 도입한다는 데 있다. 가령, 호세 아르카디오가 살해된 후에 특수 제작된 관에 밀봉하여 매장했는데도 화약 냄새가 그의 시신을 떠나지 않으며, 결국 악독한 유나이티드프루트사가 그의 무덤을 콘크리트로 발라 버리고 나서야 냄새가 사라진다. 이 에피소드는 바나나 회사가 토착민들을 착취하고 장차 마콘도의 결정적 파괴를 가져올 것임을 시사한다. 또 노조 지도자인 호세 아르카디오 세군도는 3,000명을 학살한 만행의 유일한 목격자로 군대에 쫓기는 몸이 되지만, 군인들은 부엔디아의 집을 수색하고도 멜키아데스의 방에 있던 그를 찾아내지 못한다. 그가 멜키아데스의 놀라운 마법을 통해서만 보호받을 수 있었다는 것은 아무도 바나나 회사의 이익을 대변하는 콜롬비아 정부의 폭력성에서 구원받을 수 없고 수탈과 억압의 역사에서 자유로울 수 없다는 작가의 역설적 메시지를 강화한다. 그러나 작품 전체를 두고 볼 때, 작가는 정치적 문제를 다루는 데 있어 객관성을 담보하는 비판적 거리를 유지한다. 사회주의 리얼리즘처럼 경직되고 교조화된 문학을 혐오하는 가르시아 마르케스는 개인적으로 자유당에 동조했지만 그들을 고결한 존재로, 그리고 보수당을 비열한 존재로 묘사하는 이분법적 도식화를 거부한다. 가령, 무장충돌의 시기에 자유당의 지역 지도자로 부상한 아르카디오는 미성숙하고 충동적이며 "마콘도 역사상 가장 잔혹한 통치자"가 되어 주민들을 총살하고 공금을 횡령한다. 반면에 전쟁 후에 마콘도의 읍장이 된 라켈 몬카다 장군은 선량한 보수당을 대변한다. 그는 민간인 복장을 한 반군국주의적 군인이었으며 경찰을 무장해제하고 전쟁 중에 일가친척을 잃은 자유당 사람들에게 도움을 주는 등 인간적인 체제를 정착시켰지만 비극적이게도 '혁명'의 이름으로 처형된다.

이처럼 환상문학이나 초현실주의와 달리 집단의식을 기본 전제로 삼는 『백년 동안의 고독』의 마술적 리얼리즘은 근대의 개인주의적 이데올로기에 문제를 제기한다. 근친상간에서 시작해 근친상간으로 막을 내리는 소설의 구조나 아우렐리아노, 호세 아르카디오, 우르술라, 아마란타, 레메디오스처럼 끝없이 되풀이되는 인물들의 유형화는 고독의 자폐적 순환을 강력하게 시사한다. 도덕성의 화신인 우르술라조차 이 굴레에서 자유로울 수 없으며, 타고난 아름다움의 화신인 레메디오스도 많은 남자들을 고독과 죽음으로 몰고 간다. 고독을 천형처럼 지고 살아가는 인물들에게 고독에서 벗어날 수 있는 유일한 순간은 육체적 사랑을 나눌 때이다. 그래서 대부분의 인물들은 광적으로 성(性)에 집착한다. 그러나 진정한 의미의 사랑이 부재하므로 고독은 치유되지 않는다. 소설 속에서 극단적 형태의 사랑으로 나타나는 근친상간은 고독을 재생산할 뿐이다. 부엔디아 가문의 숙명적인 고독의 순환은 아마란타가 수의를 짜고 풀기를 끝없이 반복하고 아우렐리아노가 실험실에 틀어박혀 황금 물고기를 만들고 녹이기를 되풀이하는 행위에서도 상징적으로 나타난다. "마콘도의 모든 재앙은 연대성의 부족, 즉 모두가 오직 자신만을 위해 행동할 때 결과하는 고독에서 온다."라고 설파하는 가르시아 마르케스에게 고독은 정치적 개념이 된다. 실제로 낙원과도 같았던 마콘도가 타락하고 황폐화된 것은 멜키아데스를 위시한 집시들이 얼음, 자석, 나침반, 확대경 같은 물건을 들여오면서 시작된 서양 근대문물의 유입 및 외부 문명세계와의 만남이 소유욕과 정복욕을 부추기면서 공동체적 유대가 상실되었기 때문이다. 저널리즘과 픽션을 통해 시종일관 뚜렷한 세계관을 피력해 온 가르시아 마르케스는 사람들이 고독과 향수라는 유혹을 이겨낸다면 삶이 더 행복할 것이라고 믿는다. 그에 따르면, 불가분의 관계에 있는 이 두 가지 유혹은 고립과 나르시시즘, 타인에 대한 공감의 결핍을 초래한다. 그래서 그의 작품은 우주의 무질서와 불합리 앞에서도 생존을 가능케 하는 사랑의 힘에 최고의 가치를 부여한다.

노벨상 수상 연설에서 가르시아 마르케스는 유럽 인들이 자신들의 잣대로 라틴아메리카 인들을 재단하고 해석해 온 데서 고독의 또 다른 원인을 찾는다. 그리고 그는 신화와 저개발과 '고상한 야만', 미신이 지배하는 비이성의 세계에 살도록 라틴아메리카 인들을 내버려 달라고 호소한다. 가르시아 마르케스가 콜럼버스를 가장 증오한다고 말하는 것도 그가 수탈의 라틴아메리카 500년 역사의 출발점이기 때문이다. 결국, 『백년 동안의 고독』에서 작가는 '나'와 '타자'가 진정으로 소통하는 화해와 동일성의 세계를 지향하며, 외부세계가 라틴아메리카의 차이를 인정하고 라틴아메리카를 있는 그대로 수용할 때 비로소 고독에서 벗어날 수 있다는 메시지를 전달하고 있다. 이처럼 개인성보다 연대성을 강조하는 정치적 목적의식이 마술적 리얼리즘의 핵심을 이룬다는 사실은 대부분의 '붐' 세대 작가들이 쿠바 혁명의 역사적 배경 속에서 등장했다는 사실에서도 확인된다. 특히, 가르시아 마르케스는 일관되게 라틴아메리카의 독재정권 및 이를 지원하는 미국에 저항해 온 좌파 지식인이다.

J. L. 보르헤스

칠레에서 피노체트가 집권하자 "피노체트가 권좌에 있는 한 더 이상 소설을 발표하지 않겠다."라고 선언한 그의 이념적 태도는 산티아고를 방문해 베르나르도 오히긴스 십자대훈장을 받고 독재자 피노체트와 포옹했던 보르헤스의 행보와 뚜렷한 대조를 이룬다. 결과적으로 가르시아 마르케스에게 환상의 영역은 정치의식과 리얼리즘 정신을 매개하며, 환상과 현실을 아우르는 마술적 리얼리즘의 옥시모론(oxymoron)은 역설적으로 환상과 미메시스의 소통 가능성을 강력하게 시사한다.

3. 대표적인 마술적 리얼리즘 작가들

현재적 의미에서의 마술적 리얼리즘은 1950년대부터 라틴아메리카 문학에 적용되기 시작하였으며, 『백년 동안의 고독』은 흔히 그 전범으로 간주되어 왔다. 그 밖에 자주 언급되는 대표적인 마술적 리얼리스트들로는 미겔 앙헬 아스투리아스, 룰포, 호세 마리아 아르게다스, 카르펜티에르, 코르타사르, 푸엔테스, 그리고 최근의 이사벨 아옌데와 라우라 에스키벨 등 주로 1940년대 이후에 활동한 많은 라틴아메리카 작가들을 들 수 있다. 작가들에 따라 편차가 있긴 하지만, 이들은 대부분 유럽의 아방가르드로부터 현실은 관찰과 논리, 의식의 추론을 통해서만 인식가능하다는 이성주의적 편견을 극복하는 방식을 전유했다. 또 무의식, 꿈, 환각 등을 통해 환상과 경이라는 또 다른 유형의 현실에 접근할 수 있다는 생각을 초현실주의자들과 공유한다. 그러나 이들은 단순히 서구 전통의 재생산에 그치지 않고 구전되어 온 환상적 이야기, 신화, 민담, 전설 등에 존재하는 토착문화의 문학적 표현에서 이러한 현실 지각 방식을 발견한다. 이처럼 마술적 리얼리즘은 라틴아메리카 문학이 유럽 아방가르드의 지역적 변형을 넘어 독자적인 미학을 정립하는 과정에서 본질적인 역할을 수행했다. 가령, 아스투리아스의 소설 『대통령 각하 *El señor presidente*』(1946)는 내면독백, 몽상과 환각의 재생산이라는 아방가르드적 요소와 라틴아메리카의 토착문화라는 두 가지 원천이 수렴하는 지점에서 움직인다. 상이한 문화 요소의 접목은 '경이로운 현실'의 세계를 펼쳐 보이는 카르펜티에르의 『지상의 왕국 *El reino de este mundo*』(1949)이나 『잃어버린 발자취 *Los pasos perdidos*』(1953) 같은 작품에서도 쉽게 찾아볼 수 있다. 한편, '포스트 붐' 여성작가인 이사벨 아옌데는 4대에 걸친 한 가족의 삶을 통해 칠레의 현대사를 투영한 소설 『영혼의 집 *La casa de los espíritus*』(1982)에서 환상과 신화, 로맨스, 가부장제에 대한 페미니즘적 패러디로 정의되는 마술적 사실주의의 요소들을 차별적으로 부각시키고 있다.

그렇다면 보르헤스의 경우는 마술적 리얼리즘의 범주에 포함되는가? 앙헬 플로레스는 『불한당들의 세계사 *Historia universal de la infamia*』가 출간된 1935년에 보르헤스와 더불어 라틴아메리카에서 마술적 리얼리즘이 시작되었다고 주장한 바 있다. 그 이후 보르헤스는 마술적 리얼리즘의 선구자이자 가장 대표적인 작가로 알려져 왔다. 그러나 마술적 리얼리즘을 글쓰기 스타일로 간주하는 플로레스와 달리, "민중적이거나 혹은 세련된 형식으로 표현할 수 있는, 현실에 대한 하나의 태도"로 규정하는 루이스 레알은 플로레스의 정의가 지나치게 환상적 측면에 경도되었다고 비판한다. 레알에 따르면, 마술적 리얼리즘은 환상문학이나 심리문학은 물론 초현실주의 문학과도 동일시될 수 없다. 심리문학이나 환상문학과 달리, 현실을 일그러뜨리거나 상상의 세계를 창조하지 않기 때문이다. 완벽한 내적 질서와 통일성을 지닌 가상현실을 창조하는 보르헤스의 픽션은 흔히 경험적 현실의 재현이 아니라 관념적인 허구의 세계를 다룬 "지적인 가설"로 여겨지며, 실제로 보르헤스는 일관되게 리얼리즘 문학에 대해 반대 입장을 표명했다.

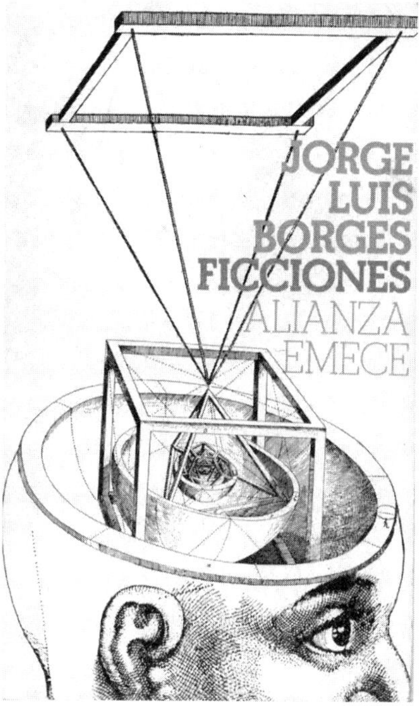

『픽션들』 표지

예컨대, 포스트모더니즘의 문을 연 선구적인 소설집으로 평가되는 『픽션들 *Ficciones*』(1944)에 실린 많은 단편들은 가상의 텍스트에 대한 주석으로서의 글쓰기라는 메타픽션적 성격을 지닌다. 상상력에 바탕을 둔 이러한 대안세계의 환상성은 "절대적 유토피아주의와 완고한 고립"으로 폄훼됨으로써 종종 보르헤스의 환상문학에는 현실도피 문학의 혐의가 씌워지기도 한다. 더욱이 많은 사람들이 주장하듯, 민속적 · 토착적 문화 전통이 마술적 리얼리즘의 중요한 구성 요소라면, 현실세계의 논리와 질서를 부정하는 독자적인 가상세계를 그려내는 보르헤스는 더 이상 마술적 리얼리즘의 영역에 포함될 수 없고 환상문학의 일부로 간주되어야 할 것이다.

보르헤스는 레오폴도 루고네스, 오라시오 키로가, 펠리스베르토 에르난데스, 마세도니오 페르난데스 등으로 이어져 온 라플라타 강 유역의 환상문학 전통을 계승하고 있는데, 이 지역에서 특히 환상문학이 꽃을 피운 것은 대중문학의 정착이라는 측면 말고도 대규모 유럽 이민을 통해 국가가 형성되었기 때문에 라틴아메리카의 다른 나라들에 비해 토착문화의 전통이 약하고 강력한 집단적 유대가 부재하며 세계주의적 색채가 짙다는 사실과 밀접한 관련이 있다. 이런 맥락에서, 지나친 단순화의 위험성에도 불구하고, 남미의 라플라타 강 유역을 중심으로 전개된 순수한 의미의 환상문학과 주로 문화적 혼종성이 강한 카리브 해 지역 등에서 전개되었던 마술적 리얼리즘의 두 흐름을 구분할 필요가 있다. 물론 마술적 리얼리즘 내에 두 개의 상이한 흐름이 공존한다고 전제하는 비평가들도 있다. 가령, 웬디 패리스는 마술적 리얼리즘을 보르헤스적 양식과 카르펜티에르 · 가르시아 마르케스 양식으로 구분한다. 또 이와 유사하게 진 바이스거버는 "사색적 우주를 조명하거나 구축하기 위해 기교와 추측에 몰두하는 학자적 유형"과 "주로 라틴아메리카에서 발견되는 신화적 · 민속적 유형"으로, 그리고 곤살레스 에체바리아는 경이로움이 관찰자의 시각에서 생겨나는 인식론적 유형과 "아메리카는 본질적으로 경이롭다고 간주하는" 존재론적 유형으로 구분한다. 많은 경우, 두 유형은 쉽게 구분되지 않으며, 이는 그만큼 마술적 리얼리즘이 다양한 얼굴을 지닌 문학 현상이라는 사실을 반증하는 것이기도 하다. 그러나 하나의 용어 안에 이질적인 두 유형을 아우른다는 것은 아무래도 대단히 불편한 동거로 보인다.

이사벨 아옌데

그렇다면 『백년 동안의 고독』에서 정전화된 마술적 리얼리즘은 라틴아메리카의 문화적 토양에서만 꽃필 수 있는 배타적 문학 양식인가? 이는 식민주의와 탈식민주의, 포스트모더니즘 등을 둘러싼 미묘한 입장 충돌로 확대될 수 있는 마술적 리얼리즘의 핵심 쟁점의 하나다. 마술적 리얼리즘은 라틴아메리카의 역사적 · 사회적 · 정치적 맥락의 특수성에 대한 인식에서 출발해 가시적 세계의 재현에 집착하는 서구문학의 미메시스 전통을 위반하고 자기발견의 미학을 성취한 것으로 여겨져 왔다. 가령, "스페인어로 씌어진 판타지"라는 정의는 마술적 리얼리즘을 문학 양식으로 대중화한 라틴아메리카 작가들로 한정된 지역적 트렌드로서의 이해를 잘 보여 준다. 그러나 오늘날의 많은 작가 · 비평가들은 마술적 리얼리즘이 라틴아메리카의 풍토에서만 꽃필 수 있으며 각각의 문화는 특수한 역사적 경험에 어울리는 적절한 문학 양식과 기법을 발견해야 한다는, 카르펜티에르와 가르시아 마르케스로 대표되는 종래의 입장에 동의하지 않는다. 오히려 그들은 광범한 역사를 지녔고 세계문학에 의미 있는 영향을 끼친 국제적인 운동, 세계적인 현상으로 이해한다.

가령, 이사벨 아옌데는 전통적 리얼리즘 담론으로 재현할 수 없는 현실의 모든 차원을 탐사하고자 하는 의지의 표현이 곧 마술적 리얼리즘이며, 꿈, 전설, 신화, 감정, 열정, 역사처럼 눈에 보이지 않는 초자연적 힘들이 일상 현실의 일부를 이루는 공간이라면 어느 곳에나 두루 적용될 수 있다고 본다.

다시 말해, 마술적 리얼리즘은 라틴아메리카만의 현상이 아니라 현실의 모든 차원을 보고 쓸 수 있는 능력의 표출이라는 것이다. 로아 파킨슨 사모라 역시 같은 맥락에서 유령(ghosts)이 "마술적 리얼리즘의 기본적인 관심사를 전경화하고 모더니티에 대한 비판을 가능하게 하는" 모든 작품을 마술적 리얼리즘의 범주에 포함시키며, 최근 반세기 동안에 있었던 진정한 국제적 문학 현상으로서 포스트모던 픽션의 주된 양상이라고 믿는다.

실제로, 1980년대에 들어와 마술적 리얼리즘 개념은 탈식민주의 문학을 논하기 위해 폭넓게 사용되기 시작했다. 이와 관련해 토니 모리슨의 『빌러비드 *Beloved*』(1987)나 벤 오크리의 『굶주린 길 *The Famished Road*』(1991), 『악마의 시 *The Satanic Verses*』(1988)를 비롯한 샐먼 루시디의 소설들을 언급할 수 있다. 또 점차 비평계가 중심부 문학장으로 간주될 수 있는 곳에서 씌어진 마술적 리얼리즘의 예에 관심을 기울이기 시작하면서 광범한 의미 영역을 확보하기에 이르렀다. 예컨대, 귄터 그라스의 『양철북 *Die Blechtrommel*』(1959), 윌리엄 케네디의 『섬꼬리풀 *Ironweed*』(1983), 안젤라 카터의 『서커스의 밤 *Nights at the Circus*』(1984), 재닛 윈터슨의 『열정 *The Passion*』(1987), 루이 드 베르니에르의 라틴아메리카 3부작 등을 들 수 있다. 더 나아가 밀란 쿤데라, 이탈로 칼비노, 나집 마흐프즈, 파트리크 쥐스킨트, 윌리엄 케네디, 데릭 월코트, 존 파울즈 같은 작가들 역시 라틴아메리카의 경계를 넘어 마술적 리얼리즘을 구현한 작품들을 선보인 것으로 이해된다. 작가가 중심부에 속해 있는가, 아니면 주변부에 속해 있는가와 무관하게 마술적 리얼리즘은 서구 주류 문화의 이성적 · 경험적 관점과 현저하게 다른 대안적 퍼스펙티브의 가치를 인정한다. 이처럼 주류 문화 밖에 있는 인물이나 공동체의 현실을 탐사하기 위해 사용되는 도구로서의 마술적 리얼리즘은 탈식민주의의 의제를 추구한다. 실제로 마술적 리얼리즘 픽션에 의해 그려진 '주변부성' 혹은 '탈중심성'의 범주들에는 인종적 · 민족적 아이덴티티, 젠더 같은 탈식민주의론의 보편적 범주들이 포함되어 있다.

서구문학뿐만 아니라 최근에는 오에 겐자부로와 무라카미 하루키 같은 일본 작가들도 마술적 리얼리즘 경향의 작가로 거론된 바 있다. 우리 문학의 경우에도 현실/환상의 양립가능성을 제시한 황석영의 『손님』(2001)이나 임철우의 『백년 여관』(2004), 천명관의 최근작 『고래』(2004) 등 적지 않은 작품들이 마술적 리얼리즘의 범주에서 논의될 수 있을 것이다. 굳이 언급된 작가들의 공통점을 찾는다면, 대부분 역사적 대격동과 뒤틀린 개인적 격변을 겪었지만 이러한 경험을 전통적인 리얼리즘 담론으로는 적절하게 재현할 수 없다고 느낀다는 것이다. 그러나 라틴아메리카의 특수한 문화적 콘텍스트를 배제하고 마술적 리얼리즘을 전 세계적인 보편 현상으로 받아들이는 '상상의 탈영토화', 즉 주변부 담론의 중심부화는 개념의 외연을 무한히 확장함으로써 그 실체를 무화하거나 또 다른 서구중심주의를 낳을 위험이 있다.

4. 마술적 리얼리즘의 탈신화화

영문학 하면 독자들은 엘리자베스 시대와 셰익스피어, 디킨스를 떠올릴 것이다. 또 프랑스 문학은 고전주의 시대와 볼테르, 위고 같은 대표주자를, 그리고 스페인 문학은 황금세기와 세르반테스라는 위대한 작가를 가지고 있다. 그렇다면 라틴아메리카를 생각할 때 독자들은 어떤 작가들을 머리에 떠올릴까? 거의 예외 없이 가르시아 마르케스를 비롯해 마술적 리얼리즘의 범주에 포함될 수 있는 '붐' 작가들일 것이다. 1950년대에 라틴아메리카 문학에 이 용어가 적용된 이후, 마술적 리얼리즘은 라틴아메리카의 새로운 서사문학의 동의어로 광범위하게 사용되어 왔으며, 미학적 공통분모와 차이에 대한 세심한 고려 없이 전통적인 리얼리즘 양식을 벗어나는 모든 작품들을 포괄하는 모호하고 불완전한 용어로 자리 잡았다. '붐' 소설가들 중에서 푸엔테스와 바르가스 요사는 '마술적 리얼리스트'로 분류하기 어렵다는 사실도, 또 라틴아메리카의 주요 작가들이 대부분 '코스모폴리탄' 성향을 보여 준다는 사실도 쉽게 간과되었던 것이다. 중요한 것은 일체의 문학 전통을 우겨넣을 수 있는 완벽한 라벨을 찾는 것이었다. 물론, 마술적 리얼리즘이 오랫동안 라틴아메리카 문학을 짓눌러 온 서구 문학 전통의 창조적 수용을 통해 독창적인 글쓰기의 전형을 보여 주었다는 점에는 이론의 여지가 없어 보인다. 그러나 다양한 스펙트럼을 보이는 라틴아메리카의 모든 서사문학을 마술적 리얼리즘의 범주에 편입시키려는 시도는 지나친 일반화의 오류가 아닐 수 없다.

예컨대, 마술적 리얼리즘을 라틴아메리카 문학 전체의 특징으로 가정하는 경향은 '붐'의 과도한 실험정신과 엘리트주의를 비판하며 등장한 '포스트 붐', 그리고 더 나아가 질곡의 현대사를 치열하게 호흡하는 증언문학 혹은 증언서사의 존재를 잊게 만든다. 세계의 무질서에 질식당한 고독한 관객들인 '붐' 소설가들은 그들 고유의 문학적 질서를 구축하기 위한 영웅적인 노력에 착수하였다. 그러나 '포스트 붐' 작가들은 무질서를 받아들이고 영웅이 아닌 보통사람으로 세상에 참여한다. 정전화된 선배 작가들로부터 '영향의 불안'을 겪기도 하지만 동시에 그들을 '오독'하는 '포스트 붐' 작가들은 반권위적이며 반항적이다. 앙헬 라마의 표현을 빌리면, 그들은 "모든 권력(제도화된 거대 서사를 포함한)의 저격수들"이다.

또한 1980년대에 라틴아메리카에서 등장한 가장 의미 있는 대안적 문화 생산으로 간주되는 증언서사는 라틴아메리카 문화의 창조적 역동성과 여성, 인디오, 동성애자 등 역사적으로 침묵을 강요당해 온 하위주체들의 목소리를 복권시킬 유일한 서사 양식으로 인식되었으며, 또한 세계화, 다문화주의의 맥락에서 주체의 형성과 재현의 문제라는 탈식민주의 시대의 가장 논쟁적인 의제를 구체화한다는 점에서 중요한 문학사적 의미를 지닌다. 리고베르타 멘추의 『내 이름은 리고베르타 멘추 *Me llamo Rigoberta Menchú y así me nació la conciencia*』(1983), 오마르 카베사스의 『산은 광활한 녹색 초원 이상의 어떤 것 *La montaña es algo más que inmensa estepa verde*』(1985) 등으로 대표되는 증언서사는 모더니티의 신화를 벗어던지지 못한 '붐' 세대의 부르주아 문학에 맞서 진정성과 문화적 실천의 차원을 확보했다.

한편, 아직 '붐' 작가들의 그림자가 무겁게 드리워져 있던 시기에, 파리의 5월과 프라하의 봄, '틀라텔롤코의 밤'이 있었던 1968년을 전후해 태어난 소위 '환멸의 세대'는 현실에 접근하는 새로운 방식을 제안하며 자연스럽게 마술적 리얼리즘의 죽음을 공개적으로 천명하고 나섰다. 대표적인 예로, 칠레의 알베르토 푸겟이나 세르히오 고메스, 콜롬비아의 산티아고 감보아, 볼리비아의 에드문도 파스 솔단, 아르헨티나의 로드리고 프레산 등으로 대표되는 '맥콘도(McOndo)' 작가들을 들 수 있을 것이다. 이들은 1996년에 칠레를 비롯해 10개국 17명의 스페인어권 젊은 작가들이 참여한, 마술적 리얼리즘의 묘비명에 해당하는 야심적인 선집 『맥콘도 *McOndo*』를 펴냄으로써 라틴아메리카 문학에서 '붐' 세대 혹은 상투화된 마술적 리얼리즘과 차별화되는 새로운 목소리의 탄생을 선언하였다. 팝문화와 매스미디어에 천착하는 맥콘도 작가들의 주장에 따르면, 라틴아메리카는 더 이상 신화적·상상적 공간인 '마콘도(Macondo)'로 대변될 수 없으며, 신자유주의 경제 질서와 세계화 시대의 문화 논리가 어김없이 관철되는 '맥콘도(McOndo)'—맥도날드, 매킨토시, 콘도미니엄이 존재하는 실제적 공간으로 가르시아 마르케스의 상상적 공간에 대한 풍자를 함축한다—가 라틴아메리카의 진정한 얼굴일 수 있다. 예컨대, 오늘날의 라틴아메리카 현실 속에선 마콘도처럼 수년 동안 쉼 없이 비가 내리지도 않고, 산 자와 죽은 자가 공존하지도 않으며, 따라서 카리브 해 지역의 특수한 현실에나 적용될 수 있는 수단을 가지고 대륙의 다양하고 복합적인 양상을 담아낸다는 것은 애초에 불가능하다는 것이다. 이러한 입장은 호르헤 볼피, 이그나시오 파디야, 엘로이 우로스 등으로 구성된 멕시코의 '크랙 그룹(Grupo del Crack)'이 채택한 도발적인 선언에서도 찾아볼 수 있는데, 이들 역시 마술적 리얼리즘의 모방자이기를 거부하는 동시에 오랫동안 국가 정체성의 문제를 화두로 삼아 온 멕시코 문학의 뿌리 깊은 민족주의 전통을 탈신화화한다.

맥콘도와 크랙으로 대변되는 새로운 세대의 작가들은 라틴아메리카의 경계를 넘어 중국, 러시아, 로마, 고대 그리스, 독일 등으로 작품의 무대와 테마 영역을 무한히 확장함으로써 국제 문학시장에 통합되고자 하는 강한 의지를 드러낸다. 또 16세기 이후 라틴아메리카는 '서구', 즉 프로스페로—칼리반이 아닌—의 세계에 속해 있었다고 믿는 이들은 '붐' 소설의 눈부신 성공에 대해서도 구성원들이 각자 개별 국가의 특수성을 옹호한 결과라기보다는 폐쇄적 내셔널리즘을 거부하고 세계문학의 큰 흐름에 통합되었기 때문이라고 본다. 자율적 실체로서의 라틴아메리카 문학에 의문을 던지고 그 '차별적 가치'를 부정하는 이 작가들에게서 출신 국가, 더 나아가 라틴아메리카 대륙의 정체성의 표지를 발견한다는 것은 쉽지 않다.

가령, 비블리오테카 브레베(Biblioteca Breve) 상 수상작인 볼피의 『클링조르를 찾아서 *En busca de Klingsor*』(1999)는 독일을 무대로 하고 있으며 독일 소설의 전통과 밀접하게 맞닿아 있다. 볼피는 한 인터뷰에서 "작가에게는 조국이 여럿이다. 나의 조국은 언어, 나의 서고, 나의 유년기, 그리고 또한 멕시코다."라고 말하고 있다. 이처럼 지구상의 모든 사람들과 동시대를 살아가며 세계시민을 꿈꾸는 젊은 세대의 작가들은 이제 더 이상 순수하게 라틴아메리카 작가들로 간주될 수 없으며, 어떤 의미에서 학술적 개념으로서의 라틴아메리카 문학은 그 종말이 멀지 않았다고까지 말할 수 있을 것이다.

『클링조르를 찾아서』 표지

그러나 이들의 도전은 '라틴아메리카적인 것'의 승리로 여겨져 온 '붐' 세대에 직접 총구를 겨누는 것이 아니라, 오히려 찬란한 유산을 경박하게 만든 에피고넨들에 대한 비판을 통해 '붐' 세대가 도달했던 지고한 예술적 자유와 그들의 고유한 동력을 살아 있는 전통으로 되살리기 위한 것이다. 이처럼 때로는 과거의 전통을 감싸안으며, 또 때로는 과거와의 단절을 꾀하며 새로운 길을 열어 온 라틴아메리카 문학은 이미 가르시아 마르케스에서, 또 그로 대표되는 마술적 리얼리즘에서 멀리 나아갔지만(물론 그는 『족장의 가을』이나 『콜레라 시대의 사랑 *El amor de los tiempos del cólera*』 같은 대담하고 독창적인 작품들을 통해 소설세계를 창조하는 자신의 능력이 1967년의 마콘도에서 끝나지 않았음을 입증해 왔다), 아직도 우리의 시선은 그의 환상적인 문학의 마법에 붙들려 있다.

† 참고문헌 †

『라틴아메리카 연구』, 14(2), 한국라틴아메리카학회, 2001.

마르케스, 가브리엘 가르시아, 『백년의 고독』, 조구호 옮김, 민음사, 2000.

송병선 편역, 『가르시아 마르케스』, 문학과지성사, 1997.

Mellen, Joan, *Magical Realism. Literary Topics*, The Gale Group, 2000.

Young, David & Keith Hollaman, *Magical Realist Fiction. An Anthology*, New York: Longman Inc., 1984.

Zamora, Lois Parkinson & Wendy B. Faris (eds.), *Magical Realism: Theory, History, Community*, Durham & London: Duke University Press, 1997; 『마술적 사실주의』, 박병규 · 우석균 외 옮김, 한국문화사, 2001.

탱고, 빈곤의 애환과 에로티시즘의 만남

조영실 서울대학교 강사

1. 들어가는 말

몸에 관한 논의를 사회학의 한 부문으로 정립하고자 하는 영국의 사회학자 크리스 쉴링은 오늘날 춤의 일상화를 두고 거대담론의 공유도, 그것의 사회적 존립도 불가능해진 시대에 삶의 문제가 온전히 개인의 몫으로 남아 혼자 떠맡아 해결해 나갈 수밖에 없게 된 상황과 결부지어 설명한다. 즉 이제 한 개체가 정체성을 확인할 수 있는 영역이 자신의 몸 외에는 남아 있지 않다는 것이다. 몸의 모양새나 차림에 과도한 관심을 기울이고 섭식생활에 공을 들이는 오늘날의 특이현상도 여기에서 비롯되고, 몸으로 이루어지는 퍼포먼스나 몸을 움직이는 춤과 같은 연행이 점증하는 것도 몸의 체현(體現)행위를 통해 자신의 정체성을 드러내기 위함이라는 것이 쉴링의 분석이다.

이렇게 일상적인 영역에서 춤에 대한 친화력이 증대해 가고 있음에도 불구하고 우리 사회에서 아직은 추기 위한 춤이라기보다 보기 위한 춤에 머물고 있는 것 중의 하나가 탱고(Tango)다. 관능적인 동작에 아르헨티나와의 물리적 거리감이 더해져 더더욱 탱고가 이국적인 문화로만 느껴지는 탓이다. 사실 영화와 같은 관람물을 통해 겨우 안면을 튼 것도 그리 오래되지 않았고, 근년의 대규모 브로드웨이 탱고 공연단의 흥행도 우리 사회에서는 탱고가 아직은 대형무대를 전면에 두고 멀찍이서 관람하는 춤이라는 사실을 말해 준다.

아르헨티나가 원산지인 춤을 서구라는 중개자를 통해서 소개받은 우리로서는 그 거리감과 이국성이 한결 더할 수밖에 없다. 제3세계 문화를 언제나 서구를 통해서야 경험하게 되는 또 다른 변방인 우리의 딜레마인 셈이다. 이 친절하지만 꾀 많은 중개자의 시선을 걸러 내려는 수고로움만이 결국에는 탱고의 중첩된 이국성을 상쇄시킬 수 있을 터다.

탱고에 대해 소개하고 있는 국내의 대중적인 문헌은 아직 충분하지 않다. 그러나 근래 들어 웹상에서 우리말로 된 자료들을 접할 수 있고 영어나 스페인어로 된 자료라면 더더욱 다양하게 구할 수 있다. 영상자료를 곁들인 웹사이트도 더러 있다. 한편 최근에 출간된 라틴아메리카 문화서들도 탱고에 대한 챕터를 할애하고 있는 추세다. 그중에는 탱고의 기원과 발생에 대한 정보를 담은 예가 있는가 하면, 탱고를 사회사적 배경과 관련지은 글도 있고, 노래와 음악을 따라가며 탱고의 발자취를 더듬어 보는 책도 있다. 또 탱고 음악의 거장 피아졸라에 대한 번역서도 출간되어 있다.

이 글에서는 탱고에 대한 초보적인 소개보다는 탱고에 깃들어 있는 사회사적 맥락에 초점을 맞추려고 한다. 이를 위해 먼저 춤으로서의 탱고뿐만 아니라 노래로서, 그리고 음악으로서의 탱고를 모두 아울러 그 발생과 변화에 대해 정리해 보는 것이 필요할 듯하다. 그리고 나서 탱고의 사회사적 측면을 세 부분으로 나누어 이야기해 보고자 한다. 먼저 탱고가 마초이즘과 어떻게 연결되는지 알아보고, 다음으로는 탱고의 에로티시즘을 살펴보도록 한다. 마지막으로 탱고가 서구에 전해진 과정을 문화의 '이국화' 라는 메커니즘을 통해 설명해 보고자 한다.

2. 근대화와 유럽이민 정책

부에노스아이레스는 항구도시다. 항구도시는 물질적인 것이든 정신적인 것이든 문화의 집결지라는 특성이 있다. 또한 외지인의 유입이 빈번해 이들이 겪는 억압과 고독, 향수 등은 풍요로운 문화를 낳게 되기도 한다. 재즈가 뉴올리언스 항 태생인 것이 그러하고, 리버풀이 자주 서구 대중음악의 실험 및 혁신의 본고장이 된 것도 같은 맥락이다. 부에노스아이레스처럼 외지인의 유입이 국가 차원에서 정책적으로 이루어진 곳이라면 더할 나위가 있을까. 탱고로의 여정에 오르기 전에 먼저 아르헨티나, 좁게는 부에노스아이레스가 겪은 역사의 한 시기를 훑어 보자.

사실 부에노스아이레스 시는 아르헨티나 연방수도로 선포될 당시(1880. 9. 21.)를 전후한 세기 말 세기 초만 해도 그 범위가 고작 지금의 중심가 정도만 해당되던 작은 도시였다. 그 외곽, 특히 남쪽 및 남서쪽 지역은 형성 중인 도시 변두리의 전형적인 모습을 지닌 빈촌이었다. 그런데 부에노스아이레스는 연방수도가 되기 이전부터 아르헨티나의 내륙지역들과 이해관계가 달랐다. 부에노스아이레스 주변은 바다에 면해 있어, 거칠고 황무지에 가까운 내륙지역과는 달리 풍부한 초지로 덮여 있었다. 우리에게도 지구반대편 끝인 이곳은 신대륙에 처음 도착한 스페인 사람에게도 가장 먼 거리에 있는 식민지였다. 전체적으로 광활한 불모지나 마찬가지였고, 더구나 마야나 잉카, 아스테카처럼 유구한 고대문명을 지닌 인디오 공동체도 존재하지 않은 채 스물에 달하는 여러 군소 부족들이 흩어져 있었을 따름이다.

그러나 선박이 운송수단이었던 시절의 라플라타 강은 남미대륙으로 들어가기 위한 유럽의 전초지가 되었다. 나아가 여느 강 유역이나 그렇듯이 초지가 발달해 남미대륙 안에서 가장 구미를 당기는 지점이 될 수밖에 없었다. 부에노스아이레스는 내륙지역에 비해 근대도시로 발전해 나갈 요건을 처음부터 갖추고 있었던 셈이다. 풍부한 초지 덕분에 곡물과 가축이 자라기에 적합했고, 유럽과의 교류가 활발해지면서부터 이 산물들은 주요 수출 품목이 되었다. 그 결과 자연스럽게 부에노스아이레스는 경제력이 성장했고, 이를 바탕으로 하여 코스모폴리탄적 대도시로 변모해 간다.

내륙지방은 외부와의 교역을 위해 부에노스아이레스 항을 이용할 수밖에 없었는데, 이에 대해 부에노스아이레스가 통관세를 물리는 등 텃세를 부리자 두 지역 간에 갈등과 충돌이 깊어졌다. 이러한 상황은 19세기 전반기에 부에노스아이레스 시를 중심으로 한 연안지역의 중앙집권파와 내륙지방 연합인 연방파 사이의 무력 다툼을 초래한다. 두 세력 사이의 빈번한 전쟁은 1852년 중앙집권파가 최종적인 승리를 거두면서 종결되었다. 그 결과 연안지역은 아르헨티나의 공식적인 중심이 되었고, 중앙집권파의 실질적인 중심지이던 부에노스아이레스 시는 1880년에 이르러 연방수도로 공식 선포된다.

한편 중앙집권파의 우두머리들은 아르헨티나의 현 상태를 '야만'의 상태로 보고 '문명화(Civilization)'를 통치의 최우선 목표로 삼았다. 그런데 그들에게 있어 '문명화'란 '유럽화(Europeanization)'와 동일한 의미였다. 문맹률을 낮추기 위해 무상교육을 실시했고, 광활한 대지를 개척하기 위해 대규모 유럽인 이민을 장려했다. 이민정책을 장려한 데에는 유럽 인의 유입이 선진적인 문명을 도입하는 데 기여하리라는 계산도 있었다. 다른 한편으로는 대대적인 토벌전쟁을 벌여 '야만'에 해당하는 인디오들을 몰살시켰고, 그 결과 아르헨티나 전역에 걸쳐 순수 혈통의 인디오는 거의 자취를 찾기 어려워졌다.

유럽 인 이민정책을 실시하게 된 배경에는 미국의 모델을 따르고자 하는 의도가 깔려 있었다. 인디언을 축출하여 남미만큼이나 광활한 황무지를 개척하고 문명 산업국이 된 미국의 예를 본뜨는 것은 그에 필적할 만한 판아메리카(Panamerica, 통합 라틴아메리카)의 꿈을 갖고 있던 아르헨티나에게 최선책으로 여겨졌다. 그러나 미국에 정착한 유럽 인, 곧 앵글로색슨계 영국인의 실용주의는 가톨릭을 통한 교화를 목표로 삼았던 라틴아메리카와는 달리 처음부터 인디언을 박멸의 대상으로 보았다. 따라서 두 아메리카의 식민은 매우 상이한 통치 역사를 갖고 있다. 이민 정책의 결과 아르헨티나에 이민온 사람들은 앵글로색슨계가 아니라 후진적인 경제상황에 있던 남유럽 라틴 민족이었다. 그것도 이탈리아나 스페인 출신의 농부와 도시노동자들이 대부분이었다. 그들은 내 소유의 땅을 갖겠다는 꿈에 부풀어 대부분 가족을 고국에 남겨둔 채 이민선에 오른 사람들이었다. 아르헨티나는 그들에게 일종의 '약속의 땅' 이었던 것이다.

이 이민자들은 원래 내륙지방이나 팜파지역에 정착하기로 되어 있었다. 그러나 그 지역에는 대토지소유제(라티푼디움)가 여전히 잔존하고 있어서 '내 땅' 을 가진 소농이 되기는커녕 소작농이나 인부로 전락할 가능성밖에 남아 있지 않았다. 그래서 토지 소유라는 꿈을 접고 생존의 가능성이 그나마 엿보이는 대도시를 찾게 되었고, 그 대상으로 부에노스아이레스시가 단연 압도적이었음은 당연했다. 이후에 들어온 이민자들은 처음부터 부에노스아이레스에 뿌리를 내리는 경우가 태반이었다. 1869년 18만 명이던 부에노스아이레스의 인구가 1914년에 이르러 150만 명으로 10배 가까이 급증한 데에는 이 이민자들이 주된 요인으로 작용했다.

당시 부에노스아이레스 시를 출입하는 배들은 모두 시의 남동쪽[1]인 현

1) 그 당시 부에노스아이레스는 주로 지금의 부에노스아이레스 시의 동쪽 부분 즉 라플라타 강 쪽으로만 발달해 있었다. 보카 항구가 남쪽에 위치한 만큼 실제로는 현재의 중심가와 그 약간 아래쪽이 부에노스아이레스의 전부였다고 해야 할 것이다. 그러므로 이 시기를 다룬 자료나 텍스트에서 말하는 남쪽, 북쪽은 이 점을 염두에 두고 파악해야 한다. 다시 말해 남쪽 지구(바리오 수르)는 현재의 남동쪽을 가리키고, 북쪽 지구(바리오 노르테)라고 해도 현재의 중심가 바로 북쪽 정도를 가리키게 되는 셈이다.

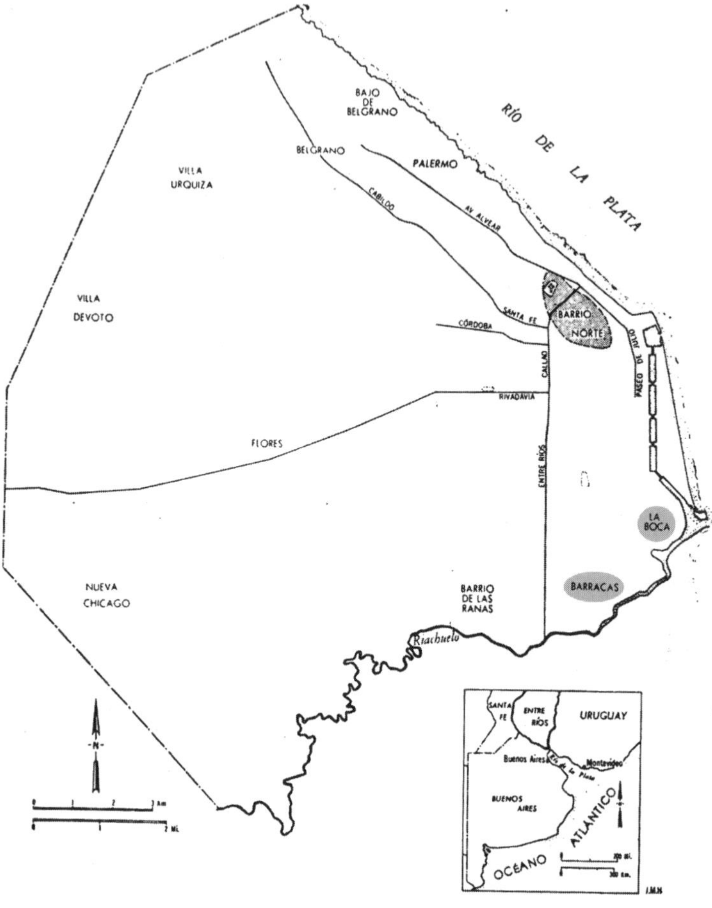

부에노스아이레스

재의 보카 지역(La Boca)에 정박을 했다. 그래서 보카 지역은 항구의 특성상 선박의 짐을 싣거나 부릴 인부와, 시내로 손님을 나를 인력거 등이 필요한 곳이었다. 따라서 마땅한 일자리를 갖지 못하던 이민자들은 대부분 이런 일용직에 매달리게 된다. 보카 지역의 공장지대에 항만노동자로 취업하기도 했다. 뒤이은 이민자들도 대개 이곳에 자리 잡게 되었고, 그 결과 보카를 비롯한 남쪽 지역은 전형적인 유럽 이민자 거주지역으로 변모했다. 정부는 이들 이민자들을 위해 주로 보카 지역에 임시공동주택(콘벤티요, conventillo)을 마련했고, 이 이민자들은 이 주거지를 오랫동안 벗어나지 못하기가 일쑤였다. 그때까지 이 지역에 거주하던 구 귀족층들은 오늘날의 팔레르모(Palermo)나 벨그라노(Belgrano) 등 북쪽 지역으로 거처를 옮겨 신흥부촌을 형성해 가고 있었다.

한편 유럽으로부터의 이민과 더불어 국내 이주도 늘어 갔다. 산업화시기에 으레 그렇듯이 농촌지역에서 도시로의 이주가 빈번했던 것이다. 로사리오(Rasario) 시나 산타페(Santa Fe) 시로의 이주도 있었지만 대부분은 부에노스아이레스를 향했다. 이 이촌향도민들 또한 부를 소유하지 못한 하층민이다 보니 부에노스아이레스의 남쪽 지역에 몰려들게 된다. 남서쪽의 바라카스(Barracas) 구역도 이들의 거주지였다. 당시 부에노스아이레스 시 자체의 육류 수요와 수출용 육류 가공을 위한 도축장이 있던 바라카스 지역은 하층민들이 머물 만한 또 다른 호조건을 갖고 있었다.

3. 하층민 동네에서 탄생하다

탱고는 다문화적 결집체

이러한 상황으로도 짐작할 수 있듯이 19세기 말 20세기 초의 아르헨티나는 격동의 시기였고, 그 중추 도시로서 부에노스아이레스가 겪은 변모는 말할 필요조차 없을 정도였다. 하층민들이 모여 살던 남쪽 지구는 도시와 농촌의 접경으로 아직은 도시의 외양을 제대로 띠지 못했다. 그래서 변두리, 근교, 외곽이라는 뜻의 '바리오(barrio)' 또는 '아라발(arrabal)'로 불리곤 했다. 유럽이민자들과 국내 이농민으로 구성된 다양한 도시 빈민 계층이 밀집한 이곳은 곧 애환과 향수의 고장이었다. 동시에 좀도둑이나 갱, 밀수꾼들, 뱃사람들, 뜨내기들, 게다가 몸 파는 여인들까지 한데 어울려 범죄와 폭력이 끊이지 않는 무법지대이기도 했다. 탱고는 바로 이 시기 이 지역에서, 이들에 의해 탄생한다.

고달프고 서러운 항구의 노동은 태양이 서쪽 지평선으로 사라질 즈음에야 끝이 나고, 휴식의 의식은 어둑한 선술집에서 서민적인 음악을 들으며 술잔을 기울이는 것으로 마무리된다. 때로 여흥으로 술 파는 여인들과 춤을 추기도 한다. 대부분의 이민자들은 미혼 남성이거나 가족을 고국에 두고 온 남자들이어서 그 여인들과 밤의 외로움을 달래기도 한다. 사실 그 당시 부에노스아이레스는 여느 항구 도시 이상으로 매춘업이 발달해 있었다. 1869년 가족제도와 국가질서를 유지한다는 명분으로 매춘이 법적으로 허용되었던 것이다.

이처럼 탱고는 향수에 시달리던 이민자들과 몸 파는 여자들 사이의 춤에서 비롯되었다. 탱고의 발상지가 보카 지역의 유곽이라는 것이 정설로 받아들여지는 이유는 여기에 있다. 그러나 탱고가 처음부터 독자적인 춤으로 탄생한 것은 아니었다. 부에노스아이레스에는 이미 탱고가 생기기 이전에 경쾌한 리듬과 빠른 템포의 밀롱가(milonga)라는 춤이 있었다. 밀롱가는 19세기 중엽 아르헨티나와 우루과이에서 생겨나 크리오요(criollo)[2] 계층 사이에 발달한 춤이다. 초기에는 부에노스아이레스 근방의 농촌지역에서 가우초나 농민들에 의해 향유되었고, 주로 노래 형식으로 불리던 장르였다. 그러다가 1860년부터 1870년 사이에 도시와 농촌을 오가는 짐마차와 이주 농민들에 의해 도시로 전파되었다. 부에노스아이레스에 전파된 뒤에는 국내 이주자들의 정착지인 남쪽 지구에서 주로 발달하다가 차차 주변 지역으로도 퍼져 서민들의 보편적인 춤곡이 되었다.

일반적으로 탱고의 근원이 된 춤곡으로는 앞에서 말한 밀롱가와 아바

2) 아메리카 대륙에서 태어난 스페인 인을 말한다. 영어의 '크리올(creole)', 프랑스어의 '크레올(créole)'에 해당하며, 광범위하게는 식민지 태생의 백인을 지칭한다.

보카의 관광거리 카미니토

네라(habanera), 칸돔베(candombé) 셋을 꼽는다. 아바네라는 스페인의 콘트라단사(contradanza)라는 춤곡이 식민기에 쿠바에 전해져 19세기 전기에 형성된 2/4박자의 우아한 춤곡이다. 수도 아바나에서 이름을 딴 아바네라는 구대륙과 신대륙을 오가는 선원들에 의해 스페인에도 전파되었고, 쿠바 이외의 다른 라틴아메리카 국가들로도 널리 퍼졌다. 라플라타 강 유역에 전해진 것도 그런 맥락이었다. 한편, 칸돔베는 아프리카 흑인의 리듬으로, 주술 의식을 계승한 2/4박자의 카니발 음악이다. 탱고가 배태되던 당시의 부에노스아이레스에는 노예 신분에서 벗어난 흑인들이 거리공연 등을 생계 수단으로 삼고 있었다. 그리고 그들이 추던 칸돔베의 리듬이 탱고의 초기 리듬에 섞이게 된 것이다.

세 리듬 중 밀롱가는 탱고의 직접적인 전신으로 탱고가 탄생하는 데 결정적인 기여를 했다. 그러나 탱고가 탄생한 뒤에도 밀롱가는 독립적인 장르로도 유지되었고, 탱고와 병행하여 발전해 갔다. '탱고 밀롱가'는 두 리듬이 혼합된 형태로, 대체로 강하고 빠른 리듬의 탱고에 붙여지는 이름이다.

칸돔베도 본격적인 탱고가 정립되기 이전인 1875년경 이미 '흑인 탱고'라는 이름의 춤으로 발전하고 있다가 탱고의 본류에 합해졌다. 이 '흑인 탱고'의 시기를 탱고의 발생 시점으로 보는 학자들도 있다. 그러나 일반적으로는 아바네라와 칸돔베, 밀롱가라는 세 리듬이 혼합되어 시행착오와 실험의 단계를 거치다가 1880년과 1890년 사이에 본격적인 탱고의 모습을 갖추게 되었다는 것이 정설이다. 그리고 이 시기에 왈츠나 마주르카 등 유럽에서 건너와 당시 부에노스아이레스에서 널리 퍼져 있던 춤곡들이 섞여들기도 했다.

아르헨티나의 소설가 에르네스토 사바토(Ernesto Sábato)의 표현에 따르면 탱고는 아바네라로부터는 깊은 서정성과 멜로디를, 밀롱가로부터는 춤 동작을, 그리고 칸돔베로부터는 끊어질 듯 이어지는 느릿한 음색과 리듬을 이어받았다. 곧 탱고는 리듬과 음악에 있어서 유럽과 아프리카, 아메리카라는 세 대륙의 문화적 결집체인 셈이다.

춤, 노래, 그리고 음악

이렇게 보카의 빈민촌에서 탄생한 탱고는 처음에는 주로 항구 주변 술집이나 유곽에서 추곤 했다. 아르헨티나의 다른 지방 사람들은 부에노스아이레스에 거주하는 사람을 '포르테뇨(porteño, 항구사람)'라고 부르는데, 그것은 항구도시 사람으로서 부에노스아이레스 인 특유의 기질이 있다고 보기 때문이다. 탱고도 이 항구도시 사람들의 것이라는 의미에서 '포르테뇨 음악'이라고 부른다. 그러나 탱고는 처음에는 부에노스아이레스 안에서도 보카 지역에만 머물러 있었다. 유곽에서 탄생했다는 원죄 때문에 밀롱가와는 달리 다른 지역이나 다른 계층으로 금세 퍼져 나가지 못했다. 더구나 그 춤을 춘 사람들이 대개 유럽에서 온 이민자들이었고, 당시에 이민자들에 대한 토착인들의 편견과 증오심이 팽배하던 상황이었음을 고려하면 토착인들이 탱고에 대해 느꼈을 거부감이 능히 짐작된다.

서로 몸이 스치고 다리를 교차시키기도 하는 춤 동작이 외설스럽다고 여겨져 여염집 여자들에게는 탱고를 가까이 하는 것이 금기시되었고, 상류층은 빈민촌의 지체 낮은 사람들이 만들어 낸 춤이라는 관념으로 더더욱 탱고를 멸시했다. 탱고를 추는 사람은 몸 파는 여성들과 포주가 대부분이었다. 남자들은 대개 멋스럽게 치장을 하고 호기를 부리곤 했는데, 이 부류의 사람들을 가리켜 '콤파드리토(compadrito)' 또는 '구아포(guapo)'[3] 라고 한다. 탱고의 관객이나 소비자는 술집이나 유곽을 찾는 남자 손님들이었다. 더러 귀족이나 실업가의 한가한 자제들도 이 빈촌을 드나들며 탱고의 소비자가 되었고, 때로는 스스로 공급자가 되기도 했다. 탱고는 이렇게 그 선정적인 이미지 때문에 처음에는 술집이나 유곽 등 닫힌 공간에서만 볼 수 있었지만, 점차 길모퉁이나 광장 등 실외의 공간으로도 확장되었다. 그러나 밖에서 볼 수 있는 탱고는 남자들끼리 추는 경우가 많았는데, 여성에 대한 가부장적인 시선이 여전히 지속되었기 때문이다. 그런 이유로 탱고가 동성애적인 춤이었다고 설명하는 경우도 있다.

우리 사회에서 탱고는 춤의 하나로 인식되고 있는 것이 일반적인데, 사실은 다른 무곡들과는 달리 춤, 리듬, 음악, 노래라는 모든 장르에 해당하

---

3) 각각 '불한당', '미남자'라는 뜻이다. 콤파드리토는 콤파드레에서 비롯된 표현이다. 콤파드레는 팜파를 누비던 가우초(아르헨티나 팜파 지역의 카우보이)의 용기와 의분, 기상을 이어받은 도회지 불한당을 이른다. 이에 반해 콤파드리토는 콤파드레를 모방하지만, 그 허상만 남은 쇠락한 불한당이다. 부에노스아이레스에 콤파드리토가 범람한 것은 팜파 지역의 가우초가 지녔던 남성성이 더 이상 가능하지 않은 시대의 반영이기도 했다.

콤파드리토

는 이름이며 모든 장르에 걸쳐 발달해 왔다. 변천사에 따라 나눠 보자면 탱고는 춤, 노래, 연주곡 순으로 발달해 왔다. 즉, 탄생 초기에는 리듬을 바탕으로 한 춤이 지배적이었고, 전성기에는 음악을 바탕으로 한 노래 탱고가 발달했다. 그 이후에는 악단 중심의 연주곡이 우세했고, 동시에 춤으로서의 탱고도 세계적으로 널리 퍼져 무대 탱고가 발달하면서 오늘에 이른다.

초기의 탱고는 밀롱가의 특성이 많이 남아 있어서 경쾌하고 빠른 리듬이 대부분이었다. 그 특징은 상체의 움직임이 적은 대신 발의 움직임이 많고 공격적이라는 것이었다. 이 초기의 '탱고 밀롱가'는 시간이 흐르면서 조금씩 부에노스아이레스 시내의 북쪽, 다시 말해 현재의 중심가인 코리엔테스 대로와 7월 9일 대로의 교차점 주변으로 퍼져 나간다. 더 북쪽인 팔레르모 지역에서도 탱고를 출 수 있는 카페가 늘어간다. 탱고를 출 줄 아는 사람들도 점차 늘어나고, 카페들은 악단과 고정적으로 계약을 하여 공연을 선보이게 되었다.

노래로서의 탱고는 아직 제대로 발달하지 않았고, 즉흥적으로 가사를 붙여 부르는 정도에 그쳤다. 그런 즉흥 가사는 팜파 지역 가우초들이 벌이던 연회에서 파야도르(Payador, 즉흥노래가수)가 부르던 즉흥적인 노래의 전통을 이어받은 것이었다. 농촌사회와 가우초의 생활양식이 쇠퇴해 가자 파야도르들이 도시로 들어와 주점이나 거리에서 노래를 오락거리로 제공하며 생계를 해결하고 있었다.

음악으로서의 탱고를 고려할 때도 오늘날과는 달리 전혀 정형화되지 않은 모습이었다. 탱고 악단은 초기에는 하프와 바이올린, 플루트 등으로 구성되다가 곧 하프 대신 기타가 포함되었다. 오늘날 탱고 악단의 주요 악기인 피아노와 반도네온이 포함된 것은 20세기 초에 들어서면서부터였다. 그리고 초창기의 탱고 연주자들은 악보를 보며 연주하기보다는 머리 속에 외워 연주하는 경우가 많았다. 음악으로서의 탱고는 이러한 즉흥적인 연주자들에 의해 발전되고 정착되었다.

1910년대는 여러 가지 면에서 탱고가 발전하고 확산되기 시작한 시기이다. 우선 반도네온이 표준악단에 포함된 것을 들 수 있다. 1870년경 독일에서 유입된 이 악기는 처음에는 울림을 증가시키기 위한 보조적인 악기로 사용되었으나, 1910년에 이르면 악단의 주요 악기로 부상한다. 탱고의 애조 띤 선율을 만들어 내기에 반도네온이 매우 적합했기 때문이다. 일단 반도네온이 주요 악기로 포함되고 난 이후에는 반도네온 고유의 연주법도 개발되고, 반도네온 자체를 위한 곡들도 만들어졌다. 「반도네온의 흐느낌 Quejas de bandoneón」이라는 유명한 곡이 그 예이다.

반도네온의 중요성은 탱고의 발전이 반도네온에 달려 있다고 할 정도로 컸다. 탱고 음악의 효과는 흐느끼는 듯하면서도 강렬한 반도네온의 독특한 음색에 달려 있었다. 반도네온이 선율을 담당하는 주된 악기가 되자 기타나 플루트는 탱고악단에서 사라졌다. 뒤이어 피아노가 합류하면서 마침내 반도네온, 피아노, 바이올린, 베이스 네 악기로 구성된 '표준악단(오르케스타 티피카 orquesta típica)'이 정착된다. 표준악단은 두 대의 반도네온과 두 대의 바이올린, 한 대의 피아노, 한 대의 베이스로 구성된 6중주단이 기본이다. 여기에서 반도네온과 바이올린은 멜로디 파트를 담당하고, 피아노와 베이스는 리듬 파트를 담당하게 되었다.

한편 표준악단이 정착되던 이 시기는 탱고가 유럽에 전파되어 유럽 상류층에게 폭발적인 인기를 누리기 시작한 시기이기도 하다. 주로 프랑스와 독일, 영국이 대표적이었다. 부에노스아이레스와 이 유럽 국가들의 항구도시를 왕래하는 선박들을 통해 유입되어 여러 대도시들로 전파되었다. 예를 들어, 「엘 초클로 El choclo」, 「라 모로차 La morocha」 같은 곡들은 1906년경 해군연습선 사르미엔토 호에 그 악보가 실려 감으로써 유럽으로 수출되었다. 앙헬 비욜도(Angel Villoldo) 같은 유명한 탱고 작곡가들이 직접 프랑스로 건너가 전파시키기도 했다. 그러는 가운데 탱고는 라틴아메리카 대륙 한 국가의 수도의 음악에서 세계적인 무대를 누비는 음악이 된 것이다. 또 빈민촌을 드나들며 탱고를 경험한 부유층 남자들이 유럽을 여행하면서 탱고를 알리기도 했다. 리카르도 구이랄데스(Ricardo Güiraldes) 같은 작가도 젊은 시절 파리에서 거주하는 동안 즐겨 다니던 카페에서 직접 탱고를 추곤 했다고 한다.

프랑스 인들은 탱고의 에로틱한 춤 동작에 열광적인 반응을 보였다. 당시에 프랑스에서 추던 연회의 사교춤에는 탱고처럼 남녀가 몸을 가까이 맞대고 춤을 추는 예가 없었다. 더구나 탱고가 라틴아메리카의 남단에서 건너온 춤이라는 사실에서 비롯된 이국적인 느낌은 그들을 매료시키기에 충분했다. 탱고의 인기는 나날이 상승했고 그에 따라 아르헨티나의 무용수와 오케스트라단이 공연을 위해 유럽으로 건너가는 사례도 늘었다. 그 무렵에는 부에노스아이레스의 실내 연회에서도 가족이나 가까운 친구들끼리는 탱고를 추기도 할 만큼 탱고의 입지가 굳어져 가고 있었다. 그러나 상류층이나 지주 계층, 보수적인 지식인들은 여전히 탱고에 대한 불신과 경멸을 드러내고 있었다.

탱고의 확산은 아르헨티나 정치 지형의 변화와도 맞물려 전개되었다. 야권을 대표하던 '급진시민연합(Unión Cívica Radical)'의 집단적인 움직임이 1910년을 전후로 하여 거세어졌다. 그에 따라 1912년 드디어 보통선거법(Ley Sáenz Peña)이 제정되고 이에 따라 하층민들도 투표권을 갖게 되었다. 이 시기에 이르러 아르헨티나 사회는 노동자 계층이 한결 두터워졌고, 서구 좌파사상이 유입되면서 노동자 계층은 과두계층의 귀족정치에 맞설 만한 힘과 무기도 갖춰 가고 있었다. 정치세력으로서의 '급진시민연합' 결성도 그러한 맥락에서 가능했다. 급진당 세력의 성장은 1916년 대통령 선거에서 이폴리토 이리고옌(Hipólito Irigoyen)의 승리로 구체화되었다. 이렇게 급진당 세력의 확산과 더불어 하류층의 참정권이 보장되자 하류층의 문화도 점차 제도권으로 진입하기 시작했다. 탱고의 확산도 하류층 문화에 대한 이러한 사회적 수용의 분위기에 힘입었음은 물론이다. 그러나 세계공황이 일어난 직후인 1930년에 이르러 서민계층을 기반으로 한 이리고옌의 급진당 정치는 위기를 맞게 된다. 그리고 1930년 군부세력에 의한 쿠데타가 발발하자 서민계층은 다시 투표권을 박탈당하게 되었고, 그에 따라 중하류계층의 문화적 표현인 탱고도 그 기세가 잠시 주춤하게 되었다.

한편, 유럽의 부르주아 계층과 상류층이 탱고에 대해 호응을 보이자 탱고를 저속하고 수치스러운 춤이라고 배척하던 아르헨티나 상류층의 태도에도 변화가 찾아왔다. 아르헨티나의 귀족들은 늘 유럽의 귀족을 모방하고 선망해 왔기 때문이다. 그 결과 유럽으로 수출되었던 탱고가 다시 아르헨티나의 상류층에 의해 역수입되는 기현상이 일어났다. 유럽에서 유행한 탱고는 초기 탱고와는 다른 특색을 띠고 있었다. 초기 탱고에 두드러지던 호전적이고 경쾌한 밀롱가풍의 특성이 완화되고, 유럽 귀족층의 연회와 사교문화에 걸맞은 우아하고 에로틱한 동작의 춤으로 바뀌어 있었다. 이를 '살롱탱고'라고 부른다.

앞에서 탱고의 변천사를 장르상의 발전과 연관지어 언급했지만, 춤으로서의 탱고가 유럽에 널리 퍼져 가던 이 시기, 그러니까 1910년대부터 1930년대까지의 시기는 노래로서의 탱고가 획기적으로 발전한 시기이기도 하다. 노래 탱고가 발전한 시기는 더 정확하게 말하면 1917년에서 1935년까지로 본다. 아르헨티나의 국민가수로 추앙받고 있는 카를로스 가르델(Carlos Gardel, 1890–1935)이 활동하던 때가 바로 이 시기다. 노래로서의 탱고는 가르델이라는 독보적인 가수의 존재와 직결되어 발전하였음을 뜻한다. 가르델은 프랑스의 툴루즈 지방 태생으로 어린 시절에 어머니를 따라 부에노스아이레스로 온 이민자였다. 탱고의 기원사가 그러하듯이 가르델의 전기적인 사항들도 불분명하거나 일관성이 없는 점들이 많다. 아버지에 대한 기록도 찾을 수 없고, 그래서 어머니가 몸 파는 여성이었을 것이라는 주장도 있다. 가르델의 전기에 대한 어떤 주장을 따르든 그의 유년기와 청소년기가 불우했음은 짐작이 가능하다. 그래서 가르델이 불렀던 이별과 설움, 그리움을 테마로 한 많은 노래들이 아르헨티나의 탱고 팬들에게 호소력이 있었던 것이다. 어쩌면 그 많은 노래들은 팬들을 위한 노래이기 이전에 자기 자신을 위로하기 위한 노래였을지도 모른다.

가르델이 국민가수로서의 입지를 마련한 계기가 된 노래는 1917년에 녹음하여 발표한 「내 서글픈 밤 Mi noche triste」이라는 곡이었다. 물론 1910년경부터 여러 카페들을 돌아다니며 노래를 불러 이미 유명세를 타던 중이었지만, 이 곡으로 '국민가수' 라는 지위가 확보된 것이다. 「내 서글픈 밤」은 떠나 버린 여인에 대한 원망과 그리움을 담고 있는 노래다. 사랑하던 여인이 쓰던 향수의 냄새, 그녀를 위해 켜던 기타, 방 안의 불빛마저 그리워하는 그녀의 부재 등 구체적인 사물들을 바탕으로 한 매우 섬세한 가사다. 가르델 노래의 매력은 구체적인 가사에 고양된 감정을 실어 부른다는 점이었다. 그러한 점이 설움과 고달픔의 삶을 살던 아르헨티나 대중에게 호소력을 발휘했다. 당시 아르헨티나의 사회상으로 짐작해 보면 굳이 이성과의 이별이 아니라 하더라도 상실감과 외로움이 가슴 깊이 배어 있었을 그들에게 탱고 이상으로 위안이 되는 문화는 드물었으리라.

옷장에는 아직도
기타가 걸려 있다오.
이제 아무 노래도 없고,
아무것도 그 줄을 떨게 하지 못하는구려.
방 안의 램프마저
그대의 부재를 느끼나 보오.
불빛도 함께 밤을 새워
내 서글픈 밤을 밝혀 주는 걸 보니.

카를로스 가르델은 늘 미소를 짓는 부드러운 이미지를 유지했을 뿐만 아니라 독특한 목소리와 창법을 가져 아르헨티나 국민의 심금을 울렸다. 가사에 잘 어울리는 감정을 실어 노래할 수 있도록 하기 위해 철저하게 연습했고, 술이나 마약을 멀리하여 국민가수로서의 자기관리에도 충실했다고 한다. 물론 가르델의 성공은 당시의 문화적 인프라와도 연관되어 있었다. 당시에는 라디오 방송과 음반 산업이 아르헨티나에 유입되어 있었고,

카를로스 가르델

그 덕분에 가르델의 노래는 부에노스아이레스 시뿐만 아니라 다른 지방으로도 확산될 수 있었다. 그런 의미에서 가르델은 시대를 타고난 행운아였던 셈이다. 라디오 방송과 음반 산업의 발달은 굳이 바나 카페에 가지 않고도 탱고가수들의 노래를 즐길 수 있게 해 주었고, 노래 탱고는 그렇게 발전해 갔다. 노래 탱고는 춤으로서의 탱고가 주는 거부감에 얽매이지 않고 탱고를 즐길 수 있는 계기가 되었다.

20여 년에 걸친 전성기 동안 가르델은 라디오 방송은 물론이고 여러 편의 영화에 출연하기도 했다. 그러나 아직 한창 활동 중이던 1935년, 시운을 누리던 그 명성이 부질없어질 정도의 비극적인 종말을 맞이한다. 중미

순회공연을 다니던 중에 콜롬비아 메데인에서 비행기 사고를 당하고 만 것이다. 연료를 넣고 막 이륙하던 비행기가 폭발하면서 일어난 사고였다. 절친한 친구이자 가르델이 부른 노래들의 작사가이기도 했던 알프레도 르 페라(Alfredo Le Pera)도 함께 사고를 당했다. 앞에서 말했듯이 가르델의 전기적인 부분에는 미스터리가 많아서 이 사고의 원인에도 불명확한 부분이 있다. 어찌 되었든 이 불의의 죽음으로 그렇지 않아도 아르헨티나 인들에게 우상이던 가르델은 하나의 신화적인 존재가 되었다.

춤으로서의 탱고와 노래로서의 탱고의 역관계를 정리해 보면, 1930년대에는 군부쿠데타와 함께 서민의 투표권이 박탈당하면서 탱고 춤이 주춤했던 시기이고, 그 공백을 노래로서의 탱고가 메워 주었다. 그러나 1930년대 후반부터 춤 장르도 다시 활기를 되찾는다. 아르헨티나 서민은 다시 참정권을 되찾게 되었고, 그 기쁨을 탱고 춤의 활성화를 통해 자축했다. 이제 탱고는 서민계층의 일상이 되었을 뿐만 아니라 일종의 대중적 연대의 상징이 되었다. 작곡가들은 새로운 탱고 음악을 시도했고, 탱고 가사는 초기의 도전적인 경향이 쇠퇴하고 점점 더 낭만적인 색채를 띠어 간다. 낭만적인 경향은 정도가 지나쳐 '좋았던 옛 시절이여' 하는 식으로 달콤하게 청춘을 회상하는 가사들이 범람하기도 했다. 그런 변화는 탱고 작사의 주체가 하류층에서 부유한 지식인층으로 이동했기 때문이기도 하다. 경제적인 부의 축적으로 '변두리' 지역을 벗어나게 된 중류층은 더 이상 사회에 대한 반감과 불신의 정서를 갖고 있지 않았고, 따라서 반항의 의지를 노래로 표출할 이유가 줄어들었던 것이다.

탱고는 유럽 상류층의 환호를 받는 역사를 누린 적도 있고 가르델과 같은 국민 가수의 탄생이라는 영광된 역사도 누렸다. 그럼에도 불구하고 탱고의 '황금기'로 볼 수 있는 시기는 1930년대 후반부터 1950년대 초에 해당한다. 이 시기에는 아르헨티나의 대통령이던 후안 페론(Juan D. Perón)

과 영부인 에바 페론(Eva Perón)이 탱고를 국가적인 춤과 음악으로 장려하고 지원했던 덕분이다. 그러나 20여 년 간의 황금기가 무색하게 1955년 군부가 집권하면서 탱고는 또다시 암흑기를 맞게 된다. 2차대전이 끝난 후 아르헨티나의 경제사정이 악화되고, 로큰롤을 비롯한 미국의 대중음악이 밀려들어오면서 탱고의 입지가 약해지기도 했다. 1970년대에 들어서면서 국가의 경제적 상황이 크게 악화되자 우수한 연주자와 가수들이 소속 악단과 계약을 연장하지 않아 이름난 악단들이 해체되었고, 해외로 떠나가기도 했다. 또한 이 시기에 트로일로(Anibal Troilo)나 카나로(Francisco Cánaro) 등 전성기의 거장들이 세상을 떠나면서 탱고의 암흑기는 더욱 깊어 갔다.

그런데 이 30년에 걸친 암흑기에 아방가르드 음악의 선두주자로 등장하여 '새로운 탱고(Tango Nuevo)'를 창출한 이가 있었으니 그가 바로 아스토르 피아졸라(Astor Piazzolla, 1921-1992)이다. 피아졸라는 극히 최근에도 활동했던 만큼 우리 사회에서도 매우 인지도가 높다. 더구나 유럽과 미국을 통해 발매된 음반들이 국내에 많이 유입되면서 그의 음악을 손쉽게 접할 수도 있다. 피아졸라와 협연도 하고 피아졸라의 음악을 리메이크하기도 했던 첼리스트 기돈 크레이머의 영향도 적지 않았다. 그 스스로 피아졸라의 열렬한 지지자였으니 말이다.

피아졸라는 성에서 볼 수 있듯이 아버지가 이탈리아 혈통의 이민자였다. 하지만 세 살 때 부모를 따라 미국으로 이민을 떠나 10여 년 간 그곳에 살았다. 어린 시절부터 음악을 공부했던 피아졸라는 열 살 때 아버지로부터 반도네온을 선물받은 이후 평생 반도네온을 인생의 소중한 동반자로 삼았다. 미국에 살던 시절에는 어린 나이에도 불구하고 당시 미국을 방문한 가르델과 더불어 무대에 올라 연주를 하기도 했다.

1937년 피아졸라는 다시 아르헨티나로 돌아왔다. 이 시기의 젊은 피아

반도네온을 켜는 어린 피아졸라

졸라는 유명한 악단에서 반도네온 연주자로 활동하면서 탱고에 깊이 빠져 들었다. 탱고 음악에 심취해 있으면서도 클래식 음악을 계속 공부하던 피아졸라는 바로 이즈음 작곡가 알베르토 히나스테라(Alberto Ginastera)의 소개로 프랑스 유학을 떠나게 된다. 프랑스 유학은 클래식 음악을 공부하기 위한 것이었지만 결과적으로는 피아졸라가 자신의 음악적 열정을 탱고에 전력투구하게 된 계기가 되었다.

처음 파리에 도착했을 때 피아졸라는 탱고 음악을 부끄럽게 여겼다. 탱고는 하층민 사회에서 나왔다는 자격지심이 세계적인 도시 파리에 온 피아졸라를 위축시켰던 것이다. 그의 스승이던 나디아 블랑제(Nadia Boulager)는 탱고에 대한 수치심이 피아졸라의 재능을 가로막고 있음을 알아챘다. 블랑제 선생은 "진정한 피아졸라는 탱고 음악 속에 있다."라는 말로 피아졸라를 격려했고, 그 격려는 자신감과 용기를 불러일으켰다. 그리하여 피아졸라는 탱고에 클래식과 재즈를 접목시켜 '새로운 탱고'를 창조할 수 있게 되었다. 오늘날 세계인의 사랑을 받는 피아졸라의 탱고 음악이 가능했던 것은 어쩌면 스승이 심어 준 그 확신에서 비롯되었는지도 모른다.

탱고 음악에 대한 피아졸라의 새로운 시도가 처음부터 순탄했던 것은 아니다. 아르헨티나의 군부정권은 피아졸라 음악의 진보성을 경계했고, 노장의 탱고음악인들은 또 그들대로 이질적인 피아졸라의 탱고를 비난하고 공격했다. 그들은 "피아졸라의 음악은 탱고가 아니다."라고까지 비판했다. 그러나 수많은 위대한 업적들이 대부분 당대에는 홀대를 받았던 것처럼, 피아졸라의 음악 또한 시간이 흐르고 나서야 비로소 그 진가를 인정받을 수 있었다. 오늘날 그는 탱고 음악의 영역을 확장시켜 예술음악의 경지로 끌어올린 창조적인 탱고뮤지션으로 평가받게 되었다.

초창기에 발달했던 춤으로서의 탱고가 다시 활성화된 것은 피아졸라의 실험적 탱고 음악이 시도되던 것과 비슷한 시기였다. 노래로서의 탱고와 음악으로서의 탱고에 밀려나 잠시 주춤했던 탱고 춤은 1950년대 중반 '무대탱고'의 등장과 함께 화려하게 변신했다. 무대탱고는 관객에게 오락을 제공하는 목적으로 공연되는 탱고로, 미리 어느 정도 정해진 안무에 따라 추는 탱고를 말한다. 사실 '무대탱고'는 즉흥성과 일상성을 생명으로 하던 초창기 탱고 본래의 특성에 위배되는 것이다. 동작도 화려하고 선정적일뿐더러 즉흥성보다는 패턴을 중심으로 삼았기 때문이다. 그러나 국제적으로 탱고의 입지를 넓히는 데는 관람용으로서의 '무대탱고'가 기여한 바가 크다. 오늘날 대규모 탱고단이 전 세계를 순회하며 공연을 펼치고 있는데, 그들은 모두 '무대탱고'를 기본으로 삼고 있다. 1983년 파리에서 처음 선보인 후 10년간 세계 순회공연을 다닌 탱고단 '아르헨티나 탱고(Tango Argentino)'나, 1996년에 브로드웨이를 중심으로 기획되어 세계적으로 순회공연을 하고 있는 '포에버 탱고(Forever Tango)'는 이 '무대탱고'

의 대표적인 예다.

이들 대규모 탱고단의 결성은 1982년 아르헨티나 역사에 있어 군부의 권위주의 정권이 종결된 뒤 옛 황금기의 탱고를 되살리고자 한 아르헨티나인의 탱고에 대한 열정과도 관련이 있다. 민주화 이후의 아르헨티나 젊은이들은 민주적인 제도와 민주적 문화의 향유에 관심을 가졌을 뿐만 아니라 반제국주의적인 의미로서의 민족주의적 성향을 띠고 있었다. 그 흐름에 따라 전 세계를 휩쓸던 미국 팝음악에 대한 무분별한 추종에서 벗어나, 30년간 어둠에 갇혀 있던 탱고를 다시 부활시키려는 의지를 갖게 된 것이다. 부에노스아이레스에 수많은 밀롱가[4]가 다시 등장한 것도 그런 맥락이었고, 오늘날 아르헨티나의 많은 젊은이들이 탱고에 관심을 기울이는 것도 같은 맥락에서 이해할 수 있다. 그것은 마치 오늘날의 한국인들 사이에 국악이나 판소리, 마당놀이 같은 전통문화를 대중적으로 향유할 수 있는 생동감 있는 문화로 탈바꿈시키고자 하는 관심이 증가하는 것과 매우 유사한 맥락이다.

4. 탱고의 사회학

앞 장에서는 탱고의 역사적인 측면, 그러니까 탱고의 기원과 발생, 발날사에 주목해 보았다. 이제 이 장에서는 그 사회학적인 면을 살펴보자. 탱고는 많은 제3세계 문화가 그렇듯이, 또한 하층민들 사이에 탄생한 문화들이 그렇듯이 사회학적인 측면에서 고찰할 여지가 많다. 외국의 사례이기는 하지만 정치경제학적인 시각에서 탱고에 접근한 연구서들도 있다. 이러한 연구는 춤으로서의 것이든 음악으로서의 것이든 노래로서의 것이

4) 밀롱가는 앞에서 말한 것처럼 춤곡의 일종이기도 하지만, 탱고를 추는 장소를 일컫는 이름이기도 하다.

든, 사회사적 맥락 안에서 탱고를 읽어 내는 것이 상당히 의미 있는 일임을 보여 준다. 그런 관점에서 접근하는 태도를 통틀어 '탱고의 사회학' 이라 부를 수 있겠다. 사실 성적이고 에로틱하다는 점 때문에 탱고에 매료되는 것은 탱고의 외양만 보는 셈이다. 음반을 통해서든 무대공연을 통해서든, 아니면 동호회를 통해 실제로 탱고를 추는 방식이든 우리 사회에서도 탱고를 직간접적으로 경험할 기회가 잦아지고, 탱고에 대한 일반적인 소개도 흔해진 만큼 이제는 탱고의 이면을 읽어내려는 노력이 필요한 때가 된 것 같다.

먼저 탱고의 에로티시즘이 단순한 섹슈얼리티 이상의 것이라는 데 주목해 보자. 그것은 라틴아메리카 특유의 남성우월주의인 '마초이즘' 과 연관되어 있기도 하고, 한편으로는 '엑조티즘(이국성)' 과 관련시킬 수도 있다. 단적으로 말해 1910년대부터 유럽에서 일었던 탱고에 대한 폭발적인 인기는 에로티시즘과 엑조티즘의 접합으로 가능했던 현상이다. 나와는 다른 공간, 다른 정서를 바탕으로 한 '이국적 에로티시즘' 이야말로 20세기 초 유럽 부르주아지 계층의 취향에 부합하는 것이었다.

그런데 탱고의 이국성에 대한 유럽의 수용 과정에는 '탱고는 아르헨티나의 것' 이라는 인식, 보다 적절하게는 '탱고는 아르헨티나, 아르헨티나는 탱고' 라는 등식이 동반되어 있기도 하다. 이러한 탱고의 '국가화'[5]는 탱고가 서구 유럽에 대대적으로 확산될 수 있게 했지만, 동시에 아르헨티나 국민을 효과적으로 단일화할 수 있는 도구를 지배층에게 제공해 주었다.

상실된 남성성과 마초이즘

한 쌍의 남녀가 탱고를 추고 있다. 다른 한 남자가 다가와 여자를 채어가

5) 여기서 '국가화(nationalization)' 란 한 문화를 한 국가 또는 한 국민의 것으로 등치시켜 국민성이나 국가성으로 확대시키는 것을 의미하는 개념이다.

려 한다. 여자를 두고 두 남자의 결투가 벌어진다. 결투의 동작은 곧 탱고의 춤이다. 상대의 동작을 세밀하게 살피면서 한 치의 실수 없이 날렵하고도 정확하게 칼을 다루어야 한다. 결투에서 벌어지는 이 섬세하고 기교로 가득 찬 동작이 그대로 탱고의 동작으로 옮아간다. 남자는 여유 만만하게 자신의 동작을 이어가면서 동시에 파트너의 등 뒤로 감은 손과 파트너의 손을 받치고 있는 다른 손으로 군더더기 없이 정확하고 민첩하게 다음 동작을 여자에게 지시한다.

남녀가 추는 춤으로서의 탱고 동작은 대부분 성적인 의미로 해석되지만, 한편으로는 결투를 벌이는 두 남성의 동작을 나타내는 것이기도 하다. 스페인 안달루시아의 플라멩코가 홍학의 사랑의 동작과 투우사의 동작을

탱고의 에로티시즘

동시에 이미지화한 것과도 흡사한 점이 있다. 스페인 감독 카를로스 사우라(Carlos Saura)가 1998년에 만든 영화 〈탱고 *Tango, que no me dejas*〉에는 남자 무용수들이 좌우로 나뉘어 결투 동작을 이미지화한 집단무를 추는 장면이 있다. 실제로 초기의 탱고는 몸 파는 여자들이 추는 춤이라 여염집 여자들은 엄두를 못 냈기 때문에 남자들끼리 추는 일도 흔했음은 앞에서도 언급한 바 있다. 오늘날 탱고 공연의 안무 중에는 부에노스아이레스 특유의 콤파드리토의 결투 동작이 삽입되기도 한다.

콤파드리토는 앞 장에서 부에노스아이레스 고유의 불한당을 일컫는다고 했다. 콤파드리토는 가우초의 용기와 남성성을 대표하는 콤파드레의 허상적인 모방에 그치기는 할지언정 옳고 그름을 판가름하는 그들 고유의 법칙을 지니고 있었다. 그리고 이 법칙의 위반은 가차 없는 칼부림으로 연결되곤 했다. 때로는 여자를 두고, 때로는 영역을 두고. 두 남자가 추는 탱고는 결투를 이미지화한 것이기도 하지만, 한 여자를 두고 춤을 추면서 그 기교와 정확성을 서로 겨룸으로써 남성성을 과시하는 것이기도 하다. 그러나 콤파드리토의 남성성은 콤파드레의 본래적인 기상에 대한 왜곡된 모방일 따름이어서 오히려 역설적으로 상실된 남성성을 보여 주는 셈이다.

사실 탱고를 추는 데 있어 남성이 여성을 리드한다는 점을 들어 탱고를 마초이즘의 표본이자 여성에 대한 남성의 지배라고 보기도 하는데, 이것은 명백한 오류다. 다른 모든 사교댄스에서도 남성이 동작을 지시하는 것은 마찬가지 아닌가. 파트너 사이에 호의와 친밀성이 흐르는 다른 춤들에 비하면, 탱고에서는 오히려 은밀한 견제와 보일 듯 말 듯한 적의가 느껴지기도 한다. 여자무용수는 남자무용수의 지시에 순순히 따르는 것이 아니라, 저항하듯 팽팽한 긴장 상태를 유지한다. 여자무용수의 시선은 도도하고 무표정하며, 때로 공격적이기도 하다. 남자무용수의 지시를 받더라도 여자무용수는 그것을 맹목적으로 추종하는 것이 아니다. 지시에 따라 스텝을 옮기는 동안에도 남자무용수의 다리 주위로 독자적으로 피겨(figure)를 만들어 내곤 한다. 코르테(corte)나 케브라다(quebrada)와 같은 피겨는 여자무용수의 독립성과 자율성을 담보해 주는 대표적인 동작이다.

남자무용수가 스텝을 옮기는 다리 사이로 여자무용수의 발이 순간적으로 끼어든다. 이것은 모든 동작을 남자가 결정하고 리드하는 질서로부터의 이탈이라고 할 수 있다. 힘과 키의 차이에 따른 남자무용수의 우위조차도 미끄러짐 동작(slide)이나 상체의 평행을 유지하는 기본자세로 인해 무화되어 버린다. 남자무용수는 여자무용수보다 키가 크더라도 상체를 구부려 늘 파트너와 평행을 이루어야 하는 것이다. 그런 의미에서 탱고는 누가 리드하고 누가 따라가는 것인지 확신할 수 있는 다른 사교춤들과 구별되는 특성이 있다. 그것은 남성은 리드하고 여성은 순종한다는 오래된 성 관습에 대한 반발이자 전복인 셈이다. 그래서 탱고는 '굴복에 저항하는 춤' 이라고도 한다.

탱고를 남성적 권력의 실현으로 보는 입장의 오류는 탱고 가사들을 살펴보면 더욱 확연해진다. 많은 탱고 가사는 노래로서의 탱고가 발달한 1920–30년에 주로 만들어졌는데, 대부분 상실된 남성성, 위기에 처한 마초이즘의 시대를 단적으로 반영하고 있다. 가르델이 부른 노래들의 가사는 그 좋은 예이다. 77곡에 이르는 가르델의 노래를 분석한 자료에 따르면, 대부분의 탱고 가사들은 여성으로부터 버림받은 남성의 원망과 증오, 그리움을 담고 있다. 77곡 중 52곡이 사랑과 미움을 테마로 하고 있는데, 그중 30곡이 끝나버린 사랑을 노래하고 있고, 다시 그 30곡 중의 25곡은 여성의 배신에 대해 다루고 있다.

이러한 통계는 가부장의 권위, 가족을 부양하는 존재로서의 남성의 능력과 지위가 실추되고, 전통적인 남녀상이 바뀌어 가던 시대를 반영한다. 1930년대 군부세력에 의해 통제를 받기 이전의 탱고 가사들은 연인이나 아내, 딸을 더 이상 통제하지 못하는 남성상이 공통된 주제였다. 탱고가 유곽에서 탄생하고 춤추어지던 초기에는 가족제도 자체가 위기를 맞은 것은 아니었다. 정부는 이민자들로 인해 빚어진 남녀간의 성비 불균형을 매매춘을 합법화함으로써 조절하려 했었고, 이는 일시적으로는 사회의 안정에 기여하기도 했다. 그러나 유곽은 여성이 경제활동을 시작한 첫 무대인 셈이었고, 반면에 일자리의 부족으로 인해 남성의 경제력은 줄어들었다. 거기에다 출산율이 증가하면서 가족 부양에 대한 남성의 책임은 더 버거워져 갔다. 이는 여성의 경제력과 독립성이 증대되어 가는 것과 대조적이었다.

가족의 생계를 안정적으로 부양하거나 가장의 권위를 유지하는 데에서 존립기반을 찾던 남자들의 남성다움은 이제 기반을 잃어 갔고, 그리하여 콤파드리토라는 왜곡된 형태로 남성다움을 표출하고자 하게 된 것이었다. 일정한 직업이 없는 부랑자이거나 포주 행세를 하는 콤파드리토는 통 좁은 바지에 뾰족구두를 즐겨 신고, 반지 등 귀금속으로 치장을 하고 화장을 하기도 했다. 이러한 남성의 여성화에 반해 여성은 오히려 생활력과 경제활동이 강해지면서 남성화되었다. 탱고 가사에 애인이나 남편, 가족을 떠나는 여성 인물이 등장하는 것은 이 시기다. 이 노래들에 등장하는 남성들은 사회적으로 나약해져 미약 같은 약물을 필요로 하는 모습을 보이고, 강해진 여성은 그런 남성을 떠나 버린다. 전통적인 남녀상과 가족상의 와해를 보여 주는 것이다.

남성의 이러한 권위의 상실은 가르델의 노래들에서 옛 시절에 대한 향수로 나타난다. 곧 전통적인 남녀상이 유지되던 시절, 곧 탱고의 유곽시절에 대한 향수에 젖어드는 것이다. 견디기 위해 마약을 필요로 하는 일이 없던 시절, 카바레가 유곽을 대체하면서 공인된 오락공간으로 자리 잡기 이전 시절, 그리고 남성이 약해지거나 여성화되지 않았던 시절에 대한 짙은 향수인 것이다. 그런데 역설적인 것은 탱고 노래들에서 '좋았던 시절'로 표현되는 시절이 실제로는 한 번도 존재한 적이 없는 가공의 기억이라는 사실이다. 옛 시절이 실제로 마냥 좋거나 이상적인 것이 아니었음에도, 남성상의 위기와 가족제도의 위기, 그리고 그에 따른 국가의 불안정성 등이 닥쳐오자 그 반작용으로 옛 시절을 가공하고 미화하게 되었던 것이다.

탱고의 가사들을 살펴봄으로써 이르게 되는 이러한 결론을 더 확장시키면 군부집권기에도 가르델이 여전히 인기를 누렸던 이유를 짐작할 수 있다. 즉, 가르델의 노래들은 강해지고 독립적으로 변한 여성, 연인이나 가족을 두고 떠나는 여성에 대한 일종의 비난의 목소리이고, 더불어 전통적인 남녀상과 가족상으로의 회귀를 은연중에 촉구하는 것이기 때문이다. 사회의 안정과 원활한 통치를 위해 지배층이 필요로 하는 모럴을 남성 가수의 입을 빌려 부과하는 셈이었던 것이다.

탱고와 에로티시즘의 만남

탱고가 그것을 보는 이에게 주는 최초의 인상은 에로티시즘이다. 이 말은 탱고를 상업화하기에 가장 효과적인 전략이 곧 에로티시즘이라는 말과 통한다. 더 정확하게는 '섹슈얼리티(sexuality)' 혹은 '센슈얼리티(sensuality)'라고 해야 할 것이다.

탱고의 에로티시즘을 논하자면 먼저 탱고를 추는 사람과 보는 사람을 구별해 볼 필요가 있다. 추는 사람도 보는 사람도 모두 탱고의 소비자이자 향유자이지만, 에로티시즘으로서의 탱고는 엄밀하게 말하자면 보는 사람, 즉 제3자의 시선에서 작동한다. 에로티시즘은 시각적인 것 혹은 시각화된 것에서 발생하므로 탱고의 에로티시즘은 보는 사람에게, 그리고 보는 사람의 시선이 있기 때문에 가능한 것이다. 탱고의 형식 중 무대탱고는 그런 효과 때문에 각광받는다. 관객은 탱고의 시각화된 에로티시즘을 소비하는 것이다. 무대탱고의 홍보용 책자나 대중매체의 광고 문구가 탱고의 섹슈얼한 이미지에 늘 초점을 맞추는 것이 이를 증명한다. 다시 말하면, 탱고를 에로티시즘과 등치시키는 것은 춤을 추는 이보다는 춤을 보는 이의 시선에 중심을 둔 결과이고, 공연용 탱고가 그 구체적인 예다.

탱고가 부에노스아이레스의 빈민촌에서 이민자들과 콤파드리토들에 의해 탄생하던 시기로 되돌아가보면, 그때에도 두 남녀의 춤을 구경하면서 애수를 달래던 남성들이 있었던 것은 사실이다. 그러나 아직은 에로티시즘이 체계적이고 전략적으로 포장되기 이전이었다. 오히려 초기의 탱고는 춤을 추는 두 사람이 곧 소비자인 경향이 강했고, 그런 면에서 본래의 탱고는 에로티시즘과는 일정한 거리가 있다.

사바토는 탱고를 섹스와 직결시켜 음란한 춤으로 평가하는 데 이의를 제기하면서 탱고의 탄생은 오히려 열망에 대한 결핍감에서 비롯되었다고 말한다. 탱고가 유곽에서 탄생했고 유곽은 순수 섹스의 공간이지만, 그곳에서 이민자가 진정으로 찾고자 한 것은 합일과 애정에의 갈망이었고 그 갈망은 늘 결핍으로 남아 외로움을 더 증폭시켰다는 것이다. 탱고 안에 서글픔의 정서와 빈정거리는 듯한 절망감이 혼합되어 있는 것도 바로 그 때문이라는 게 사바토의 주장이다. 그러니 탱고는 열정의 해방이 아니라 오히려 열정의 중난과 억세인 것이다.

마르티네스 에스트라다(Ezequiel Martínez Estrada)도 탱고를 에로티시즘과 등치시키는 것에 동의하지 않는다. 그는 탱고는 기쁨이 동반되지 않는 성행위와 마찬가지이고, 따라서 사실은 관능성이 결여된 춤이라고 말한다. 춤을 추는 두 사람 사이의 분위기는 상대방에 대한 성적인 자극도 아니고 성적 소비에 관심을 갖는 것도 아니다. 오히려 그들은 자신의 고독한 세계에 몰두하는 듯한 무심한 시선을 상대방의 어깨 너머로 던질 따름이다. 고개를 외로 돌린 채 무심한 듯 던지고 있는 시선은, 종국에는 결핍감

무대탱고

만 안은 채 자신의 고독한 세계로 되돌아가야 할 순간을 미리 대비하기 위한 것이다. 어쩌면 강렬한 열망을 무심한 시선으로 위장하는 것이다. 탱고를 추는 두 사람의 이 독특한 시선은 파트너를 정면으로 바라보면서 정서를 공유하는 다른 춤들과는 선명하게 구별된다. 그 차이는 탱고가 애환과 음울한 향수를 정조로 하는 유일한 대무(對舞)임을 말해 준다. 발산되는 열정이 아니라 은밀하게 억제된 침묵의 열정, 그것이 바로 탱고다.

그러고 보면, 오늘날 에로티시즘을 전면에 내세워 탱고를 소개하는 것은 초기 탱고로부터 얼마나 멀리 와 있는 것인가. 관객의 시선을 위한 무대탱고는 서구화된 탱고이고, 상업적 전략과 맞물려 정교하게 에로티시즘의 색깔을 입힌 결과인 것이다. 무대탱고의 화려한 의상은 물론이고, 격렬하고 자극적인 안무도 초기의 아르헨티나 탱고와 판이하다. 아르헨티나에서도 관광객을 위한 탱고 공연장의 무대탱고와 밀롱가에서 추는 살롱탱고가 공존하는데, 이 둘은 서로 다른 춤이라고 느껴질 정도로 차이가 크다.

탱고와 에로티시즘을 기계적으로 연결시키는 경향에 대해 이견을 제시하는 것은 무대탱고의 번성에 대한 단순한 거부감 때문도 아니고, 탱고가 에로티시즘을 담은 춤이 아님을 강변하기 위한 것도 아니다. '변두리 탱고(오리야 탱고)' 에서 '살롱탱고' 를 거쳐 '무대탱고' 에까지 이르는 동안 탱고의 지평이 넓어진 것은 부정할 수 없는 사실이다. 그러나 그 연원을 거슬러 올라가보지 않고 단순히 현재의 외양만으로 한 문화를 규정한다면 그 문화를 깊이 있게 알게 될 기회마저 사라지지 않겠는가.

"탱고는 아르헨티나"라는 등식

"탱고는 대개 아르헨티나로 이주했던 유럽 이민자들(immigrant)의 서러움과 외로움을 거울처럼 반사하는 춤으로 기술되어 왔다. 그러나 사실은 그것은 떠나온 사람(emigrant), 언제나 고향을 떠나 있어 결코 고향을 찾아갈 수 없는 사람들의 음악이기도 하다." 이것은 '포에버 탱고' 의 창단자인 루이스 브라보(Luis Bravo)가 한 말이다. 이 말의 핵심은 이민자의 외로움과 상실감은 타향 혹은 타국에 '들어왔다' 는 사실이 아니라 고향 혹은 고국을 '떠나왔다' 는 사실에 기인한다는 것이다. 또한 이 말은 19세기 말 탱고를 탄생시킨 사람들에게 탱고가 가졌던 의미가, 오늘날 아르헨티나를 떠나 있는 아르헨티나 인에게도 마찬가지로 작용함을 염두에 둔 것이기도 하다.

앞에서 탱고가 19세기 말 20세기 초에 걸쳐 아르헨티나에, 더 정확하게는 부에노스아이레스의 빈민촌에 자리 잡은 유럽 이민자들에 의해 탄생했음을 밝혔다. 그 이민자들이 탱고를 '탄생' 시킴으로써 향수와 애환을 달

랬다면, 오늘날 아르헨티나를 떠나 유럽이나 다른 아메리카 국가에 살고 있는 아르헨티나 인들은 그 탱고를 '재생산' 함으로써 향수를 극복한다고 하겠다.

그런 의미에서 탱고의 역사는 '망명의 역사' 다. 물론 여기서 망명은 넓은 의미의 떠나 있음을 말한다. 탱고를 탄생시킨 사람들은 모두 망명자들이었다. 부에노스아이레스 변두리 슬럼가로 건너온 유럽 이민자들의 망명, 농촌지역에서 항구도시로 이주한 크리오요들의 망명, 아프리카 노예들의 망명. 고국을 떠나 있는 아르헨티나 인들은 더 열정적으로 탱고를 추고, 탱고에 대한 글을 쓰고, 탱고를 이야기한다. 코란에 낙타가 굳이 거론되지 않는 것은 아랍에 낙타가 있다는 사실이 지극히 당연하기 때문이듯이, 그들도 자기 땅에 살고 있었다면 굳이 탱고를 추고 가르치고 노래하지 않아도 되었을 것이다. 타국에 있기 때문에, 곧 망명의 상태에 있기 때문에 탱고에 기대어 향수를 달래게 된다. 또한 아르헨티나 인이라는 이유만으로 스스로 탱고와 동일시되는 것을 경험하는 것도 타국에 있기 때문이다.

탱고가 이국화된 최초의 역사는 유럽에 전파되던 시기에 있다. 1차세계대전이 끝날 무렵 프랑스와 영국을 중심으로 한 유럽 사회에서 탱고는 다른 사교춤들과 대등한 위치를 차지했다. 이 무렵의 유럽 인들에게 탱고가 탄생지인 부에노스아이레스에서 받던 평가는 더 이상 관심의 대상이 아니었다. 그래서 유곽에서 탄생했다는 사실은 지워져 '위생화(sanitization)' 되었고, 공격적이던 동작은 우아하고 세련되게 정화되었으며, 리듬 중심의 음악은 멜로디가 중심이 된 밝은 곡조로 바뀌었다. 흑인의 음울한 음악이었던 재즈가 1950년대에 제도권 교육을 통해 클래식 음악을 공부한 백인 음악가들에 의해 세련화되어 '쿨재즈' 라는 스타일로 융성하게 된 것과 같은 맥락이다. 파리 상류사회의 살롱과 카바레를 거치면서 탱고는 우아하고 밝고 정열적인 춤으로 변모한 것이다.

이국화 전략이 위협적일 수 있는 것은 타인의 시선을 통해 이국화된 자신을 무의식중에 그대로 자기정체성으로 받아들이게 될 위험성 때문이다. 피식민자가 자신의 피식민의 기원을 식민자의 관점에 따라 이해하게 되면 '자아 이국화(self-exotization)'와 그로 인한 식민화(colonization)는 더욱 심각해진다. 그러면 식민자의 실체를 온전하게 드러내는 일은 영영 불가능해진다. 아르헨티나 중상류층은 탱고를 부에노스아이레스 하층민의 춤이라고 배척했지만, 유럽 상류사회를 통한 위생화 단계를 거치자 아르헨티나로 역수입하여 향유했다. 이것이 곧 '자아 이국화' 현상이다. '흑인과 라틴 민족은 몸에 리듬을 지니고 있다.'라는 표현은 인종이나 민족성을 그 특징적인 문화에 연결짓는 것에 불과해 보이지만, 어느 틈에 정신과 몸의 차이를 이항대립화하고 있다. 곧 흑인과 라틴 민족은 정신적 사고보다는 몸의 발현을 본능적으로 타고났다고 규정짓는 셈이다. 인종이나 민족 전체를 동질화하는 것은 서구적인 고정관념일 뿐이다. 이국화 과정은 일차적으로는 계층을 막론하고 작용하지만, 다음 단계에서는 지배층이 피지배층을 제어할 수 있는 전략이 되기도 한다.

앞에서 탱고의 탄생기를 다루면서 탱고가 아르헨티나의 것이라기보다는 부에노스아이레스의 것이라고 명시한 적이 있다. 즉, 아르헨티나의 다른 지방 사람들에게 탱고는 분명히 부에노스아이레스의 것이다. 그런데 아르헨티나 밖에서는 탱고를 아르헨티나라는 한 나라의 것으로, 곧 국가적인 문화로 확대시켜 버리고 만다. 곧 '국가화' 되는 것이다. 탱고가 유럽에서, 그리고 미국에서 수용된 것은 이 방식을 통해서였다. 여기에서 문제가 되는 것은 서구에 의해 제조된 '탱고=아르헨티나' 또는 '탱고=아르헨티나성'이라는 등식을 아르헨티나 지배층이 채택하여 국민들을 단일화하는 수단으로 삼았다는 점이다. 근대국가의 체계적인 형성을 당면목표로 삼고 있던 지배층으로서는 유럽 이민자를 포함하여 사회 구성원들을 단일화하는 것이 시급했다. 그에 따라 탱고를 '국가(국민)적 리듬'으로 재설정하고 이를 통해 신생 시민계급을 국가화하고 토착화하고 단일화하려는 시도가 일어났다. 탱고는 곧 아르헨티나이고, 탱고는 곧 아르헨티나 국민 전체의 춤이라는 단일화의 환상이 창출되었던 것이다.

서구유럽은 이국성을 내세워 탱고를 아르헨티나성과 등치시켰고, 아르헨티나인은 이 등식을 수용함으로써 스스로를 식민화하는 결과를 낳게 되었다. 여기에서 '식민화'라는 말이 물리적이고 일차적인 의미의 것이 아님은 당연하다. 오히려 '문화의 식민성'이라고 해야 정확할 것이다. 그러나 문화의 식민성은 정치적 · 경제적 식민을 공고히 하는 발판이 되어 오지 않았던가. 그런 맥락에서 탱고는 '탈식민화를 위한 기호'일 수도 있다. 탱고가 탈식민화 기획의 지표가 될 수 있는 또 다른 이유는 그것이 '몸의 표현'이기 때문이다. 다시 말해 이성이 아니라 몸으로 체현되는 행위이기 때문이다. 체계화된 담론들이 무상해진 시대에 우리는 구체적이고 일상적인 몸의 체현이 지닌 진정성에 눈을 돌리게 되었고, 춤과 같은 몸의 체현행위를 권력화한 지식에 대한 도전으로 파악할 수 있게 된 것이다.

5. 근대도시 부에노스아이레스의 욕망과 애환

언제나 유럽을 바라보면서 유럽을 추구하고 갈망하는 아르헨티나 사회를 두고 아르헨티나 인들 스스로 잘 하는 말이 있다. 아르헨티나는 "이탈리아어를 말하고 프랑스 인을 찬양하면서 영국인이 되고 싶어 하는 스페인적인 문화이다."라고. 이는 아르헨티나가 겪어 온 굴곡의 역사와, 그로 인해 왜곡된 아르헨티나 인의 정체성을 단적으로 표현하는 말이기도 하다. 우선 아르헨티나는 오랜 식민기를 거치는 과정에서 스페인의 혈통과 문화유산이라는 첫 번째 낙인을 받았다. 그리고 20세기로의 전환기에 대규모 이탈리아 이민자들이 유입되면서 라틴아메리카 스페인어 중에서도 이탈리아어의 영향을 받은 고유의 어휘들과 독특한 발음 양상을 지닌 아르헨티나 스페인어를 갖게 되었다. 한편, 엘리트 귀족층이나 전문직업인이라면 누구나 파리를 여행하는 게 관례였고, 귀족이나 대실업가의 자제라면 당연히 파리 유학을 하던 문화가 지배적일 만큼 프랑스 인에 대한 선망이 강했다. 파리 패션의 모방이나 문학예술 살롱의 유행도 프랑스에 대한 선망의 산물이었다. 그러면서도 19세기와 20세기 전환기의 세계경제를 주도하던 앵글로색슨계 영국인의 실용적인 사고와 경제력을 부러워했던 것이다. 아르헨티나 인은 이질적인 특성들을 한데 취하고자 한 모순적인 존재인 것이다.

표현상 과장된 측면이 있긴 하지만 아르헨티나 인의 성향이 유럽 지향적이고 복합적인 것은 사실이며, 그 기점은 바로 아르헨티나의 근대 형성기에 있다. 아르헨티나는 인구의 90% 이상이 백인이다. 19세기 중반부터 시행된 유럽 인 이민정책이 이 라틴아메리카 남단을 백인 국가로 만든 것이다. 라틴아메리카 안에서 가장 유럽화한 나라이지만 제3세계 주변국이라는 원죄 아닌 원죄는 벗어날 수 없고, 그래서 아르헨티나 인의 자존심은 늘 반쯤은 구겨져 있다. 지난 세기에 영예를 누렸었다는 사실에서 비롯되는 우월감으로 다른 라틴아메리카 국가들을 대해 왔지만, 이제는 신자유주의 경제정책의 성과를 보는 듯한 칠레나 번창하는 몇몇 아시아국가들 앞에서 그 기세가 움츠러들고 있다. 그래서 아르헨티나 지식인들에게는 '유럽화한' '주변부 국가'의 '지식인'이라는 이중, 삼중의 딜레마를 극복하기가 한결 힘겨운 것 같다.

탱고는 근대국가 아르헨티나가 그 정체성의 기초를 마련하던 시기의 문화 산물이다. 유럽으로부터의 대량 이민과 산업화가 낳은 이촌향도로 근대도시 부에노스아이레스는 더욱 팽창했고, 농촌과의 경계지대인 도시

외곽은 하층민의 거주지로 발달해 갔다. 크리오요 인구의 몇 배가 넘는 이민자들의 존재로 인해 부에노스아이레스는 더욱 혼란스러운 공간이 되었다. 부푼 꿈을 갖고 떠나 왔던 유럽 이민자들에게 대토지제가 여전히 유지되고 있던 농촌의 실상은 부풀었던 비전의 참담한 포기였다. 그런 상황에서 도시에 정착한 이민자들과 크리오요 사이의 갈등은 당연한 것이었고, 이민자들이 느낀 고독과 향수는 물적인 결핍과 맞물려 더욱 증폭되었다.

탱고가 탄생한 것은 도시와 농촌이 만나는 이 접경지대, 이민자와 크리오요 사이의 갈등이 상존하던 이 빈곤의 공간에서였다. 부에노스아이레스라는 대도시 문명과 크리오요 농촌 전통 사이에 존재하는 근대적 삶의 긴장이 탱고를 낳은 것이다. 탱고의 탄생지인 빈민촌, 그 변두리 공간은 바로 근대화 시대의 산물이다. 지리적 범주상의 긴장은 동시에 인적 · 문화적 범주의 긴장이기도 했던 것이다.

부에노스아이레스가 그런 역사를 겪지 않았더라면 탱고라는 춤은 발생하지 않았을지도 모른다. 혹은 부에노스아이레스가 연방수도로 변모하지 못하고 일개 주(州) 수도에 머물렀더라면, 탱고 또한 한 지방의 민속음악에 머물러 있었을 것이다. 19세기 말의 부에노스아이레스, 세계화되어 가던 연방수도 부에노스아이레스가 있었기에 탱고의 탄생이 가능했다는 뜻이다. 탱고가 아르헨티나의 춤이 아니라 부에노스아이레스의 춤이었다고 하는 것은 이런 맥락에서이다. 근대도시 부에노스아이레스의 모든 욕망과 애환은 바로 탱고 속에 오롯이 담겨 있는 것이다.

† 참고문헌 †

곽재성 · 우석균, 『라틴아메리카를 찾아서』, 서울: 민음사, 2000.

아치, 마리아 수사나 · 콜리어, 사이먼, 『피아졸라: 위대한 탱고』, 서울: 을유문화사, 2004.

우석균, 『바람의 노래, 혁명의 노래』, 서울: 해나무, 2005.

Collier, Simon et al., *Tango! The Dance, the Song, the Story*, New York: Thames and Hudson, 1995.

Guy, Donna J., "Tango, Gender, and Politics," *Sex and Danger in Buenos Aires*, Nebraska: Univ. of Nebraska Press, 1990, 141-179.

Romano, Eduardo coord., *Las letras del tango*, Buenos Aires: Edit. Fundación Ross, 1995.

Sábato, Ernesto, *Tango, Discusión y Clave*, Buenos Aires: Losada, 1963 (1997).

Salas, Horacio, "Borges y el tango," *Lecturas de la memoria*, Buenos Aires: FCE, 2005, 311-332.

Salessi, Jorge, "Medics, Crooks, and Tango Queens: The National Appropriation of a Gay Tango," Delgado, Celeste Fraser & Muñoz, José Esteban ed., *Everynight Life*, Durham and London: Duke Univ. Press, 1997, 141-174.

Savigliano, Marta E., *Tango and the Political Economy of Passion*, Boulder-Oxford: Westview Press, 1995.

라틴아메리카와 미국: 침략의 역사와 문학적 이미지

김창민 서울대학교 서어서문학과 교수

1. 들어가는 말

콜럼버스가 우연히 아메리카에 도착한 순간 라틴아메리카의 불행은 시작되었다. 인도로 가는 새로운 항로를 개척하려던 그의 욕망이 라틴아메리카 대륙에 수백 년 동안 살육과 약탈, 고통과 가난의 역사를 낳으리라고는 아무도 예상하지 못했을 것이다. 스페인 식민지배가 시작된 뒤부터 라틴아메리카는 항상 유럽에 일차상품과 노동력을 값싸게 제공해 왔고 비싼 값으로 공산품을 수입해야 했다. 라틴아메리카 인들의 피와 땀은 유럽의 산업혁명과 미국의 풍요로운 삶에 기여했다. 엄청난 지하자원을 생산하면서도 라틴아메리카는 가난에서 벗어나지 못했고, 그 자원을 소비하는 국가들은 점점 더 부유해졌다. 물론 오늘날 라틴아메리카가 가난하게 사는 원인이 외부에만 있다고 주장하는 것은 아니다. 문제의 원인은 내부에 있다는 지적도 많다. 라틴아메리카의 일부 부도덕한 상류층은 외국자본의 하수인이었고, 부패한 지배세력은 자기 역할을 제대로 수행하지 못했으며, 국민들은 현명하게 행동하지 못했다는 것이다. 하지만 무엇보다 스페인을 비롯한 서구열강의 약탈과 미국의 군사적 침략과 경제적 착취가 오늘날까지 라틴아메리카가 빈곤과 불행 속에 살아온 주요한 원인이라는 점을 부인하기는 어려울 것이다.

사실 오늘의 라틴아메리카를 파악하기 위해서는 300여 년 동안 지속된 스페인의 식민통치에 대한 이해가 절대적으로 필요하다. 실제로 라틴아메리카에 대한 대부분의 소개서는 그 점에 많은 비중을 두어 왔다. 하지만 독립한 후부터 지금까지 라틴아메리카의 운명에 결정적 역할을 행사해 온 나라는 바로 미국이라는 사실에 대한 관심과 언급은 그 중요성에 비해 너무 부족하다. 미국은 1848년 멕시코와의 전쟁에서 이긴 후 캘리포니아, 뉴멕시코, 애리조나, 텍사스 등 거대한 영토를 빼앗았다. 물론 형식적으로는 조약을 통해 멕시코가 미국에 파는 것으로 했다. 1898년 미국은 스페인과의 전쟁을 통해 푸에르토리코와 쿠바의 지배권을 획득하면서 카리브 해의 지배권을 장악했다.

미국은 '문명화된 이웃' 의 의무를 다하기 위해 1980년대까지 니카라과에 14회, 파나마에 12회, 온두라스에 7회, 쿠바에 7회, 과테말라에 2회, 도미니카공화국에 6회, 아이티에 6회, 그라나다에 1회 '무력개입' 하였다. '이웃의 도리' 를 다한 결과, 쿠바에 영구 해군기지를 설치했으며, 파나마 운하를 차지하고, 니카라과에 운하건설권을 확보하고, 푸에르토리코를 식민지화할 수 있었다. 니카라과의 산디니스타 정권을 무너뜨리고 독재자 소모사를 40년간이나 지원했다. 칠레에서 피노체트의 쿠데타를 지원해 아옌데 민주정부를 무너뜨린 역사적 사실에서 확인되듯이, 미국은 자국의 이익을 위해서라면 독재정권이라도 적극적으로 지원하였으며, 자국의 이익에 반하는 경우에는 아무리 민중의 지지를 받은 민주정부라도 온갖 수단을 써서 전복시키고 말았다. 비록 프랭클린 루즈벨트나, 지미 카터 같이 라틴아메리카에 대해 유화적이고 온건한 정책을 펴려고 한 대통령도 있었지만, 근본적으로 미국은 라틴아메리카에 대한 독점적 지위를 포기하지 않았다.

마침내 라틴아메리카 인들은 자신들의 고유 명칭마저 상실해 가고 있다. 사실, 혼합 민족으로 구성된 미국인에 비해 오래전부터 아메리카 대륙에 살아왔고 뿌리 깊은 문화를 가지고 있는 라틴아메리카 인들이야 말로 진정한 '아메리카 인'이다. 하지만 이제 '아메리카'는 곧 미국을 뜻하게 되었고 라틴아메리카는 아메리카의 변방처럼 인식되기에 이르렀다.

오늘날 멕시코 사람은 미국에 대한 피해의식을 느낄 때마다 "우리에게 신은 너무나 멀리 떨어져 있고, 미국은 너무 가까이 있다."라는 말을 입버릇처럼 되뇐다. 하지만 이것이 멕시코 사람만 느끼는 감정은 아닐 것이다. 라틴아메리카의 모든 나라 국민이 자신의 어려운 처지를 되돌아볼 때마다 느끼는 감정이라고 해도 과언이 아니다. 라틴아메리카 국가들이 스페인으로부터 독립을 하던 19세기 전반만 해도 라틴아메리카 인들에게 미국은 선망의 대상이었다. 자유, 민주, 풍요의 상징이었다. 하지만 19세기 후반 미국의 제국주의 속성이 드러나기 시작하면서, 미국은 좋은 이웃이 아니라 두려운 거인의 이미지로 변해 왔다.

쿠바의 독립 영웅이자 라틴아메리카 모데르니스모 문학의 선구자 호세 마르티(1853-1895)도 처음에는 미국의 자유와 민주주의를 부러워했다. 그러나 미국에서 수년간 살면서 미국의 실상을 보았다. 소수가 부를 독점하는 미국 사회에서 '자유'와 '민주'라는 단어의 허상을 보았다. 그리고 "미국은 금세 망할 것이다. 탐욕스러움으로 인해, 정도를 벗어난 번영으로 인해, 비도덕적인 풍요로움으로 인해 멸망할 것이다."라고 예언했다. 그리고 당시 쿠바를 미국에 합병시키자는 자들에게 신랄한 비판을 가한다. 또 다시 식민지로 전락할 수밖에 없다는 것이었다. 미국의 제국주의에 대한 마르티의 우려는 그 후 1세기 이상 현실이 되었다. 미국은 수십 차례의 침략과 군사개입을 통해 라틴아메리카를 통제해 왔다. 자유의 횃불을 밝힌다는 자유의 여신상은 장부를 들고 수탈의 횃불을 치켜든 침략자의 이미지로 변해 왔다. 멕시코의 소설가 카를로스 푸엔테스의 비유에 따르면

"미국은 지킬 박사와 하이드다." 자국 내에서도 평등과 자유를 온전히 실천하지 못하면서도 대외적으로 그런 명분을 내세워 다른 나라를 침공하는 침략자였다는 것이다.

이 글은 19세기 중반부터 라틴아메리카에 영향력을 키워 온 미국이 라틴아메리카의 정치적 · 경제적 측면에서 어떤 역할을 해 왔고 어떤 결과를 낳았는지 살펴보고자 한다. 우선 19세기 중반 이후 미국이 어떻게 라틴아메리카에 대한 영향력을 확대, 지속시켜 나아갔는지 정치, 경제, 군사외교적인 측면에서 살펴보고, 그 다음, 미국에 대한 라틴아메리카 인들의 태도는 어떠했는지 문학작품들을 통해 구체적으로 살펴봄으로써 라틴아메리카에 있어 미국의 존재의미를 확인해 보고자 한다.

2. 침략과 수탈의 역사

1820년을 전후로 라틴아메리카의 여러 나라가 스페인으로부터 독립을 쟁취하고 있을 무렵 미국은 유럽 열강들과 맞설 정도로 국력이 신장되어 있었다. 미국은 라틴아메리카의 독립을 적극 지원하면서 한편으로는 라틴아메리카에 대한 자신의 몫을 생각하기 시작했다. 1823년, 마침내 미국은 먼로독트린을 선언한다. 어떻게 보면 이 신인은 미국이 지신의 이웃국가들을 열강의 착취로부터 지켜 주고자 하는 충정에서 나온 것처럼 보일 수도 있다. 하지만, 그 이후 전개된 실상은 그와 정반대의 해석을 할 수밖에 없도록 한다. 쉽게 말해서 이제 아메리카 전 대륙은 미국이 혼자 알아서 할 테니 유럽 제국들은 더 이상 신경 쓰지 말라는 것이었다. 미국의 제국주의 역사가 시작됨을 만천하에 알리는 서곡이었고, 유럽 제국들에 대한 일종의 도전장이었다.

라틴아메리카에 대한 미국의 개입을 활발하게 시작한 대통령은 테오도르 루즈벨트(1901~1909 재임)였다. 그는 미국이 서반구의 경찰국가 역할을 해야 한다고 생각했고, 카리브해에 대한 개입을 정당화했다. 그 이후 미국은 라틴아메리카 전체에 대한 독점적 권리를 당연하게 생각했다. 나아가 T. 루즈벨트 대통령은 미국처럼 문명화된 나라가 '불쌍한' 이웃나라들에 관여하는 것은 의무라고 해석했다. T. 루즈벨트 대통령이 정치적 영향력에 주된 관심을 보인 반면, 뒤를 이은 윌리암 하워드 테프트 대통령은 경제적 독점을 위해 노력했다. 그 결과 미국의 몇몇 다국적 기업은 라틴아메리카의 경제권을 장악하는 데 성공했다. 민족자결주의를 주창한 것으로 알려진 윌슨 대통령은 전임자들과는 달리 이상적인 외교정책을 가진 것처럼 보였지만, 재임시절 니카라과, 멕시코, 쿠바, 도미니카공화국 등에 무력침략을 자행함으로써 미국외교의 이중성을 적나라하게 드러내고 말았다.

미국은 나름대로 라틴아메리카를 이웃으로 생각하고 그들을 도우기 위해 애써 왔다고 주장한다. 그 예로 케네디 대통령의 '진보동맹(Alliance for Progress)'을 들기도 한다. 200억 달러를 라틴아메리카의 농업경제 개혁과 인프라 구축, 교육과 보건 등 주민 생활 향상을 위해 제공한 미국의 선의는 긍정적으로 평가될 수도 있다. 쿠바의 혁명 성공이 라틴아메리카의 다른 국가들로 전파될 것이 두려운 나머지 그 지원정책이 나왔지만, 라틴아메리카의 일부 나라에는 도움이 된 것도 사실이다. 그러나 그런 식으로 이루어진 개혁과 발전은 미국 투자가들의 요구에 맞춘 것이라는 비판도 있다. 그것은 라틴아메리카 사람들이 수출용 농작물을 생산하기 위해 자신들이 일상적으로 먹을 옥수수나 콩 등의 재배를 더욱 줄여야 하는 결과를 가져왔다는 것이다. 이런 식의 개발이 지향하는 농산물 수출 모델은 언제나 국민 대다수는 굶주리고 있는 데도 GNP는 올라가는 '경제기적'을 낳아 왔다. 또한 그 과정을 통해서 각국의 토착자본 세력은 점점 힘을 잃었고, 미국의 간섭은 더 심화되었다.

더구나, '진보동맹'을 추진한 케네디 정부의 라틴아메리카에 대한 태도를 긍정적으로만 바라볼 수 없게 하는 여러 가지 사건이 있다. 한 예로, 케네디 정부는 브라질 민주정권이 갈수록 독자노선을 강화해 나가자 1964년 브라질에 군사 쿠데타를 유도했다. 쿠데타 지휘자가 고문과 탄압으로 신나치 형태의 독재 정부를 세우는 동안, 미국은 적극적으로 지원했다. 이는 아르헨티나와 칠레를 비롯하여 여러 나라에까지 영향을 미쳤고, 라틴아메리카 대륙은 1960년대 중반부터 1980년대에 이르기까지 처참했던 유혈의 시대를 보내야 했다.

니카라과를 40년 통치한 소모사가 1970년대 후반 산디니스타 혁명군에게 몰리자 미국은 부패한 조직은 그대로 놔두고 지배자만 바꾸는 작업을 시도했다. 그러나 그것이 뜻대로 되지 않자 카터 대통령은 미국 세력의 발판으로 소모사의 방위군만큼은 살리려고 애를 썼다.

카터 행정부는 '방위군' 지휘관들을 적십자 표지가 달린 비행기에 실어 출국시켜 주었으며, 니카라과 국경지역에 방위군을 다시 조직하기 시작했다. 카터 행정부는 또한 아르헨티나를 하수인으로 이용하였다. 당시 아르헨티나는 '신나치' 장군들이 통치하고 있었는데, 그들이 니카라과 방위군의 재건을 도왔다. 결국 방위군은 후에 '콘트라' 즉 "자유의 투사"라는 이름으로 다시 태어났다. 레이건은 그들을 이용하여 니카라과와 대규모 테러 전쟁을 일으켰으며, 그보다 훨씬 더 치명적인 경제전에까지 개입했다. 미국은 또 니카라과에 군사적 · 경제적 원조를 보내지 못하도록 다른 나라를 협박하기도 했다. 그럼에도 불구하고 미국은 니카라과 내에서 존속할 수 있는 군사세력을 만들어 내는 데 실패했다.

미국은 왜 니카라과에 그토록 집착했던 것일까? 국제개발 단체인 옥스팸(Oxfam)은 76개 개발도상국에서 일한 경험을 빌려 다음과 같이 그 실질적인 이유를 설명했다. "니카라과는…… 국민들의 생활조건을 개선하고 국가 발전 과정에 국민의 직접적 참여를 권장한다는…… 공약을 지키는 예외적인 정부다." 1980년대 초에 세계은행은 자신들의 사업이 "몇몇 부문에서 세계의 어느 나라와도 비교할 수 없을 정도의 눈부신 성공을 니카라과에서 거두었다."라고 말했다. 코스타리카 민주주의의 아버지 호세 피게레스는 "니카라과는 역사상 최초로 국민을 위해 일하는 정부를 갖게 되었다."라고 말했다.

이처럼 산디니스타 개혁의 성공은 미국의 정책 담당자들을 공포에 몰아넣었다. 조지 슐츠(George Shultz)는 산디니스타가 "바로 여기 우리의 대륙에 자라고 있는 암"이라고 불렀으며 반드시 제거되어야 한다고 주장했다. 그래서 미국은 우선 세계은행과 인터-아메리칸 은행이 원조를 중단하도록 압력을 가했다. 그리고 콘트라 반군을 통해 테러를 감행하고, 산디니스타 정권이 콘트라에 맞서 싸우느라 사회개발개혁에 사용해야 할 자금을 소진하도록 유도했다. 1972년 소모사 독재 시절 니카라과에 지진이 났을 때 미국은 엄청난 양의 원조를 보냈다. 그러나 1988년 10월, 1972년 지진보다 더 무서운 허리케인이 니카라과를 덮쳤지만 산디니스타 정권에게는 1달러도 보내지 않았다. 게다가 우방국들에게도 원조를 보내지 않도록 압력을 가했다. 내전과 경제적 압박을 통해 산디니스타 정책이 실패작이라고 국민들이 인식하도록 유도했다. 결국 "콘트라의 활동을 중지하고 전쟁을 끝낸다."라는 평화안이 합의되었지만 미국은 콘트라에 보내는 CIA의 공수 비행기 수를 세 곱절이나 더 늘렸다. 그리고 선거가 시작되자 미국은 만약 산디니스타가 선거에서 이기면 니카라과에 대한 봉쇄 조치와 콘트라의 테러행위가 계속될 것이라는 것을 분명히 밝혔다. 이런 위협 속에서 치러진 선거에서 산디니스타는 당연히 패배했다. 『뉴욕타임스』는 "미국이 공정하게 따낸 승리"에 대해 미국인들은 "다 함께 기뻐했다."라고 일면기사의 제목을 달았다.

니카라과에 대한 미국의 개입은 이미 그 이전에 유사한 선례를 가지고 있었다. 1944년 과테말라에는 혁명이 일어나 난폭한 독재가가 쫓겨나고, 루즈벨트의 뉴딜 정책을 토대로 한 민주주의 정부가 수립되었다. 그 후 10년 동안의 민주주의적 과도기를 거쳐 성공적으로 자주적 경제 발전을 시작했다. 그 정권은 군사독재, 사회적 퇴보, 경제적 식민 상태로부터 과테말라를 해방시키기 위한 국민운동을 일으켰다. 그런데 미국은 많은 국민의 지지를 받는 그 개혁적이고 민족주의적인 과테말라 정부가 미국의 이익에, 특히 유나이티드프루트사(United Fruit Co.)의 활동에 장애가 된다는 것을 알았고, 그러한 개혁의 성공이 다른 이웃나라로 확산될까봐 우려하게 되었다. 따라서 미국은 쿠데타를 사주하였고, 성공했다. 그 후 과테말라에 조금이라도 미국의 정책 노선에서 벗어나려는 위협이 존재할 때면 항상 미국의 간섭이 되풀이되었다. 그리고 미국의 국익에 도움이 된다면 어떤 지도자도 무방했다. 1980년 대 초 과테말라의 폭군 리오스 몬트(Rios Montt)는 자국민 수만 명을 학살했다. 그러나 레이건은 그를 민주주의를 위해 전심전력을 다하는 인물이라고 극찬했다.

노암 촘스키는 미국이 1988년 마이애미에서 파나마의 노리에가에게 유죄판결을 내리고, 1989년 파나마에 유혈 침공한 것은 노리에가가 독자 노선을 걸으려고 했기 때문이라고 추측한다. 과거 그가 CIA에 협조했을 때는 그의 모든 범죄행위를 묵인해 주다가 독자노선이라는 '범죄' 를 저지르는 순간, 그는 존경스러운 친구에서 '쓰레기 같은 인간' 으로 바뀌게 되었다는 것이다. "그는 콘트라 전쟁에서 우리를 돕는 일에 늑장을 피웠고, 그 밖의 몇몇 경우에도 우리의 눈에 거스르게 되었다. 게다가 그가 독자적이 된다는 사실은 파나마 운하에서의 우리 이익에 대한 위협이기도 했다. 미국은 그 전에, 미국이 조종할 수 있는 사람의 손에 파나마가 들어가 있게끔 분명히 해 두어야 했다. 파나마 침공 후 미국은 은행가들에게 다시 권력을 쥐어 주었다."라고 촘스키는 말하고 있다.

그는 또 노리에가의 인권유린 행위는 다른 주변 국가들에 비해 오히려 덜한 편이라고 주장한다. 당시 CIA가 훈련시킨 부대가 있던 온두라스, 미국의 지원 속에 1980년대를 장식했던 도미니카의 독재자 트루히요, 니카라과의 소모사, 필리핀의 마르코스, 아이티의 듀발리에 등의 잔학행위는 노리에가보다 훨씬 심했지만, 미국은 몇 십 년 동안 그들을 지원하였다고 주장한다. 조지 부시 행정부는 자이레 독재자 모부투, 루마니아의 차우체스쿠, 사담 후세인 등 노리에가보다 훨씬 죄가 중한 범죄자들에게 계속 경의를 표해 왔다고 지적한다.

데이비드 하비(David Harvey) 역시 그의 저서 『신제국주의』에서 촘스키와 같은 주장을 펴고 있다. 그에 의하면, 미국은 유럽 열강으로부터 약소국이 독립할 시기에는 민족해방운동의 보호자인 양 했지만, 그 후 자신의 이해관계가 걸릴 때마다 다른 나라의 대중적 · 민주적 운동을 억압하면서 제국주의의 본성을 드러냈다는 것이다. 미국은 사회주의나 공산주의가 아니라 사회민주주의적 또는 대중주의적인 입장에서 자본주의를 수정하고자 하는 시도들을 잔인하게 진압했다고 주장한다. 도미니카 공화국의 보시(Bosch), 브라질의 굴라르(Goulart), 그리고 칠레의 아옌데(Allende)의 경우에서 보듯이 미국은 사회민주주의나 온건한 비자본주의적 정책을 추구하는 민족주의를 타파하기 위해 자국의 권력으로 가능한 모든 일을 자행했다는 것이다. 반면, "1970년대 아르헨티나 독재정권, 사우디 정권, 이란의 샤(Shah), 그리고 인도네시아의 수하르토(Suharto)와 같은 야만적인 독재정권은 미국에 이익이 되었기 때문에 미국의 군사력과 경제력에 의해 무조건 지원되었다."라고 주장한다.

미국이 라틴아메리카에 대해서 많은 관심을 가졌던 이유는 무엇보다도 라틴아메리카의 풍부한 지하자원과 값싼 노동력 때문이었다. 스메들리

버틀러(Smedley D. Butler)라는 미국 해병 사령관은 퇴직 후 자신의 업무에 대해 다음과 같이 말하였다. "나는 33년 4개월 동안 자본주의를 위한 총잡이 역할을 하였다. 멕시코, 특히 땀삐꼬 지방의 석유가 미국 손에 쉽게 넘어가게 만들었다." 브라질에서는 파라오페바 계곡의 풍부한 철광 맥을 고수하려던 두 명의 대통령이 권좌에서 물러났다. 마침내 1964년 까뗄로 블랑코 원수가 쿠데타로 권력을 잡았고, 그 철광맥을 미국의 한나광업회사(Hanna Mining Co.)에 넘겨 주었다. 스텐다드 오일사와 걸프사의 주요 유정이 있는 베네수엘라에는 미국의 주요 군사기지가 있다. 아르헨티나에서 일어난 수많은 쿠데타는 석유관련 입찰이 있은 전후에 일어났다.

미국이 자국 산업 유지를 위해 석유를 비롯해 철, 구리, 아연, 우라늄 등 지하자원을 안정적으로 확보하는 것은 미국의 대외정책에서 주요한 근간을 이룬다. 따라서 다양한 지하자원을 풍부하게 보유하고 있는 라틴아메리카대륙은 미국에게는 생명의 젖줄이자 풍요의 원천이 아닐 수 없다. 결국 라틴아메리카 지하자원과 관련하여 미국이 점유하고 있는 독점적 지위를 위협하는 어떠한 사태도 미국에게는 '국가의 안보와 직결' 되는 것으로 간주해 왔던 것이다. 1960년대 말까지도 미국의 라틴아메리카에 대한 투자액 중에서 절반 정도가 석유를 비롯한 지하자원의 확보에 집중되어 있었다. 미국은 라틴아메리카의 지하자원을 확보하기 위해 쿠데타와 전쟁을 사주할 정도로 모든 수단과 방법을 총동원하였다.

농업분야에 있어서 미국자본의 횡포는 수많은 라틴아메리카 인에게 고통을 가져왔다. 미국은 흑인 노예들의 혁명이 처음으로 성공한 아이티를 20년 동안 점령하면서 아이티에 인종차별제도를 도입하였고, 노예제를 실시하였다. 헐값에 팔려 가는 설탕, 바나나, 생고무, 면화, 커피 등을 생산하기 위해 그들은 노예나 짐승처럼 일해야 했다. 더구나 많은 라틴아메리카 국가들이 대규모 농장제하에서 한두 가지 농산품의 경작에 치중하고 있었고, 그중 절대다수의 대농장이 미국인들의 손에 넘어가 있었다. 온두라스, 코스타리카, 파나마, 에콰도르, 과테말라와 함께 바나나 농업에 집중하고 있던 콜롬비아에서 1928년 농장 노동자들이 대규모 파업 투쟁 과정에서 무차별 학살되었던 당시에 유나이티드프루트사는 콜롬비아 대농장의 대다수를 소유하고 있었다.

또한 농산물 가격은 생산과 구매, 판매망을 쥐고 있는 다국적 기업들의 손에서 결정되기 일쑤였기 때문에, 풍년이 들든, 흉년이 들든, 라틴아메리카 농민들에게 돌아가는 것은 가난과 질병뿐이었다. 예를 들어 커피의 경우 20세기 중반 이후 소비자 가격이 꾸준히 상승했지만 실제 생산국의 판매가는 오히려 하락해 왔다. 이와 같은 불합리한 현실 이면에는 미국의 유나이티드프루트사 같은 다국적 중개상들의 농간이 있다고 주장하는 사람들이 많다. 그들은 항상 그 해당국의 권력층과 손을 잡고 있었으며, 문제가 생기면 정권교체도 불사해 왔다.

한 예로 과테말라에서 1944년 선출된 후안 호세 아레발로 대통령은 도시와 농촌의 노동자들을 보호하는 데 노력을 기울였고, 그를 이은 하코보 아르벤스 대통령도 전임 대통령의 개혁의지를 이어받아 1952년 농촌개혁안을 통과시켜 외국기업들의 토지 소유권을 박탈하였다. 그러나 미국은 곧바로 과테말라의 개혁을 공산주의 세력의 등장으로 몰아붙이고 과테말라를 침략하였다. 그 후 미국의 지지를 받은 독재자들이 줄줄이 등장하였고 미국기업들은 잃었던 땅을 되돌려받았다.

1970년대 이후 라틴아메리카에 있어서 미국자본의 활약은 결과적으로 국제통화기금(IMF)이라는 전위부대에 의해 크게 도움을 받았다. 물론 라틴아메리카 각국의 허약한 경제여건이 근본원인을 제공했다고 할 수 있다. 하지만, IMF의 처방은 라틴아메리카 각국의 경제기반을 더욱 허약하게 만드는 결과를 낳았다. 그들은 항상 '통화 안정' 이라는 주문(呪文) 같은 구호를 앞세우고, 감기환자를 중환자로 취급하듯, 인플레이션 현상을 항상 경제구조의 문제로 확대 해석하면서 경제적 불안 상태를 완화시키기는커녕 더욱 악화시키기 일쑤였다. 항상 재화의 공급이 부족해 인플레이션이 심한 나라들인데도 불구하고 긴축정책을 강요함으로써 내수시장을 더욱 위축시키고, 결국 국내 산업은 갈수록 사경을 헤매는 결과를 초래했다. 라틴아메리카 산업의 기반이 허약하고 아직 대외경쟁력을 갖추지 못한 상태인데도 과도하게 시장개방을 요구하였다. 왜곡되고 허약한 경제구조를 가진 나라들인데도 불구하고 정부의 역할을 제한했다. 게다가 급격한 통화평가절하를 요구함으로써 외국자본이 헐값으로 국내 기업들을 인수하는 결과를 초래하였다.

라틴아메리카의 수많은 나라가 IMF의 지원을 여러 차례 받아왔지만 IMF의 처방에 따라 경제를 일으키는 데 성공한 나라는 드물다. 예를 들어, 멕시코는 1982년부터 오늘날까지 세 차례의 외환위기를 맞으면서 IMF의 지원을 받고 IMF의 충고를 성실하게 따라왔다. 하지만 오늘날 멕시코의 경제는 결과적으로 어떤 모습을 하고 있는가? 과거보다 더 많은 기업이 미국자본의 손에 넘어갔다. 싼 값으로 밀려드는 미국 농산물 앞에 멕시코의 농촌은 피폐해지고 있다. 1982년 당시 30%이던 빈곤층이 1998년 현재 70%에 달한다. 더욱이, 극빈층이 30%에 달한다는 통계가 말하듯, 결코 멕시코는 IMF의 도움으로 경제가 나아졌다고 할 수 없는 상황이고, 지금도 항상 외환위기에 대한 불안감에 떨고 있다.

아르헨티나의 경우, 메넴 정부(1989-1999)는 미국이 주도하는 IMF를 비롯한 국제 금융기구의 권고대로 신자유주의 정책을 충실히 수행하기 위해 대폭적인 민영화와 개방 정책을 실시해 국제 금융권으로부터 호평을 받았다. 전화국, 항공사, 도로, 석유산업, 전력회사, 가스 산업 같은 공공서비스와 전략산업도 민영화했다. 그 결과 아르헨티나의 주인은 대공황 이전처럼 다국적 자본과 과두제 세력이 연대한 '제국주의-과두제 동맹'이 되었다. 동시에 개방화로 인해 무역수지 적자가 큰 폭으로 늘었고 경상수지 적자를 보전하기 위해 지속적으로 외화가 필요했다. 결국 1994년 멕시코 페소위기로 아르헨티나에서도 자본 유출이 일어나고 중앙은행 지준보유고가 급감해 IMF의 구제금융을 통한 자금조달로 메워야 했다. 1997년 아시아 위기가 발생한 당시에도 마찬가지였다. 결국 국제금융권의 칭찬을 받았던 메넴의 개혁으로 아르헨티나 경제는 국제금리와 외자 유입 같은 외생적인 변수에 크게 의존하는 체질로 변했고, 예측 불가능한 상황에 이르고 말았다.

동시에 실업자와 빈곤층이 증가하고 사회 치안 상태는 악화되었다. 그런데도 국제 금융권은 긴축재정 정책만을 요구했다. 급기야 보수층을 대변하는 가톨릭 교회조차도 국제 금융기구를 비판하고 나섰다. "생존을 위한 필수품이 결핍된 사람들을 고려하지 않는다."라고 비난하고 "위험한 수준의 불평등"을 낳고 있는 "경제의 전제적 지배"에 반대했다.

지금까지 살펴본 대로 미국에게 있어 라틴아메리카는 "누구도 괴롭혀 본 적이 없는 우리의 작은 땅"이었다. 라틴아메리카는 말 그대로 미국의 앞마당이었다. 미국은 철저히 자국의 이익과 풍요를 위해 라틴아메리카에 개입하고 조종해 왔다. 미국은 다른 나라에 개입할 때마다 자유와 민주라는 보편적 가치를 내세운다. 하지만 실제로 미국은 자국의 이익을 위해서 민주정부도 무너뜨리고, 독재정권도 지원해 왔다. 이런 미국의 태도를 이해하지 못하면 미국의 외교적·군사적 행동은 두서없이 계속되는 실수, 또는 혼란의 연속으로밖에 보이지 않는다.

3. 라틴아메리카 문학 속의 미국

19세기 후반부터 라틴아메리카 인들은 미국을 풍요와 자유가 있는 선망의 대상으로 여겨 왔을 뿐 아니라, 동시에 침략과 약탈을 일삼는 위선적인 국가로 인식하고 있다. 이처럼, 현실에서 이중적인 이미지로 인식되는 미국은 라틴아메리카 문학에서도 드물지 않게 부정적인 이미지를 지니고 등장한다. 카를로스 푸엔테스의 소설 『늙은 양키 *Gringo viejo*』(1985)의 주인공처럼 개인적 차원에서 긍정적인 이미지를 지닌 미국이 없는 것은 아니다. 하지만 많은 작품에서 미국이라는 국가전체 혹은 한 미국기업이나 개인은 착취와 폭력의 전형으로 등장하고 있다.

우선 1888년 『푸름 *Azul*』이란 작품의 출간과 함께 라틴아메리카 문학의 본격적인 근대화를 선언하고 나선 루벤 다리오는 「테오도르 루즈벨트에게」라는 시를 통해 미국의 이중성을 직접적으로 폭로하고 있는데, 특히 그의 제국주의 정책에 초점을 맞추고 있다. 시인은 미국의 경제적 발전과 정치적 민주화를 인정하면서도 비인도적 · 비윤리적 배금주의와 팽창주의를 고발하고, 자유를 강조하면서도 남의 나라를 침략하는 이중적 태도를 비꼬고 있다.

루벤 다리오

성서의 말씀을 가지고, 아니면 월트 휘트먼의 시구를 가지고

그대에겐 가야하리, 그대 사냥꾼

이여,

원시적이면서도 근대적이고, 단순하면서도 복잡하고,
조금은 워싱턴 같고 조금은 넴로드 같은 그대.
그대는 미합중국,
머지않아 그대는
아직도 그리스도에게 기도하고 스페인어를 쓰는,
원주민의 피를 지닌 순박한 아메리카의 침략자.
.....
이미 위고는 그랜트에게 말했지. "별은 모두 당신들 것이오."
(아르헨티나의 태양과 칠레의 별은
치켜들어도 빛나지 않으니……) 그대들은 부유하다.
그대들은 헤라클레스에다 맘몬까지 경배하도다.
손쉬운 정복의 길을 밝혀 주면서
뉴욕에선 자유의 횃불을 쳐들고 있구나.

이 시가 쓰인 것이 1905년 이전이지만 이미 시인은 미국의 제국주의를 훤히 간파하고 있었다. 이 시에서 루벤 다리오는 스페인어권 아메리카를 "태양의 딸"로 지칭하면서, 미국의 풍요, 폭력과 대비되는 라틴아메리카의 긍정적인 가치들로 사랑과 꿈을 내세우고 있다.

라틴아메리카의 대표적 시인 파블로 네루다도 미국의 제국주의를 비난하는 시를 썼다. 라틴아메리카 민중의 노래, 라틴아메리카의 시사시라고 할 수 있는 『모든 이의 노래 *Canto general*』(1950)에서 라틴아메리카 사회에서 독재정치와 민중의 고통을 유발한 책임을 미국의 제국주의에 묻고 있다. 라틴아메리카의 근대사를 서술하는 데 있어, 더욱이 라틴아메리카 민중의 역사를 서술하는 데 있어 그 땅에서 미국 다국적 기업의 존재 의미와 그 역할을 서술하지 않는다는 것은 있을 수 없는 일이었을 것이다. 특

파블로 네루다

히 칠레의 구리광산 개발을 독점했던 아나콘다 구리광업회사(La Anaconda Copper Mining)와 중미에서 바나나 산업을 주도하면서 중미 정치와 경제를 좌지우지했던 유나이티드프루트사에 가장 신랄한 비판을 가하고 있다. 다음은 「유나이티드프루트사」라는 시의 일부이다.

트럼펫이 울려 퍼졌을 때
지상에는 모든 것이 준비되어 있었고,
여호와는 이 세상을 나누시어,
코카콜라사, 아나콘다사,
포드사와 그 외 회사들에게 주셨다.
유나이티드프루트사는
가장 비옥한 땅을 차지했으니,
내 조국의 중부해안지대,
아메리카의 날씬한 허리였다.
자기 땅을 새로 명명하길
"바나나공화국"이라 하였고,
잠든 주검들 위에,
자유와 국기,
영광을 쟁취했던,
애국심에 불타는 선열들 위에서
어릿광대 극을 펼쳤다.

자유의지를 짓밟고,
시저의 왕관을 주었다.
탐욕을 조장했고,
파리 같은 자들의 독재를 부추겼다.

그래서 "카페의 시에 반대하여 자연의 시를 주장하며, 살롱의 시에 반대하여 광장의 시, 저항의 시를 주장"한 '반시(反詩)'의 작가 니카노르 파라(Nicanor Parra, 1914–)는 단행시 작품에서 '자유의 여신상' 그림과 함께 "미국, 그곳에서 자유는 조상(彫像)에 불과하다."라고 일갈함으로써, 자유와 관련된 미국의 위선적 행동을 비꼬았다.

소설에서도 미국이 부정적인 이미지로 등장하는 경우는 일일이 다 거론할 수 없을 정도로 많다. 특히 1925년에서 1950년대까지는 미국의 제국주의적 만행을 고발하는 작품들이 어느 때보다 많이 등장했다. 막시모 소토 홀의 『백악관의 그림자 *La sombra de la Casa Blanca*』(1927), 데메트리오 아길레라 말타의 『운하지역 *Canal Zone*』(1935), 카를로스 루이스 파야스의 『유나이 엄마 *Mamita Yunai*』(1941) 등이 미국의 제국주의적 만행을 고발한 작품으로 잘 알려져 있다. 그러나 무엇보다 반미제국주의를 철저하게 드러낸 작가는 바나나 농업과 관련된 미국의 만행을 소재로 3부작 소설, 『강풍 *Viento fuerte*』(1950), 『파파 베르데 *El Papa Verde*』(1954), 『매장된 자들의 눈 *Los ojos de los enterrados*』(1960)을 펴낸 미겔 앙헬 아스투리아스이다.

'파파 베르데'는 '녹색의 교황'이라는 뜻으로 미국의 달러를 암시한다고 볼 수 있다. 이 작품에서 소지주 농민들은 바나나 농사로 보다 많은 수입을 올릴 수 있다는 레스터 미드의 권고에 용기를 내어 모두 바나나를 재배한다. 하지만 세계 바나나 시장을 독점하는 몇몇 기업가들의 손에 의해 농락당할 뿐 그들의 꿈은 결코 실현되지 않는다. 아스투리아스는 뉴욕이나 시카고의 고층빌딩 사무실에 앉아 배당금밖에 생각하지 않는 기업가들이나 주주들이 라틴아메리카의 억압과 독재를 조장하고 지원하는 현실을 신랄하게 풍자하고 비판한다. 소설에서 미국 바나나 자본을 대표하는 트로피칼 플란타네라(Tropical Plantanera)사의 회장은 "사람들의 목숨에는 관심도 없고 숫자만 생각하는 존재로서, 뉴욕 증권가의 검은 칠판에 써진 숫자로 이루어진 존재"라고 묘사되고 있다. 레스터 미드가 파파 베르데를 찾아가 수많은 농민들의 고통을 생각해서 바나나 가격을 조금 올려 달라고 하자, 그는 오히려 구매를 중단하겠다고 선언해 버린다. 또한 주주들이 자신들의 자본이 비인도적인 과정을 통해서 증식되는 것을 바라겠느냐고 묻자, 투자자들에게 중요한 것은 배당금일 뿐이라고 파파 베르데는 잘라 말한다.

페루와 에콰도르, 볼리비아 등 안데스 산맥 주변의 국가에서 20세기 소설의 주요한 흐름을 형성한 '인디오 소설', 혹은 '토착주의 소설'에서도 미국의 부정적 이미지는 쉽게 찾아볼 수 있다. 한 예로, 마누엘 스코르사는 "소리 없는 전쟁"이라는 주제 아래, 중앙 안데스 지역의 여러 인디오 마을에서 일어난 착취와 반란의 역사를 다루는 다섯 편의 장편소설을 연작형식으로 펴냈다. 그중에서도 첫 번째 작품 『랑카스에 울리는 북소리 *Redoble por Rancas*』(1970)는 인디오들의 비극적 삶을 마술적 사실주의 기법으로 형상화시킨 작품으로 문학사적 가치를 인정받고 있다. 전체 34장으로 이루어진 이 소설의 근간을 이루는 줄거리는 크게 두 가지로 나누어진다. 하나는 랑카스 인디오 공동체의 생존을 위협하는 미국자본의 기업, 세로 데 파스코(Cerro de Pasco Cooperation)에 대항하는 인디오들의 투쟁과정이고, 다른 하나는 절대적 권력을 남용하는 지방재판관과 인디오 공동체 사이의 대립이다. 인디오 마을에 들어와 울타리를 치면서 모든 산과 초원,

농토와 호수를 삼키고 마침내 공동체의 존재마저 부정하게 되는 미국회사는 마치 악몽 속의 괴물처럼 그로테스크하게 그려지고 있다. 광산의 열악한 환경에서 일하는 광부들과 주민들이 공해 때문에 얼굴이 가지각색으로 변해 가는 처참한 상황도 작가의 '카니발식' 언어를 통해 폭로되고 있다. 또한 과거 라틴아메리카의 독립전쟁 당시 랑카스 공동체에 도착하던 시몬 볼리바르 해방군과 오늘날 미국자본의 앞잡이로 공동체를 탈취하러 온 정부군의 모습을 마치 영화의 오버랩 기법처럼 번갈아 대비시킴으로써 역사의 비극적 아이러니가 효과적으로 드러나고 있다.

라틴아메리카의 어느 나라보다 미국의 경제적 수탈과 사회적 · 문화적 억압을 많이 받아 온 푸에르토리코에서 미국에 대한 거부현상은 다른 나라에서 보다 두드러진다. 사실, 대부분의 지식인들은 스페인 지배에서 미국 지배로 넘어간 뒤 한동안 막연하게나마 미국통치에 대해 기대를 가지고 있었다. 하지만 세월이 지나가면서 그들의 환상은 깨어졌고, 냉엄한 식민통치를 몸소 체험하게 되었다. 1930년대부터 미국문화와 전통문화 간의 갈등이 문학작품에 나타나기 시작하고, 1950년대 이후부터는 미국에 대한 반감이 더욱 고조되어 많은 작품에서 반미주의가 주제로 등장한다. 그중에서도 가장 대표적인 작품은 『우스마일 *Usmail*』(1959)이라고 할 수 있다. 이 소설은 미국에 의한 푸에르토리코 식민통치의 역사를 소설화했다고 할 수 있다. 구체적으로는 미국 해군기지의 설치로 인해 섬이 황폐화되어 가는 과정과, 경제적 착취와 인종차별을 통해 그곳 민중들이 겪는 경제적 · 심리적 고통을 형상화하고 있다.

'우스마일'은 이 소설의 주인공 이름인데, U. S. Mail을 붙여서 스페인어식으로 읽은 것이다. 혼혈 사생아 우스마일은 아담스라는 백인 미군이 푸에르토리코의 비에케스라는 해군기지에서 근무하던 중 흑인 처녀 체파와 관계를 가지면서 태어난 아이이다. 아담스는 우스마일이 태어나기도 전에 체파를 버리고 본국으로 가 버렸고, 아담스의 소식을 기다리는 체파는 매일 우체국에 가 미국에서 오는 우편행랑(U. S. Mail)을 기다린다. 그렇게 해서 그녀가 낳은 아이에게 사람들은 우스마일이라는 이름을 붙여 주게 된다. 일찍 엄마가 죽자 그는 민간치료에 능통한 노파의 손에 자라면서 자신의 혼혈피부색처럼 정체성의 혼란에 빠지게 된다. 그는 섬주민이 미 해군기지의 철수를 요구하는 시위를 벌일 때 참가하지 않고, 백인들의 세계에도 발을 들여놓지 않는 것처럼, 두 세계의 경계에서 지낸다. 결국, 자신이 백인 미군에 의해 농락당한 흑인 처녀의 몸에서 나왔다는 사실을 알게 되고, 자신의 이름에 담긴 치욕을 씻기 위해 수도 산 후안으로 가서 이름을 바꾸려고 한다. 그 여행 도중 어느 술집에서 우스마일은 자신과 같이 있는 접대부를 빼앗아 가려는 미국병사를 죽이게 된다. 물론 그 살인은 여러 가지로 해석될 수 있을 것이다. 그것은 자기 몸에 있는 백인 요소를 전면적으로 거부하는 몸짓이요, 자기 어머니와 핍박받는 푸에르토리코 민중을 대신한 복수요, 식민지 국민으로서 존엄성을 회복하려는 결연한 의지의 표현이다. 하지만 그에게 채워지는 싸늘한 수갑이 상징하듯 영원히 피식민의 굴레에서 벗어나지 못하는 민중의 비극적 운명을 표상한다고 할 수도 있을 것이다.

카를로스 푸엔데스는 『히드라의 머리 *La cabeza de Hidra*』(1978)라는 작품을 통해 멕시코의 석유를 노리는 제국주의 자본을 고발하고 있다. 1994년에도 그는 『다이애나, 외로운 사냥꾼 *Diana, la cazadora solitaria*』이라는 소설을 발표해 할리우드 문화로 대변되는 미국문화의 저급성과 미국의 조작정치, 인종차별, 제국주의, 나아가 미국인들의 허위의식을 비꼬고 있다. 이 소설의 주인공인 할리우드의 여배우 다이애나는 여린 감성을 지닌 자유분방한 여성이다. 그녀는 소박한 인도주의 차원에서 미국의 인종차별과 인권탄압에 저항하는 운동에 동조하기도 한다. 하지만 그녀의 낭만적 인도주의는 백인우월주의를 포기하지 않는 보수층을 대변하는 FBI의 공작에 희생된다. 이 소설에서 다이애나와 불륜의 사랑을 나누는 일인칭 화자는 소설가로서, 다이애나의 행동과 성격, 그녀의 주변 인물의 행동을 통해 미국의 실체를 드러내고 있다. 다른 많은 소설들이 미국의 경제적 제국주의를 고발하는 데 초점을 맞추고 있는 반면, 이 소설은 미국의 위선과 폭력, 미국인들의 허위의식을 드러내는 데 초점을 맞추고 있다는 점이 이전의 미국비판 소설들과 차별되는 점이라고 할 수 있다. 다음은 화자가 다이애나의 동료인 미국배우 쿠퍼와 대화를 나누는 부분이다.

카를로스 푸엔테스

> 쿠퍼는 예상했던 대로, 모든 양키들이 그토록 집착하는 순박함의 상실이라는 주제로 빠져들었다. 나는 언제 그들이 순박했었는지를 항상 자문해 왔다. 인디언들을 죽이면서? …… 노예가 된 흑인들의 노동력을 착취했을 때? 남북전쟁 동안 자기들끼리 대량학살의 만행을 서슴지 않았던 때? 어린아이들과 이민자들의 노동력을 착취하고 그들의 정당한 재산을 긁어모았을 때? …… 대체 미국이라는 나라가 언제 순박했단 말인가? 니카라과, 온두라스, 과테말라 같이 무방비에 처해 있는 나라들을 무참히 짓밟았을 때? 히로시마 위에 원자폭탄을 투하했을 때? 매카시와 그의 일당들이 단순한 의심이나 편집증으로 낡은 사람들의 목숨과 인생을 망쳐놓았을 때? 독가스로 인도차이나의 무성한 밀림을 다 말라비틀어지게 해 놓았을 때?

화자는 미국인의 순박함은 스스로 위안을 얻기 위해 영화에 의해 조장된 이미지, 창조된 신화에 불과하다고 생각한다. 그래서 "할리우드는 자신들의 부도덕과 위선, 사치스런 탐욕을 감추기 위해 혁명의 깃발을 높이 쳐든 미국의 소돔"이라고 비유한다. 또한 '위선적인 영국인', '냉소적인 프랑스 인', '자부심 강한 독일인', '거친 러시아 인' 등 어느 강대국 국민도 자기네 나라가 순박하다고 생각하지 않는데, 유독 미국인들은 자신들의 외교정책이 사심 없고, 박애주의에 입각한 행위라는 것을 애써 믿으려 한다고 조소하고 있다.

미국에 대한 카를로스 푸엔테스의 비판적 시각은 그의 소설 『독수리 문양 의자 *La silla del águila*』(2002)에서도 드러난다. 2020년을 배경으로 멕시코 정치인들의 부패와 무능을 고발하는 이 가상 미래 소설에서 미국이 콜롬비아를 점령하자 멕시코 대통령은 용기를 내어, 미국에 싸게 판매해 오던 석유에 대해 OPEC의 가격에 준해서 수출하겠다고 공언한다. 미국의 대응은 즉각적이었다. 통신위성에 문제가 생겼다는 핑계를 대면서 멕시코 통신 산업을 장악한 AT&T회사를 통해 멕시코의 모든 통신망을 두절시킨다. 인터넷, 전화, 팩스 등 모든 통신수단을 잃게 된 멕시코는 호된 대가를 치르게 된다. 신자유주의 경제 체제 도입 이후 국가 기간산업마저 미국의 대기업에 넘긴 현재의 상황이 갈수록 멕시코의 정치적 독립성마저 위태롭게 할 것이라는 작가의 생각이 드러난 일화라고 볼 수 있다.

멕시코는 미국과 국경을 접하고 있고 역사적으로, 좋든 싫든, 떼려야 뗄 수 없는 관계를 유지해 왔다. 1848년에 국토의 절반을 미국에게 빼앗기는 바람에 그 땅을 찾는 수많은 멕시코 인들은 불법이민자로 추방당해 왔다. 오늘날에는 북미자유무역협정에 따라 두 나라는 경제적으로 국경을 제거하는 과정에 있지만, 물리적인 국경은 강화되고 있다. 현재 미국은 멕시코 인들의 불법 입국을 막기 위해 국경을 따라 담을 쌓을 계획을 수립했다. 9 · 11 테러 이후에는 멕시코 국내 비행에 대한 통제도 강화하고 있다. 또한 멕시코 국내에서 일어나는 미국 정보원들의 활동이 정치적인 문제로 부각되기도 했다. 결국 아직까지 미국에 대한 멕시코 인들의 감정은 전혀 호전되지 않고 있다.

4. 맺는 말

'중심부-주변부 이론' 이든, '종속이론' 이든, 정통좌파 이론이든, 한 가지 이론으로 라틴아메리카가 낙후된 원인을 충분히 설명할 수 없다는 점은 부인할 수 없다. 하지만 적어도 세 이론이 공통적으로 지적하듯이, 미국을 위시한 선진국과의 불공정한 관계가 라틴아메리카의 빈곤을 초래하는 중요한 원인으로 작용하고 있다는 점 또한 부인할 수 없을 것이다. 특히 20세기 들어 라틴아메리카의 여러 나라들이 정치적 자주, 경제적 자립을 이룩할 수 있는 기회를 맞이했을 때 미국이 방해하고 저지하지만 않았더라면 지금의 상황보다는 훨씬 나아지지 않았을까 하는 생각이다.

그러기에 현실에 대한 예리한 관찰을 게을리 하지 않는 작가들에게 미국이 관심의 대상이 된 것은 당연한 일이다. 더욱이 라틴아메리카 작가들은 문학의 사회적 비판기능에 대해 많은 관심을 보여 왔다. 그들은 라틴아메리카의 불행한 현실을 생각할 때 문학의 사회적 역할은 서구의 선진국에서보다 더욱 중요하다는 생각을 가지고 있다. 라틴아메리카의 현대 여성작가로 세계적으로 많이 알려진 이사벨 아옌데는 역사적으로 불행한 시대를 살고 있는 라틴아메리카 작가의 사회적 역할에 관해 언급하는 자리에서 "민중이 작가들을 존경하고, 그들의 이야기에 관심을 기울이는 것은 작가들이 고통 속에 침묵하고 있는 민중의 목소리를 대신하기 때문이다. 작가들은 자유와 평등이라는 대의에 봉사하는 책임을 져야 한다."라고 말하고 있다.

가르시아 마르케스의 노벨상 수상 연설에서도 이처럼 미국을 중심으로 하는 현대 서구문명의 패러다임에 의해 착취당하고 소외된 라틴아메리카 민중의 고뇌와, 이에 대응하려는 라틴아메리카 작가들의 의지와 목표가 잘 드러나 있다. 그는 서구가 자기 문화에 대한 자아도취에 빠져 자신들의 삶의 방식을 라틴아메리카에 강요하고 있다고 지적한다. 그가 희망하는 유토피아는 서구가 추구하는 것과는 다르다. "그곳은 타인에게 심지어는 어떻게 죽어야 한다고까지 결정을 내리는 그런 곳이 아니며, 정말로 사랑이 확실하고 행복이 가능한 곳이고, 백 년 동안의 고독을 선고받은 가족들이 마침내 그리고 영원토록 새로운 기회를 가질 수 있는 곳"이라고 말한다.

오늘날 미국이 주도하는 신자유주의의 확산과 더불어 라틴아메리카의 대미 종속은 개선의 기미가 보이지 않는다. 멕시코, 아르헨티나 등은 미국과 IMF의 권유를 받아들여 신자유주의 정책을 실시했지만 대다수 민중들의 삶은 더욱 피폐해지고, 국가의 주요 기간산업은 다국적 기업의 손으로 넘어갔다. 미국에 대한 종속이 갈수록 심화되자 지난 10여 년 전부터 아르헨티나 사람들은 미국 대사관을 '부왕청'으로 부르고 미국 대사를 '부왕'이라 부르곤 한다. 브라질, 아르헨티나, 베네수엘라, 우루과이, 칠레, 볼리비아 등 많은 나라에서 최근에 좌파 정권이 등장하였다. 신자유주의 정책의 실패와 대외종속의 심화를 경험했기 때문이다. 앞으로 이들 나라가 어떻게 미국과의 관계를 설정하고, 무너진 각국의 경제를 되살릴지 주목된다.

† 참고문헌 †

갈레아노, 에두아르도, 『수탈된 대지』, 범우사, 1999.

이성형, 『라틴아메리카: 영원한 위기의 정치경제』, 역사와비평사, 2002.

촘스키, 노암, 『미국이 진정으로 원하는 것』, 김보경 역, 한울, 1996.

푸엔테스, 카를로스, 『미국은 섹스를 한다』, 김창민 역, 자작나무, 1996.

하비, 데이비드, 『신제국주의』, 한울 아카데미, 2005.

Mendoza, Plinio Apuleyo et al., *Manual del perfecto idiota latinoamericano*, México: Plaza & Janés, 1996.

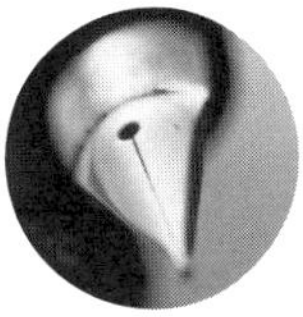

세계화 시대의 스페인어

이만기 서울대학교 서어서문학과 교수

1. 세계 속의 스페인어

우리나라에서는 아직까지도 스페인어와 서반아어 그리고 에스파냐어가 동일한 언어를 지칭한다는 사실을 모르는 사람들이 적지 않다. 그만큼 스페인어는 한국사회에서 프랑스어나 독일어와 같은 여타 외국어에 비해서 인지도가 떨어지는 것이 사실이다. 그러나 현재 세계 속에서 스페인어가 차지하고 있는 위상은 갈수록 커지고 있다고 해도 과언이 아니다. 예를 들어, 미국 주도의 세계화 시대에 우리나라는 전 국민이 영어 배우기 열풍에 휩싸여 영어 콤플렉스까지 겪고 있는 경우가 허다하지만, 라틴아메리카와 같은 스페인어 사용지역에서는 영어의 위력이 그렇게 대단하지 않으며, 영어로 의사소통하기는 매우 힘든 실정이다. 따라서 최근 우리나라와 경제적 · 문화적 교류가 활발해지고 있는 라틴아메리카 지역에서는 스페인어를 제대로 구사하지 못하면 심각한 난관에 봉착할 가능성이 크다.

글로벌 시대의 스페인어

스페인어는 15세기 이후 진행된 스페인의 아메리카 대륙발견 및 정복과정을 거치면서, 브라질을 제외한 라틴아메리카 대륙 거의 모든 국가의 공식 언어가 되었다. 현재 3개 대륙 20여 개의 국가에서 국어 및 공용어로 사용되고 있으며, 사용 국가 수에서 세계 제1위의 언어이다. 구체적으로, 스페인어는 유럽의 스페인 전역과 아프리카의 적도 기니와 사하라 지역, 그리고 포르투갈어를 사용하는 브라질을 제외한 라틴아메리카의 19개 국가에서 사용되고 있으며, 아시아의 필리핀과 미국의 일부 지역에서도 사용되고 있다. 전 세계 4억 이상의 인구가 모국어로 사용하고 있는 스페인어는 10억 이상의 중국어와 5억의 사용 인구를 가진 영어에 이어 세계 3대 언어로 꼽힌다. 그 사용 국가와 사용 인구는 〈표 1〉과 같다.

스페인 세르반테스 연구소의 페르난도 로드리게스 라푸엔테 소장과 같은 스페인어 전문가들은 미래는 영어를 아는 사람들만의 것이 아니고, 영어의 지배에 대항하여 스페인어는 현재 "상승세"를 보이고 있으며, 오는

〈표 1〉 스페인어 사용국가와 사용인구 (단위: 명)

스페인	40,000,000	에콰도르	13,215,000
미국	40,000,000	페루	27,947,000
적도 기니	300,000	멕시코	106,147,000
필리핀	3,000,000	쿠바	11,369,000
과테말라	12,700,000	도미니카공화국	9,100,000
엘살바도르	6,875,000	푸에르토리코	3,500,000
온두라스	7,347,000	파나마	3,228,000
니카라과	5,483,000	베네수엘라	26,577,000
코스타리카	4,322,000	콜롬비아	46,039,000
볼리비아	9,427,000	칠레	16,267,000
파라과이	6,216,000	우루과이	3,455,000
아르헨티나	38,592,000		

자료: 외교통상부 중남미 통계자료(2005년 8월), http://www.sispain.org/.

21세기에는 확고히 제2의 국제어가 될 것이라고 예견하고 있다. 이러한 예견은 최근에 보도된 『동아일보』(2005년 6월 7일)와 『세계일보』(2005년 6월 6일) 기사에서도 확인할 수 있다. 보도 내용에 의하면, 스페인어의 약진으로 영어의 우월적 지위가 점차 도전받고 있으며, 유럽에서 브라질, 미국에 이르기까지 스페인어 공부의 열기가 광범위하게 일고 있다는 것이다. 예를 들어, 스페인 최대 일간지 『엘 파이스』의 2000년 8월 9일자 보도에 의하면, 라틴아메리카에서 유일하게 포르투갈어를 사용하고 있는 브라질에서는 초 · 중등학교에서 스페인어를 필수 외국어 과목으로 가르치도록 하는 법률이 상원에서 통과되었다고 한다.

국제사회에서 스페인어의 위상을 파악하기 위해서는 미국 내에서의 실정을 알아보는 것이 유익할 것이다. 단적으로 말해 현재 미국은 영어와 함께 스페인어가 필수 공용어로 자리 잡아 1국 2언어 체제, 즉 이중 언어 국가로 변모하고 있다. 'We say English'란 문구가 새겨진 간판은 미국에서 스페인어의 위력을 여실히 보여 주는 단편적인 예가 될 것이다. 〈표 2〉에서 볼 수 있듯이, 2004년 미국 내 히스패닉(스페인어를 사용하는 라틴계 미국인)의 인구는 4,000만 명(미국 전체 인구의 14.2%)을 넘어 흑인을 제치고 미국 내 제2의 소수 민족으로 등장했다.

〈표 2〉 미국의 민족별 인구분포(2004)

구분	인구수(명)	비율(%)
백인	197,840,821	67.4
히스패닉	41,322,070	14.2
흑인	35,963,702	12.1
아시아	12,068,424	4.1
기타	6,460,387	2.1
총인구	293,655,404	100

자료: U.S. Census Bureau.

갈수록 많은 수의 스페인어 사용 주민들이 정치적 · 경제적인 이유로 미국으로 이주하고 있으며, 최근의 북미자유무역협정(NAFTA) 결성 이후 그 수는 더욱 증가하고 있다. 히스패닉 인구는 2000년과 비교했을 때 15.9%가 증가한 것으로, 이 기간 동안 미국 전체 인구 증가율 4.1%와 비교해 매우 높은 증가율을 보이고 있다. 또한 이 기간 동안 증가한 미국 인구의 49.5%를 히스패닉이 점하고 있는 것으로 나타났다. 사회학자들에 따르면, 2050년에는 히스패닉이 미국인구의 4분의 1(약 7,400만 명)을 차지할 것으로 예상되고 있다. 스페인어 사용 인구가 증가함에 따라 스페인어를 사용하는 TV, 라디오, 신문, 잡지 등의 대중매체의 수가 기하급수적으로 늘어나고 있으며, 또한 각종 공문서 등이 영어와 스페인어 두 언어로 인쇄되어 나오는 실정이어서 스페인어만 알아도 미국 생활이 불편하지 않을 정도가 되었다. 미국 내에는 1,500종의 스페인어 출판물들과 24개의 스페인어 일간지 그리고 수백만의 독자가 있으며, 영어와 스페인어가 뒤섞인 스팽글리시를 사용하는 미국인들도 점차 늘어나고 있어, 스페인 일간지 『엘 문도』는 "지구상 가장 역동적인 두 문화 사이의 자연스러운 연애"라고 보도하기도 했다. 그만큼 스페인어의 생명력은 영어에 대항해서 살아남을 만큼 대단한 것이다. 미국의 정규 교육과정에서 차지하는 스페인어의 중요성도 간과할 수 없다. 미국 중등 교육기관에서 90% 이상이 스페인어를 가르치고 있으며, 대학에서는 70% 이상의 학생들이 제1외국어로서 스페인어를 택하고 있다. 또한 공교육 기관에서 스페인어만 가르치는 교사의 수도 4만여 명에 달한다고 한다.

스페인어의 세계적 위상은 미국에 국한되지 않는다. 스페인의 세르반테스 연구소에 의하면, 2000-2001년 사이에 유럽의 영국, 프랑스, 독일 등지에서 300만여 명이 스페인어를 공부했으며, 북유럽과 동유럽 나라들에서도 급속히 증가한 결과 유럽에서만 2,300만 명이 스페인어를 제2외국어로 사용하는 등 유럽 전역에서 스페인어의 수요가 빠른 속도로 증가하고 있다고 한다. 또 미국과 유럽 이외에도 북아프리카, 일본, 중국에서도 스페인어 교육에 대한 수요가 증가하고 있다고 한다. 실례로 일본에서는 120여 개의 대학교에 스페인어 학과가 개설되어 있다.

이처럼 전 세계적으로 스페인어 열기가 확산되고 있는 것은 정치적·경제적 유용성에 기인한 것으로 볼 수 있다. 즉, 세계에서 가장 빠른 속도로 성장하고 있는 시장의 하나인 스페인어 사용 소비자 시장에 접근하기 위해 점점 더 많은 미국 비즈니스맨들이 스페인어를 배우고 있는 실정이다. 히스패닉의 세력이 날로 확산되고 있는 미국에서의 열기는 더 높아, 히스패닉 종업원들과 의사소통을 하기 위해 사장들도 스페인어를 배우며 히스패닉의 표심을 잡기 위해 정치인들도 스페인어로 연설할 정도다. 『경향신문』(2003년 11월 9일)의 〈美대륙 '히스패닉 파워' 급부상〉이란 제목의 보도에 따르면, 미국 대통령 선거에서 히스패닉이 갖는 힘은 매우 크다. 히스패닉계 미국인들은 주로 캘리포니아를 비롯한 텍사스, 뉴멕시코 등 11개 주요 주에 몰려 있는데, 이들 주의 총 선거인단은 모두 217명으로 대통령 당선에 필요한 선거인단 수(270명)에 근접해 있다. 이는 히스패닉이 대통령 선거의 향배를 좌지우지한다는 말도 된다. 대통령 후보들이 히스패닉 유권자들에게 스페인어로 인사하는 것이나, 대통령이 주례 라디오 연설을 스페인어로도 방송하는 것이 전혀 놀라운 일이 아닌 것이다. 이에 따라 스페인어 사용인구의 경제적 가치도 무한한 것으로 평가된다. 조지아대학 경제연구소에 따르면 2002년 히스패닉의 구매력은 5,000억 달러에 육박, 10년 새 2.5배로 급증했으며 2010년엔 다시 두 배에 가까운 9,000억 달러에 이를 것으로 전망된다. 이는 백인들에 비해 3배나 빠른 속도다. 그만큼 미국에서 히스패닉은 소수인종 중에서 이미 최고의 구매력을 가지게 되었다는 것이다.

이러한 스페인어권 인구의 팽창은 경제 분야에서 최고의 위력을 발생시킨다. 먼저 유럽 본토의 스페인은 프랑코 체제 붕괴 이후 민주화를 성공적으로 진행시켰고, 국민소득 2만 달러를 훨씬 뛰어넘는 경제발전을 이룩하여 자타가 공인하는 서유럽의 중심 국가로 성장하였다. 장차 스페인이 G-7의 일원으로 참여하여 G-8 체제가 결성될 것으로 예상된다. 현재에도 스페인은 유럽 내에서 가장 경제성장률이 높은 나라이며, 유럽과 아메리카, 그리고 유럽과 아프리카 대륙의 교차점에 위치하고 있는 지정학적 중요성 때문에 세계적인 지도국가로 급부상하고 있다. 뿐만 아니라 수려한 자연경관과 풍요로운 문화적 전통에 힘입어 스페인은 유럽 인들에게 세계에서 가장 살고 싶은 나라 가운데 세 번째로 꼽히고 있다. 이와 관련하여 엔리케 로메우 주한 스페인 대사는 스페인을 다음과 같이 소개하고 있다.

> 유럽에서는 북쪽에서 번 돈을 남쪽 스페인에 와서 다 쓰고 간다는 말이 있습니다. 마드리드 소재 세계 관광기구본부 통계에 따르면 지난해 세계 최다관광객 유치국은 스페인이 미국에 이어 2위를 차지했습니다. 인구 4,000만 명의 스페인 땅에 6,000만 명이나 되는 관광객이 다녀가면서 400억 달러(약 34조 원)나 되는 돈을 뿌리고 갔다는 얘깁니다. 천혜의 기후조건을 갖춘 스페인은 어딜 가나 교회, 박물관, 미술관 등 문화유적지가 즐비합니다. 국립공원과 적정한 비용의 골프 코스, 풍성한 지중해산 해물도 인기지요. 특히 경주와 같은 고도인 톨레도, 로마 인이 1세기 때 만든 거대한 수로가 있는 세고비아, 알람브라 궁전이 있는 그라나다, 남부 안달루시아 지방의 지중해 연안 등에는 연중 관광객들로 넘칩니다. 외국인 관광객들로 붐비는 스페인에는 원래부터 외국인에 대한 인종차별이나 배타주의가 심하지 않습니다. 더욱이 스페인 민족은 8세기부터 무려 800년 동안 이슬람 문화권 아래 있었기 때문에 동양적인 것에 오히려 호감을 갖고 있습니다.

대부분의 국가가 스페인어를 사용하는 라틴아메리카의 경제적 위치는 더욱 중요하다. 이에 따라 미국은 이미 1994년에 멕시코, 캐나다와 더불어 NAFTA를 결성한 바 있으며, 1999년 현재 NAFTA 역내 교역량은 1990년 대비 무려 205%의 성장률을 기록한 바 있다. 더 나아가 현재 미국은 NAFTA 이외에도 아메리카 대륙 전체를 하나의 시장으로 묶는 거대하고 야심 찬 프로젝트를 추진하고 있다. 이는 바로 미주자유무역지대(ALCA; FTAA)의 결성이다. 이와 관련하여 스페인의 『엘 파이스』 2001년 4월 9일 자의 보도자료 "세계에서 가장 큰 자유무역지대 결성"을 인용해 보자.

> 미주자유무역지대는 8억에 육박하는 인구와 세계 전체 생산량의 40%에 해당하는 11조 5,000억 달러에 이르는 GDP를 가진 세계 최대의 자유무역지대를 만들어 낼 것이다. 쿠바를 제외한 아메리카 대륙 국가들은 부에노스아이레스에서 세계에서 제일 큰 시장을 만드는 ALCA를 위한 일정을 합의하였다. 무역블록을 구성할 34개국들은 2005년 말에는 자유무역지대가 실질적으로 시행되게 하자고 합의했다. 34개국의 장관들은 ALCA를 통한 경제통합으로 인하여 민주주의의 확립과 번영의 창조, 인적 자원의 실현을 얻을 수 있을 것이라고 확신을 표명했고, 환경정책과 자유무역 정책 사이의 상호간 협의의 필요성을 강조했다. ALCA는 자유무역지대의 창설뿐만 아니라, 북미와 남미 사이의 역사적인 결합을 의미한다. ALCA 협의는 NAFTA(미국, 캐나다, 멕시코)와 Mercosur(브라질, 아르헨티나, 우루과이, 파라과이)를 하나로 통합시킬 것이다. 또한 멕시코, 베네수엘라, 콜롬비아로 구성되어 있는 중미의 '안데스 공동체' 도 이 자유무역지대에 합세할 것이다. ALCA는 유럽연합이 결성되면서 남미에 입지를 잃었던 미국이 다시 입지를 회복하기 위한 거대한 도전으로 여겨지고 있다. 이 지역에서의 유럽연합의 존재는 최근 몇 년간 유럽 각국의 많은 투자에 의해 강화되었고, 특히 스페인이 눈에 띄는데, 스페인은 최근에 미국을 앞질러서 남미에 대한 최대 투자국으로 변모한 것이다.

신흥 경제권으로 부상하는 라틴아메리카 제반 국가와 세계 각국 간의 교역규모는 하루가 다르게 증대되고 있고 이 지역으로의 지속적인 시장 개척이 시도되고 있는 추세로 보아, 무역어로서 스페인어에 대한 세계인들의 관심도는 날로 늘어갈 것으로 예상된다. 특히 우리나라의 경우에는 수출 기반 경제의 부흥을 도모하는 데 있어서 자원의 보고인 라틴아메리카로의 진출과 유럽 공동체의 관문인 스페인과의 교역 확대가 큰 과제가 아닐 수 없다.

이상이 정치적 · 사회적 · 경제적인 측면에서 겉으로 드러난 스페인어권 세계의 위상이라면 이보다 훨씬 더 은밀하고 실질적인 형태로 세계적인 스페인어 붐과 그 위상을 제고시키고 있는 분야가 바로 스페인어권 문화이다. 스페인과 라틴아메리카 대륙은 문화적인 측면에서 커다란 무게를 지니고 있다. 스페인어권은 문학에서 돈키호테의 고향일 뿐 아니라 카밀로 호세 셀라, 가브리엘 가르시아 마르케스, 파블로 네루다, 옥타비오 파스와 같은 노벨 문학상 수상자를 배출한 곳이기도 하다. 특히 1980년대 이후에는 세계에서 가장 많은 노벨 문학상 수상 작가를 탄생시켰다. 뿐만 아니라 근대 회화의 벨라스케스와 고야, 현대 회화의 피카소, 달리, 조앙 미로, 프리다 칼로, 디에고 리베라, 페르난도 보테로 등과, 건축 분야의 안토니 가우디, 음악 분야의 파블로 카질스, 플라시도 도밍고, 호세 카레라스, 몬세랏 카바예 등 무수한 예술가를 배출했다. 한편 최근 우리에게 너무나도 익숙해진 라틴 음악의 본고장 역시 스페인어권이다. 이 지역은 사르수엘라, 플라멩코, 마카레나 등을 비롯해 살사, 메렝게, 쿰비아, 삼바, 룸바, 탱고 등의 고향이고, 이를 배경으로 제니퍼 로페스, 리키 마르틴, 글로리아 에스테판, 엔리케 이글레시아스, 크리스티나 아길레라, 샤키라, 셀레나, 산타나 등 무수한 뮤지션들이 미국 무대에서 활동하고 있다. 영화 분야에서도 루이스 부뉴엘, 카를로스 사우라, 페드로 알모도바르, 마리아 루이사 벰베르그, 토마스 구티에레스 알레아 등의 감독과 안토니오 반데라스, 앤디 가르시아, 페넬로페 크루스, 셀마 헤이엑 등의 배우들을 배출했다.

한편, 스페인어는 언어 그 자체로도 경쟁력이 있다. 즉 스페인어는 비교적 발음이 쉽고 분명하여 소리 나는 대로 표기되고, 알파벳 철자 그대로 읽는 '실용적 언어'라는 것이다. 실제로, 제2외국어로 스페인어를 처음 접하는 경우에도 수업 첫 시간에 스페인어를 읽고 쓰는 데 별 지장을 느끼지 않을 정도로 스페인어의 표기법과 발음 방식은 명확하고 단순하다. 발음이 쉬워 오래도록 많은 사람들에게 기억되는 것이 필수적인 상호 이름에서 우리나라의 많은 제품명이 스페인어로 되어 있다는 사실은 이러한 스페인어의 언어적 경쟁력을 입증한다. 예를 들면, 자동차 이름으로 아반테(Avante: 앞으로, 전진), 티부론(Tiburón: 상어), 티코(Tico: 코스타리카 사람들에 대한 애칭), 에스페로(Espero: 희망하다), 다마스(Damas: 귀부인), 산타페(Santa Fe: 도시이름으로 성스러운 신앙이라는 의미), 시엘로(Cielo: 하늘), 리베로(Libero: 면제하다) 등이 있으며, 상호 이름으로 아미고(Amigo: 친구), 아로마(Aroma: 향기), 아만테(Amante: 연인), 디오스(Dios: 하느님), 리브로(Libro: 책) 등이 있다. 스페인어의 알파벳은 영어와 거의 동일하여 배우는 데 별 어려움이 없다. 단지 영어에 없는 알파벳으로는 /ñ/가 있으니, 이상 기후 현상인 엘니뇨(El Niño)와 스페인의 공식 국명인 에스파냐(España)를 알면 /ñ/가 어떻게 발음되는지 알 수 있을 것이다. 또한 로스앤젤레스(Los Ángeles), 샌프란시스코(San Francisco), 샌디에이고(San Diego), 애리조나(Arizona), 캘리포니아(California), 콜로라도(Colorado), 라스베가스(Las Vegas), 텍사스(Texas) 등과 같은 미국 남서부의 지역 이름도 스페인어인데, 이는 미국과 멕시코 사이의 전쟁(1846-1848) 이전까지는 이곳이 멕시코 영토였다는 사실을 상기하면 쉽게 이해할 수 있을 것이다.

우리나라와 스페인어권 세계

라틴아메리카는 냉전시대 이래 정치적 · 외교적인 측면에서 전통적으로 우리나라 외교의 표밭으로서 중요한 위치를 차지했다. 평화통일을 지향하는 남북화해 시대를 맞은 현시점에서 이 지역의 중요성은 더욱 부각된다. 국제연합을 중심으로 우리의 대 북한 정책을 유리하게 이끌기 위해서는, 라틴아메리카 국가들의 변함없는 도움이 필요하다고 할 수 있다. 라틴아메리카 역시 최근 외교정책을 추진하면서 아시아를 전례 없이 중시하고 있다. 이에 동아시아 · 라틴아메리카협력포럼(FEALAC)이 출범했고, 멕시코, 칠레, 페루는 아시아 · 태평양 경제협력체(APEC)에 가입했다. 이에 덩달아 한국의 대 라틴아메리카 외교도 새로운 차원을 맞고 있다. 한편 스페인 정부 역시 아시아의 가치를 깨닫고 바르셀로나에 '아시아 센터(Casa Asia)'를 설립했으며, 주한 스페인 대사관은 2003년을 '스페인의 해'로 명명하여 일년 내내 비중 있는 문화 행사를 개최한 바 있다. 현재 한국의 외교통상부는 중남미국과 그 산하에 중미과와 남미과를 별도로 설치하여 이 지역과의 관계를 특별 관리하고 있다.

이렇게 한국의 대외 정책에서 라틴아메리카가 부각되는 것은 바로 경제적인 측면에 근본적인 이유가 있다. 1990년대에 본격화된 한국과 라틴아메리카의 무역은 21세기에 들어와 급격한 상승세를 보이고 있다. 대한무역투자진흥공사(KOTRA)에 따르면, 라틴아메리카를 비롯한 스페인어권으로의 수출은 최근 몇 년간 자동차 및 부품, 섬유, 정보 기술, 플랜트 등을 중심으로 급격히 늘어나 새로운 대체 시장으로 자리잡으면서 한국의 무역수지에서 효자 노릇을 톡톡히 하고 있다. 스페인은 우리의 대 유럽 무역수지에서 4위의 무역흑자국가다. YTN의 2004년 8월 26일자 〈스페인, 한국차 3대 수출시장 부상〉 보도 자료에 의하면, 스페인이 미국과 캐나다에 이어 한국산 자동차의 3대 수출 대상국으로 떠올라, 무역협회 통계와

KOTRA 조사를 보면 2004년 들어 7월까지 한 달에 6억 2,133만 달러의 한국산 자동차가 스페인에 수출돼 스페인 시장 점유율 6%를 기록한 것으로 나타났다. 자동차 대수로는 2003년에 8만 7,000대가 수출된 데 이어 2004년에는 10만 대를 넘어서면서 대 캐나다 수출을 앞지를 가능성이 있는 것으로 관측하고 있다. 또한 스페인 시장은 자동차 이외에 에어컨과 휴대폰, 벽걸이 TV, 고급냉장고 등의 수출도 빠른 증가세를 보이고 있는 것으로 나타났다.

더 중요한 것은 대 라틴아메리카 교역이다. 한국의 대 라틴아메리카 교역은 1991년의 52억 달러에서 2002년 127억 달러로 무려 250%의 성장률을 기록하였으며 항상 흑자를 기록하고 있다. 예를 들어, 2002년도에 한국은 라틴아메리카에서 51억 달러의 무역수지 흑자를 기록했는데, 이는 같은 해 전체 무역수지 흑자 규모 103억 달러의 50%를 차지하는 것이다.

한국은 새로운 수출 시장으로 급부상하고 있는 라틴아메리카 시장 공략을 위해서 2005년 출범 예정이었던 아메리카 자유무역협정(ALCA) 등 경제 블록화에 적극 대응해야 할 것으로 본다. 이 협정이 체결되면, 라틴아메리카 지역에 대한 우리나라의 수출이 10-12% 정도 감소할 것이며, 또한 세계 경제가 EU와 ALCA의 양대 시장으로 재편될 가능성이 높아 정부 차원의 장기적인 대응 전략을 마련해야 할 것이다. 재정경제부에서도 최근 "미국의 자유무역협정 추진 동향"이라는 보고서에서 세계 경제의 블록화 추세에 적극 대응하지 못할 경우 우리나라의 수출과 경제에 미치는 파급 효과가 막대할 것임을 지적하고 있다. 산업자원부도 최근의 수출 부진이 우리 수출의 34%를 차지하고 있는 미국과 일본 시장의 경기 둔화에 따른 것이라고 진단하고, 앞으로 중국과 중동, 라틴아메리카 등 지속적인 성장이 예상되는 신흥 시장을 대상으로 집중적인 수출 마케팅 활동을 벌여야 함을 지적하고 있다. 수출이 당면 목표인 한국으로서는 더 이상 반도체, 컴퓨터 시장을 중심으로 한 미국과 일본 시장의 경기 회복에만 수세적이고 소극적으로 기대지 말고 지속적 성장과 발전 가능성이 충분한 거대한 라틴아메리카 시장을 공략해야 할 것이다. 라틴아메리카는 또한 천연자연이 부족한 우리에게 중요한 파트너가 될 수 있다. 현재 라틴아메리카는 전 세계 원유 매장량의 11.3%, 철광석 매장량의 17.3%, 구리 매장량의 20.5%, 주석 매장량의 20.9%, 니켈 매장량의 11.6% 등을 보유한 자원의 보고다. 이 때문에 최근 우리나라의 석유공사에서는 라틴아메리카 지역을 석유자원개발 중점 투자지역으로 선정했다. 기름이 나지 않아 국제 원유가의 등락에 일희일비하는 우리나라로서는 상대적으로 정세가 불안정한 중동 지역의 원유 보급선보다는 정서적으로 보다 안정적인 라틴아메리카와 지속적인 관계를 유지할 필요가 있다. 실제로, 이러한 사정은 정부정책에 반영되어, 2002년 기준으로 한국의 대 라틴아메리카 자원 수입액은 12억 달러로서 전체 수입의 33%를, 대 라틴아메리카 자원개발 투자액은 9.7억 달러로서 전체 투자의 32%를 차지하고 있다.

국가 간 교류가 그 어느 때보다 빈번해지고 점점 치열해지는 국제경쟁시대를 맞아 천연자원이 부족한 우리나라로서는 이에 대처하기 위한 방안을 다각도로 모색할 필요가 있다. 이와 같은 모색의 일환으로 무한한 경제적 잠재력을 지닌 라틴아메리카 시장을 개척하고 발전시켜 나가기 위해서는 이 지역의 언어인 스페인어로 시장을 공략하는 것이 필수적이다. 앞서 언급한 바와 같이, 라틴아메리카 지역에서는 영어의 위력이 그렇게 대단하지 않으며, 영어로 의사소통하기는 매우 힘든 실정이므로 스페인어를 구사하지 못하고는 거대한 잠재력을 지닌 라틴아메리카 대륙과의 경제적 · 문화적 교류의 활성화는 희망사항에 머물게 될 가능성이 크기 때문이다.

2. 스페인어의 역사

스페인어와 이탈리아어, 포르투갈어를 접해 본 사람들은 이들 언어가 굉장히 비슷하다는 사실을 쉽게 인지할 수 있었을 것이다. 혹자는 이들 언어가 한 언어의 방언, 즉 사투리가 아닌가 하는 의문을 가지기도 했을 것이다. 왜냐하면 이들 언어를 사용하는 화자들이 각자의 모국어로 대화를 나누어도 상당부분 서로 의사소통이 가능하기 때문이다. 인류가 그러하듯이 현존하는 자연언어도 고유의 언어사를 가지고 있다. 즉, 어떤 언어가 갑자기 저절로 생겨나지는 않는다는 것이다. 위에서 언급한 유럽어들도 마찬가지이다. 이들 언어는 옛 로마 제국의 국어인 통속 라틴어에서 파생된 언어인데,[1] 이렇게 라틴어에서 파생된 언어 집단을 로망스어라고 한다. 대표적인 로망스어로는 스페인어 외에 프랑스어, 이탈리아어, 포르투갈어, 루마니아어 등이 있다. 다음의 표를 보면 라틴어에서 파생된 이들 언어의 어휘들이 얼마나 유사한지 알 수 있다.

〈표 3〉 라틴어와 로망스어

라틴어	스페인어	이탈리아어	포르투갈어	프랑스어	의미
amicus	amigo	amico	amigo	ami	친구
liber	libro	libro	livro	livre	책
tempus	tiempo	tempo	tempo	temps	시간
manus	mano	mano	mao	main	손
ille	el	il	o	le	남성정관사
illa	la	la	a	la	여성정관사
bonus	bueno	buono	bom	bon	좋은

1) 로마 제국 시대에 사용된 라틴어에는 문어체 라틴어와 구어체 라틴어가 있다. 이 중 일반 대중이 의사소통 수단으로 사용한 언어는 구어체인 통속 라틴어이다. 현재 유럽에서 사용

이와 같이 스페인어의 기원은 기원전 218년부터 409년까지 600년간 이베리아 반도를 지배한 로마 제국의 공용어인 라틴어로 거슬러 올라간다. 로마시대 이전에 이베리아 반도에는 이베로 족과 켈트 족이 살고 있었으며, 이후 페니키아 인과 그리스 인, 카르타고 인 등의 침입으로 그 영향을 받았으나, 언어적으로는 로마 인의 침공과 정착에 결정적인 영향을 받았다. 즉, 이베리아 반도는 로마 인의 언어인 라틴어와 로마 인의 종교인 가톨릭교를 받아들이며 급속히 로마화가 진행된 것이다.

로마 제국이 무너진 409년부터 711년까지 게르만계 서고트 족의 지배를 받았고, 711년 북아프리카의 이슬람 족이 이베리아 반도를 장악하여 1492년까지 이슬람의 지배하에 들어갔으나 어휘 영역을 제외하고는 언어적으로는 이들 민족의 영향은 거의 받지 않았다. 다시 말해 로마 제국의 유산인 라틴어는 아랍어에 밀려 사라지지 않고 계속 일반 서민들 사이에 의사소통의 수단으로 사용되었던 것이다. 이슬람의 지배하에 살던 기독교인들이 사용하던 라틴계 말을 모사라베(Mozárabe)라고 칭한다.

현재의 스페인어가 태동된 가장 큰 이유는 이슬람 세력이 이베리아 반도 전체를 지배하지 못했던 데 있다. 즉, 이슬람 세력이 이베리아 반도를 지배했으나, 10세기 이후부터는 북쪽으로 밀려나 있던 여러 가톨릭 왕국들이 재정복의 기치 아래 세력을 키워 갔던 것이다. 이들 가톨릭 왕국들에서 사용되던 통속 라틴어는 해당 지역에서 개별적인 로망스어로 발전하게 된다. 그중 이베리아 반도에서 대표적인 로망스어로는 아스투리아-레온

되고 있는 로망스어는 바로 이 통속 라틴어에서 파생 · 발전된 언어들이다. 당나라 시대의 글로서 현재까지 전해져 내려오는 한문과 현재 중국에서 말하여지는 중국어와의 차이를 생각하면 이해가 쉬울 것이다. 즉, 문어체인 한문은 글로서만 전해져 내려오는 문어체 중국어로 현재 중국인들의 말과는 거리가 먼 것이다. 그러나 예전부터 중국대륙의 일반 대중들이 사용하던 구어체 중국어는 청나라의 언문일치 정책을 거쳐 현재의 중국어로 발전되어 계속 사용되고 있다. 라틴어와 중국어의 예를 통해서, 언어란 시간과 공간 사이의 상호작용에 의해 계속 발전되어 가는 하나의 생명체와 같은 대중의 언어, 즉 입말이란 것을 알 수 있다.

어, 나바로-아라곤어, 갈리시아-포르투갈어, 카탈루냐어, 카스티야어 등이 있다. 즉, 10-14세기의 이베리아 반도에는 여러 개의 로망스어가 사용되고 있었는데, 카스티야 왕국이 이슬람 세력들을 몰아내고 1492년에 이베리아 반도를 통일하게 되자 그 지방에서 사용되던 말인 카스티야어, 즉 '카스테야노(Castellano)' 가 스페인의 공식 언어가 된 것이다. 그래서 현재에도 스페인어를 '카스테야노' 라 부르기도 한다. 현재 스페인의 몇몇 북부지역에서 발견되는 다양한 이중 언어 상황은 이러한 스페인 가톨릭 왕국들의 재정복 역사와 밀접한 관계를 지닌다.

한편, 15세기 말 콜럼버스의 신대륙 발견으로 스페인어는 라틴아메리카 대륙으로 확대되었다. 식민초기 정복자들의 대다수가 스페인의 안달루시아 지방 출신이었기 때문에 라틴아메리카에 이식된 스페인어는 이 지방에서 사용되었던 말씨의 영향을 많이 받았다. 그래서 현재 라틴아메리카에서 사용되는 스페인어는 중부 지방인 카스티야 지방의 말보다는 남부 지방인 안달루시아 지방의 말과 더 유사하다. 또한 라틴아메리카 각국에서 사용되는 스페인어도 음운이나 어휘 면에서 나라별, 지역별 차이가 존재한다. 그러나 각 지역에서 일상적으로 사용하는 말을 그대로 사용해도 의사소통에는 전혀 문제가 없다.

3. 스페인의 언어 상황

스페인의 언어 상황을 알아보기 전에, 현재 유럽의 언어 상황을 먼저 살펴보도록 하자. 스페인의 언어 상황은 유럽의 전반적인 언어 상황과 연관되어 있기 때문이다. 유럽의 언어 상황은 국가마다 다양하고 복잡하다. 공식적으로 단일 언어국가로 알려진 경우에도 실질적으로는 다언어 사용국가라고 말할 수 있다. 통계에 따르면 유럽의 40여 개 국가는 70여 개의 언어를 사용한다. 전통적으로 하나의 민족은 대개 단일언어를 사용하였기 때문에 언어는 민족을 분별하는 중요한 요소로 이해되어 왔다. 그러나 유럽의 언어 상황은 국가와 민족, 그리고 언어가 동일하다는 등식으로 설명할 수 없는 복잡성과 다양성을 갖고 있다. 게다가 국가마다 하나 혹은 그 이상의 국가 공식어, 지역 공식어, 고유방언, 소수언어 등의 다양한 언어들을 인정하고 있다.

오늘날 유럽의 언어 상황은 기원전 3000년 이후 전개된 인구 이동, 이주, 침략 등의 결과라고 말할 수 있다. 대초원에서 온 민족들은 이미 정착하고 있던 비인도유럽어 민족들에게 인도유럽어를 강요하였다.[2] 유럽의 인도유럽어족은 크게 유럽 남부의 가장 큰 부분을 차지하는 로망스어파(포르투갈어, 스페인어, 프랑스어, 이탈리아어, 루마니아어 등), 중부와 북부의 게르만어파(영어, 네덜란드어, 독일어, 룩셈부르크어, 스웨덴어, 노르웨이어 등), 동부의 슬라브어파(폴란드어, 슬로바키아어, 체코어, 불가리아어, 러시아어 등)의 셋으로 구분한다. 이 외에 극서부의 켈트어파(아일랜드어, 웨일즈어 등)와 남동부의 헬렌어파(그리스어)가 있다. 유럽에서 유일하게 인도유럽어족이 아닌 언어로는 바스크어족의 바스크어와 우랄 알타이어족에 속하는 헝가리어가 있다.

인도유럽어족이 몇 개의 언어권으로 분화되었다는 것은 각 언어권이 고유의 지리적 공간을 차지하면서 하나의 공통된 역사를 경험했다는 것을 추정케 한다. 각 언어권은 또다시 하위의 언어들, 가령 게르만어권은 독일어, 영어, 스웨덴어 등으로 동일한 분화과정을 거쳤다. 결국 언어분화 과

2) 인도유럽어는 언어학자들이 실제로 검증된 언어들을 비교하여 이론적으로 재구성한 언어로서, 검증된 언어는 아니며 이 언어로 씌어진 어떠한 문서도 존재하지 않는다. 인도의 산스크리트어가 유럽의 그리스어, 라틴어, 게르만어 등과 문법, 어휘, 소리의 수많은 면에서 유사하다는 점이 발견되면서, 이들 언어들이 하나의 동일한 공통 조상어에서 유래했다는 결론에 이르렀으며, 이들 언어들을 인도유럽어족이라고 칭하게 된 것이다.

정의 연속선상에서 공통의 역사적 경험이 오늘날 유럽어들의 다양하고 복잡한 언어 상황을 만들었다고 생각해 볼 수 있다.

최은순(2005)에 의하면, 유럽의 45개 주권국가 가운데 공식적으로 국가 차원에서 단일언어 사용국가는 38개국이다. 룩셈부르크, 몰타, 사이프러스, 아일랜드는 이중언어 사용국가이며, 노르웨이와 보스니아의 경우처럼 국가어의 내적 다양성에 의해 2-3개 공식어를 인정하는 경우도 있다. 그리고 벨기에, 스위스와 같은 다민족국가는 여러 개의 언어를 국가의 공식어로 삼으면서 다언어 사용국가가 되었다. 그러나 공식적으로 단일언어 사용국가로 알려진 경우에도 실질적인 언어 사용은 다양하고 복잡하다. 왜냐하면 대부분의 경우, 국가통일이라는 정치적 목적을 위해 이질적이고 다양한 언어와 소수 언어의 존재를 배제 혹은 묵인하면서 단일언어 사용국가를 표방하기 때문이다.

가령 스페인(바스크어, 카탈루냐어, 갈리시아어), 이탈리아(독일어, 프랑스어), 영국(웨일즈어, 스코틀랜드어, 아일랜드어), 덴마크(페로어, 그린랜드어), 스웨덴(핀란드어), 핀란드(스웨덴어)는 국가 공식어와 함께 하나 혹은 그 이상의 지역 공식어를 인정한다. 국가 혹은 지역의 공동 공식어는 아니더라도 수많은 방언과 소수어가 생명력을 갖고 존재하기도 하며, 다른 국가의 공식어가 한 국가의 지역 언어로서 사용되기도 한다. 프랑스에서는 지역 공식어로 인정하지는 않지만 바스크어, 브르타뉴어, 카탈루냐어 같은 고유언어가 있으며, 이탈리아에도 독일어와 프랑스어처럼 지역공식어의 지위는 갖고 있지 않지만 슬로베니아어, 그리스어, 알바니아어, 세르보-크로아티아어 같은 소수어들이 사용되고 있다. 이와 같이 유럽의 언어적 다양성은 단일언어 사용국가에서든 다언어 사용국가에서는 예외가 없다. 공식어라는 법률적 명시와 실제의 언어 사용 사이에는 불일치가 있다. 달리 말하면 언어경계선은 결코 국가경계선과 완전하게 일치하지 않는다는 것이다.

스페인도 유럽의 언어적 다양성에서 예외가 아니다. 앞에서 보았듯이, 스페인은 역사적으로 다언어 국가이다. 현재 스페인은 크게 네 개의 언어로 구성되어 있다. 즉, 라틴어에서 파생된 갈리시아어와 카탈루냐어, 그리고 카스티야어(스페인어)가 있으며, 라틴어가 유입되기 전에 이미 존재했던 바스크어가 있다. 이 언어들과 함께 레온어와 아라곤어와 같은 소수 로망스어도 존재한다. 이렇게 다양한 언어가 존재하게 된 것은 앞서 언급한 대로 스페인 북부 가톨릭 왕국들이 이슬람 세력에 대항한 재정복 과정과 관련이 있다. 결국 재정복의 선두에 서서 스페인을 통일한 카스티야 왕국에서 사용한 카스테야노가 여러 지방언어들 가운데서 스페인의 국가어로 자리를 잡게 된 것이다. 이러한 중세 스페인 역사 속에서 스페인의 지방언어들인 카스티야어와 갈리시아어, 바스크어 그리고 카탈루냐어는 역사적으로 서로 다른 운명에 처해 있었다. 몇몇 언어는 중요한 서민문학과 교양문학을 발전시켰으나, 다른 언어들은 학습의 어려움 때문에 배제되어 있다가 조금씩 확대되기도 했고, 갈리시아어와 같은 언어들은 가족어 혹은 비공식어로 사용되어 공식어인 스페인어와 함께 이중 언어 상황을 만들어 내었다.

현시점에서 가장 근접한 기준이 되는 20세기에 프랑코 정부(1939–1975)는 스페인어에 절대적인 우선권을 주고 다른 모든 독립어들의 사용과 발전을 금지하였다. 프랑코 정부의 이 결정은 소국가주의적 시위를 근절하는 결과를 가져왔으며, 그로 인해 지방언어들은 소국가적 정체성의 상징으로 요구되고 이해되게 되었다. 역사적인 사회 공동체인 갈리시아와 파이스 바스코, 카탈루냐가 제2공화정 시대(1931–1936)에 누린 자주권의 수준을 그 대립적인 예로 생각해 볼 수 있다. 1975년 11월 프랑코 총통의 사망으로 이러한 상황은 급격히 변하였다. 1978년 민주주의 회복과 스페인

〈표 4〉 스페인 헌법의 관련 규정

헌법 서문	스페인은 인권 및 문화와 전통, 언어, 기구들을 운영하는 데 있어서 모든 스페인 국민들과 지역들을 보호할 것이다.
헌법	1. 카스테야노는 스페인의 공식어이다. 모든 스페인 사람들은 이 언어를 알아야 할 의무와 이 언어를 사용할 권리를 가진다.
	2. 그 밖의 스페인의 언어들은 법령에 의거하여 해당 자치주에서 공식어로 사용될 것이다.
	3. 스페인에 서로 다른 언어들이 많다는 사실은 문화적 유산이므로 특별한 존중과 보호의 대상이 된다.

의 다문화 및 다언어적 특징을 인정하는 헌법의 승인으로 사실상 스페인은 새로운 모습을 띠게 된 것이다. 즉, 이전에는 프랑코식 국가 모델에 따라 모든 지방들은 스페인어라는 하나의 유일한 공식어만 가지는 것으로 정해져 있었으나, 1978년 헌법으로 전 스페인 영토는 하나의 공식어(스페인어)와 3개의 토착어(갈리시아어와 바스크어, 카탈루냐어) 사용이 허용되는 이중언어 지역을 가진 17개의 자치주들의 연합으로 바뀌게 되었다. 이와 관련된 스페인 헌법의 내용을 소개하면 〈표 4〉와 같다.

헌법에 따르면 카스테야노는 스페인의 공식어이다. 그리고 5개의 자치주에서 스페인어가 아닌 다른 언어를 자치주의 고유어로 명시하고 스페인어와 함께 공식어로 표명하였다. 즉 이들 자치주에서는 스페인어와 함께 각자의 토착어가 공용어가 되는 것이다. 예외적으로 나바라 자치주에서는 일부 지역에서만 공용어로 명시하고 있다. 〈표 5〉는 메디나 로페스(1997)에 언급된 자료로서, 스페인 국립통계청(INE)에서 실시한 1995년 인구조사 자료 중 언어별 화자 수와 전체 인구에서 차지하는 비중을 나타내고 있다.

〈표 5〉 이중 언어 사용지역과 화자 수

이중 언어 상황의 자치주	언어	화자수	스페인 전체인구에 대한 비율(%)
카탈루냐	카탈루냐어	6,115,579	15.50
발렌시아	카탈루냐어 (발렌시아어)	3,923,841	9.95
발레아레스 제도	카탈루냐어	745,944	1.89
갈리시아	갈리시아어	2,720,445	6.89
파이스 바스코	바스크어	2,100,009	5.34
나바라	바스크어	523,563	1.32

자료: Etxebarría, 1994: 228.

스페인 헌법은 각각의 자치주가 토착어의 사용, 학습, 표준화, 보호에 관한 법령을 입법할 수 있는 권한을 인정하여, 해당 자치주에서는 〈표 6〉과 같이 법령을 제정하여 토착어 표준화와 교육에 힘쓰고 있다.

다른 자치주들에서는 각 주의 헌법이나 법령에 지역 고유의 언어 상황의 '다양성' 혹은 '방법'에 대해 명시하고 있다. 두드러진 자치주 언어로

〈표 6〉 자치주의 관련 법규

자치주	법령	기준
파이스 바스코	바스크어의 사용 표준화에 대한 기본법	1982년 11월
카탈루냐	카탈루냐 언어 표준화법	1983년 6월
갈리시아	갈리시아 언어 표준화법	1983년 6월
발렌시아	발렌시아어 사용 및 교육에 관한 법	1983년 11월
발레아레스 제도	발레아레스 제도의 언어 표준화 법	1986년 6월
나바라	나바라의 바스크어 특별법	1986년 12월

는 아스투리아스의 아스투리아스어('바블레' 라고 불리기도 함), 카탈루냐 바예 데 아란의 아라네스어, 그리고 아라곤의 아라곤어가 있다. 이러한 스페인의 언어 상황은 유럽연합의 언어정책과 일맥상통하는 것으로, 언어 평등주의 원칙에 입각하여 어떤 언어에도 정치적 · 경제적 · 문화적 차원에서 특권적 지위를 부여하지 않고 다양한 민족 언어공동체를 통합하려 한다는 점에서 의의가 있다. 현재 25개 회원국으로 확대된 유럽연합은 상당한 통번역 비용에도 불구하고 모든 회원국의 공식어를 공식문서와 회의에서 사용하고 있으며, 최근 모국어 이외에 '1+2 프로그램' 으로 명명된 2개의 유럽어의 교육을 계획하고 있다. 더욱이 〈지역 언어 및 소수언어를 위한 유럽헌장〉은 지역 언어가 국가 통합에 위협이 되지 않는다는 것을 각 회원국에게 설득시키고, 소수언어에 대한 관용과 열린 의식을 강조하고 있다. 이러한 유럽연합의 일련의 언어정책들은 유럽의 정체성을 유지하는 문화적 기반이 언어 다양성의 존중에 있다는 인식에 토대를 두는 것이다. 스페인을 포함한 유럽연합의 언어정책은 세계화의 구호 아래 영어 일방주의에 경도되어 있는 우리나라의 현행 외국어 정책에 좋은 본보기라 할 수 있다.

스페인에 다양한 지역 언어가 존재한다는 사실은 스페인어를 배우는 우리에게 상당히 당혹스러운 것이 사실이다. 이중 언어 사용지역에서는 스페인어 이외에 또 다른 지역어를 학습해야 하는 이중고를 겪을 수 있다는 우려 때문이다. 김경희(2003)에 의하면, 실제로 카탈루냐어의 경우 이 언어는 지역 주민의 정체성에 대한 상징이 되고 있으며, 주민들의 전폭적인 지지하에 일상적인 대중매체와 문학작품, 영화 등이 모두 이 언어로 제작되고 있고, 전문용어의 표준화도 정책적으로 지원되고 있다. 그만큼 카탈루냐어를 지켜 나가기 위한 지역어 보존운동은 카탈루냐어 사용 지역의 행정력과 경제력을 바탕으로 해가 거듭될수록 강화되고 있다. 한편, 바스크 자치주에서 사용되는 바스크어(에우스케라)는 앞에서도 밝혔지만 이베리아 반도에 존재하는 라틴어에서 파생되지 않은 유일한 언어로서, 유럽에서 '언어의 섬'이라고 불린다. 바스크어는 수세기에 걸쳐 타민족의 언어에 의해 말살당하지 않고 현재에도 살아남아 있을 정도로 바스크 인들의 독립정신은 상상을 초월한다. 1975년 프랑코가 죽고 난 후, 1979년부터 자치권을 부여받았지만 '바스크 조국과 자유(ETA)'을 중심으로 하는 바스크 민족 분리주의자들은 계속해서 완전 독립을 주장하고 있다. 이러한 배경에는 바스크 민족 특유의 민족적 자부심이 한몫하고 있기도 하다. 또한 언어적 · 민족적 배경이 너무 다르기 때문에 쉽게 문화적으로 공유할 수 있거나 동화될 수 있는 여건이 아니기도 하다.

그러나 이러한 스페인의 배타적 지역 민족주의는 최근 새로운 국면을 맞이하고 있다. 임호준 · 홍두승(2000)의 말을 빌리면, 이민자의 증가, 유럽 통합, 정보 · 통신기술의 발달, 지구촌 문화의 확산 등으로 야기된 세계의 지구촌화 현상이 스페인의 지역 민족주의에 있어 과거의 전투적, 배타적 방향과는 다른 새로운 패러다임의 전환을 요구하고 있는 것이다. 스페인은 현재 해마다 외국인 이민자가 늘어나고 있으며, 이러한 외적 요인은 지역 문화의 정체성을 와해시키는 요소가 되고 있다. 즉, 이들은 한 지역에서만 소통되는 지역어보다 전국적으로 의사소통에 불편이 없는 스페인어를 배우려 하기 때문이다. 스페인의 이중 언어 시스템은 스페인에 살기 위해 언어를 배우려 하는 외국인들에게 별 고민 없이 스페인어를 선택하게 만드는 것이다.

4. 라틴아메리카의 언어 상황

스페인어는, 아프리카 · 아시아 일부 지역을 제외하고, 일반적으로 유럽의 스페인어와 라틴아메리카의 스페인어로 양분된다. 이 두 대륙에서 쓰이는 스페인어는 전체적으로 단일성을 유지한 가운데서도 각 지역의 특수성에서 기인한 이질성을 동시에 포함하고 있다. 일단 유럽으로 시선을 돌려 볼 때, 스페인어의 사용은 유럽대륙과 아프리카의 경계인 이베리아 반도에 한정되어 있다. 이 지역은 스페인어의 발상지일 뿐만 아니라 스페인어권으로 묶이는 방대한 지역에 대해 현재까지 지속적으로 메트로폴리스 역할을 수행하고 있다. 한편, 라틴아메리카에서 스페인어를 모국어로 하는 사람은 19개 독립국의 약 3억 7,000만 명에 이르고 있다. 주지하다시피 이 지역에서의 스페인어 사용은 15세기부터 본격화된 스페인의 대외 식민활동 덕분이다. 그러나 언어적 측면에서 볼 때, 라틴아메리카 스페인어에는 원주민 언어의 흔적이 많이 반영되고 있다. 즉, 원주민어는 라틴아메리카 스페인어의 음성, 어휘에 일정한 영향력을 행사하여 이 지역의 스페인어 어휘를 풍부하게 만들었을 뿐 아니라, 일부 어휘는 지역적 범위를 벗어나 스페인어권 전체의 공통어휘가 되기도 했다. 스페인어에 영향을 미친 대표적인 토착어휘는 〈표 7〉과 같다.

나우아틀, 아라우아코, 케추아, 아라우카노, 과라니 등으로 대표되는 기층언어가 라틴아메리카 스페인어를 유럽의 스페인어와 구분하는 주요한 요인으로 간주되는 것이다. 다음 언어지도는 라틴아메리카의 원주민

〈표 7〉 토착어의 영향

나우아틀	chocolate(초콜릿), tomate(토마토), chicle(껌), cacao(코코아)
아라우아코	tabaco(담배), batata(고구마), maíz(옥수수)
케추아	papa(감자), cóndor(콘도르), llama(야마), coca(코카)
아라우카노	gaucho(가우초 족), poncho(망토)
과라니	tapir(들소), mandioca(만디오카), jaguar(재규어)

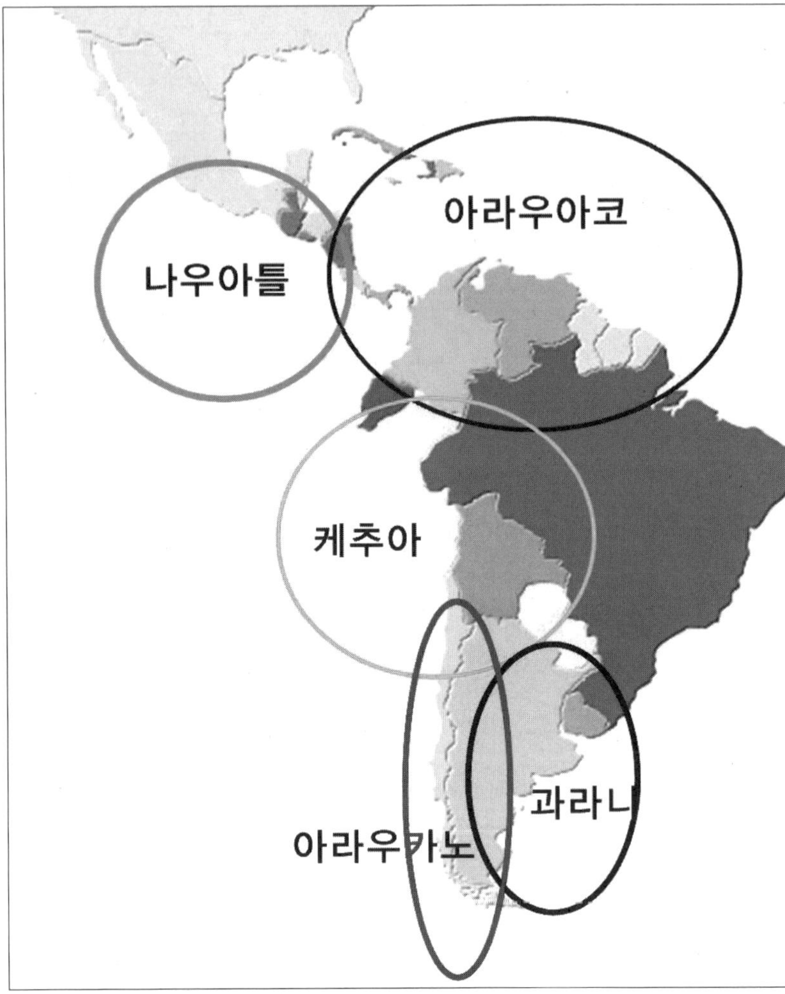

라틴아메리카의 토착어 분포

토착어를 언어 · 지리적으로 구분하여 나타낸 것이다.

이와 더불어 라틴아메리카 스페인어에 나타나는 스페인 고어의 영향을 언급할 필요가 있다. 가령, 라틴아메리카 지역 내에서도 아르헨티나와 같이 스페인 본토의 영향권에서 비교적 멀리 떨어져 있던 라플라타(La Plata)

강 유역에서는 고어의 흔적이 더 많이 남아 있다. 그 한 예로, 라틴어에서 2인칭 복수형 인칭대명사로 쓰이던 vos가 그대로 라틴아메리카 스페인어에 정착되어 2인칭 단수 인칭대명사 너(tú)를 대신해서 사용되는 'voseo' 현상을 들 수 있다. 모레노 데 알바(2002)에 의하면, 'voseo' 현상은 라틴아메리카 스페인어의 보수주의와 혁신주의를 동시에 보여 준다. 스페인에서는 15-16세기에 사용되다 사라진 존칭인칭인 vos를 라틴아메리카 일부지역에서는 현재에도 그대로 사용하는 것은 보수주의적인 언어현상이다. 그러나 그 의미가 존칭 대명사에서 친한 사람에게 사용하는 친칭 대명사로 변한 것은 혁신주의적인 면모를 보여 주는 것이다. 이는 스페인에서 17, 18세기에 완전히 사라진 형태가 아르헨티나와 일부 산악지역에 그대로 남은 결과다. 부연하자면, 스페인이 멕시코나 콜롬비아처럼 본국에서 근접한 부왕령을 중심으로 정기항로를 개설하여 식민통치한 결과 중미의 경우 유럽 스페인어의 변화에 비교적 민감하게 움직였던 반면, 아르헨티나의 경우 스페인과의 항로가 너무 먼 관계로 본토의 언어 변화에 둔감했던 탓이다.

한편, 라틴아메리카 스페인어라 불리는 집합적 언어군은 과연 내적 동질성을 유지하고 있는 것일까? 이 지역의 스페인어는 다양한 원주민 언어 분포도와 과거 식민시대의 행정구역, 그리고 오늘날의 정치 경계선 등 다양한 요인에 의거, 매우 복합적이고도 이질적인 양상을 띠고 있다. 이질적인 현상은 발음이나 어휘에 한정되어 나타나는 것으로서 원주민 기층언어의 영향이 매우 크다고 가정할 수 있겠다. 유럽 스페인어와 비교되는 라틴아메리카 스페인어의 공통적인 특징으로는 주로 발음상의 것들로서, /θ/를 /s/로 발음하는 seseo현상과 /ll/를 /y/로 발음하는 yeísmo, 그리고 /s/가 /h/로 발음되는 기식음화 현상 등이 있다. 흥미로운 점은 이들 발음상의 특징이 스페인 남부 지방인 안달루시아 방언에서도 나타난다는 것이다. 이와 관련하여 언어학자들 간에는 라틴아메리카 스페인어가 안달루시아 방언의 직접적인 영향을 받았다는 주장과 안달루시아 방언의 영향과는 무관하게 라틴아메리카 스페인어가 독자적으로 발전된 결과로서 안달루시아 방언과의 일치는 우연일 뿐이라는 주장이 서로 맞서고 있다.

끝으로, 라틴아메리카 스페인어에 나타나는 언어접촉현상, 즉 외국어의 영향을 지적할 수 있다. 19세기에 몰려온 유럽 이민자들로 인해 남미 스페인어에는 프랑스어나 이탈리아어가 많은 영향을 미치고 있다. 특히 아르헨티나에 이주한 이탈리아 인들의 영향으로 아르헨티나 스페인어에는 이탈리아어의 억양이 나타나고 있다. 20세기에 와서는 중미지역에서 미국과 인접한 지리적 요인으로 인해 영어식 말투가 현저히 나타나고 있다. 영어 어휘의 무차별적인 도입이나 영어와 비슷한 구문의 선호 등이 그 예이다.

이상에서 우리는 라틴아메리카 스페인어가 유럽 스페인어에 대해 가지는 몇 가지 특징들을 살펴보았다. 요약해 보면, 라틴아메리카 스페인어는 스페인어의 단일성을 유지하면서 지역적으로는 이질적이며 복합적인 특징들을 지니고 있다고 할 수 있다. 이러한 라틴아메리카 스페인어의 지역적 이질성 때문에 스페인 이외의 유럽 언어학자들은 라틴어가 여러 개의 로망스어들(스페인어, 이탈리아어, 프랑스어, 포르투갈어, 루마니아어)로 분열했듯이, 스페인어도 서로 다른 여러 개의 언어로 분파할 가능성이 있다고 우려를 표명했다. 실제로, 아르헨티나를 중심으로 라틴아메리카 각국에서는 스페인 한림원을 중심으로 한 정통 스페인어에 반하는 상이한 언어를 가지려는 언어 분열운동이 일어난 때도 있었다. 그러나 이런 현상은 19세기 초엽에 발생한 언어 민족주의 운동으로, 일시적인 것에 불과했다. 이후의 전반적인 흐름은 라틴아메리카 스페인어의 단일성에 대한 낙관적인 미래상이 우세했으며, 스페인 한림원 중심의 스페인어 통일론이 라틴아메리카 언어학자들의 공감을 이끌어 냈다. 스페인 한림원장을 지낸 메넨데스 피달이나 다마소 알론소 같은 스페인 학자들은 라틴아메리카 스페인어는 통사적 측면이나 형태론적 측면에서 유럽 스페인어와 단일성을 유지하고 있으며, 또한 현대에 접어들어 텔레비전이나 인터넷 등 미디어 매체의 급속한 발전으로 지역 간 · 국가 간 문화교류가 활발히 이루어지고 있기 때문에, 앞으로 라틴아메리카 스페인어가 방언 상태를 벗어나서 유럽 스페인어와 동떨어진 양상으로 발전해 독자적인 언어로 변화할 가능성은 희박하다고 생각하고 있다. 비교적 스페인어와 많은 차이를 보이고 있는 아르헨티나 스페인어의 경우에도 이질적인 언어현상은 고어적 표현 등에 국한되어 있다.

† 참고문헌 †

김경희, 「스페인어와 까딸란어의 대립과 공존」, 『서어서문연구』, 제26호, 2003, 11-33.

김현창, 『스페인어 발달사』, 신아사, 1990.

임호준 · 홍두승, 「스페인의 지역 민족주의: 정치적 자치와 문화 정체성」, 『국제 · 지역연구』, 9권 2호, 2000, 63-84.

최은순, 「유럽의 국민국가 형성과 언어정책에 관한 소고」, 미발표 논문, 2005.

Medina López, Javier, "La situación lingüística de España," *Lenguas en contacto*, Arco Libros, S.L., Madrid, 1997, 39-57.

Moreno de Alba, J.G., "El español mexicano: conservador e innovador," unpub. diss., 2002.

외교통상부 중남미 통계자료 (2005년 8월).

〈참조 사이트〉

http://www.sispain.org/ [스페인의 최근 이슈와 역사, 언어, 문화 발전 등에 관한 정보 교류 사이트].

http://cvc.cervantes.es/ [스페인 세르반테스 연구소 홈페이지].

http://www.kotra.or.kr/ [한국무역협회 홈페이지].

찾아보기

[ㄱ]

[ㄴ]

[ㄷ]

[ㄹ]

[ㅁ]

[ㅂ]

[ㅅ]

[ㅇ]

[ㅈ]

[ㅊ]

[ㅋ]

[ㅌ]

[ㅍ]

[ㅎ]

▌Abstract ▌

Reading Hispanic Cultures: Toward Coexisting Differences

This book is the product of multi-faceted research conducted by professors and specialists of Hispanic Literature at Seoul National University. These researchers received financial support from the Project of University Specialization in the Department of Education and Human Resources of the Korean Government. This book aims to map out concrete sociohistorical and cultural circumstances of the Hispanic world as well as specific problems and relevant polemics that constitute the field of Hispanic studies — one which by virtue of the great diversity that it covers builds itself on dialogue and contestation with other theoretical and critical discourses.

We have titled this book, "Reading Hispanic Cultures: Toward Coexisting Differences," both to emphasize how culture has enabled dialogues between different cultural roots and to stress the notion that culture is — as increasingly accelerated globalization shows so dramatically — an expression of ongoing negotiations between local and global values. Key terms such as transculturation, which are amply discussed in the book, point to how the Hispanic world has struggled to keep discursively an open space for cultural differences and hybridity.

Throughout the volume, close attention has been given to the methods by which diverse forms of culture production follow processes that cross and destabilize borders with the effect of constructing and deconstructing national, regional, class and gender identities. Thus, we trace and display cultural crossroads that mark the specificity of the Hispanic world by signaling its multiracial, multiethnic and multicultural environment.

The book introduces cultural material using an interdisciplinary approach by way of crossing disciplinary boundaries that have usually been cemented by hermetic definition of nation, period and genre. It provides a new perspective on reading cultural texts by approaching them as configurations of political, linguistic, cultural, and economic intersections that demand a continuous reappraisal of the presence of the Hispanic world in the ongoing process of globalization and the relocation of Hispanic people. It also reflects the current trend by which global reorganizations compel regional re-orderings and evinces the necessity to understand Latin America divergently as more than a scholarly imperative.

We have fashioned this collection with the intent of redirecting the attention of students and faculty to the pressing need to reframe as well as inject new critical force into the university classroom dynamic. The authors included in this collection believe firmly that such pedagogical improvement can occur when the reader of this, or any other, text is encouraged to encounter the book with critical rigor in his/her private reading moments as well as in the classroom.

For the benefit of readers with little or no prior knowledge of Hispanic culture, the book includes essays that offer key cultural lexica, situated in comparative sociohistorical contexts, in addition to identifying seminal debates in cultural theory. Therefore, this book serves as a starting point to initiate conversations between teachers and students in the university classroom — conversation that will enrich the subject matter. We hope that the book stimulates readers to gain a more sophisticated appreciation for the complexities of cultures outside our peninsula.

Recognizing the ever expanding integrity of a cultural text, we proudly admit that every study on culture(s), including this book, should remain inconclusive and provisional in its large assertions. In addition, we hope that this collection may become a portal to future research projects and may illuminate multifariously the profundity of what has been modestly discussed here.

▌발간사 ▌

오늘의 대학은 문명사적 대전환의 와중에서 진리탐구와 인력양성이라는 두 가지 과제를 수행해야 한다. 급변하는 현대사회에서 진리의 본질을 찾기 위한 연구와 사회의 개선을 위한 교육은 서로 밀접히 연관되어 있다. 이를 통해 대학은 지역, 국가, 인류 사회의 발전에 봉사하고 공헌한다.

서울대학교는 세계화 시대에 다양한 문화와 가치를 이해하고, 더불어 사는 공동체를 위한 덕목과 윤리를 갖추고, 세계 수준의 전문가로서 전공지식을 배우고, 그리고 현실사회의 문제 해결을 위한 비판적 사고와 분석 능력을 길러 주는 것을 주요한 교육목표로 설정하고 있다.

이를 위해 현대사회의 다양한 주제와 쟁점들에 대한 교양교재의 개발은 필수적이다. 서울대학교는 '학문의 기초', '핵심교양', '일반교양'을 기초교육의 중심 분야로 설정하고 있다. 이 세 분야에 걸친 교양교재의 발간이 비단 서울대학교 학생들뿐만 아니라 우리 사회 젊은이들의 지적 양식이 보고로서 학문적 · 실천적 안목과 지평을 높일 수 있는 계기가 되기를 기대한다.

서울대학교 기초교육원장

필자소개

김창민
서울대학교 서어서문학과 졸업
스페인 마드리드 콤플루텐세 대학교 문학박사
현재 서울대학교 서어서문학과 교수(chang107@snu.ac.kr)

김경범
서울대학교 서어서문학과 졸업
스페인 마드리드 콤플루텐세 대학교 문학박사
현재 서울대학교 서어서문학과 기금교수(amadis@snu.ac.kr)

김상유
서울대학교 서어서문학과 졸업
스페인 알칼라 대학교 문학박사
현재 경희대학교 입학사정관

김용호
서울대학교 서어서문학과 졸업
스페인 마드리드 콤플루텐세 대학교 문학박사
현재 서울대학교 서어서문학과 강사(joaquinkim@hanmail.net)

김춘진
한국외국어대학교 스페인어과 졸업
스페인 마드리드 아우토노마 대학교 문학박사
현재 서울대학교 서어서문학과 교수(chjkim@snu.ac.kr)

김현균

서울대학교 서어서문학과 졸업

스페인 마드리드 콤플루텐세 대학교 문학박사

현재 서울대학교 서어서문학과 교수(pedrokim@snu.ac.kr)

우석균

서울대학교 서어서문학과 졸업

스페인 마드리드 콤플루텐세 대학교 문학박사

현재 서울대학교 라틴아메리카연구소 교수(wsk65@snu.ac.kr)

이만기

서울대학교 서어서문학과 졸업

스페인 마드리드 아우토노마 대학교 문학박사

현재 서울대학교 서어서문학과 교수(mankilee@snu.ac.kr)

이성훈

서울대학교 서어서문학과 졸업

스페인 마드리드 콤플루텐세 대학교 문학박사

현재 서울대학교 라틴아메리카연구소 교수(anselmus@snu.ac.kr)

이은아

서울대학교 서어서문학과 졸업

미국 코넬 대학교 문학박사

현재 서울대학교 라틴아메리카연구소 교수(novela63@snu.ac.kr)

임주인
한국외국어대학교 스페인어과 졸업
서울대학교 문학박사
현재 서울대학교 서어서문학과 강사(mikejoh@snu.ac.kr)

임호준
서울대학교 서어서문학과 졸업
스페인 마드리드 콤플루텐세 대학교 문학박사
현재 서울대학교 서어서문학과 교수(hojoon33@snu.ac.kr)

정선옥
서울대학교 서어서문학과 졸업
서울대학교 문학박사
현재 서울대학교 서어서문학과 강사(gracias@snu.ac.kr)

조영실
서울대학교 서어서문학과 졸업
서울대학교 문학박사
현재 서울대학교 서어서문학과 강사(choysh00@hanmail.net)

기초교양교육시리즈 7
차이를 넘어 공존으로: 스페인어권 세계의 문화 읽기

초판 1쇄 발행 2007년 1월 30일
초판 10쇄 발행 2019년 8월 30일

엮은이 서울대학교 서어서문학과
펴낸이 오세정
펴낸곳 서울대학교출판문화원

출판등록 제15-3호

주소 08826 서울 관악구 관악로 1
대표전화 02-880-5252 **팩스** 02-889-0785
도서 주문 02-889-4424, 02-880-7995
이메일 snubook@snu.ac.kr
홈페이지 www.snupress.com

ISBN 978-89-521-1612-3 93300

기초교양교육시리즈

01 한 단계 높은 러시아어 | 박종소 · 니나 바스코
02 중급한문 | 서울대학교 중어중문학과 엮음
03 사회과학 글쓰기 | 정병기
04 민주주의와 권위 | 박효종
05 과학고전선집: 코페르니쿠스에서 뉴턴까지 | 홍성욱 편역
06 시장경제와 법 | 권오승
07 차이를 넘어 공존으로: 스페인어권 세계의 문화 읽기 | 서울대학교 서어서문학과 엮음
08 참살이 의학 | 정희순 외
09 프리즘: 역사로 과학 읽기 | 박민아 · 김영식 편
10 현대 교육의 이해 | 나일주
11 독일 명작의 이해 | 이재원 외
12 세상 읽기와 세상 만들기: 사회과학의 이해 | 김광억 편
13 스페인어 회화 작문 | 신자영 · 조은영 · 김은경 · Claudia Macías
14 인문학 글쓰기를 위하여 | 김동식
15 고전과 놀이 | 김월회
16 스페인어 초급 회화 | Claudia Macías · 이만기
17 한 단계 높은 러시아어 2-구문 편: 러시아 지성과의 대화 | 박종소 · 니나 바스코
18 해양환경의 이해 | 이창복
19 청년기 생애설계 심리학: 흔들리는 20대 | 곽금주
20 나노기술의 이해 | 서갑양
21 원전으로 읽는 서양 철학의 이해: 플라톤부터 비트겐슈타인까지 | 이남인 엮음